国内外经典教材辅导系列·经济类

逄锦聚《政治经济学》
（第6版）
笔记和课后习题（含考研真题）详解
（修订版）

主编：圣才考研网
www.100xuexi.com

中国石化出版社

内容提要

本书是普通高等教育国家级规划教材《政治经济学》(第6版，逄锦聚主编)的学习辅导书。本书遵循第6版的章目编排，共分22章(含导论)，每章由三部分组成：第一部分是复习笔记，总结本章的重难点内容；第二部分是课后习题详解，对该书的课后思考题进行了详细的解答；第三部分是考研真题详解，精选名校近年考研真题，并提供了详细的解答。

圣才考研网(www.100xuexi.com)提供逄锦聚《政治经济学》网授精讲班【教材精讲+考研真题串讲】、电子书、题库。购书即可享受大礼包增值服务【本书电子书+政治经济学考研全真模拟试卷及详解电子书+考研专业课咨询服务】。手机扫码(本书封面的二维码)领取本书大礼包。

图书在版编目(CIP)数据

逄锦聚《政治经济学》(第6版)笔记和课后习题(含考研真题)详解/圣才考研网主编. —2版. —北京：中国石化出版社，2021.4
国内外经典教材辅导系列·经济类
ISBN 978-7-5114-6222-0

Ⅰ.①逄… Ⅱ.①圣… Ⅲ.①政治经济学-研究生-入学考试-自学参考资料 Ⅳ.①F0

中国版本图书馆CIP数据核字(2021)第059604号

中国石化出版社出版发行
地址：北京市东城区安定门外大街58号
邮编：100011 电话：(010)57512500
发行部电话：(010)57512575
http://www.sinopec-press.com
E-mail:press@sinopec.com
武汉市盛宏源印务有限公司印刷
全国各地新华书店经销
*
787×1092毫米 16开本 19.25印张 483千字
2021年5月第2版 2021年5月第1次印刷
定价：68.00元

序　言

我国各大院校一般都把国内外通用的权威教科书作为本科生和研究生学习专业课程的参考教材，这些教材甚至被很多考试(特别是硕士和博士入学考试)和培训项目作为指定参考书。为了帮助读者更好地学习专业课，我们有针对性地编著了一套与国内外教材配套的复习资料，整理了各章的笔记，并提供配套的名师讲堂和题库。

逄锦聚主编的《政治经济学》(第6版)被列为普通高等教育“十一五”国家级规划教材，是我国众多高校采用的政治经济学优秀教材，也被众多高校指定为“经济类”专业考研参考书目(详细介绍参见本书书后附录)。作为该教材的学习辅导书，本书具有以下几个方面的特点：

1. 框架图表体系，通俗易懂易记

本书每章的知识框架图和考点归纳表，在全方位把握核心考点的同时，提纲挈领地以思维导图形式，呈现重要的考点、难点，脉络清晰，一目了然，更容易记忆。

2. 星级标记+拓展延伸，透彻剖析必考点

本书每章的核心考点均按重要程度分为一星(一般了解)至五星(熟练掌握)，并对相关重要知识点进行了延伸和归纳，方便考生更有针对性地复习。

3. 解析课后习题，提供详尽答案

本书参考大量政治经济学相关资料对逄锦聚主编的《政治经济学》(第6版)的课后思考题进行了详细的分析和解答。

4. 精选考研真题，巩固重难点知识

本书精选了部分名校近年的政治经济学考研真题，并提供了详细的答案。所选考研真题涵盖的知识点全面，特别注重理论联系实际，凸显当前热点。

与本书相配套，圣才考研网提供逄锦聚《政治经济学》网授精讲班【教材精讲+考研真题串讲】、电子书、题库。

要深深牢记：考研不同一般考试，概念题(名词解释)要当作简答题来回答，简答题要当作论述题来解答，而论述题的答案要像是论文，多答不扣分。有的论述题的答案简直就是一份优秀的论文(其实很多考研真题就是选自一篇专题论文)，完全需要当作论文来回答!

购书即可享受大礼包增值服务，手机扫码(本书封面的二维码)领取本书大礼包。具体包括：①本书电子书(手机版、电脑版)；②政治经济学考研全真模拟试卷及详解电子书；③考研专业课咨询服务。

圣才考研网(www.100xuexi.com)是圣才学习网旗下的考研考博专业网站，提供全国各高校经济类专业考研考博辅导班【一对一辅导(面授/网授)、网授精讲班等】、电子书、题库、全套资料(历年真题及答案、笔记讲义等)、经济类国内外经典教材名师讲堂、考研教辅图书等。

考研辅导：kaoyan.100xuexi.com(圣才考研网)

资格考试：www.100xuexi.com(圣才学习网)

圣才考研网编辑部

目 录

第二篇　资本主义经济

第三篇　社会主义经济

导论　政治经济学的对象和任务

0.1　复习笔记

【知识框架(庖丁解牛)】

- 政治经济学的对象和任务
  - 政治经济学的产生和发展历程
    - 产生
    - 发展历程
  - 政治经济学的研究对象
  - 政治经济学的研究方法
    - 哲学思维方法
    - 实证分析方法
    - 规范分析方法
  - 政治经济学的任务
    - 基本任务
    - 本质属性
    - 对现代资本主义经济分析的任务
    - 对社会主义分析的任务
  - 学习政治经济学的意义
    - 对现代资本主义的认识
    - 对实践中的社会主义的认识
    - 寻求指导市场经济运行的一般经济理论

【考点难点归纳(厚积薄发)】

考点一：政治经济学的产生与发展历程　★

1. 政治经济学的产生

“政治经济学”一词是法国重商主义者 A. de 蒙克莱田在1615 年出版的《献给国王和王太后的政治经济学》一书中首先使用的，意思是国家的经济管理。

2. 政治经济学的发展历程

(1)资产阶级的重商主义者和古典经济学家对他们所处时代的社会经济现象进行了研究。

(2)从英国的威廉·配第开始的资产阶级古典政治经济学，经过以法国的魁奈为代表的重农学派和英国的亚当·斯密的发展，到英国的大卫·李嘉图时，达到它的完成阶段。

(3)马克思主义政治经济学对古典政治经济学作了根本的改造，主要表现在：

①首次明确提出基于生产力与生产关系矛盾运动的历史唯物主义分析方法。

②首创劳动二重性学说。

③提出了剩余价值理论，认为劳动的付出没有得到同样的回报，剩余价值被没有付出劳动的“资本”所剥削。

④揭示了资本主义发展趋势。

(4)列宁创立了帝国主义理论和过渡时期的理论。

(5)斯大林在实践中对社会主义建设的规律做了新的概括。

(6)中国的实践推动了中国特色社会主义理论体系的形成和马克思主义政治经济学的发展创新。

考点二：政治经济学的研究对象 ★★

生产（起点）——研究对象
- 生产关系：人们在生产过程中的关系（生产、分配、交换和消费之间的关系和人们在其中的关系）
- 生产力：社会生产是生产关系和生产力的统一

生产力与生产关系的矛盾运动是马克思主义政治经济学的基本分析框架。

◆拓展延伸◆

生产力的形成：

劳动者和生产工具以一定的性质和方式结合，并把生产工具运用起来之后，才能加工于劳动对象，从而形成实际的生产能力。由于劳动者的生产经验、劳动技能不断地积累和增长，特别是新的科学技术成果在生产上的应用，使生产工具得到改进，并不断创造着新的生产工具。随着生产工具的改进和新的生产工具的创造，又会使劳动者的生产经验、劳动技能得到进一步的提高，从而使整个社会生产力提高到一个新的水平。

考点三：政治经济学的研究方法 ★

1. 哲学思维方法——基本方法

(1)思维过程：

①从具体到抽象的研究过程。

②从抽象到具体的叙述过程。

(2)理解要点：

①抽象出的最简单的范畴必须符合所要说明的对象。

②抓住占支配地位的生产关系进行经济分析。

2. 实证分析方法

实证分析是指排除了主观价值判断，只对经济现象、经济行为或经济活动及其发展趋势做客观分析，只考虑经济事物间相互联系的规律，并根据这些规律来分析和预测人们经济行为的效果。

3. 规范分析方法

规范分析是指以一定的价值判断为基础，提出某些分析处理经济问题的标准，树立经济理论的前提，作为制定经济政策的依据，并研究如何才能符合这些标准。规范分析是对经济行为或政策手段的后果加以优劣好坏评判的研究方法。它要回答的是“应该是什么”的问题。

考点四：政治经济学的任务　★★

1. 政治经济学的基本任务

基本任务揭示经济规律
- 性质：具有客观性，不以人的意志为转移
- 层次
  - 在人类各个社会阶段中都起作用的经济规律
  - 在几个社会阶段中起作用的经济规律
  - 只在一个社会阶段中起作用的经济规律

2. 政治经济学的本质属性

政治经济学的本质属性具有历史性。在旧社会是批判的武器；在新社会是建设指南。

中国特色社会主义政治经济学的本质属性就是坚持以人民为中心的发展思想，把增进人民福祉、促进人的全面发展、实现全体人民共同富裕作为经济发展的出发点和落脚点。

3. 政治经济学对现代资本主义经济分析的任务

(1)借鉴；

(2)竞争；

(3)信念。

4. 政治经济学对社会主义分析的任务

为满足现实需要，政治经济学的任务要以改革和完善社会主义经济制度、促进发展先进社会生产力、增加国民财富为目标。

考点五：学习政治经济学的意义　★

1. 对现代资本主义的认识

马克思主义政治经济学可以为认识和研究现代资本主义提供科学的世界观和方法论。

2. 对实践中的社会主义的认识

在实践马克思关于社会主义的要求时，要结合我国社会主义现阶段的现实条件来研究社会主义的规定性。

3. 寻求指导市场经济运行的一般经济理论

马克思主义政治经济学关于商品、货币、价值规律、资本循环、资本周转、社会资本再生产理论的分析，对我国社会主义市场经济的发展体现着强烈的现实指导意义。

0.2　课后习题详解

问答题

1. 如何科学地认识政治经济学的对象和方法？

答：(1)政治经济学的对象：

马克思主义政治经济学的研究对象是生产关系，是阐明人类社会中支配物质资料生产、交换、分配及消费的客观规律的科学。

(2)政治经济学的研究方法：

①哲学思维方法。

马克思主义政治经济学采用的基本分析方法是哲学思维方法。唯物辩证法是马克思主义的世界观，也是科学的方法论。科学的抽象法就是这种科学方法论的运用。马克思的抽象法包含相互联系的两个科学思维过程：从具体到抽象的研究过程；从抽象到具体的叙述过程。在理解科学的抽象法时必须注意以下两个方面：①运用抽象力抽象出的最简单的范畴必须符合所要说明的对象；②经济分析必须抓住占支配地位的生产关系。

②实证分析方法。

实证分析是指排除了主观价值判断，只对经济现象、经济行为或经济活动及其发展趋势做客观分析，只考虑经济事物间相互联系的规律，并根据这些规律来分析和预测人们经济行为的效果。

③规范分析方法。

规范分析是指以一定的价值判断为基础，提出某些分析处理经济问题的标准，树立经济理论的前提，作为制定经济政策的依据，并研究如何才能符合这些标准。规范分析是对经济行为或政策手段的后果加以优劣好坏评判的研究方法。它要回答的是“应该是什么”的问题。

2. 如何构建中国特色社会主义政治经济学?

答: 坚持和发展中国特色社会主义，必须加快构建中国特色哲学社会科学体系，着力构建和发展中国特色社会主义政治经济学，丰富和发展马克思主义政治经济学。

(1)中国特色社会主义政治经济学的方向:

党的十八大以来，习近平同志立足我国国情和发展实践，对坚持和发展当代中国马克思主义政治经济学，构建和发展中国特色社会主义政治经济学，作出的一系列重要论述，为构建和发展中国特色社会主义政治经济学指明了方向。构建和发展中国特色社会主义政治经济学，一是要坚持以人民为中心的发展思想，这是马克思主义政治经济学的根本立场。二是要坚持中国特色社会主义政治经济学的重大原则，坚持解放和发展社会生产力。

(2)中国特色社会主义政治经济学的根本立场和基本理论原则:

中国特色社会主义政治经济学，坚持以人民为中心的发展思想，把增进人民福祉、促进人的全面发展、实现全体人民共同富裕作为经济发展的出发点和落脚点，这体现了中国特色社会主义政治经济学的根本立场和价值取向。而只有坚持不懈地解放和发展社会生产力，全面贯彻创新、协调、绿色、开放、共享的发展理念，才能更好地满足人民日益增长的美好生活需要，最终实现人民的共同富裕和促进人的全面发展，这体现了中国特色社会主义政治经济学的基本理论原则。

(3)不断创新和发展中国特色社会主义政治经济学:

习近平同志指出:“要立足我国国情和我国发展实践，揭示新特点新规律，提炼和总结我国经济发展实践的规律性成果，把实践经验上升为系统化的经济学说，不断开拓当代中国马克思主义政治经济学新境界。”中国特色社会主义政治经济学要深入研究社会主义的本质和发挥社会主义制度优越性、社会主义初级阶段基本经济制度和分配制度、新时代中国特色社会主义及其主要矛盾、实现社会主义生产目的和保障改善民生、改革制约经济发展的体制机制障碍、坚持社会主义市场经济改革方向、贯彻新发展理念、建设现代化经济体系、合理配置社会资源、推进供给侧结构性改革、调整经济结构、转变经济发展方式、提高经济发展质量效益、稳定经济增长、完善宏观调控、改善生态环境、全方位对外开放、建立新型国际经济关系、全面建成小康社会和建设社会主义现代化强国、实现中华民族伟大复兴等重大问题。从理论和实践的结合上，阐析我国经济发展进入新常态所面临的一系列新情况和新课题，揭示中国特色社会主义经济发展规律，不断完善和发展中国特色社会主义政治经济学理论体系，创新和发展中国特色社会主义政治经济学。

3. 政治经济学的任务是什么？现阶段学习政治经济学有哪些意义？

答：(1)政治经济学的任务：

①考察经济现象和经济过程本身所固有的、本质的、客观的必然联系即经济规律。

②经济规律具有客观性，不以人的意志为转移。

③由经济规律所依存的客观经济条件所决定，经济规律有三个层次：

a. 在人类各个社会阶段中都起作用的经济规律；

b. 在几个社会阶段中起作用的经济规律；

c. 只在一个社会阶段中起作用的经济规律。

(2)现阶段学习政治经济学的意义：

作为经济分析指导思想和理论基础的科学的马克思主义政治经济学，不仅提供阶级斗争的思想武器，也提供经济建设的指南。现阶段，学习政治经济学有如下意义：①学习政治经济学是对现代资本主义的认识；②学习政治经济学是对实践中的社会主义的认识；③学习政治经济学是寻求指导市场经济运行的一般经济理论。

0.3　考研真题详解

问答题

1. 试论述马克思政治经济学的研究对象。(中国人民大学2007研)

答：马克思主义政治经济学的研究对象是生产关系，是阐明人类社会中支配物质资料生产、交换、分配及消费的客观规律的科学。从马克思的论述中，可以得到马克思政治经济学的研究对象包括以下几个方面：

(1)物质资料的生产。

生产是政治经济学的出发点。物质资料的生产是人类社会生存和发展的基础。物质资料生产是劳动者按照预期目的，运用劳动资料(又叫劳动手段)加工于劳动对象，改变劳动对象的形状、性质或地理位置，使它适合人们需要的过程。

(2)生产关系。

政治经济学所研究的生产关系，就是人们以某种生产资料所有制为基础，在生产过程中形成的生产、分配、交换和消费关系。

(3)生产力。

生产力是劳动者运用生产工具加工劳动对象所形成的物质力量。生产工具，包括从落后的手工工具到现代自动化的各种机器设备，是所有用于加工劳动对象的工具的统称。劳动者要运用生产工具加工劳动对象，必须与生产工具结合起来。

分析生产力与生产关系的矛盾运动是马克思主义政治经济学的基本分析框架，但资本主义社会和社会主义社会的这种矛盾有根本性不同。根据马克思主义理论，当资本主义发展到一定阶段，社会生产力和生产关系的对抗性矛盾单靠资本主义自身的力量是不能从根本上得到克服的，因而资本主义必然为社会主义所代替。而社会主义社会的这种矛盾，可以通过社会主义制度的自我发展和自我完善得到解决。

2. 简述政治经济学研究对象与研究范围的关系。(西南财经大学2007研)

答：政治经济学的研究对象是生产关系，是阐明人类社会中支配物质资料生产、交换、分配及消费的客观规律的科学。政治经济学有其特定的研究对象和研究关系，两者存在着密切的关系。

(1)马克思主义政治经济学的研究对象是生产关系，即社会物质资料生产过程中人与人之间的经济关系。物质资料生产过程是马克思主义政治经济学研究的出发点。马克思主义政治经济学研究生产关系的根本目的和任务，是揭示生产关系内在的、自身运动发展的经济规律，从而为生产关系的变革提供理论依据，促进社会生产力发展。

(2)政治经济学的研究范围除了研究生产关系以外，还包括生产力和经济运行机制等。

(3)研究对象是对某一学科研究内容、范围的高度概括。它确定学科研究的内容、范围、方向等问题。确定研究对象的意义在于，它是学科研究的起点。只有确立了科学的研究对象，才能建立科学的学科体系。任一学科都有特定的研究对象。学科间的区别主要在于研究对象的区别。从某种角度而言，学科的研究对象与其研究范围有重合之处，有密切关系，但又要区别。研究对象说明是干什么的，是学科发展追求的价值目标，即“应然”的，而研究范围则是说明这一学科涉及的领域，指明学科研究的纵深度、宽广度及与其他学科的关系界限。

政治经济学以生产关系为研究对象，也就是要研究贯穿于社会生产、分配、交换、消费各环节中的经济关系。生产关系的总和构成社会的经济基础；而政治问题属于上层建筑，不是经济基础的内容，因而不是政治经济学的研究范围。当然，经济基础决定上层建筑，上层建筑对经济基础有反作用；在研究经济基础的时候，也不能不考虑包括政治在内的上层建筑的影响。

3. 马克思主义政治经济学的基本任务是什么?(中国人民大学2015研)

答：马克思主义政治经济学的基本任务是揭示经济过程的本质联系及其运动的客观必然性，即揭示客观的经济规律。

(1)经济现象和经济过程本身所固有的、本质的、客观的必然联系即经济规律。政治经济学的使命，就是要揭示人类历史不同社会形态纷繁复杂的经济生活中的这种本质联系，以及其实现方式和运动发展的必然趋势。

(2)经济规律具有客观性，不以人的意志为转移。它在一定的经济条件下产生并发生作用。不管人们承认与否、认识与否，它们始终按照自己的要求起作用。一旦经济条件变化了，它也就随之发生变化甚至消失。它的客观性质还在于人们不能违背它，也不能制定或任意改造它。任何人违背了或是企图臆造任何经济规律，都会受到无情的惩罚。不过人们在经济规律面前也并非无能为力，人们能够发现、认识和掌握它们，并学会正确地利用它们，即应当既深刻认识经济规律的客观性，又充分重视人们的主观能动性。

(3)经济规律按照其发生作用的历史时期的长短，可分为四类：

①在一切社会经济形态中起作用的共有经济规律，它表现各个社会经济形态发展过程中经济现象的某些共同的本质联系。例如，生产关系一定要适合生产力状况的规律，就是随着人类社会的产生和发展而产生和发展的。它体现着生产力和生产关系发展变化之间的本质联系，存在于人类社会发展的各个时期。在一切社会经济形态中，共有经济规律的存在，说明各个社会经济形态有着互相联系的一面。

②在几个社会经济形态中起作用的共有经济规律，它表现几个社会经济形态中存在的某种经济现象的共同的本质联系。例如价值规律。

③在某一社会形态中起作用的特有经济规律，它表现某一特定社会经济形态发展过程中经济现象的某种特殊的本质联系。如竞争和生产无政府状态规律是资本主义社会经济形态的特有经济规律之一，而有计划按比例发展规律则是社会主义、共产主义社会的特有经济规律之一。

④在某一社会形态的一定阶段起作用的特有经济规律，例如，按劳分配是社会主义社会即共产主义社会第一阶段的特有经济规律，按需分配是共产主义社会第二阶段的特有经济规律。

不同社会经济形态，以自己特有的经济规律相区别，又以共有的经济规律相联系。在我国经济建设和改革开放的实践中，必须认真研究经济规律的作用，很好地利用它，并按照客观经济规律的要求办事，以促进我国社会主义现代化建设又好又快地发展。

第一篇　政治经济学一般理论

第1章　生产力、生产关系和生产方式

1.1　复习笔记

【知识框架（庖丁解牛）】

- 生产力、生产关系和生活方式
  - 社会再生产过程中的生产关系
    - 生产、分配、交换与消费的相互关系
    - 人们在生产、分配、交换和消费过程中的关系
  - 所有制与产权
    - 生产资料所有制和所有权
    - 产权和产权制度
  - 生产力及其发展途径
    - 生产力的性质及其作用
    - 分工、协作与机器大生产
    - 新科技革命及其影响
  - 生产关系一定要适应生产力性质
    - 生产力、生产关系与生产方式
    - 制度创新对生产力、生产关系发展的影响

【考点难点归纳（厚积薄发）】

考点一：社会再生产过程中的生产关系　★★

1．生产、交换、分配与消费的相互关系

（1）生产与消费的关系：

①对于一个劳动者来说，生产和消费是一个生产过程的两个环节。生产是这个过程的起点，消费是它的终点：

a．生产是指对生产资料和劳动力的消费；

b．对消费品的消费是对劳动力的再生产。

②生产与消费具有相互决定关系：

a．生产决定消费的对象和方式；

b．一方面，消费使生产出来的产品得以最后完成其为产品；另一方面，消费还为生产创造出动力。

（2）生产与交换的关系：

①生产决定交换。

②交换反作用于生产。作用途径为：交换——产品需求——生产。

(3)生产与分配的关系：

①分配可分为产品分配以及生产资料和社会成员在生产过程中的分配：

a. 在产品分配上，生产决定分配；

b. 在生产过程中的生产资料和社会成员的分配上，分配决定生产。

②分配对生产有决定作用：

收入分配的方式会直接影响劳动的效率和生产要素配置的效率。

2. 人们在生产、交换、分配和消费过程中的关系

(1)人们在直接生产过程中的相互关系：

①由生产资料的所有制形式决定；

②与生产的基本方式有关。

(2)人们在交换过程中的相互关系包括两个方面：

①在直接生产过程中所发生的产品交换和活动的交换；

②在社会分工条件下，参与生产的劳动者相互之间、生产的组织者和被组织者之间的劳动交换。

(3)人们在分配过程中的相互关系：

①生产资料与生产条件分配中的关系；

②社会总产品分配过程中的关系。

(4)人们在消费中的相互关系：

①按其内容分，可分为生产消费和生活消费；

②按其主体分，可分为个人消费、社会消费和集团消费。

考点二：所有制与产权 ★

1. 生产资料所有制和所有权

(1)生产资料所有制：

生产资料所有制是指生产资料的归属，它包括人们对生产资料的所有、占有、支配和使用等方面所形成的经济关系。

(2)所有权：

所有权是所有制的法律表现形式。

(3)所有制与所有权的联系和区别如表 1-1 所示：

表 1-1　所有制与所有权的联系和区别

要点	区别	联系
所有制	①属于经济范畴； ②决定一个社会生产关系的本质特征	①所有权是所有制的法律表现形式； ②所有制的性质和内容决定所有权的性质和内容
所有权	①属于法律范典，属于上层建筑； ②产生于一定的所有制关系下，并随着所有制的发展变化而发生变化	

2. 产权和产权制度

(1)产权：

①概念：产权是指在一系列可选择的排他性行为中作出选择的权利。

②基本特征：

a. 产权具有经济实体性；

b. 产权流动具有独立性；

c. 产权具有可分离性。

(2)产权制度：

产权制度是指制度化的产权关系或对产权的制度化，是划分、确定、界定、保护和行使产权的一系列规则。其基本特征是归属清晰、权责明确、保护严格和流转顺畅。

考点三：生产力及其发展途径 ★★

1. 生产力的性质及其作用

(1)生产力的含义：

生产力是指人类征服和改造自然的客观物质力量，即劳动者利用生产资料进行物质资料生产的能力。生产力的基本要素有三个，即为：人的劳动、劳动资料和劳动对象。

(2)生产力的性质：

生产力本身并不包含制度属性，却总是与一定的社会制度相联系。

(3)科学与生产力的关系：

科学技术是第一生产力，而且是先进生产力的集中体现和主要标志。

2. 分工、协作与机器大生产(见表 1-2)

表 1-2　分工、协作与机器大生产

要点		具体内容
分工	形式	①社会劳动体系中基于协作的专业划分； ②劳动职能的分工； ③机器体系中的分工
	作用	劳动专业化程度提高；生产效率提高
协作	含义	指许多人在生产过程中，有计划地进行协同劳动
	正效应	①能使个人劳动达到平均水平，抵消劳动者之间的差异； ②能充分利用生产资料，提高其使用效率； ③能创造凝聚力； ④能激发劳动者的劳动积极性，提高其工作效率； ⑤能提高工作的连续性和流畅性； ⑥能集中力量在短时间内完成紧急任务
	负效应	集体成员偷懒
机器大生产	时间	18 世纪 60 年代到 1917 年十月革命
	影响	①促进自然科学应用于生产，推进了技术革命和技术进步； ②为机器大工业打下物质基础和技术基础，有利于生产的社会化； ③极大地促进了生产力的发展

3. 新科技革命及其影响

(1)四次科技革命如表 1-3 所示：

表 1-3 四次科技革命

要点	时间	标志	时代
第一次科技革命	18 世纪 70 年代	蒸汽机、火车的发明	蒸汽时代
第二次科技革命	19 世纪 70 年代	电、化学品、内燃机的发明	电气时代
第三次科技革命	20 世纪 40 年代末 50 年代初	原子能、电子计算机、航天技术、合成化学、高分子化学等的发展	信息时代
第四次科技革命	20 世纪七八十年代	信息技术和信息产业为龙头的高科技及其产业的迅速发展	—

(2)科学技术第一生产力的作用：

①促使一批新兴工业部门的涌现和发展；

②改造了原有传统工业部门并由此提高了劳动生产率；

③促进了产业结构的调整和优化升级；

④进一步深化了社会分工并提高社会生产力。

考点四：生产关系一定要适应生产力性质 ★★

1. 生产力、生产关系与生产方式

(1)生产方式：

生产方式是指社会生活所必需的物质资料的谋得方式，在生产过程中形成的人与自然界之间和人与人之间的相互关系的体系。社会生产力与社会生产关系的结合和统一，构成社会生产方式。

(2)生产力与生产关系对立统一：

①生产力起决定性作用。

a. 相对于一直比较平稳的生产关系，生产力处在不断发展变化过程之中，并引起生产关系的变化和发展；

b. 生产力决定与之相适应的生产关系。

②生产关系对生产力具有反作用。

适应生产力的生产关系可以促进生产力的发展，反之，则起阻碍作用。

(3)先进社会生产力的含义及其实现途径：

①含义：先进社会生产力是指那些掌握最新科学技术并将其应用到实践中的生产力。

②实现途径：

a. 科学技术；

b. 现代化进程的推进；

c. 加快产业升级。

2. 制度创新对生产力、生产关系发展的影响

(1)经济制度与经济体制：

①经济制度：

经济制度是指国家的统治阶级为了反映在社会中占统治地位的生产关系的发展要求，建立、维护和发展有利于其政治统治的经济秩序，而确认或创设的各种有关经济问题的规则和措施的总称。

②经济体制：

经济体制是指在一定区域内（通常为一个国家）制定并执行经济决策的各种机制的总和。通常是一国国民经济的管理制度及运行方式。

③两者的关系：

a. 都属于生产关系的范畴。

b. 经济制度和经济体制是内容与形式的关系。

（2）制度创新：

制度创新是指在人们现有的生产和生活环境条件下，通过创设新的、更能有效激励人们行为的制度、规范体系来实现社会的持续发展和变革的创新。

（3）制度均衡：

制度均衡是一种制度处于相对稳定的状态，即对改革的人来说没有改变现存制度的激励。

1.2 课后习题详解

一、概念题

1. 生产力

答：生产力是指人们利用并改造自然进而创造物质财富的能力。生产力包括劳动对象、劳动资料和劳动者三个要素。其中劳动者是生产过程中的人的因素，劳动者的劳动称为生产劳动。劳动对象和劳动资料是生产过程中的物的因素，它们又称为生产资料。生产力的这三个要素，都与一定的科学技术水平紧密联系着。

生产力是推动社会生产发展的决定因素。生产力越高，社会生产发展水平也就越高，创造的物质财富也就越丰富。生产力发展水平的高低，直接与劳动者的劳动经验和劳动技能的状况、生产工具的完善程度、自然物质的优劣有关。

2. 生产关系

答：生产关系是指人们在生产过程中结成的各种经济关系。生产关系是人们最基本的社会关系。生产关系包括三个方面：生产资料的所有制形式、人们在直接生产过程中所处的地位和关系、产品的分配关系。其中，生产资料所有制是整个生产关系的基础，它决定着生产关系中的其他方面。生产关系的其他两个方面对生产资料所有制又具有反作用。

3. 所有制

答：所有制是指生产资料的归属，它包括人们对生产资料的所有、占有、支配和使用等方面所形成的经济关系，在本书中主要是指生产资料所有制。生产资料所有制的性质决定着生产关系的性质。生产资料所有制是生产关系的基础，它决定人们的生产、分配、交换和消费关系的性质；同时生产资料所有制又总是通过生产、分配、交换和消费等社会生产的各个环节来实现自己。

生产资料所有制关系及其实现形式是随着生产力的发展而发展变化的。从原始社会的公有制到私有制，从一种形式的私有制到另一种形式的私有制，从私有制转变为公有制，从一种形式的公有制到另一种形式的公有制，是随着社会生产力的发展而呈现出规律性的变化的。

4. 所有权

答：所有权是指财产所有者对财产依法享有的占有、使用、收益和处分的权利，即法律上确认的经济主体对自身所拥有的财产的权利，是一定的所有制关系在法律上的表现。

所有权属于法律范典，属于上层建筑。它是在一定所有制关系下产生出来的，且在复杂的社会关系中还涉及和反映着许多派生的权利。

5. 产权（中央财经大学 2018 研）

答：产权是经济所有制关系的法律表现形式。它主要是指财产权利，即以财产所有权为主体的一系列财产权利的总和。

产权具有两个最基本的权能：①收益分享权能，即分享财产营运所带来的部分收益的权利。只有通过分享财产经营收益才能证明产权的经济存在，而且产权的经济意义也就在于收益。②收益支配权能，即在合法范围内，产权主体不受任何干扰，自主支配财产的权利，特别是对收益的支配权利。

产权的基本特征是：①产权主体具有经济实体性。作为经济实体一般必须具有这样三个特征：a. 必须有一定的财产作为参与社会再生产的前提，这项财产在法定的最终归属上并不一定必须为该实体所有；b. 必须直接参加社会再生产活动；c. 有自己独立的经济利益，并且参与社会营利性经济活动的主要目的就是实现自身的经济利益最大化。②产权运动具有独立性。即产权一经确定，产权主体就可以在合法范围内自主地运用，以谋求自身利益的最大化，而不受同一财产上其他财产主体的随意干扰。一个主体可以拥有多项产权，但一项特定产权只能归属一个主体。③产权体系具有可分性。在现代市场经济中，财产的价值形态运动与使用价值形态运动因信用制度等的发展而分离，不同的主体以财产不同形态的运动为控制对象，使得单一的财产所有权分离开来，并落在不同的产权主体手中。

6. 产权制度（中央财经大学 2014 研）

答：产权制度是指制度化的产权关系或对产权的制度化，是划分、确定、界定、保护和行使产权的一系列规则。其基本特征是归属清晰、权责明确、保护严格和流转顺畅。产权制度反映的是在财产使用过程中，财产所有者、经营者和使用者之间的财产利益和责任的法律及其经济的约束关系。现代产权制度是与社会化大生产和现代市场经济相适应的。

7. 生产方式（中央财经大学 2017 研；中央民族大学 2019 研）

答：生产方式即人们进行生产活动的方式。生产方式包括两个方面：生产力和生产关系。生产力是生产方式的物质内容，生产关系则是生产方式的社会形式。物质资料的生产方式对社会生活的一切方面起决定作用。生产方式制约着整个社会的政治制度、社会思想和社会文化等方面。随着生产方式的发展变革，社会庞大的上层建筑也会或快或慢地发生变革，从而推动着人类社会逐步向高级阶段发展。

8. 经济制度

答：经济制度是指国家的统治阶级为了反映在社会中占统治地位的生产关系的发展要求，建立、维护和发展有利于其政治统治的经济秩序，而确认或创设的各种有关经济问题的规则和措施的总称。

经济制度有以下几个层次和几个方面的含义：①社会经济制度，是指一个社会中占统治地位的生产关系的组织形式、权益规定、管理规则和行为规范。②基本经济制度，是指一个社会中生产关系的主要的组织形式、权益规定、管理规则和行为规范。③经济制度亦可指生产关系的具体存在与实现形式。④基本经济制度和具体经济制度的总和，可称为“经济体制”。

9. 经济体制

答：经济体制是指在一定区域内(通常为一个国家)制定并执行经济决策的各种机制的总和。通常是一国国民经济的管理制度及运行方式。它主要包括一定社会生产资料所有制的具体结构、经济决策权力结构、经济利益和动力结构、经济管理和调控体系等基本要素。经济体制则是由这些相互联系的基本要素组成的相互作用和相互影响的多层次经济组织及其运行的有机整体。按各种经济活动相互作用的联结方式，特别是资源配置方式，经济体制可划分为市场经济体制和计划经济体制。

10. 制度创新

答：制度创新是指在人们现有的生产和生活环境条件下，通过创设新的、更能有效激励人们行为的制度、规范体系来实现社会的持续发展和变革的创新。所有创新活动都有赖于制度创新的积淀和持续激励，通过制度创新得以固化，并以制度化的方式持续发挥着自己的作用，这是制度创新的积极意义所在。制度创新的核心内容是社会政治、经济和管理等制度的革新，是支配人们行为和相互关系的规则的变更，是组织与其外部环境相互关系的变更，其直接结果是激发人们的创造性和积极性，促使不断创造新的知识和社会资源的合理配置及社会财富源源不断的涌现，最终推动社会的进步。

二、问答题

1. 生产与交换、分配、消费的相互关系是什么?

答：参见本章“复习笔记”相关内容。

2. 马克思主义所有制理论的主要内容是什么?

答：马克思主义所有制理论的主要内容是：

(1)生产资料所有制是整个社会生产关系的基础，它决定并支配着人们在生产过程中的地位，决定着产品的分配和交换关系，其作为经济范畴，内部结构由人们对生产资料的所有、占有、支配和使用等经济关系组成。

(2)所有权是所有制的法律表现形式。它在一定所有制关系下产生出来，并在复杂的社会关系中还涉及和反映这许多派生的权利。

(3)财产权利关系的实质是人与人之间的经济关系。财产权利，只能在一定的经济关系中才存在。

(4)产权对主体要有经济意义，即财产主体要从中获得一定利益。

3. 如何理解生产关系一定要适应生产力性质的规律?

答：(1)生产关系一定要适应生产力性质的规律：

生产力和生产关系是社会生产不可分割的两个方面。生产力是人们征服自然和改造自然，从自然中获得物质资料的能力。生产关系是人们在物质资料生产过程中结成的相互关系。在社会生产中，生产力是生产的物质内容，生产关系则是生产的社会形式。为了同自然界作斗争，人们相互之间必须结成一定的生产关系，而人们结成一定生产关系的目的在于从事生产活动，获取物质资料和相应的经济利益。因此，一定的生产关系总是适应于一定的生产力状况而建立起来的，它必须适合生产力发展的要求，否则就会影响人们征服自然、改造自然，从自然中获取物质资料的能力。

(2)生产力和生产关系之间的辩证关系：

①生产力决定生产关系，这表现在：首先，生产力决定生产关系的性质，一定的生产关系是由一定的生产力所决定的，有什么样的生产力，就有什么样的生产关系。其次，生产力决定生产关系的发展和变革。当适应生产力要求的某种生产关系建立起来后，它的进一步发展和变化，以及被另一种新的生产关系所代替，同样是由生产力的发展所决定的。一种新的生产关系取代旧的过时的生产关系，是由生产力的发展状况决定的。而某种生产关系出现后，在它所处的生产方式内，也是变化和发展的。生产力不仅提出变革某种生产关系的要求，而且规定了生产关系发展、变革的方向和程度。

②生产关系对生产力有反作用。当生产力发展到某种生产关系所可能容纳的最高限度时，这种生产关系就过时了。这种过时的、旧的生产关系，会阻碍生产力的发展。但是，归根到底，生产关系一定要适合生产力的状况。在社会生产中，生产力是不断发展变化的，它是社会生产中最活跃、最革命的因素。生产关系不能长期地落后于生产力，不适合生产力发展要求的生产关系，迟早要被适合生产力发展要求的生产关系所代替。

(3)生产关系一定要适合生产力性质，是在任何社会形态中都存在并发生作用的经济规律，它决定着人类社会由低级形态向高级形态的发展，决定着一种生产关系向另一种新的生产关系的过渡，推动社会生产力不断向更高水平发展。

4. 简述经济制度和经济体制的基本关系。

答：经济制度和经济体制既有联系又有区别，两者的基本关系如下：

(1)经济制度与经济体制的联系：

①经济制度和经济体制都要受生产力发展状况的制约，都要适应生产力发展的要求。适应时就促进生产力发展，不适应时就阻碍生产力发展。

②经济体制在受生产力决定的同时还受经济制度决定，与生产力发展水平相适应的经济体制，对经济制度的完善和生产力的发展具有促进作用；相反，落后的、不合理的经济

体制则会阻碍经济制度的运行和生产力的发展。因此，一定的经济制度确立以后，经济体制的选择及其变革就显得十分重要。

③经济体制和经济制度都属于生产关系系统的范畴。经济制度属于本质关系层次，它是某一社会形态的生产关系，是一定生产关系本质属性的结合。经济体制属于经济运行关系的层次，它是某一社会生产关系的具体形式。

(2)经济制度与经济体制的区别：

①二者强调的重点不同。经济制度强调经济利益关系，经济体制强调经济组织关系。

②二者反映的层次不同。经济制度揭示人与人之间的深层次的所有制关系，而经济体制反映的是社会经济中较为浅层次的关系。按照经济制度的规定性，可以将人类社会经济制度区分为封建社会经济制度、资本主义经济制度、社会主义经济制度等等；按照经济体制的规定性，可以把同一社会经济制度的经济体制区分为计划经济体制、市场经济体制等等。

③经济制度和经济体制是内容与形式的关系。经济制度是经济体制建立的前提和基础，不存在脱离经济制度而孤立存在的经济体制；经济体制是经济制度的具体存在形式，不存在脱离经济体制而存在的纯粹的经济制度。

1.3 考研真题详解

一、概念题

1. 生产要素(东北财经大学 2006 研)

答：生产要素是指进行社会生产经营活动时所需要的各种社会资源，它包括劳动力、土地、资本、技术、信息等内容，而且这些内容随着时代的发展也在不断发展变化。土地，作为生产要素之一，不仅包括土地本身，还包括石油、煤、铁等各种矿藏、森林、野生动植物等一切自然资源。资本，是指由人类生产出来又用于生产的物质财物，包括建筑物、机器设备、运输工具等一切人造的生产辅助物。劳动，是指生产商品时所使用的人的全部体力和脑力才能，这是生产要素中的能动要素。现在，企业家才能也常常被一些经济学家当作独立的第四类生产要素，它包括组织土地、资本和劳动这三要素进行生产、革新、从事企业组织和管理以及担负企业活动的风险，是一种专业化的高水平的劳动。

2. 劳动对象与劳动资料(华中科技大学 2001 研；中南财经政法大学 2004 研)

答：劳动对象是指在劳动过程中，人们将劳动加于其上的一切东西。它是构成劳动过程的三个简单要素之一。劳动对象分为两类：一类是没有经过劳动加工的自然物，如开采中的矿藏，采伐中的原始森林，捕捞中的天然鱼类等等；另一类是经过劳动加工的原料，例如磨面粉用的小麦、纺纱用的棉花、炼铁用的矿石等等。

劳动资料是指生产中用来影响和改造劳动对象的一切物质资料和物质条件。劳动资料是劳动者与劳动对象联系的中介，生产工具是劳动资料中最主要的、具有决定意义的因素，是衡量社会生产力发展的客观标志。

劳动对象和劳动资料的总和构成了生产资料。

二、问答题

1. 你如何理解“任何生产都是社会的生产”这一论断？（浙江大学2006研）

答：（1）物质资料生产中包含生产力的方面：

物质资料的生产是指人们以一定方式与生产资料结合起来改造自然和创造物质资料（物质财富）的过程。物质资料的生产是人类社会存在和发展的基础。生产力是人们生产物质资料的能力，它表示人们改造自然和征服自然的水平，反映了人和自然界的关系。在生产力的构成中，包括着人的因素和物的因素。人的因素，是指有一定生产经验、劳动技能和科学知识，并实现着物质资料生产的劳动者，它在生产中起着最根本的作用。物的因素是指生产资料，在生产资料中，起着最重要作用的是生产工具，它是社会生产力发展水平和发展状况的最主要标志，也是划分经济发展时期的主要标志。

（2）物质资料生产中包含生产关系的方面：

在物质资料的生产过程中，人们不仅同自然界发生关系，人们彼此之间也要发生关系。由于单个的人无法与自然力量抗衡，因而孤立的生产实际上是不存在的。在生产过程中，人们只有结成一定的关系共同活动和互相交换活动，才能与自然界发生联系。因此，为了进行生产，人们相互之间便发生一定的联系和关系，这种在生产过程中结成的人与人之间的各种经济关系就称为生产关系。生产关系是物质资料生产借以实现的社会形式，它是人们在社会生产中发生的、必然的、不以他们的意志为转移的经济关系或物质利益关系。由于生产活动是最基本的实践活动，因而生产关系是人们最基本的社会关系，它是其他各种社会关系存在和发展的基础。政治关系、家庭关系、宗教关系等各种社会关系，都受生产关系的支配和制约。

生产关系有狭义和广义之分。狭义的生产关系是指直接生产过程中结成的人和人的关系，如企业中厂长、经理、工程技术人员、工人等之间的关系。广义的生产关系是指社会再生产中包括生产、分配、交换、消费诸关系在内的生产关系体系。生产关系包括三个方面：生产资料的所有制形式；人们在直接生产过程和交换过程中所处的地位和关系；产品的分配关系。其中，生产资料所有制是整个生产关系的基础，它决定着生产关系中的其他方面。

（3）任何生产都是社会的生产：

由于任何社会的生产都包括生产力和生产关系两个方面，因此，物质资料的生产总是社会的生产。

2. 马克思主义所有制理论中的“产权”主要包括哪些内容？它与现代西方经济学中的“产权”主要区别是什么？“产权革命”在我国经济体制改革中的重要意义和作用是什么？（南开大学2006研；中央财经大学2011研）

答：（1）马克思主义所有制“产权”理论：

马克思主义产权理论是一种从人们之间的劳动贡献关系入手研究产权关系的理论。马克思认为产权是一组权利的结合体，除了生产资料所有制或所有权之外，它还包括占有权、使用权、支配权、经营权、索取权、继承权以及不可侵犯权等一系列权利。马克思主义所有制理论中，对产权有如下规定：

①所有权是指财产所有者对财产依法享有的占有、使用、收益和处分的权利，即法律上确认的经济主体对自身所拥有的财产的权利，是一定的所有制关系在法律上的表现。

②财产权利关系的实质是人与人之间的经济关系。财产及其权利只能在一定的经济关系中才存在。

③产权对主体要有经济意义，即财产主体要从中获得一定利益。

(2)马克思“产权”理论与西方经济学“产权”理论的区别：

马克思“产权”理论与西方经济学“产权”理论在财产归属方面都具有排他性。但两者又是两种不同的产权范式，在对资本主义产权研究的切入点、核心范畴，产权产生和存在的历史条件，产权与效率的关系等问题的认识上有着原则性分歧。

①两者研究的切入点和核心范畴完全不同。

马克思的产权理论是以辩证唯物主义和历史唯物主义的世界观为指导建立起来的，是马克思主义完整体系中不可分割的重要组成部分，因此马克思是用联系的观点、整体的方法来研究产权问题的。根据人类社会发展的规律，马克思分析了不同社会历史条件下的产权制度。就资本主义产权制度而言，他研究的切入点是“商品”，研究的核心范畴是“资本”和“剩余价值”。而西方现代产权经济学以个体主义的方法分析产权，由于肯定资本主义产权制度的合理性，因而其产权研究主要是针对资本主义社会，分析的切入点是“企业”，分析的核心范畴是“交易”和“交易成本”。

②两者对产权产生和存在的历史条件存在原则分歧。

马克思的产权理论认为所有权是所有制的法律形态，经济关系决定法权关系，产权是一种历史权利，产权制度像任何一种制度一样，都是历史的、暂时的。产权关系是随着经济关系的变迁和经济条件的变化而不断变化、发展的。不同的社会生产和经济运行，要求不同的产权制度与之相适应。而不同的产权制度又规定、制约、影响着不同社会经济形态的社会生产的性质与目的以及社会经济运行的特征和效率。现代西方产权经济学却认为产权是一种自然权利，它不是在历史地形成的生产方式和生产关系基础上产生的，而是以反映人的超历史的自然本性的法律为基础的，是法律创造了产权，因而产权首先是一个法权概念，是由凌驾于社会之上的立法者创造的，法权关系决定经济关系。

③两者在产权与效率的关系的认识上存在重大分歧。

由于马克思认为产权本质上是一个社会历史范畴，因而对不同产权制度下的生产效率作了历史的分析，对私有产权和公有产权与效率的关系进行了客观评价。而西方产权经济学对产权与效率的关系的研究是基于肯定私有产权的基础上进行的，因此充分肯定了私有产权的合理性和高效率，否定公有产权的科学性，与马克思的观点有着本质上的区别。

(3)“产权革命”在我国经济体制改革中的重要意义和作用：

①有利于解决企业财产的流动性与传统公有制企业中存量资产凝固性的矛盾。在社会主义市场经济条件下，为了充分利用市场机制合理的配置社会资源，客观上要求企业的财产必须是可转让的，并且要在转让与流动中实现国有资产的重组和优化。然而，在传统的公有制企业中，由于国有资产所有权处于分割的局面，并且以实物资产管理为主，必然是国有资产所有权分散在各级政府和部门手中，强化部门经济，使企业的产权转让非常困难。这不仅导致了资产配置的不合理和资源利用的浪费，而且使整个社会范围内产业结构与产

品结构不合理的状况得不到改变。在国有资产呆滞状态下，国家和企业只好不断的追加新的投资，对经济结构的增量进行调整，但增量资产一旦成为存量资产又会陷入新的凝固状态。

②有利于健全产权管理体制，加快企业转亏经营机制。在经济体制改革过程中，随着股份制、中外合资等资产组织形式的出现，明确产权责任和改革传统国有资产管理体制成为人们关注的焦点。目前，政府的一般社会管理职能与国有资产所有者职能仍没有彻底分开，政府部门凭借社会管理者和所有者的双重职能，经常对企业的生产经营活动进行干预，如有的政府部门制定了许多要求企业对口达标、验收的标准，使企业忙于应付接待、没有时间和精力研究生产和经营，使企业没有从根本上摆脱政府附属部门的地位。国企改革中两权分离的不彻底使政府部门一方面常常以所有者身份截留企业的经营自主权，另一方面企业不具有法人财产权，没有处置企业资产的权利，其经营管理权必然是不充分的。企业不是产权主体，只能负盈不负亏。这种状况不改变，就不利于社会主义市场经济体制的建立，也会阻碍资源的合理流动。

③有利于解决企业财产组织形式开放式与封闭式的矛盾。在社会主义市场经济条件下，客观上要求企业采取开放式的财产组织形式，以使企业根据市场的需要合理的配置社会资源。但是传统的财产组织形式是封闭式的，企业之间缺乏横向的经济联合，即使企业继续扩大生产规模，也只是能通过缓慢的自我积累来解决资金不足的问题。企业在无须扩大生产能力时，闲置的资金或生产设备也不能投放到其他企业中去发挥作用。这种传统的流动和重组，也使企业无法适应市场经济发展的客观要求。

④有利于解决企业产权模糊和企业兼并的矛盾。企业产权关系不明确，使企业缺少处置资产的权力，直接影响到企业兼并，尤其是国有企业产权主体不到位，产权代表不明确，使企业无法决定兼并或被兼并，在具体操作中遇到很多困难，有偿转让和兼并交易费用归属也很难确定，在一定程度上挫伤了企业跨地区、跨部门开展横向经济联合的积极性。由于企业产权关系不明晰，政府作为国有资产的代表者，在企业兼并中必然进行干预，如果盲目地对企业兼并进行干预，把经济效益差的企业硬性搭配给经济效益好的企业，会使一些经济效益好的企业出现滑坡，甚至被拖垮，不利于企业走向市场，这种人为地规定生产要素的流向，也不利于社会资源的优化配置。

⑤加快产权制度改革是国有企业建立有效的公司治理结构的前提。产权主体的社会化是实现政企分开、建立现代企业制度的基础和前提。在产权主体社会化和产权清晰的前提下才有可能形成有效的公司治理结构。产权主体的社会化有利于形成多元化利益主体的风险与责任意识，强化企业的自我约束机制。

⑥产权制度改革是建立企业与职工利益共同体的基础。建立在现代市场经济条件下的企业与职工的密切结合是现代市场经济条件下普遍追求的重要目标。使广大企业职工成为企业财产的具体拥有者，是职工广泛参与企业管理、形成企业文化的制度基础。在充分承认和实现劳动者、经营管理者和技术人才之间不同作用和贡献的前提下，实现职工持股并保持合理的差别性，并由此使各类人力资本的作用得到更充分的发挥。在承认并确立劳动力产权的基础上，将劳动者利益与企业利益、国家利益长期地、合理地统一起来，逐步形成国家、集体和个人的利益共同体。

3．马克思主义政治经济学在研究资本主义经济运动规律的过程中是如何分析生产力的？（中国人民大学2003研）

答：马克思是运用唯物辩证法、科学的抽象法以及逻辑和历史有机结合的方法，透过纷繁复杂的资本主义经济现象逐步深入的分析生产力的。通过对生产力及生产关系的分析，揭示资本主义经济运动的规律，从而介绍资本主义生产方式在发展过程中必然产生的各种矛盾，并从趋于瓦解的资本主义经济运动形势中，发现能够消除这些矛盾的力量和因素。

（1）与生产关系结合起来分析生产力：

在马克思主义政治经济学中，人类经济行为的两个方面即人与自然的关系方面和人与人的关系方面被称为生产力和生产关系两个方面，这二者的结合称为生产方式。从马克思关于政治经济学研究对象的上述论述中，可以看出，马克思主义政治经济学的研究对象是包括生产力和生产关系两个方面的生产方式。正是在资本主义经济运动过程中，马克思发现了生产力和生产关系的一般规律，即生产力决定生产关系，生产关系一定要适应生产力的发展。

（2）从生产工具分析入手：

资本主义社会生产力以机器工业产生和发展为主要标志。这是在资本主义生产关系作用下经过简单协作、工场手工业而逐步发展起来的强大生产力。机器由发动机、传动机和工作机三个环节构成综合有机体。由于机器有强大的力，能用机械代替手工操作，它的产生大幅度地提高了劳动生产率。机器工业的产生和发展，既是科学技术进步的具体体现，又进一步加强了科学技术的地位和作用。工业逐渐取代农业成为产业主体，形成了以机器制造为中心的庞大体系。总之，机器时代的生产力“由于机器电力技术体系取代了传统的手工——体力技术体系，实现了飞跃式技术进步，人类社会生产力又一次发生了质变，由手工生产力升级为近代生产力，也就是机器生产力”。从这些分析中，可以看出生产力的进步首先以生产工具的改进为标志。

（3）分析生产力与意识形态结合起来，从而揭示资本主义生产的实质：

与机器生产力时代相适应的社会形态是资本主义社会。资本主义社会经济制度的基本特征是资本主义生产资料所有制。资本家占有生产资料，对雇佣劳动者进行剩余价值的剥削。资本主义占有制代替封建占有制也是一种剥削制度代替另一种剥削制度，与以往剥削制度不同，劳动者有人身自主权，劳动者向资本家出卖劳动力，资本家向劳动者支付劳动力价值，剥削劳动者的剩余劳动。资本主义社会代替封建社会促进了社会发展史的巨大进步，资本主义生产关系适应了机器生产力体系发展的要求，从而促进了社会生产力的发展。

（4）分析生产力和资本原始积累结合起来：

资本主义生产力的迅速发展离不开资本原始积累，资本原始积累是生产者和生产资料分离的过程，也就是以自己劳动为基础的私有制的解体过程。这个过程是通过直接暴力来实现的。资本原始积累的历史是一部肮脏的历史，“是用血和火的文字载入人类编年史的”，“资本来到世间，从头到脚，每个毛孔都滴着血和肮脏的东西。”在资本主义社会，“自然力的征服，机器的采用，化学在工业和农业中的应用，轮船的行驶，铁路的通行，电报的使用，整个大陆的开垦，河川的通航，仿佛用法术从地下呼唤出来的大量人口”，造就了极其巨大的生产力。

(5)透过生产力看资本主义的发展趋势：

随着资本主义生产力的发展，资本主义基本矛盾即生产社会化同资本主义私有制之间的矛盾也尖锐起来，资本主义生产方式日益成为生产力进一步发展的障碍。生产关系一定要适应生产力发展的规律决定了资本主义生产方式要由社会主义生产方式来代替。

4. 社会分工与个别分工的区别是什么？（中央财经大学 2014 研）

答：社会分工是在与个别分工相互联系的过程中产生的。社会分工与个别分工的区别在于：

(1)生产的直接结果不同。社会分工使各个劳动者的产品都作为商品而存在。个别分工中局部工人不能生产商品，变成商品的是局部工人的共同产品。

(2)劳动联系的方式不同。社会分工中的各个劳动部门之间相互联系进行买卖交易，个别分工不具备这个媒介。

(3)存在的经济基础不同。社会分工中的生产资料的存在形式是分散的，个别分工中的生产资料的存在形式是集中的。

(4)决定劳动力和生产资料分配的比例的途径不同。社会分工的比例配置比较随意，个别分工中是有计划地进行配置。

(5)社会分工只承认竞争的权威，而个别分工以所有者或管理者对劳动者或被管理者的权威为前提。

5. 请阐述社会再生产四个环节之间的关系，并说明这一理论的现实意义。（中国人民大学 2018 研）

答：物质资料的生产，是人类最基本的生产活动。在物质资料生产过程中，会形成生产、交换、分配和消费关系，人们的生产、交换、分配和消费构成社会再生产的总过程。

(1)生产与消费的关系：

①从社会再生产过程来说，生产和消费都既是起点又是终点。一方面，生产是生产资料和劳动力的消费。另一方面，消费品的消费又是再生产劳动力的生产。

②生产与消费有相互决定关系。一方面，生产决定消费。表现在：生产决定消费的对象；生产决定消费的方式；生产的性质决定消费的性质；生产引起消费的需要。另一方面，消费也决定着生产。对于一个劳动者来说，生产和消费是一个生产过程的两个环节。生产是这个过程的起点，消费是它的终点。消费把生产的产品消费掉，把劳动者的劳动力再生产出来。

(2)生产与交换的关系：

①生产决定交换。表现在：生产的性质决定交换的性质；生产发展的程度决定交换的发展程度。

②交换对生产具有反作用。随着交换的发展和市场的扩大，对用来交换的产品的需求增长了，从而促进生产的发展。不论是乡村内部、城市内部以及乡村和城市之间，还是各个地区之间、生产部门之间以及各个部门内部，产品交换的发展都对生产具有反作用。

(3)生产与分配的关系：

①分配有两种：一种是产品的分配；另一种是生产资料和社会成员在生产过程中的分

配。这两种分配和生产的关系也不相同。

在产品分配上，是生产决定分配；在生产过程中的生产资料和社会成员的分配上，是分配决定生产。

②分配对生产有决定作用：分配对效率具有调节作用，收入分配的方式会直接影响劳动和生产要素配置的效率。

(4)现实意义：

①人们的生产、分配、交换和消费的社会性质是由生产资料所有制的性质决定的。这种生产、分配、交换和消费关系体现着资本主义私有制关系的性质。正是在这个意义上，马克思说："给资产阶级的所有权下定义不外是把资产阶级生产的全部社会关系描述一番。"因此，一方面，不能离开生产资料所有制去研究人们的生产、分配、交换和消费关系；另一方面，生产资料所有制的性质表现在生产、分配、交换和消费各个环节上，只有分析了人们的生产、分配、交换和消费关系的性质，才能把生产资料所有制的性质分析清楚。

②人们的生产、分配、交换和消费关系即社会生产关系的总和构成社会的经济基础。马克思说："人们在自己生活的社会生产中发生一定的、必然的、不以他们的意志为转移的关系，即同他们的物质生产力的一定发展阶段相适合的生产关系。这些生产关系的总和构成社会的经济结构，即有法律的和政治的上层建筑竖立其上并有一定的社会意识形态与之相适应的现实基础。"政治、法律、宗教、文学、艺术、社会意识等社会上层建筑是在一定的经济基础上建立起来的，是由经济基础决定的。有什么样的经济基础，就有什么样的上层建筑。但是上层建筑对经济基础又有反作用，它能够促进或阻碍经济基础的发展。

第2章　商品和价值

2.1　复习笔记

【知识框架(庖丁解牛)】

- 商品和价值
  - 商品及其内在矛盾
    - 商品经济
    - 商品的使用价值和价值
    - 具体劳动和抽象劳动
    - 个别劳动和社会劳动
  - 价值量
    - 个别劳动时间和社会必要劳动时间
    - 劳动生产率和价值量
    - 简单劳动和复杂劳动
    - 科技、管理与价值创造
  - 市场经济和价值规律
    - 市场经济
    - 价值规律及其作用

【考点难点归纳(厚积薄发)】

考点一：商品及其内在矛盾　★★★

1. 商品经济(见表2-1)

表2-1　商品经济

要点	具体内容
含义	指直接以市场交换为目的的商品的生产、交换、出售的总和
产生的前提条件	社会分工；生产资料和劳动产品归于不同的所有者
特征	自发性、市场性、竞争性、开放性
发展阶段	①简单商品经济——初始形式，属于农业经济时代，以生产资料的个体私有制和个体劳动为基础、以手工业劳动为技术特征。 ②市场经济——高级形式，属于工业经济时代，以价值规律为经济发展基本规律、以市场机制为调节资源配置的基础性机制

2. 商品的使用价值和价值

商品是指为交换而生产的劳动产品，具有使用价值和价值二要素。

(1)使用价值：

①含义：使用价值是指物品和服务的有用性。

②特点：

a. 必须是劳动产品的使用价值。

b. 并非对生产者自己有用，而是对他人和社会有用。

c. 必须与他人交换让渡给他人才能消费。

(2)交换价值和价值：

①交换价值：商品能够通过买卖同其他商品相交换的属性。具体来说是一种使用价值与另一种使用价值相交换的量的比例关系。

②价值：凝结在商品中人类劳动或抽象的人类劳动，是商品的本质属性，是商品经济特有的范畴。

(3)交换价值、使用价值和价值之间的关系：

①交换价值与价值的关系：价值是交换价值的基础与外在表现。

②使用价值与价值的关系：

a. 互相统一，互为依存。使用价值是价值的存在前提和物质载体。

b. 相互对立，相互排斥。商品的使用价值和价值不可能被同一人所占有，商品生产者只能通过让渡使用价值来得到价值，而商品购买者只能通过用价值换取使用价值，即商品的内在矛盾只能通过交换得到解决。

3. 具体劳动和抽象劳动

(1)具体劳动和抽象劳动的关系如表 2-2 所示：

表 2-2 具体劳动和抽象劳动的关系

要点	区别				联系
	定义	创造的价值	反映的关系	属性和范畴	
具体劳动	在特定的具体形式下进行的劳动，考察劳动的具体形态	使用价值(但不是唯一源泉)	人和自然的关系	自然属性，是一个永恒性范畴	是生产商品的同一劳动的两个方面，在时间上、空间上都是不可分割的
抽象劳动	无差别的一般人类劳动，考察劳动的抽象形态	价值实体	人与人之间的社会关系	社会属性，是商品经济特有的范畴(历史性)	

(2)劳动二重性学说的意义：

劳动二重性是理解政治经济学的枢纽：①为劳动价值理论创建了科学基础，并为剩余价值理论的创立奠定了理论前提；②进一步为资本有机构成理论、资本积累理论、资本主义再生产理论等一系列理论提供了理论前提。

4. 个别劳动和社会劳动

(1)个别劳动：商品经济的生产资料私有制条件下，商品生产者的劳动是由劳动者自己决定的个人行为。

(2)社会劳动：以私有制为基础的商品经济中生产商品的劳动所具有的社会性质。

(3)个别劳动和社会劳动的矛盾：

个别劳动所具有的社会劳动的性质，无法在生产过程中直接得到表现和承认，这就形成了个别劳动和社会劳动的矛盾。个别劳动和社会劳动的矛盾是商品经济内在矛盾的根源。

(4)商品流通过程的二重性及特点：

①商品流通过程的二重性：

a. 生产中形成的使用价值的流通过程。

b. 生产中形成的价值在流通中实现的过程。

商品流通过程的二重性是由商品生产过程的二重性决定的。

②商品流通的特点：

a. 目的是为了获得使用价值。

b. 内容是同量(价值)异质(使用价值)的商品交换。

c. 商品生产者在流通中先卖后买，换回自己需要的商品，商品流通过程至此结束，随后进入消费过程。

考点二：价值量 ★★★

1. 个别劳动时间和社会必要劳动时间

(1)个别劳动时间：

个别劳动时间是指各个商品生产者耗费在同一种商品上的各自的劳动时间，由此形成的价值是商品的个别价值。

(2)社会必要劳动时间的两种含义如表2-3所示：

表2-3 社会必要劳动时间的两种含义

要点	区别					联系
	概念	角度	表现的关系	决定的价值	涉及的内容	
第一种含义	在现有的正常的生产条件下，在社会平均的劳动熟练程度和劳动强度下制造某种使用价值所需要的劳动时间	社会生产条件	某一生产部门内部不同生产条件生产者生产商品所耗费的不同劳动量的关系	单位商品的价值	劳动消耗	①第一种含义是第二种含义的基础；②第一种含义涉及劳动消耗，第二种含义则涉及社会规模的使用价值，经济调节的目标就是，社会总劳动时间按社会必要劳动时间配置到各个部门
第二种含义	在生产不同商品的生产者之间形成的社会必要劳动时间，它涉及的是社会总劳动时间在各种商品上的分配，其作用的是不同商品的使用价值量被社会接受的程度	社会需要	商品供给者与商品需求者之间的关系	部门总商品的价值	社会规模的使用价值	

2. 劳动生产率和价值量

(1)劳动生产率：

①含义：劳动者在一定时期内创造的劳动成果与其相适应的劳动消耗量的比值。

②表示方法：

a. 单位劳动时间内生产的产品数量。用公式表示为：劳动生产率=产品量/劳动时间。

b. 生产单位产品所耗费的劳动时间。

（2）价值量：

生产商品所耗费的凝结在商品中的一般人类劳动量。

（3）二者关系：

劳动生产率同商品的使用价值成正比，同商品的价值量成反比。

3. 简单劳动和复杂劳动

（1）简单劳动是指不需要经过系统的学习和较长时间的专业训练，每个身体健全的人都能够从事的劳动。

（2）复杂劳动是指需要经过专门训练和培养，具有一定文化知识和技能的劳动者才能从事的劳动。

（3）复杂劳动转化为简单劳动的不同比例，是由社会过程决定的，是在反复的交换实践中自发形成的。

4. 科技、管理与价值创造

（1）科技与价值创造：

一方面，科技在生产上的应用使劳动对象的范围更广、性能更好；另一方面，科技可以培养出素质更高的工人、管理人员和科技人员。

（2）管理与价值创造：

管理劳动也创造价值。管理劳动既是一种具体劳动，又是一种抽象劳动，原因在于：

①管理劳动与生产使用价值有直接关系。

②管理人员的劳动与其他生产人员的劳动共同形成新价值。

考点三：市场经济和价值规律 ★★

1. 市场经济

市场经济是指市场在资源配置中起决定作用的经济。

（1）资源配置：

资源配置就是在全社会范围内把经济资源（即各种生产要素）按比例分配到各个部门和地区，使各种生产要素合理而有效地组合，以保持社会经济均衡和可持续发展，获得最大的社会产出，以满足社会需要。

（2）市场机制的类型：

①价格机制。在竞争过程中，与供求相互联系、相互制约的市场价格的形成和运行机制。价格机制包括价格形成机制和价格调节机制。

②供求机制。商品的供求关系与价格、竞争等因素之间相互制约和联系而发挥作用的机制。供求关系受价格和竞争等因素的影响，而供求关系的变动，又能引起价格的变动和竞争的开展。

③竞争机制。竞争机制反映竞争与供求关系、价格变动、资金和劳动力流动等市场活动之间的有机联系。它同价格机制和信贷利率机制等紧密结合，共同发生作用。

④风险机制。风险机制是指风险与竞争及供求共同作用的原理，在利益的诱惑下，风险作为一种外在压力同时作用于市场主体，与竞争机制同时调节市场的供求。

(3)市场配置方式的优缺点：

①优点：

通过市场自发调节商品供求、资源分配和物质利益分配，并依据市场规则进行市场交易活动，可以自动实现资源的优化配置。

②缺点：

a. 自发性和分散性，难以自动地实现整个国民经济的发展战略和目标；

b. 只能进行微观调控，无法直接进行需求的总量和结构调控，容易导致宏观经济总量和结构失衡；

c. 对外部不经济束手无策；

d. 可能刺激生产经营者的短期行为，造成产业结构失衡和资源浪费；

e. 会造成外部不经济现象。

2. 价值规律及其作用

(1)内容：

商品的价值由生产商品的社会必要劳动时间决定，商品交换按照由社会必要劳动时间决定的价值量进行。这是贯穿于商品生产和商品交换中的一种不以人们意志为转移的客观必然趋势，是商品经济的基本规律。

(2)作用：

①自发地调节生产资料和劳动力的分配。

②激发生产者的劳动积极性。

③优胜劣汰，调整产业结构的同时，导致生产者两极分化。

(3)发挥作用的形式：

价格围绕价值波动。价格背离价值的波动并非对价值规律的否定，原因在于：

①这种波动始终以价值为基础。

②从商品交换的总体来看，价格的起伏会相互抵消，因此商品的平均价格等于价值。

③通过价格的不断波动调节供求，达到供求的平衡，从而使得价格接近价值。

2.2 课后习题详解

一、概念题

1. 商品

答：商品是用于交换的劳动产品。①商品是使用价值和价值的矛盾统一体。a. 任何物品如果没有使用价值，就没有价值，因而不是商品。b. 未经人类劳动创造的物品虽有使用价值，但没有价值，不能成为商品。c. 有些物品虽有使用价值，也是劳动产品，但不是为了交换，而是用于自己的消费或无偿提供给别人消费。这种只具有使用价值而无价值的物品也不是商品。②商品是使用价值和价值的对立统一体，即商品的使用价值和价值是相互对立、相互排斥的。a. 使用价值是商品的自然属性，价值是商品的社会属性。b. 商品的使用价值和价值对于生产者和购买者来讲，只能实现其中一种属性，不能同时两者兼而有之。c. 商品使用价值和价值的矛盾只有通过交换才能解决，一旦交换失败，就意味着商品价值不能实现，使用价值不能进入消费，商品的内在矛盾暴露。

2. 商品经济

答：参见本章“复习笔记”相关内容。

3. 使用价值

答：商品的使用价值是指商品能够满足人们某种需要的有用性。商品的使用价值由商品的物理、化学等自然属性决定。同一种商品具有多种自然属性，因而具有多方面的使用价值，不同种商品具有不同的自然属性，因而有不同的使用价值。使用价值的特点包括：①必须对别人有用，是社会的使用价值；②必须是劳动产品的使用价值；③必须是通过交换让渡给别人，才能进入消费的使用价值，从而是交换价值的物质承担者。

4. 交换价值

答：交换价值是指一种使用价值同另一种使用价值相交换的数量关系或比例。一种商品在与其他多种商品相交换时，会形成不同的数量比例关系，因而可以有多种交换价值。一种商品的交换价值，会随时间和地点的变化而变化。但是，一般来说，在同一时间的统一市场上，每一种商品都有为众多交换者共同认可的统一的交换价值。交换价值是价值的表现形式。

5. 价值

答：价值是指体现在商品里的社会必要劳动。商品的价值有质的规定性和量的规定性两方面。

从质的规定性上说，商品价值是无差别的一般人类劳动的凝结，即抽象劳动的凝结。抽象劳动是撇开其具体形式的同质的、无差别的一般人类劳动，是劳动的社会属性，体现的是人与人之间的社会关系，是创造价值的唯一源泉。

从量的规定性上说，商品价值是由实现在商品中的劳动量决定的。①商品价值量不是由个别劳动时间决定的，而是由社会必要劳动时间决定的。②商品的价值量是由复杂劳动换算成简单劳动的社会必要劳动时间决定的。复杂劳动则是需要经过专门训练和学习、有一定技术专长的劳动；简单劳动是指一定社会条件下，不需要专门训练和学习、一般劳动者都能胜任的劳动。

6. 具体劳动

答：具体劳动是指在商品生产中，人们为了生产满足各种不同需要的商品，所进行的各种特定形式的劳动，这些劳动的目的、对象、工具、操作方法和结果都是不同的。具体劳动创造使用价值，但并不是所生产的使用价值的唯一源泉。具体劳动是劳动的自然属性，体现着人与自然的关系，是人类生存和社会发展的基础和条件，是不以社会形态的变化为转移的。

7. 抽象劳动（中央财经大学2019研）

答：抽象劳动是指抽掉了各种具体形式的、无差别的、一般意义上的人类劳动。生产商品的劳动，具体形式千差万别，都是人类体力和脑力的消耗。生产商品所消耗的抽象劳动，形成商品的价值。抽象劳动是一个历史范畴，它是生产商品的社会劳动所特有的。

8. 价值量

答：商品的价值量是指由生产商品的劳动时间决定的生产商品的劳动的量。在社会正常的生产条件下，生产同一种商品的各个劳动者，其劳动熟练程度和劳动强度是不同的。在同样的劳动时间内，熟练劳动和强度大的劳动，比非熟练劳动和强度小的劳动创造出更多的价值。社会必要劳动时间是按平均的劳动熟练程度和平均的劳动强度计算的。单位商品的价值量和包含在商品中的社会必要劳动量成正比，而与生产这一商品的劳动生产力成反比。

9. 个别劳动时间

答：个别劳动时间是“社会必要劳动时间”的对称，是指个别商品生产者生产某种商品所耗费的劳动时间。由个别劳动时间形成的价值是商品的个别价值。如果商品生产者的个别劳动时间与社会必要劳动时间相等，则这个商品生产者的劳动耗费就可以得到完全的补偿；如果商品生产者的个别劳动时间少于社会必要劳动时间，那么这个商品生产者的劳动耗费不仅可以得到完全补偿，而且还可以得到更多的盈利；如果商品生产者的个别劳动时间大于社会必要劳动时间，则这个商品生产者就会因为有一部分劳动耗费得不到补偿而亏损。商品生产者为了在市场竞争中获得优势和更多盈利，就要不断提高劳动生产率，以缩短个别劳动时间。这将在客观上促进社会生产力和市场的发展。

10. 社会必要劳动时间

答：社会必要劳动时间是指在现有的社会正常的生产条件下，在社会平均的劳动熟练程度和劳动强度下制造某种使用价值所需要的劳动时间。所谓现有的社会正常的生产条件，是指当时社会上某一生产部门内大多数生产者普遍使用的生产条件。在这种条件下，社会必要劳动时间以大多数生产者所能达到的熟练程度和劳动强度为准。个别劳动时间与社会必要劳动时间的矛盾运动，对于商品生产者的成败具有决定性的意义。

11. 复杂劳动

答：复杂劳动是指需要经过专门训练和学习、有一定技术专长的劳动。复杂劳动是外加的简单劳动。商品的价值量是由复杂劳动换算成简单劳动的社会必要劳动时间决定的。

12. 简单劳动

答：简单劳动是指一定社会条件下，不需要专门训练和学习、一般劳动者都能胜任的劳动。商品的价值量是由复杂劳动换算成简单劳动的社会必要劳动时间决定的。

13. 劳动生产率

答：劳动生产率是指具体劳动生产使用价值的能力或效率。劳动生产率可以用两种方法来表示：①用同一劳动在单位时间内生产某种产品的数量来表示，单位时间内生产的产品数量越多，劳动生产率就越高；反之，单位时间内生产的产品数量越少，劳动生产率就越低。②用生产单位产品所耗费的劳动时间来表示。生产单位产品所需的劳动时间越短，劳动生产率就越高；反之，生产单位产品所需的劳动时间越长，劳动生产率就越低。

劳动生产率的高低取决于多种因素：劳动者的平均熟练程度、生产过程的社会组织、科学技术的发展及其在生产中的应用程度、生产资料的规模和效能、各种自然条件等。

14. 价值规律

答： 价值规律是指商品的价值由生产商品的社会必要劳动时间决定，商品交换按照由社会必要劳动时间决定的价值量进行。这是贯穿于商品生产和商品交换中的一种不以人们意志为转移的客观必然趋势，是商品经济的基本规律。

15. 市场经济

答： 市场经济是指市场在资源配置中起决定作用的经济，即以商品等价交换关系为基础的经济运行方式和管理方式，特别是资源配置方式。市场经济对于资源的配置是通过市场机制来实现的，通过市场机制内的供给与需求、价格、竞争、风险等要素之间的相互作用来促进资源的优化配置和各部门的按比例发展。

16. 资源配置

答： 资源配置是指在全社会范围内把经济资源（即各种生产要素）按比例分配到各个部门和地区，使各种生产要素合理而有效地组合，以保持社会经济均衡和可持续发展，获得最大的社会产出，以满足社会需要。社会经济资源的合理而有效的配置有两种方式，即市场方式和计划方式。一般来说，在商品经济占统治地位的条件下，经济资源配置主要由价值规律的自发作用，即由市场或市场机制的作用来实现。另一种经济资源配置方式是计划方式，即通过社会管理机构所制订的计划，采取指令性的和指导性的计划指标，来实现社会经济资源的配置。

二、问答题

1. 生产商品劳动二重性及其理论意义是什么？（中央财经大学2001研）

答：（1）生产商品劳动二重性：

从一方面看，生产商品的劳动是具体劳动。人们用不同性质和不同形式的劳动生产出不同的商品，这种劳动目的、劳动工具、劳动对象、制作方法、劳动成果各不相同的劳动，就是具体劳动。简单地说，具体劳动就是在一定具体形式下进行的劳动。具体劳动创造商品的使用价值，它反映人和自然的关系。具体劳动过程就是人们利用和改造自然物质使之适合人们需要的过程。

从另一方面看，生产商品的劳动，不管具体形式怎样千差万别，都是人类体力和脑力的消耗，这种抽掉了各种具体形式的、无差别的、一般意义上的人类劳动，叫做抽象劳动。所谓商品价值是人类劳动的凝结，这里所说的劳动指的就是这种抽象劳动。生产商品所消耗的抽象劳动，形成商品的价值。抽象劳动是一个历史范畴，它是生产商品的社会劳动所特有的。

（2）生产商品的具体劳动和抽象劳动的关系：

两者是对立统一的辩证关系。

①两者的统一性表现在：具体劳动和抽象劳动是同一劳动过程的两个方面，抽象劳动寓于具体劳动之中，抽象劳动又是具体劳动彼此联系的体现，也是商品生产者借以相互联

系的桥梁。

②两者的对立性表现在：第一，具体劳动是从劳动的有用效果来看的劳动，而抽象劳动则是抽去了劳动的有用性的一般人类劳动；第二，不同的具体劳动在性质上是不同的，而生产价值的抽象劳动在性质上没有差别，只有量的不同；第三，创造使用价值的具体劳动反映的是人和自然的关系，是不以一切社会形式为转移的永恒范畴，而形成商品价值的抽象劳动体现商品生产者之间的关系，是商品经济条件下的历史范畴；第四，具体劳动虽然是创造使用价值的劳动，但不是使用价值的唯一源泉，而抽象劳动则是形成商品价值的唯一源泉，在价值中不包含任何一个自然物质的原子。具体劳动和抽象劳动的矛盾只有通过商品交换才能解决。

(3)生产商品劳动二重性的理论意义：

生产商品劳动二重性是理解政治经济学的枢纽。劳动二重性学说为劳动价值论奠定了坚实的理论基础，马克思以前的古典政治经济学家也曾提出劳动创造价值的理论，但没有认识到价值是抽象劳动而不是具体劳动创造的。劳动二重性学说为剩余价值论奠定了理论基础，在这个基础上奠定了剩余价值的真正来源，创立了剩余价值理论。劳动二重性学说还为政治经济学一系列理论提供了理论基础，正是从科学的劳动价值论出发，在剩余价值的基础上，马克思进而创立了资本有机构成理论、资本积累理论、资本主义再生产理论等等。

2. 怎样理解社会必要劳动时间的两种含义及其相互关系？（南开大学2007研；中央财经大学2013研）

答：参见本章“复习笔记”相关内容。

3. 为什么说私人劳动和社会劳动的矛盾是商品经济的基本矛盾？（南开大学2007研）

答：私人劳动和社会劳动的矛盾是简单商品经济的基本矛盾，这是因为：

生产商品的劳动作为私人劳动，纯属生产者个人的私事，商品生产者可以自己决定生产什么、自行支配生产过程及其成果；但生产商品的劳动作为社会劳动，是社会总劳动的一部分，因而商品生产者的生产不能离开社会而存在，他的产品必须能够满足社会需要。但分散的单个商品生产者并不知道他生产的产品是否能够满足社会需要，不知道他的私人劳动是否能成为社会劳动的一部分，这一矛盾只能通过商品的交换来解决。私人劳动首先表现为具体劳动，由于具体劳动在交换中无法确定交换的比例，而抽象劳动可以用来交换。这样私人劳动和社会劳动的矛盾就决定了生产商品的劳动二重性：具体劳动和抽象劳动。商品生产者如果能够把自己的产品顺利地卖出去，那么他所生产的使用价值就体现为社会的使用价值，从而私人劳动和社会劳动的矛盾就得到了解决。

私人劳动和社会劳动的矛盾如果得不到解决，就意味着私人劳动的产品或者根本不适合社会的需要，或者超过了社会的需要，这样，他的产品也就卖不出去或者不能全部卖出去，以至给商品生产者带来不同程度的损失，甚至破产。所以，私人劳动和社会劳动的矛盾的存在，可以推动商品生产者设法提高自己的劳动技能，竭力使自己生产的使用价值在质和量两方面适合社会的需要，以求在交换中使自己的产品能销售出去。

私人劳动和社会劳动的矛盾，是私有制商品经济中各种矛盾如具体劳动和抽象劳动的矛盾、使用价值和价值的矛盾的基础，决定着商品生产者的命运。所以，它是私有制商品经济的基本矛盾。在资本主义商品经济中，私人劳动和社会劳动的矛盾仍然存在，但已发展为生产社会化与资本主义私人占有之间的矛盾，这个矛盾是资本主义社会的基本矛盾。

4. 论述市场经济中价值规律的作用及其形式。（东北财经大学 2008 研）

答：(1)价值规律的含义：

价值规律是指商品生产和商品交换的基本经济规律，即商品的价值量取决于社会必要劳动时间，商品按照价值相等的原则互相交换。

(2)价值规律的作用：

①价值规律自发地调节生产资料和劳动力在社会再生产各个部门之间的分配。在任何社会形态中，为了进行生产和再生产，生产资料和劳动力都必须按照一定的比例在各个部门之间进行分配，亦即资源的配置。在自然经济条件下，生产者根据自身不同需要的比例进行直接的分配。在商品经济条件下，商品生产者谁也不知道有多少人需要这种产品，有多少人生产这种产品，完全按照价格信号来决定自己是否生产这种产品。正是部门之间的竞争，供求关系的变动引起商品价格的变化，成为商品生产者决策的依据，从而使生产资料和劳动力向价格高的因而也就是供给小于需求的部门投入，实现了生产资料和劳动力的分配。

②价值规律促使商品生产者改进技术和管理，从而推动社会生产力的发展。部门内部的竞争，使生产商品的个别劳动时间低于社会必要劳动时间的商品生产者，能够获得更多的利益。这一激励作用，使商品生产者不断地改进生产技术、改善经营管理、提高劳动生产率，以降低个别劳动时间，从而推动整个社会生产技术的进步和生产力的发展。

③价值规律促使商品生产者的优胜劣汰，并造成两极分化。部门内部的竞争，使那些生产条件好、能够采用先进技术、经营管理有方的商品生产者和经营者在竞争中处于有利地位，从而不断发展壮大；而那些生产条件差，又不思进取或不能改进的商品生产者和经营者，在竞争中处于不利地位，从而逐步被淘汰。在以个体私有制为基础的简单商品经济中，这一机制造成商品生产者两极分化，并导致资本主义生产关系的出现。在资本主义商品经济或社会主义商品经济中，这一机制使企业破产和兼并时常发生，其结果是优胜劣汰和社会经济的各种分化。

(3)价值规律的表现形式：

价格围绕价值波动，价格背离价值的运动总是围绕价值上下波动。这是因为：①商品价格的涨落，总是围绕价值这个中心进行的；②从商品交换的较长时期来看，同一种商品的价格，时而高于价值，时而低于价值，其涨落部分可以相互抵消，因而它的平均价格同价值还是一致的；③不同商品的不同价格，无论怎样涨落，都是以各自的价值为基础。

由此可见，价格背离价值，价格受供求关系的影响自发的围绕价值波动，并不是对价值规律的否定，而正是价值规律发生作用的表现形式。

5. 怎样理解科学技术和管理在商品价值创造中的作用？（中央财经大学 2009 研）

答：(1)科学技术在价值创造中的作用：

①科学技术在价值创造和市场竞争中具有决定盈亏的重要作用。科技在生产上的应用

使劳动对象的范围更广、性能更好。

②科学技术可以培养出素质更高的工人、管理人员和科技人员。高素质的人的因素和高效能的物的因素的结合形成了新的生产力，从而使得社会平均劳动的性质出现了新的变化，最终体现在商品的价值创造上。一般说来，商品生产者为取得竞争优势都会力争率先使用高科技劳动。

③科学技术促进了生产力的进步，最终对商品价值创造产生影响。科学技术在转化为现实的生产力时一方面使劳动对象的范围更广，性能更好；另一方面，科学技术能够培养出素质更高的工人、管理人员和科技人员。

需要注意的是，科技人员的高科技劳动创造价值不等于科技本身创造价值。科技人员的劳动是一种活劳动的形式，科学技术则是一种物化劳动的形式。

(2)管理在价值创造中的作用：

管理劳动也创造价值。管理劳动既是一种具体劳动，又是一种抽象劳动，原因在于：

①管理劳动与生产使用价值有直接关系。

②管理人员的劳动与其他生产人员的劳动共同形成新价值。

2.3　考研真题详解

一、概念题

1. 人力资本(中央财经大学2007研；浙江大学2016研)

答：人力资本是与物质资本相对的，是指依附人体体力和智力所具有的劳动(包括体力劳动和脑力劳动)价值总和。人力资本的状况包括数量和质量两个方面。一般地，劳动者的知识、技能以及体力(健康状况)等构成了人力资本。

人力资本的特点主要表现在三个方面：①人力资本的载体是人，人力资本与其载体是一时一刻也不能够分开的，这是人力资本与其他一切形式资本的最本质的区别；②人力资本是投资的产物，它是通过教育、职业培训、健康、移民等方面的投资方式所形成的资本，是一种以一定的劳动者的数量和质量为表现形式的非物质资本；③人力资本是寓寄在劳动者身上并能够为其使用者带来持久性收入来源的劳动能力，它能够为其所有者和使用者带来收益，体现为一种收入能力。

2. 商品拜物教(中国人民大学2001研)

答：商品拜物教是指人的社会关系被物的关系所掩盖，人的关系被颠覆地表现为物的关系并反过来支配人们的命运的现象。商品的神秘性质是由商品形式本身所引起的。因为随着劳动产品取得了商品形式，人类劳动的同一性质便表现为商品的价值；用时间计量的人类劳动力的耗费，便表现为商品的价值量；而人们之间互相交换劳动的关系，则表现为商品与商品之间的物的关系。这样一来，商品形式就把人们本身劳动的社会性质，反映成为劳动产品本身的物的性质，反映成这些物的天然的社会属性，从而把商品生产者的社会关系，反映成为存在于他们之外的物与物之间的社会关系。由于这种转换，劳动产品成了商品，成了可感觉而又超感觉的东西，本来是人们之间的一定的社会关系，却采取了物与物的关系的虚幻形式，形成了物对人的统治关系。

在以私有制为基础的商品经济中，商品世界的这种拜物教性质，是来源于生产商品的劳动所特有的社会性质，即私人劳动与社会劳动及其矛盾。

3. 劳动二重性(财政部财政科学研究所2013研；中南财经政法大学2021研)

答：劳动二重性是指生产商品的具体劳动和抽象劳动这两种属性。

从一方面看，生产商品的劳动是具体劳动。人们用不同性质和不同形式的劳动生产出不同的商品，这种劳动目的、劳动工具、劳动对象、制作方法、劳动成果各不相同的劳动，就是具体劳动。具体劳动过程就是人们利用和改造自然物质使之适合人们需要的过程。所以，具体劳动不仅是商品生产条件下所必需的，而且是人类生存和发展的永恒条件。在任何社会条件下，没有人们的具体劳动，也就没有物质资料的生产，人类便无法生存，社会也就不可能存在和发展，具体劳动是一个人类社会永恒的范畴。

从另一方面看，生产商品的劳动，不管具体形式怎样千差万别，都是人类体力和脑力的消耗，这种抽掉了各种具体形式的、无差别的、一般意义上的人类劳动叫做抽象劳动。生产商品所消耗的抽象劳动，形成商品的价值。抽象劳动是一个历史范畴，它是生产商品的社会劳动所特有的。

二、问答题

1. 价值规律是如何促进社会劳动生产率的提高的?(武汉大学2005研)

答：(1)价值规律的基本内容和要求：

价值规律，就是商品的价值量由生产商品的社会必要劳动时间决定，商品的交换比例以商品的价值量为基础。价格围绕价值上下波动正是价值规律作用的表现形式。价值规律作为商品经济的基本规律，决定着商品经济活动的一切方面，贯穿于商品经济的整个发展过程。

(2)价值规律促进社会生产率提高的途径：

①价值规律自发地调节着生产资料和劳动力在各社会生产部门之间的分配。

商品价格的高低，直接关系到商品生产者的经济利益。当某种商品供不应求，它的价格高于价值从而生产者有利可图时，就会使一些商品生产者把自己拥有的生产资料和劳动力投入这一部门中。相反，当某种商品供过于求，它的价格低于价值从而生产者利益受损时，该商品的生产者就会把自己拥有的生产资料和劳动力从这一部门转移到获利的部门中去。在以私有制为基础的商品经济中，商品经济各部门之间的比例关系就是依靠价值规律来自发调节的。当然，生产资料和劳动力的转移，只有当市场上供求矛盾表现得比较尖锐时，人们才感到它的必要。在生产资料和劳动力转移的过程中，各生产部门之间的比例关系会因为这种转移而接近平衡，但由于生产无政府状态的发展和激烈的竞争，这种比例又会失去平衡，重新引起生产资料和劳动力的转移。所以，由价值规律自发调节而形成的比例，只能是暂时的和不稳定的；同时，生产资料和劳动力不断地由一个部门转移到另一个部门，必然造成巨大的损失和浪费。

②价值规律的作用会自发地刺激商品生产者改进生产技术，改善经营管理，促进社会生产力的发展。

商品是按照社会必要劳动时间决定的价值量来交换的。商品生产者如果改进了技术，提高了劳动生产率，他的个别劳动耗费就会低于社会必要劳动耗费，但他在市场上仍可按照社会必要劳动时间决定的价值量出售商品，这样他就可以得到比别人更多的收入。相反，如果商品生产者的个别劳动耗费超过了社会必要劳动耗费，他就必然不赚钱甚至亏本。这两方面的情况都会刺激商品生产者不断改进生产技术，改善劳动组织，提高经营管理水平，提高劳动生产率，以求降低个别劳动消耗，谋取较高的盈利。

2. 简述商品拜物教的性质。（西南财经大学2018研）

答：（1）在以私有制为基础的商品经济中，人与人的社会关系被物与物的关系所掩盖，从而使商品具有一种神秘的属性，似乎它具有决定商品生产者命运的神秘力量。马克思把商品世界的这种神秘性比喻为拜物教，称之为商品拜物教。在商品世界中，商品价值、货币等成为独立于人之外而存在的力量支配人们的命运，正是从这种对比的含义上，才称之为"商品拜物教"。

（2）商品拜物教具有社会性：私人劳动的两重社会性质在商品上的表现，掩盖了生产者之间的社会关系。马克思指出，"彼此独立的私人劳动的独特的社会性质在于它们作为人类劳动而彼此相等，并且采取劳动产品的价值性质的形式——商品生产这种特殊生产形式才具有的这种特点"。

（3）其货币形式进一步掩盖了商品生产者之间的社会关系：人们对商品的崇拜也就集中的表现为对货币的崇拜，也就是货币拜物教。正如马克思所说"正是商品世界的这个完成形式——货币形式，用物的形式掩盖了私人劳动的社会性质和私人劳动者的社会关系，而不是把它们揭示出来"。

3. 概述马克思劳动价值论的基本内容。（西南财经大学2006研）

答：马克思劳动价值论的基本精神在于，以商品生产社会中的价值决定问题为特例，强调劳动是人类及其社会存在和发展的决定因素，认为个别生产者对社会的真正贡献只能是他的劳动。劳动价值论本质上是一个为人类发展而设置的评价体系，它在评价个人对社会的作用上将劳动看作唯一的标准，认为个别生产者对社会的真正贡献只能是他所投入的劳动。马克思劳动价值论的主要内容有以下几点：

（1）首创劳动二重性学说，说明商品价值的实体是抽象劳动。

马克思以前的古典经济学家虽然已经意识到商品具有二重性——使用价值和价值，却忽略了劳动也具有二重性。马克思先从单个商品这种表象开始，分析了商品是使用价值与价值的矛盾统一体，接着分析了商品的两个因素来源于同一劳动过程的具体劳动和抽象劳动，首创了劳动二重性学说，使劳动价值论变成了科学。具体劳动创造了商品的使用价值，是不以一切社会形式为转移的人类生存条件，是人和自然之间的物质变换即人类生活得以实现的永恒的自然必然性。马克思同时指出，劳动不是物质财富的唯一源泉。马克思明确指出了抽象劳动是一个历史范畴，抽象劳动的规定性也要随着社会经济的发展而发展，而且在社会经济发展的不同的历史时期应是不同的，当前认为的简单劳动就是过去某个社会时期的复杂劳动。但马克思又同时指出简单劳动虽然在不同的国家和不同的文化时代具有不同的性质，但在一定的社会里是一定的，只有这样构成价值实体的简单抽象劳动才具有可比性。

(2)进一步科学地阐明了商品价值量的决定问题，完善了价值规律的内容。

马克思认为，商品的价值实体是抽象劳动，商品的价值量就由商品中的劳动量决定，而劳动量是由劳动时间决定的，所以价值量也就由劳动时间来计量。价值是一种社会实体，它只能以社会尺度来衡量，即社会必要劳动时间。马克思除了对价值量进行静态考察，还对之进行了动态考察，认为生产商品的社会必要劳动时间随着劳动生产率的变动而变动。劳动生产率受多种因素的影响，如工人的熟练程度，科学的发展程度和它在工艺上应用程度、生产过程的社会结合、生产资料的规模和效能、自然条件等等。由此可以看出，马克思已充分注意到科学技术、生产组合和生产资料的发展都会对劳动生产率构成一定的影响，接着又分析了价值量与劳动生产率之间的一般关系，提出：商品的价值量与体现在商品中的劳动的量成正比，与这一劳动的生产率成反比。

(3)揭示了货币的起源，科学地阐明了价值与价格的关系。

马克思通过考察价值形式的发展过程，揭示了货币的起源与本质。马克思对价值形式发展的考察，体现了逻辑与历史相统一的原则，指出货币的出现和发展是商品经济发展的产物，商品内部的矛盾就转化为商品与货币的矛盾。这样，人与人之间的关系也就表现为物与物之间的关系。这里，马克思强调了商品实现的重要性。

在分析货币的职能时，马克思还科学阐明了商品价值与价格的关系。用计算货币表现出来的商品价格，虽然同样是商品价值的观念表现，但它却可以与价值发生量的偏离，即价格可以与价值量一致，也可以大于或小于价值。价格不但在量上可以偏离价值，而且还可与它发生质的矛盾，以致货币虽然只是商品的价值形式，但价格可以完全不是价值的表现。因此，没有价值的东西在形式上可以具有价格，其表现形式是虚幻的。

(4)揭示了价值转化为生产价格是价值规律的一种表现形式。

马克思认为由于各个部门的资本有机构成不同，利润率也就各不相同，随着资本在不同部门之间的竞争，形成了平均利润率。这样，商品就不是以产品价值而是以生产价格进行交换，价值就转化为生产价格。这种转化只是不同部门的资本家对总剩余价值的重新分配，他们获得的总利润与总剩余价值在量上是相等的，因而生产价格总额等于价值总额。马克思认为：既然商品的总价值调节总剩余价值，而总剩余价值又调节平均利润从而调节一般利润率的水平，那么，价值规律就调节生产价格。所以，价值转化为生产价格，使等量资本获得等量利润，是价值规律的一种表现形式。

(5)科学地说明了商品、货币、价值等经济范畴的实质。

马克思把商品、货币、价值等都看作反映一定生产关系的经济范畴，科学地说明了这些范畴的实质。在商品经济条件下，商品生产者之间的生产关系为物的外壳所掩盖。马克思揭示了商品拜物教的性质和根源，阐明了商品、货币、价值都是体现一定生产关系的经济范畴。

4. 简述劳动二重性与商品二因素的关系。（西南财经大学 2000、2005 研；武汉大学 2000 研；四川大学 2004 研；财政部财政科学研究所 2006 研；浙江大学 2016 研）

答：(1)劳动的二重性：

商品的二因素是由体现在商品中的劳动的性质决定的。生产商品的劳动具有二重性，既是具体劳动，又是抽象劳动。

生产商品的劳动，从其现象形态看，是各种不同形式的劳动。劳动的不同形式，是由它的目的、操作方法、对象、手段和结果决定的，以制造某种有用物为目的。在特定具体形式下进行的千差万别的劳动，称为具体劳动(亦称有用劳动)。具体劳动创造商品的使用价值。具体劳动的多样性，形成了使用价值的多样性。具体劳动具有永恒性。在任何社会制度下，人类为了生存和发展，总需要不断地进行各种具体劳动，实现人和自然之间的物质变换，以生产各种各样的使用价值，来满足人们的各种需要。因此，具体劳动作为使用价值的创造者这个根本性质，是不以社会形式的变化为转移的，是一种永恒的自然必然性。具体劳动并不是它所生产的使用价值即物质财富的唯一源泉。要生产某一种使用价值，总要有一定的自然物质为条件。具体劳动与自然物质共同构成使用价值的源泉。

生产商品的劳动，从其实质看，即撇开劳动千差万别的具体形式来看，都是人类劳动力(脑力、神经和筋肉等等)的消耗，都是无差别的一般人类劳动。这种抽去了具体形式的一般人类劳动，称为抽象劳动。抽象劳动创造商品的价值。创造商品价值的抽象劳动，体现商品经济的社会关系。商品生产出现以后，在各自独立而又互相依赖的商品生产者之间，劳动交换借助于劳动产品的交换间接地进行。正是因为交换劳动产品，要进行劳动量的比较，异质的不同形式的具体劳动才在千百次的交换过程中，还原为同质的无差别的人类劳动，即抽象劳动。凝结在商品中的抽象劳动才表现为价值(是价值的实体)，成为商品交换的共同基础。所以，创造商品价值的抽象劳动，是商品生产所特有的历史范畴。

(2)商品的二因素：

商品是用来交换的劳动产品，商品包含使用价值和价值两个要素，是使用价值和价值的统一。商品的二因素即商品的使用价值和价值。

商品能满足人们某种需要的属性，就是商品的使用价值。商品的价值是凝结在商品中的无差别的一般人类劳动。它是包含在一切商品中的同质的东西，并决定着商品交换的比例。

商品是使用价值和价值的矛盾统一体。其统一性表现在：两者相互依存，缺一不可。一方面，价值必须以使用价值为物质承担者，无用之物不能成为商品，即使人们在其上花费了大量的劳动，也是白费的。另一方面，使用价值必须具有价值，无价值之物也不会成为商品，因为既然人们在其上并未花费劳动，也就不存在作为商品进行交换的必要了。商品的使用价值和价值又是互相矛盾的。其矛盾性表现在：两者相互排斥、相互对立。首先，生产使用价值的直接动机是为了实现价值。其次，使用价值和价值的实现，是两者的分离，在商品买卖中，双方都不能同时占有商品的使用价值和价值，买卖结束，价值在卖方得到实现，使用价值在买方得到实现。

(3)商品二因素与劳动二重性的关系：

具体劳动是劳动的自然属性，体现着人与自然的关系，但它并不是所生产的使用价值的唯一源泉。具体劳动同物质要素相结合，创造使用价值，是人类生存和社会发展的基础和条件，是不以社会形态的变化为转移的。

商品价值是无差别的一般人类劳动的凝结，实际上就是抽象劳动的凝结。抽象劳动是劳动的社会属性，反映了商品生产者之间的社会关系，是社会劳动在商品生产中的特殊形式，是一个历史范畴，体现的是人与人之间的社会关系，是创造价值的唯一源泉。

5. 运用劳动价值理论说明高科技劳动在价值创造中的作用。（中国人民大学 2003 研）

答：（1）劳动价值理论：

马克思主义劳动价值理论认为，商品是用来交换的劳动产品，它有两种属性：价值和使用价值。价值是凝结在商品中的一般的无差别的人类劳动，它是商品的社会属性，是经济关系；使用价值是指能够满足人们某种需要的属性，即商品的自然属性，是商品实体。商品的价值是由抽象劳动创造的，使用价值是由具体劳动创造的。劳动价值论所说的价值是商品的价值而不是商品的使用价值。抽象劳动是一般的无差别的人类劳动，它是价值的唯一源泉。知识、信息、科学技术是人类劳动的结晶或劳动成果，而不是人类劳动本身，它自身不创造价值，而是为创造使用价值提供有利条件。但是，人们对于知识、信息和高科技的运用过程形成了高科技劳动，这种高科技劳动作为生产劳动不但参与价值的创造，而且在价值创造中发挥着越来越重要的作用。

（2）高科技劳动在价值创造中的作用：

①高科技劳动在价值创造和市场竞争中具有决定盈亏的重要作用。根据劳动价值理论，商品交换是以商品的价值量为基础进行的，价值量则是由社会必要劳动时间而非个别劳动时间决定的，这对商品生产者具有极重要的意义。如果商品生产者生产商品所耗费的个别劳动时间等于社会必要劳动时间，通过商品交换其劳动可以全部得到补偿，不赔不赚；如果商品生产者的个别劳动时间高于社会必要劳动时间，他们生产商品所耗费的个别劳动时间就有一部分得不到补偿，出现亏本，从而在竞争中处于不利地位；如果其个别劳动时间低于社会必要劳动时间，其劳动耗费不但能够得到完全的补偿，而且还能得到超额利润，从而在市场竞争中处于有利地位。因此，每个商品生产者都极为重视降低自己的个别劳动时间；而降低个别劳动时间，要通过提高劳动生产率来实现；而要提高劳动生产率，则要通过提高劳动的科技含量来实现。

②高科技劳动对于商品生产者取得和保持市场竞争优势有着至关重要的意义。根据劳动价值论，劳动分为简单劳动和复杂劳动，又分为体力劳动和脑力劳动。体力劳动和脑力劳动不可能完全分离，简单劳动以体力劳动为主，复杂劳动以脑力劳动为主。复杂劳动和脑力劳动的效率及其时间，是简单劳动和体力劳动的效率及其时间的倍加。相对于科技含量较低的劳动和一般简单劳动来说，高科技劳动显然是一种复杂劳动，因而它的效率应该高于一般的简单劳动和科技含量较低的劳动。由于在同一时间内社会必要劳动时间是一定的，制造同样的一件商品，高科技劳动所用的个别劳动时间要少于简单劳动和科技含量较低的劳动；在同等时间内，高科技劳动能够制造出更多的商品，即更多的使用价值和价值。一般来说，率先使用高科技劳动的商品生产者，其生产商品所耗费的个别劳动时间要低于社会必要劳动时间。

③高科技劳动对于我国社会主义现代化建设具有十分重要的意义。社会主义社会劳动和劳动价值理论，充分肯定并高度重视高科技劳动在价值创造过程中的重要作用。随着科技、经济和社会的发展，科学技术成为先进生产力的集中体现和主要标志，高科技劳动成为能够创造大量价值的高质量的复杂劳动，科学技术日益成为创造和增进财富的决定性因素。在新的历史条件下，深化对劳动和劳动价值理论的研究和认识，其目的就是提高人们对科学、知识、技术和高科技劳动在经济社会发展和价值创造中的地位和作用的认识，在

发展经济的实践中走出一条依靠科学技术、依靠劳动者素质的提高的可持续发展道路，增强全体公民“科技是第一生产力”的意识，使“科教兴国”战略落到实处，大力推动科技进步和创新，从而加快实现中华民族的伟大复兴。

6．如何理解商品价值质的规定性和量的规定性?（西南财经大学2005研）

答：商品是用来交换的劳动产品，具有使用价值和价值两个因素。价值是指凝结在商品中无差别的人类劳动。

（1）商品价值的质的规定性：

商品交换的现实说明，商品交换不可能发生在相同的使用价值之间，只能发生在不同的使用价值之间。不同使用价值的商品之所以能够按一定比例交换，说明它们之间一定存在着某种共同的东西，这种共同的东西即抽象的人类劳动。这种凝结在商品中的人类劳动，或一般的无差别的人类劳动的结晶，就是价值——商品价值。

由此可见，两种商品之所以在量上可以互相比较，是由于它们之间存在着共同的东西，这种共同的东西就是价值，这是决定两种商品互相交换的比例的基础。因此，交换价值首先表现为两种商品相交换的量的关系或比例，现在应当进一步指出：价值是交换价值的基础和内容，而交换价值则是价值的表现形式。

（2）商品价值的量的规定性：

价值是凝结在商品中的人类抽象劳动，因此价值量也就是由生产商品时所耗费的劳动量来决定。而劳动量是由劳动的自然尺度——劳动时间来计量的，所以价值量便决定于劳动时间。

由于各种原因，生产同一种商品的各个生产者所需要的劳动时间——个别劳动时间是不同的，但不能以他们各自的个别劳动时间决定他们所生产商品的价值量，因为这意味着鼓励落后和懒惰，阻碍生产力的发展。因此，只能按生产商品的社会必要劳动时间来决定商品的价值量。社会必要劳动时间是在现有的社会正常条件下，在社会平均的劳动熟练程度和劳动强度下制造某种使用价值所需要的劳动时间。

劳动生产率和商品价值量有着密切的关系。商品价值量取决于社会必要劳动的数量，同一社会必要劳动在同样时间内创造的价值总量相等。但是，如果从单位商品的价值量来说，劳动生产率越高，单位时间内生产的商品越多，则生产单位商品所需要的社会必要劳动时间越少，从而单位商品的价值量越小；反之，劳动生产率越低，则会使单位商品的价值量越高。因此，马克思总结道：“商品的价值量与体现在商品中的劳动的量成正比，与这一劳动的生产率成反比。”“有用劳动成为较富或较贫的产品源泉与有用劳动的生产力的提高或降低成正比。相反地，生产力的变化本身丝毫也不会影响表现为价值的劳动。”可见，劳动生产率的变化所引起的使用价值和价值的对立运动，是具体劳动与抽象劳动对立运动的表现形式。

7．马克思主义关于复杂劳动创造更大价值的原理及其现实意义。（东北财经大学2008研）

答：（1）马克思主义关于复杂劳动创造更大价值的原理：

复杂劳动是需要经过专门训练和学习、有一定技术专长的劳动。复杂劳动是外加的简单劳动。商品的价值量是由复杂劳动换算成简单劳动的社会必要劳动时间决定的，所以复杂劳动可以创造更大的价值。

(2)马克思主义关于复杂劳动创造更大价值原理的现实意义：

社会主义市场经济仍然存在简单劳动和复杂劳动的区别。马克思主义关于复杂劳动创造更大价值的原理在社会主义市场经济中同样适应。复杂劳动的形成需要相应的投入。其一，复杂劳动者在前期的学习中，是有大量成本投入的。而且复杂劳动者往往要掌握多门科技知识，需要不断地更新知识，其学习和训练的费用也会不断提高。其二，复杂劳动除消耗一定的体力外，还要比简单劳动消耗更多的智力。复杂劳动能够创造更多的价值，要求我们必须重视复杂劳动，加大对教育的投入，走科教兴国的道路。

8. 简述商品经济产生的一般原因。(中央财经大学 2013 研)

答：商品经济是直接以市场交换为目的的一种社会经济形式，是商品生产和商品交换的统一。商品经济是随着生产力的发展，在一定历史条件下产生、发展的。商品经济产生的两个原因：

(1)第一个原因是存在社会分工。

社会分工使得各行各业的生产者或经济单位各自生产出不同的产品，而他们在生产和生活上又需要各自生产的产品以外的多种多样的产品，为了满足各自的多种需求，必须在分工者之间互通有无，这就使得各自所生产的不同产品进行交换成为必要。

(2)第二个原因是社会分工者之间存在着各自独立的经济利益。

马克思指出："只有独立的互不依赖的私人劳动的产品，才作为商品互相对立。"正是由于社会分工者各自有着自己独立的经济利益，你的是你的，我的是我的，因而在正常的情况下，他们之间相互需要对方的产品时，才不可能无偿地取得，只能通过各自生产的产品进行交换，而且这种产品的交换必须是对等的，彼此之间谁也不能占谁的便宜。要做到这一点，唯一的途径就是把各自的产品作为商品进行交换，商品之间的交换就是按照商品的价值量进行等价交换。社会分工者之间具有独立的经济利益这一条件最早是伴随着私有制的产生而出现的，不同的生产资料私有者各自都是具有自身独立经济利益的经济主体。

第3章　货币与货币流通量

3.1　复习笔记

【知识框架(庖丁解牛)】

- 货币与货币流通量
  - 货币的本质和职能
    - 货币的起源
    - 货币的本质
    - 货币的职能
  - 货币的形式
    - 金属货币向纸币的演化
    - 信用货币
    - 外汇及汇率
  - 货币流通量
    - 货币的层次
    - 货币乘数
    - 货币流通量及其规律

【考点难点归纳(厚积薄发)】

考点一：货币的本质和职能　★★★

1. 货币的起源

(1)价值形式的含义：

价值形式是指商品价值的表现形式。

①处于相对价值形式上的商品的价值，相对地表现在处于等价形式上的商品的使用价值上。

②等价形式是指某种商品充当价值的代表能够与另一种商品直接相交换的形式，这样的商品叫做等价物，也称为价值镜，即反映处于相对价值形式上的商品价值的一面镜子。等价形式具有三个特征：

a. 使用价值成为价值的表现形式。

b. 具体劳动成为抽象劳动的表现形式。

c. 私人劳动成为直接形式的社会劳动。

◆拓展延伸◆

相对价值形式的性质：①表明价值形式两极的商品都具有共同的质，都凝结了抽象劳动这种共同的价值内容。②表明按一定比例相交换的两种不同的商品中包含的价值量或社会必要劳动时间是相同的。

(2)价值形式的发展历程如表3-1所示：

表 3-1 价值形式的发展历程

阶段	含义	发展
简单的、个别的或偶然的价值形式	指一种商品的价值偶然地表现在另一种商品上的价值形式上。其中，被表现的商品处于相对价值形式的位置，起主动作用；表现的商品处于等价形式的位置，起被动作用	—
总和的或扩大的价值形式	指一种商品的价值（经常地）表现在与它相交换的一系列商品上	与简单价值形式相比较，价值表现的范围扩大，但就商品全体来说，其价值相对地表现为一个无穷无尽又各不相同的特殊等价序列，没有一个统一的大家公认的等价物
一般价值形式	指一切商品的价值都统一地表现在从商品世界分离出来充当一般等价物的某一种商品上	从扩大价值形式到一般价值形式是一次质的飞跃，它使商品之间直接的物物交换发展成为以一般等价物为媒介的商品交换
货币形式	指固定地由充当一般等价物的特殊商品来表现其他所有商品价值的价值形式	货币形式和一般价值形式所不同的只是金、银排除了一切其他商品，独占了处于固定地充当其他一切商品的等价物的地位

2．货币的本质

货币的本质是充当一般等价物的商品。货币既具有一般商品的特性，又是执行一般等价物职能的特殊商品。

3．货币的职能（见表 3-2）

表 3-2 货币的职能

要点	内涵	执行职能时货币的形式
价值尺度	货币可以作为衡量和计算其他一切商品的价值大小的标准	观念的货币
流通手段	货币在商品流通中充当交换媒介借以实现商品价值的职能	现实的货币，可以由价值符号执行该职能
贮藏手段	货币退出流通领域作为社会财富的一般代表被保存起来的职能	既不是观念上的货币，也不能是价值符号，必须是足值的金属货币
支付手段	货币用来清偿债务或支付赋税、租金、利息、工资等的职能	—
世界货币	在国际商品流通中发挥一般等价物作用的货币	—

考点二：货币的形式 ★★

1．金属货币向纸币的演化

金属货币向纸币的演化不仅取决于货币形式的内在矛盾，也与价值尺度和流通手段的职能有关：

（1）在执行价值尺度的职能时，商品价值观念地表现在一个由纸象征的金量上，此时纸币才是价值符号。

（2）在执行流通手段的职能时，在货币的流通中有货币的象征性存在就足够。

2．信用货币

信用货币是指代替金属货币执行支付手段和流通手段职能的信用证券。形式上，信用货币也是一种纸质货币，包括：

(1)由银行信用产生的各种信用凭证，如支票、汇票、期票、存款货币等。

(2)银行券。即由发行银行发行的用以代替商业票据的银行票据。

(3)存款货币。

(4)电子货币。

(5)其他信用货币。

3. 外汇及汇率(见表3-3)

表3-3　外汇及汇率

要点	具体内容	
外汇	含义	以外国货币表示的，用于国际间结算的支付手段和信用工具
	作用	①作为国际购买手段，促进国际间的经济、贸易的发展。 ②作为国际支付手段，是一个国家国际储备的重要组成部分。 ③作为国际储备资产，能够弥补国际收支逆差。 ④作为调节国际资金余缺的手段，能够促进货币信用的国际化
汇率	含义	指一国货币兑换另一国货币的比率，是以一种货币表示另一种货币的价格
	分类	固定汇率、浮动汇率
	影响汇率变动的经济因素	国际收支状况、一国物价水平、国际利率的差距、一国的货币政策特别是利率政策、外汇储备、财政状况
	汇率的变动对经济的影响	①一国汇率上浮，进口增加，出口减少，国民收入随之减少。 ②一国汇率上浮，进口增加，出口减少，国内生产受阻，从而影响国内就业。 ③一般来说，汇率上浮的国家利率水平偏高；汇率下浮的国家利率水平偏低。 ④一国汇率上浮，则以本币表示的进口商品价格会下降，导致国内用进口原料生产的本国商品的价格下跌；同时，以外币表示的本国出口商品的价格将上升，导致部分出口商品转为内销，进一步降低国内物价。 ⑤本币的升值会减少本国的外汇储备，贬值会增加本国的外汇储备。 ⑥本币汇率下跌导致资本外流；反之，则吸引资本流入

考点三：货币流通量 ★★★

1. 货币的层次(见表3-4)

表3-4　货币的层次

层次	公式	流动性
M_0(狭义货币)	M_0 = 现金(纸币和硬币)	强 ↓ 弱
M_1(狭义货币)	$M_1 = M_0$ + 活期存款	
M_2(广义货币)	$M_2 = M_1$ + 商业银行的定期存款 + 商业银行的储蓄存款	
M_3(广义货币)	$M_3 = M_2$ + 其他金融机构的定期存款和储蓄存款	
M_4(广义货币)	$M_4 = M_3$ + 其他短期流动资产(如国库券、商业票据、短期公司债券、人寿保单等)	

2. 货币乘数

(1)含义：

货币乘数是指中央银行新增一笔原始货币供给使活期存款总和(亦即货币供给量)扩大为这笔新增原始货币供给量的倍数。货币乘数的大小决定了货币供给扩张能力的大小。

(2)公式：

$$K = D/R$$

其中 K 表示货币乘数，D 表示货币存量，R 表示基础货币存量。

(3)决定货币乘数的因素如表 3-5 所示：

表 3-5 决定货币乘数的因素

要点	含义	决定方式
现金比率	流通中现金与活期存款(即支票存款)之间的比率	该比率上升，货币乘数下降；反之则上升
法定准备金率	中央银行对商业银行吸收的存款所规定的最低限度的不得用于放贷的准备金占全部存款的比率	该比率上升，货币乘数下降；反之则上升
超额准备金率	商业银行超过法定存款准备金而保留的准备金占全部存款的比率	该比率上升，货币乘数下降；反之则上升
定期存款-活期存款比率	定期存款与活期存款的比率	该比率上升，货币乘数上升；反之则下降

3. 货币流通量及其规律

(1)货币流通与商品流通：

货币流通是指货币作为流通手段和支付手段在经济活动中所形成的连续不断的收支运动。商品流通是指以货币为媒介的商品交换过程。商品流通和货币流通的关系如表 3-6 所示。

表 3-6 商品流通和货币流通的关系

要点	区别				联系
	货币在流通中的作用	流通目的	流通内容	运动限度	
商品流通	货币在整个过程中起媒介作用	追求使用价值，即消费	两极是具有不通过使用价值的商品	为买而卖，目的是占有某种使用价值，其运动以满足某种需要为限度	①商品流通是货币流通的基础，货币流通是商品流通的表现； ②货币流通规律即货币流通同商品流通相适应的规律
货币流通	货币是运动的起点和重点，而商品则是买卖行为的中介	追求交换价值本身	两极是同质不同量的货币	为卖而买，目的是获取交换价值	

(2)货币流通规律：

①含义。

货币流通规律是指一定时期内一个国家的商品流通过程中客观需要的货币量的规律。

②公式。

a. 只考虑货币作为流通手段时，货币流通量公式为：

一定时间内流通中需要的货币量＝流通中商品价格总额/同一货币单位的平均流通速度（次数）

b. 还考虑货币支付手段，货币流通量公式应修正为：

一定时间内流通中需要的货币量＝（流通中商品价格总额－赊销商品价格总额＋到期支付总额－互相抵消支付总额）/同一货币单位的平均流通速度（次数）

（3）纸币流通规律：

纸币流通规律是指纸币的发行量要以它所象征性代表的金属货币的数量为界限的一种规律。纸币代替金属货币后，纸币的流通要以金属货币的流通规律为基础。纸币的发行限于它象征性地代表的金（或银）的实际流通的数量。

（4）银行信用货币流通规律：

从银行信用货币能够被信用规模调节的角度来看，信用货币不仅加快了货币流通的速度，而且还节省了流通中所需要的货币量。

（5）通货膨胀与通货紧缩：

①通货膨胀是指一国经济中物价水平的普遍上涨。

②通货紧缩一般指物价水平的持续性下跌。

③通货膨胀和通货紧缩都会影响经济的平稳有效运行。

④通货膨胀和通货紧缩都只是与货币相关的经济现象，与社会制度没有内在的必然联系。

3.2　课后习题详解

一、概念题

1. 货币（社科院研究生院2007研；中央民族大学2015研）

答：货币是指固定充当一般等价物的特殊商品。货币作为价值的代表，用来表现一切商品的价值。货币是商品经济发展到一定阶段的必然产物，是商品内在矛盾发展的结果。货币作为商品，同普通商品一样，具有使用价值和价值；但它又和普通商品不同，是充当一般等价物的特殊商品。货币具有五种职能：价值尺度、流通手段、贮藏手段、支付手段、世界货币。

2. 价值形式

答：价值形式是指商品价值的表现形式。简单价值形式只是价值表现的萌芽形式。随着社会生产力的发展，简单价值形式发展为总和的或扩大的价值形式。随着社会分工和商品交换的进一步发展，公认的一般等价物逐渐从商品中分离出来，直接的物物交换就为以一般等价物作为媒介的商品交换所代替，从而使扩大的价值形式发展为一般价值形式。手工业从农业中分离出来之后产生了货币形式，即一切商品的价值都集中地、统一地表现在一种贵金属商品如黄金或白银上。商品内部的矛盾就转化为商品与商品、商品与货币的矛盾。这样，人与人之间的关系也就表现为物与物之间的关系。

3. 价格(中央财经大学 2017 研)

答: 价格通常指市场价格,是商品价值的货币表现,是商品的交换价值在流通过程中所取得的转化形式。价格是一种从属于价值并由价值决定的货币价值形式。价值的变动是价格变动的内在的、支配性的因素,价值是价格形成的基础。但是,由于商品的价格既是由商品本身的价值决定的,也是由货币本身的价值决定的,因而商品价格的变动不一定反映商品价值的变动。在简单商品经济条件下,商品价格随市场供求关系变动围绕它的价值上下波动;在资本主义商品经济条件下,由于部门之间的竞争和利润的平均化,商品价值转化为生产价格,商品价格随市场供求关系的变动围绕生产价格上下波动。

4. 价值尺度

答: 价值尺度是指货币可以作为衡量和计算其他一切商品的价值大小的标准。货币之所以能充当价值尺度,是因为货币本身也是商品。货币作为价值尺度不过是商品内在尺度即社会必要劳动时间的外在表现形式。

货币作为价值尺度时,可以是想象的或观念上的货币。因为货币在执行价值尺度的职能时,只是表现价值,不是实现价值。商品价格是商品价值的货币表现。而货币作为价值尺度,衡量各种商品的不同价值量,就是要把不同的价值量表现为不同的货币量。

5. 流通手段

答: 流通手段是指货币在商品流通中充当交换媒介借以实现商品价值的职能。货币在执行流通手段的职能时,必须是实实在在的货币,不能是想象的、观念上的货币。流通手段的职能是商品流通发展的必然结果。一定时期商品流通中所需要的货币量取决于流通中商品的数量、价格水平和货币的流通速度。

货币作为流通手段,克服了物物交换的困难,促进商品流通与市场扩大;但是将交换过程分离为买卖两个环节,出现买卖脱节、供求失衡的可能性。

6. 贮藏手段

答: 贮藏手段是指货币退出流通领域作为社会财富的一般代表被保存起来的职能。货币能够成为贮藏手段,是因为货币是社会财富的一般代表,只要有了货币就随时可以换取任何一种商品,从而引起了人们贮存的欲望。执行贮藏手段职能的货币,必须是足值的、实在的、或在比较长的时间内稳定地代表一定的价值量。

7. 支付手段(中央财经大学 2009 研)

答: 支付手段是指货币被用来清偿债务或支付赋税、租金、工资等的职能。支付手段一方面使商品交换出现赊购、赊销,这有利于商品经济的发展,但另一方面又在形式上加深了经济危机的可能性。相对于价值尺度和流通手段而言,支付手段虽不是货币的基本职能,但随着商品货币经济的发展,货币在人们经济生活中所起的作用越来越广泛了,货币执行支付手段的职能也越来越普遍了。

8. 世界货币

答: 世界货币是指在国际商品流通中发挥一般等价物作用的货币。当商品流通超出一国范围而产生了国际贸易后,货币也就超出了国内流通领域而在国与国之间的经济关系中发挥作用。

世界货币职能具体表现为：①作为国际间的支付手段，用于平衡国际收支差额；②作为国际间的购买手段，用于购买外国商品；③作为社会财富的代表，由一国转移到另一国等。马克思认为，在贵金属流通条件下，作为世界货币，要以金银原始的条块形式并按实际重量发挥职能，不能采取国内流通的铸币和纸币形态。因为后者一越出国界，就丧失了其法定意义。

9. 外汇

答：外汇是一国货币行政当局(中央银行、货币机构、外汇平准基金组织及财政部)以银行存款、财政部国库券、长期和短期政府债券等形式所保有的，在国际收支逆差时可以使用的债权(国际货币基金组织的定义)。外汇有动态和静态两种含义：动态的含义是指将一国的货币兑换成另一国的货币借以清偿国际间债务债权关系的专门性货币经营活动，它是国际间汇兑的简称。静态的含义是指以外国货币表示的，用于国际间结算的支付手段和信用工具。我们通常所说的外汇是指静态的含义。根据《中华人民共和国外汇管理条例》，外汇是指：①外国货币，包括纸币、铸币；②外币支付凭证，包括票据、银行存款凭证、邮政储蓄凭证等；③外币有价证券，包括政府债券、公司债券、股票等；④特别提款权、欧洲货币单位；⑤其他外汇资产。

10. 汇率

答：汇率又称汇价，是指一国货币兑换另一国货币的比率，是以一种货币表示另一种货币的价格。汇率是国际贸易中最重要的调节杠杆。因为一个国家生产的商品都是按本国货币来计算成本的，要拿到国际市场上竞争，其商品成本一定会与汇率相关。汇率的高低也就直接影响该商品在国际市场上的成本和价格，直接影响商品的国际竞争力。影响汇率变动的因素有很多，但最根本的是经济因素。其中主要包括：①国际收支状况；②一国物价水平；③国际间利率的差距；④一国的货币政策特别是利率政策；⑤外汇储备状况；⑥财政状况等等。

11. 货币层次

答：参见本章“复习笔记”相关内容。

12. 货币乘数

答：参见本章“复习笔记”相关内容。

13. 货币流通

答：货币流通是指货币作为流通手段和支付手段在经济活动中所形成的连续不断的收支运动。货币流通遵循货币流通规律，即一定时期内一个国家的商品流通过程中客观需要的货币量的规律。

14. 通货膨胀

答：通货膨胀是指一国经济中物价水平的普遍上涨。仅仅是一种或几种商品价格的上涨并不构成通货膨胀，因为它们很可能被其他商品价格的下跌所抵消。通货膨胀一发生，就意味着货币的供应量增多，货币的购买力下降了。所以，通货膨胀往往表现为物价持续上涨、货币不断贬值。

一个国家的通货膨胀可能由多种因素引起。根据通货膨胀的生成原因，可以把通货膨胀分为需求拉上型通货膨胀、成本推动型通货膨胀、结构型通货膨胀等几大类。通货膨胀对国民经济的影响是多方面的，在高通货膨胀率的情况下，就会对经济的运行产生破坏性的影响。

15. 通货紧缩（中央财经大学 2016 研）

答：通货紧缩一般指物价水平的持续性下跌。但物价水平的下跌可能是多种因素引起的，从而使通货紧缩带来的后果也不一样。通货紧缩产生的原因从根本上说仍然是社会总供求严重失衡。社会总供求的严重失衡，使影响价格的诸多因素发生了改变，从而导致物价水平的下跌。在一般情况下，人们都把通货紧缩与经济衰退联系在一起，因为通货紧缩常常伴随着社会购买力减少、生产下降、大批企业破产、失业人口增加这些经济衰退现象。

二、问答题

1. 货币是怎样产生的？它的本质和职能是什么？（中央财经大学 2018 研；中南财经政法大学 2021 研）

答：参见本章“复习笔记”相关内容。

2. 货币流通量是怎样决定的？纸币流通量又是怎样决定的？

答：参见本章“复习笔记”相关内容。

3. 影响汇率变动的因素主要有哪些？

答：汇率由供求关系决定，因此影响外汇供求的因素最终都会影响汇率，最根本的因素为经济因素，主要有：

（1）国际收支。国际收支状况会直接影响一国汇率的变动。市场供求决定汇率的变动，因此国际收支逆差将引起本币贬值，外币升值，外汇汇率上升。

（2）一国物价水平。物价水平会影响其商品、劳务在世界市场上的竞争能力，物价上涨会减少出口商品并增加进口商品，进而导致汇率的变动。

（3）国际间利率的差距。利率差距将引起短期资金在国际间的移动。

（4）货币政策。尤其是利率政策，是影响汇率变动的重要因素。降低利率，导致国内的短期资本外流，使其汇率下浮。

（5）外汇储备。在浮动汇率制下，各国央行都尽力协调各国间的货币政策和汇率政策，力图通过影响外汇市场中的供求关系来达到支持本国货币稳定的目的。

（6）财政状况。财政赤字扩大，将增加总需求，常常导致国际收支逆差及通货膨胀加剧，结果本币购买力下降，外汇需求增加，进而推动汇率上涨。

4. 货币层次划分的标准和意义是什么？

答：（1）货币层次划分的标准：

随着信用制度的产生和发展，货币范围不断扩展，出现了 M_0、M_1、M_2、M_3、M_4…边界不同的货币层次。

M_0 = 现金（纸币和硬币）

$M_1 = M_0$ + 所有金融机构的活期存款

$M_2 = M_1$ + 商业银行的定期存款和储蓄存款

$M_3 = M_2$ + 其他金融机构的定期存款和储蓄存款

$M_4 = M_3$ + 其他短期流动资产（如国库券、商业票据、短期公司债券、人寿保单等）

（2）货币层次划分的意义：

划分货币层次主要是为了便于中央银行控制货币供给。中央银行可以通过增加或减少货币供应量控制货币市场，实现对经济的干预。货币供应量的变动会影响利率，中央银行可以通过对货币供应量的管理来调节信贷供给和利率，从而影响货币需求并使其与货币供给相一致，以进一步影响宏观经济活动水平的经济政策。

3.3　考研真题详解

一、概念题

1. 纸币流通规律（浙江大学 2006 研；中南财经政法大学 2012 研）

答：纸币流通规律是指纸币的发行量要以它所象征性代表的金属货币的数量为界限的一种规律。纸币代替金属货币后，纸币的流通要以金属货币的流通规律为基础。纸币的发行限于它象征性地代表的金（或银）的实际流通的数量。如果国家发行的纸币和流通中所需要的金属货币量相适应，那么纸币就能完全代表金属货币量正常流通，物价就可以保持稳定；如果纸币发行量少于流通中所需要的金属货币量，就可能有一部分商品因缺少流通手段而不能流通；如果纸币的发行量超过了流通中所需要的金属货币量，纸币发行量再多，也只能代表流通中所需要的金属货币量，所以，就会发生纸币贬值、物价上涨的情况，这就是所谓的通货膨胀。由此可知，超过流通中所需金属货币量的纸币发行量与单位纸币所代表的价值成反比，与物价上涨的程度成正比。

2. 内在价值量与相对价值量（浙江大学 2000 研）

答：内在价值量是指凝结在商品中的社会必要劳动时间。价值是凝结在商品中无差别的一般人类劳动。衡量价值量的尺度是劳动时间，因此商品的内在价值量是由凝结在商品中的社会必要劳动时间决定的。单位商品的价值量同生产该商品的劳动生产率成反比，而与体现在商品中的社会必要劳动量成正比。

相对价值量是指一种商品和别的商品交换时实现的价值量。商品的相对价值量取决于相交换的两种商品的社会必要劳动量之间的比例关系。相对价值量的变化，取决于相互交换的商品价值量的变化，因此这只是一种相对的价值量，即价值量的相对表现，而不是其绝对的表现。相对价值量随着劳动生产率的变化而经常发生变动。

3. 货币流通规律（东北财经大学 2008 研；中央财经大学 2011、2015、2019 研）

答：货币流通规律是指一定时期内流通中需要的货币量，等于全部待售商品的价格总额除以同一单位货币的平均流通速度。

流通中的货币需要量取决于以下几个因素：①待售商品的总量；②商品的价格水平；③货币的流通速度。前两项相乘就是商品价格总额。流通中的货币需要量与商品价格总额成正比，而与货币的流通速度成反比。上述数量关系用公式表示为：

一定时期内流通中需要的货币量＝商品价格总额/同一货币单位的平均流通速度

在货币作为支付手段的情况下，一方面，需要动用货币的地方，不仅有商品买卖，而且有清偿债务、支付工资以及交纳税款等；另一方面，在有商品买卖的地方，也不一定都需要动用货币，因为随着商业信用关系的发展，在很多情况下，商品买卖采取赊购和各当事人债权债务相抵消的办法。考虑到以上两方面的情况，货币流通量公式应为：

一定时期内流通中需要的货币量＝商品的价格总额－赊销商品价格总额＋到期应支付总额－相互抵消的支付

4. 价格标准(首都经济贸易大学2008研)

答：价格标准是指统一规定的用以衡量货币本身的计量单位。价格标准是规定贵金属重量的技术标准，是用来衡量和计算货币金属本身的数量的。有了价格标准，货币才能更好地发挥价值尺度的作用，货币作为价格标准所起的作用和价值尺度是不同的。作为价值尺度，它是人类劳动的社会化身，用以衡量商品的价值，使之表现为价格；作为价格标准，是规定贵金属重量的技术标准，是用来衡量和计算货币金属本身的数量的。但二者又有密切联系，规定价格标准是为了使货币能够更准确地执行价值尺度的职能。

二、问答题

1. 简述货币作为价值尺度和价格标准的联系和区别。(南开大学1999研；中央财经大学2004研；中南财经政法大学2012研)

答：(1)价值尺度和价格标准的含义：

价值尺度是指货币可以作为衡量和计算其他一切商品的价值大小的标准。货币之所以能充当价值尺度，是因为货币本身也是商品。货币作为价值尺度不过是商品内在尺度即社会必要劳动时间的外在表现形式。货币作为价值尺度的职能，是通过价格标准来实现的。价格标准是指包含一定贵金属重量的货币计量单位及其等份。这就是说，为了衡量各种商品价值量的大小，货币本身必须确定一个代表一定金属重量的计量单位，这个单位又分成若干等份，这种被确定的货币单位及其等份就称为价格标准，即用以计量商品价格的标准。

(2)二者的联系：

价值尺度和价格标准的联系主要体现在货币作为价格标准是货币作为价值尺度的体现。不同的价值量表现为不同的货币量，因此客观上要求货币本身确定计量单位，这就是价格标准。

(3)二者的区别：

货币作为价值尺度与货币本身的价格标准是两个不同的范畴，它们的区别是：

①价值尺度是代表一定量的社会劳动，用来衡量其他商品的价值；价格标准则是代表一定的金属重量，用来衡量货币本身的量。

②价值尺度是在商品经济中自发地发生的，它不依存于国家的权力；价格标准则通常是由国家以法律规定的。

③作为价值尺度的货币本身具有价值，其价值随着生产货币的劳动生产率的变化而变化；而作为价格标准则与劳动生产率的变化无关。

2. 说明马克思的货币流通规律理论与西方传统货币数量论的异同。（中国人民大学2004研）

答：（1）马克思货币流通规律理论：

马克思货币流通规律理论是以完全的金币流通为假设条件，他认为，商品价格取决于商品的价值和黄金的价值，而价值取决于生产过程，所以商品是带有价格进入流通的，商品价格有多大，就需要有多少金币来实现它。商品和货币交换后，商品退出流通，黄金却留在流通之中可以使另外的商品得以出售，从而实现一定数量的黄金，流通几次，就可使相应倍数价格的商品出售。因此有：一定时间内流通中需要的货币量 = 流通中商品价格总额/同一货币单位的平均流通速度（次数）。

（2）西方传统的货币数量论：

西方传统的货币数量论认为，一定时期内流通货币的平均数量与货币流通速度的乘积等于各类商品价格的加权平均数与各类商品的交易数量的乘积，物价水平的高低取决于货币数量、货币流通速度和商品数量，即 $MV = PT$ 或 $MV/T = P$。传统货币数量论认为，由于货币流通速度和商品数量具有稳定性，所以物价水平取决于货币供给量的变化。同时，传统货币数量论还从微观主体对货币需求影响这方面考虑货币需求的决定，这反映在剑桥方程式中。

（3）二者异同点比较：

从对马克思的货币流通理论和西方传统的货币数量论的描述可以看出，两者既有联系也有区别。其共同点主要体现在：①两者都从货币流通的领域分析了货币需求的决定，马克思的货币理论本身就是货币流通理论，传统的货币数量论也从流通角度给出了货币数量和其他经济变量的关系；②两者对货币数量的决定具有相似之处，马克思的货币流通理论认为，货币需求量决定于商品价格总额和同名货币的流通次数，其商品价格总额和货币数量论中的相似，其同名货币的流通次数和货币数量论中的货币流通速度相似。

马克思的货币流通理论和西方传统的货币数量论也存在很大的区别，主要体现在以下几个方面：①马克思货币流通理论侧重于对执行流通手段职能的货币量的考察，因此其公式为：一定时间内流通中需要的货币量 = 流通中商品价格总额/同一货币单位的平均流通速度（次数）。货币数量论侧重于对物价水平的分析，其公式为 $MV/T = P$，它认为物价主要取决于货币数量，两者分析的侧重点不同。②传统货币数量论除了从流通角度分析了货币数量决定之外，还从微观主体对货币需求影响的角度，也即从用货币形式保有资产存量的角度考虑货币需求的角度分析了货币数量的决定。

3. 马克思是如何从“20 匹麻布 =1 件上衣”来分析相对价值形式的量的规定性的？（北京大学1998研）

答：“20 匹麻布 =1 件上衣”是简单价值形式的表达。在这种价值形式中，等式两端的商品所处的地位和作用是不同的。其中左边的商品处于主动地位，要求把自己的价值相对的表现在另一种商品上为相对价值形式；而右边的商品则处于被动地位，是等价物，起着表现左边商品的价值的作用，因此叫等价形式。

（1）马克思在“20 匹麻布 = 1 件上衣”的式子中，是透过对相对价值量的质的揭露来分析其量的规定性的。

①相对价值形式是商品交换中使自己的价值得到相对表现的形式。首先，从质的规定上考察，处在相对价值形式上的商品——麻布，其价值是通过上衣的使用价值来表现的。在麻布和上衣的价值关系中，上衣的使用价值成了麻布价值的表现形式，从而使麻布取得了一个与自己的自然形式不同的价值形式，即具有了相对价值形式。其次，从量的规定性上考察，处于相对价值形式商品的价值量是通过处于等价形式商品的使用价值量相对表现出来的。这一表现的前提是价值形式两极的商品包含有等同的社会必要劳动时间。

②从量的方面来考察，处于相对价值形式的商品的价值量相对地表现在等价形式商品的使用价值上；商品的相对价值量取决于相交换的两种商品的社会必要劳动量之间的比例关系。例如在“20 匹麻布 = 1 件上衣”公式中，假定生产 1 件上衣耗费的社会必要劳动时间为 100 小时，生产 1 匹麻布耗费的社会必要劳动时间为 5 小时。如果生产 1 件上衣的社会必要劳动量不变，而生产 1 匹麻布的社会必要劳动量减少到 4 小时。这样，25 匹麻布 = 1 件上衣。可见，相对价值形式价值量的变化，取决于等价两边的商品价值量的变化，因此这是一种相对的价值量，即价值量的相对表现，而不是其绝对的表现。

（2）随条件的变化对相对价值量的规定性可做具体的分析。凡是价值要被表现的商品，都是一定量的使用物品，这一定量的商品包含着一定量的人类劳动。因而，价值形式要表现一定量的价值，即价值量。“20 匹麻布 = 1 件上衣”这一等式的前提是：1 件上衣和 20 匹麻布正好包含同样多的价值实体。就是说，20 匹麻布或 1 件上衣耗费了同样多的社会必要劳动时间。但是生产 20 匹麻布或 1 件上衣的必要劳动时间，是随着织布和制衣的生产力的每一次变化而变化的。这种变化对价值量的相对表现的影响如下：

①麻布的价值起了变化，上衣的价值不变。如果生产麻布的必要劳动时间增加一倍，那么麻布的价值也就增大一倍。这时不是 20 匹麻布 = 1 件上衣，而是 20 匹麻布 = 2 件上衣，因为现在 1 件上衣包含的劳动时间只有 20 匹麻布的一半。可见，在商品 B 的价值不变时，商品 A 的相对价值量即它表现在商品 B 上的价值量的增减，与商品 A 的价值量成正比。

②麻布的价值不变，上衣的价值起了变化。在这种情况下，如果生产上衣的必要劳动时间增加一倍，现在是 20 匹麻布 = 1/2 件上衣。因此，在商品 A 的价值不变时，它的相对的、表现在商品 B 上的价值的增减，与商品 B 的价值变化成反比。

③生产麻布和上衣的必要劳动量可以按照同一方向和同一比例同时发生变化。在这种情况下，不管这两种商品的价值发生什么变动，依旧是 20 匹麻布 = 1 件上衣。只有把它们同价值不变的第三种商品比较，才会发现它们的价值的变化。如果所有商品的价值都按同一比例同时增减，它们的相对价值就保持不变。它们的实际的价值变化可以由以下这个事实看出：在同样的劳动时间内，现在提供的商品量都比过去多些或少些。

④生产麻布和上衣的各自的必要劳动时间，从而它们的价值，可以按照同一方向但以不同的程度同时发生变化，或者按照相反的方向发生变化，等等。

可见，价值量的实际变化不能明确地，也不能完全地反映在价值量的相对表现即相对价值量上。即使商品的价值不变，它的相对价值也可能发生变化。即使商品的价值发生变化，它的相对价值也可能不变，最后，商品的价值量和这个价值量的相对表现同时发生的变化，完全不需要一致。

通过对这一简单价值形式量的分析还可以发现，处在相对价值形式上的商品只是当作使用价值，它的价值表现在另一种商品上。而处在等价形式上的商品，只是当作价值，它的使用价值成了表现另一种商品价值的材料。这样，潜藏在商品中的使用价值和价值的内部对立，就通过两种商品之间的外部的对立表现出来。

4. 货币流通规律与纸币流通规律的区别与联系是什么？（南开大学2010研）

答：(1)货币流通规律与纸币流通规律的区别：

①货币流通规律即货币流通同商品流通相适应的规律。其基本内容是：流通中的货币量必须满足商品流通的需要，故也称作货币流通量的规律。货币作为流通手段，其数量是由全部商品价格总额和货币流通速度两个因素决定的。用公式表示为：

一定时间内流通中需要的货币量＝流通中商品价格总额/同一货币单位的平均流通速度(次数)

随着商业信用的发展，在不少情况下，商品买卖采取赊购和各当事人债权、债务相抵消的办法。这样，货币流通量公式应修正为：

一定时间内流通中需要的货币量＝(流通中商品价格总额－赊销商品价格总额＋到期支付总额－互相抵消支付总额)/同一货币单位的平均流通速度(次数)

②纸币流通规律的基本内容是：纸币的发行限于它象征地代表的金(或银)的实际流通的数量。就是说，不管纸币发行多少，流通纸币总量必须同它所代表的流通金量相等。既然如此，单位纸币所能代表的货币金属量就应该是：

单位纸币所代表的货币金属量＝流通中所必要的货币金属量/流通中的纸币总额

(2)货币流通规律与纸币流通规律的联系：

①货币流通规律对纸币流通的制约作用在于：纸币的发行只限于它象征地代表的金(或银)的实际流通的数量。纸币流通的特殊规律只能从纸币是金的代表这种关系中产生。纸币是由国家发行并强制使用的价值符号。金属货币因为有价值才流通，纸币却因为流通才有价值。

②纸币流通规律是货币流通规律的特殊表现形式，纸币所代表的价值和购买力同它发行的数量成反比，这是不以任何人的意志为转移的。

第 4 章　资本及其循环和周转

4.1　复习笔记

【知识框架(庖丁解牛)】

- 资本及其循环和周转
  - 资本及其价值增殖
    - 资本的含义
    - 资本的一般特点
    - 资本的形态
    - 资本价值流通与一般货币流通的区别
    - 资本价值增殖和利润
  - 资本经营和运营
    - 资本集中和资本积聚
    - 资本经营
    - 风险资本的运营
  - 资本的循环和周转
    - 资本的循环
    - 资本的周转
    - 预付资本的总周转

【考点难点归纳(厚积薄发)】

考点一：资本及其价值增殖　★★★★

1. 资本的含义

资本是指靠剥削工人而带来剩余价值的价值，它体现着资本家和雇佣工人之间剥削与被剥削的关系。资本在物质内容上和现象上表现为一定数量的货币和生产资料，只有当货币和生产资料用于剥削雇佣劳动者的剩余劳动而带来剩余价值时，它们才成为资本。

2. 资本的一般特点(见表 4-1)

表 4-1　资本的一般特点

特点	具体内容
增殖性	这是资本的根本特征，资本对自身价值增殖的追求是不断的和无限的
运动性	资本的运动是保证资本增殖的前提，资本运动的速度反映资本增殖的速度和增殖量
返还性	资本的运动和增殖，以垫支资本起点，以收回资本为目的(一般情况下比垫支的资本多)
风险性	伴随资本收益的是其风险性

3. 资本的形态(见表 4-2)

表 4-2　资本的形态

形态	具体内容
货币资本	指以货币形态表现的资本，资本最先总是以货币形式开始它的运动过程。货币在这里所实现的购买行为，是为资本主义剥削准备条件
实物资本	指长期存在的生产物资形式，包括生产资本和商品资本两类。生产资本是指以生产资料和劳动力形式存在的资本；商品资本是指以商品形式存在的资本
无形资产	指以企业拥有或者控制的没有实物形态的可辨认非货币性资产，包括专利权、商标权、版权、著作权等
虚拟资本	指以能够带来收入的有价证券形式而存在的资本，主要有两种形式： ①信用形式上的虚拟资本，主要有期票、汇票、银行券、纸币、国家债券、各种证券抵押贷款等； ②收入资本化形式上的虚拟资本，主要有股票、债券、资本所有权证书等

4. 资本价值流通与一般货币流通的区别(见表 4-3)

一般货币的流通公式是“商品－货币－商品”($W-G-W$)，资本流通的公式是“货币－商品－更多的货币”($G-W-G'$，其中 $G'=G+\Delta G$，ΔG 表示资本的增殖额)。货币流通和资本流通的区别如表 4-3 所示。

表 4-3　资本价值流通与一般货币流通的区别

	流通形式	流通目的	流通限度
资本价值流通	起点和终点都采取货币的形式	追求资本价值在量上的增殖	以价值增殖为目的，资本对这一目的的追求是无止境的，它的运动必须是连续的、周而复始的
一般货币流通	起点和终点都是商品，货币只是商品交换过程的媒介	为买而卖，货币媒介的作用是异质的使用价值之间的交换	以使用价值为目的，其运动的终点是商品的使用价值进入消费，因而运动停止

5. 资本价值增殖和利润

(1)必要劳动和剩余劳动：

①必要劳动：是指劳动者用以实现劳动力再生产而付出的劳动。

②剩余劳动：是指在一定劳动时间内，超出必要劳动时间的部分。

(2)价值增殖：

价值增殖是指超过劳动力价值的那部分价值的形成过程，即剩余价值的生产过程。相应的价值增殖的两种评价方式为：

①利润率，是指利润与全部预付资本的比率，公式为：利润率＝(利润额/预付资本)×100%。

②剩余价值率，是指剩余劳动价值与必要劳动价值的比率，公式为：剩余价值率＝(剩余价值/必要劳动价值)×100%。

(3)利润：

利润是指资本在运行中带来的，表现为全部预付资本产物的价值增加额。它是剩余价值的转化形式，来源于产业部门雇佣工人的剩余劳动。

考点二：资本经营和运营　★★★

1. 资本集中和资本积聚

(1)资本集中：

资本集中是指把若干个规模相对较小的资本合并重组为规模较大的资本，可以通过并购、联合、发行股票等方式实现。竞争和信用是资本集中的强有力的杠杆。

(2)资本积聚：

资本积聚是指个别资本依靠本身的积累，将剩余价值转化为资本来增大自己的资本总额。它是单个资本的自我积累；是单个资本家依靠剩余价值资本化实现的；能增大社会资本总额；受积累基金限制，增长速度较缓慢。

(3)资本集中与资本积聚的关系：

①两者联系。

a. 资本积聚的增长，必然会加速资本集中的进展。因为随着资本积聚的不断进行，单个资本的规模相应地日益增大，大资本由于经济实力雄厚，在竞争中能够顺利地打败众多的中小资本，从而使资本集中的过程更为迅速。

b. 资本集中的速度加快了，又会反过来促进资本积聚的发展。因为集中起来的资本越大，便越有条件获得巨额的剩余价值和超额剩余价值，从而扩大积累的规模，加快资本的积聚。

②两者区别。

a. 资本积聚的拉长受到社会财富(包括追加的生产资料和消费资料)的绝对增长的限制，它的增长是比较缓慢的；而资本集中的进展，则不存在这种限制，它可以在较短的时间内集中大量的资本。

b. 资本积聚是依靠剩余价值的资本化而实现的，随着单个资本的积聚，社会资本总额也会增大起来；而资本集中则是众多中小资本合并成为少数大资本，它是原有资本在资本家之间的重新分配和重新组合，不会增大社会资本总额。

2. 资本经营(见表4-4)

表4-4　资本经营

要点	具体内容
含义	指围绕资本保值增值进行经营管理，把资本收益作为管理的核心，实现资本盈利能力最大化
方式	①资本扩张方式；②资本收缩方式；③资产重组方式；④租赁经营和托管经营方式；⑤无形资本经营；⑥知识资本经营
与一般生产经营领域中资本运动的区别	①资本经营的内容和对象的差异。资本经营的对象是企业的资本以及运动，而商品经营的对象则是产品以及生产销售过程，经营的基础是厂房、机器设备、产品设计等。

续表

要点	具体内容
与一般生产经营领域中资本运动的区别	②资本经营的方式的差异。商品经营的方式是通过商品销售或提供劳务，实现利润的最大化。资本经营的方式是通过产权的流动和重组，提高资本运营效率和效益。 ③资本经营的市场的差异。资本经营主要在资本市场上运作，而企业的商品经营涉及的领域主要是产品的生产技术、原材料的采购和产品的销售，主要是在生产资料市场、劳动力市场、技术市场和商品市场上运作。 ④资本经营的收益和风险的差异。一般企业经营的风险比资本经营更低
作用	有利于推进企业经营多元化、提高资源配置效率、促进资本市场成熟、推动市场经济体制完善

◆拓展延伸◆

资本经营的含义有广义和狭义之分：

(1)广义的资本经营是指以资本增值最大化为根本目的，以价值管理为特征，通过企业全部资本与生产要素的优化配置和产业结构的动态调整，对企业的全部资本进行有效运营的一种经营方式。

(2)狭义的资本经营是指独立于商品经营而存在的，以价值化、证券化了的资本或可以按价值化、证券化操作的物化资本为基础，通过流动、收购、兼并、战略联盟、股份回购、企业分立、资产剥离、资产重组、破产重组、债转股、租赁经营、托管经营、参股、控股、交易、转让等各种途径优化配置，提高资本运营效率和效益，以实现最大限度增值目标的一种经营方式。

3. 风险资本的运营(见表 4-5)

表 4-5　风险资本的运营

要点	具体内容
含义	也称风险投资，是指具备资金实力的投资家对具有专门技术并具备良好市场发展前景，但缺乏启动资金的创业家进行资助，帮助其圆创业梦，并承担创业阶段投资失败的风险的投资
特点	①投资对象是高科技、高成长潜力的企业。 ②追求投资的早日回收，而不以控制被投资公司所有权为目的，并主动承担高风险。 ③是一种权益资本，其投资目的在于风险企业的未来发展前景和资产增殖潜力。 ④协助企业进行经营管理，参与企业的重大决策活动。 ⑤具有资本主动退出的要求和机制
重要作用	①支持了科技创新体系的建立，推动科技成果尽快转化为生产力，促进技术的创新。 ②优化了资本的配置，加快了产业结构的调整和升级。 ③完善了市场机制和管理、制度的创新，促进了市场经济的发展。 ④增加了新的就业机会，推动了经济增长

考点三：资本的循环和周转(以产业资本为例)　★★★★★

1. 资本的循环

(1)资本循环的含义：

资本循环是指资本周而复始的运动过程，其中产业资本循环的方式最典型。

(2)产业资本循环：

产业资本循环是由一个生产阶段和两个流通阶段所构成，是生产过程和流通过程的统一。G 代表货币，W 代表商品，Pm 代表生产资料，A 代表劳动力要素，P 加虚线代表生产过程，W'代表已经含有剩余价值的商品，G'代表含有剩余价值的货币。

①购买阶段：

$$G - W\begin{cases} Pm \\ A \end{cases}$$

货币资本转化为生产资本。

②生产阶段：

$$W\begin{cases} Pm \\ A \end{cases}\cdots P\cdots W'$$

生产出包含剩余价值在内的商品。

③销售阶段：$W' - G'$，商品资本转化为货币资本。

(3)三种职能(货币资本职能、商品资本职能和生产资本职能)各自的循环：

|←商品资本的循环→|

$$G - W\begin{cases} Pm \\ A \end{cases}\cdots P\cdots W' - G' \cdot G - W\begin{cases} Pm \\ A \end{cases}\cdots P\cdots W' - G' \cdot G - W\begin{cases} Pm \\ A \end{cases}\cdots P\cdots$$

|←货币资本的循环→|　　　　|←生产资本的循环→|

(4)资本循环正常进行的条件：

①空间上的并存性，资本的三种职能形式在空间上同时并存。全部资本必须按一定比例分成三个部分，分别同时存在于三种职能形式上。

②时间上的继起性，资本的三种职能形式在时间上相互继起。即分别处在每种职能形式上的资本，都必须相继进行转化，依次从一个阶段转向下一个阶段，从一种职能形式转向下一种职能形式，经过循环回到它原来的出发点，连续不断地运动。

2. 资本的周转

资本周转是指资本连续不断的、周而复始的循环运动。

(1)资本周转时间及其周转速度：

①资本周转时间是指资本从其出发点开始，经过一次循环再回到出发点所经历的时间，也就是资本通过购买阶段、生产阶段和销售阶段所需要的时间，它包含着总资本价值的一个循环周期的总过程，周转时间由资本的生产时间与流通时间所构成：

a. 生产时间。生产时间是指资本处于生产领域中的时间，包括劳动时间、劳动过程的正常中断时间和生产要素的储备时间。

b. 流通时间。流通时间是指资本处于流通领域中的时间，包括购买时间和售卖时间。

②资本的周转速度和周转次数成正比，和周转时间成反比。公式表示为：$n = U/u$，其中 n 表示资本的周转次数，U 表示一个周期“年”，u 表示一定量资本周转时间。

(2)生产资本的构成与资本周转：

①生产资本可分为固定资本和流动资本，两者的比较如表 4-6 所示。

表 4-6　固定资本和流动资本的比较

	存在形式	价值转移方式	资本周转方式	物质形态更新方式	周转速度
固定资本	以厂房、机器设备、生产工具等劳动资料形式存在	根据其使用价值的逐渐损耗而一部分一部分地逐次转移到所生产的产品中去，直至使用价值使用寿命的结束	在多个生产过程中分批转移，并逐渐地分批加以回收	在其跨越多个生产周期的较长的有效使用期内可不必更新	周转周期长，周转速度慢
流动资本	以原料、燃料及动力、辅助材料等劳动对象形式存在的以及用于购买劳动力的那部分资本	购买劳动对象的资本的周转和购买劳动力的资本的价值周转，形式上都是价值的一次性回收和补偿	在一个生产过程中一次全部转移，并通过产品出售而全部回收	在每一生产周期开始前都得到及时更新	周转周期短，周转速度快

②固定资本的损耗可分为：

a. 有形损耗，是指固定资产由于使用发生的物质磨损或自然力的影响，受到物理、化学或自然力等因素的作用而逐渐发生的一定程度的损耗或磨损。

b. 无形损耗，是指由技术进步和劳动生产率提高所引起的固定资本或固定资金的贬值。

③生产资本的构成对资本周转的影响：

在其他条件不变的情况下，资本周转速度与固定资本所占比重成反比，与流动资本所占比重成正比。

◆拓展延伸◆

资本循环和资本周转，都是资本的运动形式，只不过分析的角度和侧重点不同而已。资本循环与资本周转的关系是：

(1)资本主义的生产目的，就是以尽量少的预付资本榨取尽可能多的剩余价值，不断实现资本价值的增殖。资本价值的每一次增殖，都必须顺次经过购买、生产、销售三个阶段，完成整个循环过程。资本要不断增殖，就必须一次循环过程接着一次循环过程地进行下去，周而复始、循环往复地运动。

(2)资本循环与资本周转的联系表现在：

①资本循环是资本周转的起点和基础。没有资本的循环就没有资本的周转。周转就是周而复始的循环。

②资本完成一次循环，也就完成一次周转，这时资本循环的时间同时也是资本周转的时间。

(3)资本循环与资本周转的区别在于：

①资本循环是从出发点又回到出发点；资本周转则是从出发点重新出发，反复不断地循环。

②资本循环揭示的是资本在一次运动中经历了哪些阶段、采取了哪些形式及行使了哪些职能；资本周转揭示的是资本在不断重复的周期性运动中所需要的时间、速度以及对剩余价值生产和实现的影响。

3. 预付资本的总周转

(1)预付资本总周转的含义：

预付资本总周转是指预付资本中固定资本和流动资本的平均周转。其计算公式是：

预付资本总周转的速度 =（固定资本年周转价值总额 + 流动资本年周转价值总额）/ 预付资本总量

(2)加快预付资本总周转的意义：

①可以提高资本使用效率，节省资本的投入量；

②可以在一定时期内产生更多的资本价值增值；

③可以节省所用资本，降低生产经营成本。

4.2 课后习题详解

一、概念题

1. 资本(武汉大学2011研；中南财经政法大学2021研)

答：资本是指靠剥削工人而带来剩余价值的价值，它体现着资本家和雇佣工人之间剥削与被剥削的关系。资本在物质内容上和现象上表现为一定数量的货币和生产资料，只有当货币和生产资料用于剥削雇佣劳动者的剩余劳动而带来剩余价值时，它们才成为资本。从资本的价值运动形式看，资本具有的一般共同属性有以下几点：①增殖性；②运动性；③返还性；④风险性。在一般共同属性之外，资本又具有特殊性。资本与不同的社会经济制度结合在一起，表现出不同的社会属性。在资本主义社会，资本体现了剥削关系；在社会主义公有制条件下，资本体现了社会主义的生产关系。

按资本在生产剩余价值过程中所起的作用，资本可分为不变资本和可变资本；按其周转方式，可分为固定资本和流动资本；按其在社会再生产过程中不同领域的独立职能，可分为产业资本、商业资本和借贷资本；按产业资本在其循环中不同阶段所采取的形式，可分为货币资本、生产资本和商品资本；按其社会构成，可分为个别资本和社会资本。

2. 生产成本

答：生产成本是指生产活动的成本，即企业为生产产品而发生的成本。生产成本是生产过程中各种资源利用情况的货币表示，是衡量企业技术和管理水平的重要指标。生产成本的范畴对企业经营具有重要意义。在市场经济条件下，产品成本是衡量生产消耗的补偿尺度，企业必须以产品销售收入抵补产品生产过程中的各项支出，才能确定盈利，因此在企业成本管理中生产成本的控制是一项极其重要的工作。生产成本法是目前世界各国普遍采用的一种成本计算方法，用生产成本法计算成本时，只将生产经营过程中发生的直接材料费用、直接人工费用和制造费用计入产品成本，而管理费用、财务费用和销售费用不计入产品成本，而是作为当期费用直接计入当期损益。

3. 利润

答：利润是指资本在运行中带来的，表现为全部预付资本产物的价值增加额。它是剩余价值的转化形式，来源于产业部门雇佣工人的剩余劳动。在资本主义生产中，不仅耗费的资本在发挥作用，而且没有消耗的不变资本部分即全部预付资本都在发挥作用。这样剩余价值就进一步表现为全部预付资本的增加额。当剩余价值被看作是全部预付资本的产物或增加额时，便取得了利润的转化形式。利润和剩余价值本来是同一个东西，所不同的是，剩余价值是对可变资本而言，而利润则是对全部预付资本而言的。剩余价值是利润的本质，利润是剩余价值的转化形式。利润这种形式歪曲了剩余价值的来源，掩盖了资本主义剥削的实质。

4. 利润率

答：利润率是指剩余价值与全部预付资本的比率。利润率是剩余价值率的转化形式，是同一剩余价值量用不同的方法计算出来的另一种比率，用公式表示为：$p' = m/(c+v)$。式中，p'代表利润率，m 代表剩余价值量，c 代表不变资本，v 代表可变资本，$c+v$ 即为全部预付资本。

5. 资本积聚（东北财经大学 2008 研；山西财经大学 2018 研）

答：资本积聚是指个别资本依靠本身的积累，将剩余价值转化为资本来增大自己的资本总额。它是单个资本的自我积累；是单个资本家依靠剩余价值资本化实现的；能增大社会资本总额；受积累基金限制，增长速度较缓慢。资本积聚的实现会受到社会所能提供的实际生产要素增长的制约，并且资本积聚在增大单个资本的同时，也增大了社会总资本；但以这种方式扩大单个资本规模，一般速度较慢。

6. 资本集中（南京大学 2003、2009 研；中央财经大学 2016 研；四川大学 2018 研）

答：资本集中是指把许多已经存在的规模较小的资本合并或联合起来形成大资本。资本集中的具体形式通常有两种：①通过竞争，大资本不断兼并小资本，从而形成更大的资本；②通过创办股份公司，把众多较小的资本联合成一个数额巨大的大资本。在资本主义发展的历史过程中，竞争和信用是推动资本集中的两个强有力的杠杆。资本集中是社会资本的合并或联合；资本集中是通过原有资本在资本家之间重新分配实现的，它不会增大社会资本总额；资本集中不受积累基金限制，它的增长速度比较快。

7. 资本经营（中央财经大学 2010、2014 研）

答：参见本章“复习笔记”相关内容。

8. 风险投资（中央财经大学 2010、2015 研）

答：参见本章“复习笔记”相关内容。

9. 资本循环（中央财经大学 2011 研）

答：参见本章“复习笔记”相关内容。

10. 资本周转

答：资本周转是指不断反复、周而复始的资本循环。资本周转的核心问题是资本周转的速度。周转速度是指资本周转一次所花费的时间，或者说在一定时间内资本可以周转的次数。所以，资本周转速度可以用周转时间和周转次数两种方法来表示：①资本的周转时间是指从预付一定形式的资本时起，到这个资本带着剩余价值以同样形式回到资本家手中的时间。②资本的周转次数是指在一定时间内（通常是指在一年内）资本价值周转的次数。资本周转时间和资本周转次数是按反比例变化的。因此，要增殖资本价值，就应该千方百计地缩短资本的周转时间，增加资本的周转次数，以加快资本的周转速度。

11. 固定资本

答：固定资本是指在物质形态上全部参加生产过程，其价值却在多次生产过程中逐渐转移到新产品中去的资本。固定资本是以厂房、机器设备等形式存在的那部分生产资本。它在物质形态上全部参加生产过程，而它的价值却随着厂房、机器、设备等的磨损，逐渐转移到新产品中去，并随着产品的销售逐次收回。

固定资本的磨损可分为有形磨损和无形磨损两种。固定资本的有形磨损是同资本的物质形态的变化结合在一起的，人们能看得见、感觉得到，也叫物质磨损。固定资本的无形磨损，是指机器设备等在有效使用期间内同物质磨损无关的价值贬值，它只能使人们在精神上感觉到，而在实物形态上表现不出来，所以也称为精神磨损。

12. 流动资本（中央财经大学 2008 研；华中师范大学 2018 研）

答：流动资本是指在物质形态上参加一次生产过程后，全部价值转移到新产品中去的资本。它是用来购买原料、燃料、辅助材料和工人劳动力的那部分资本。属于流动资本的这部分生产资料，在一次生产过程结束后，就丧失了原来的使用价值，它们的价值便一次全部转移到新产品中去，并在出售产品后，以货币形式全部回到资本家手中。

购买劳动力的那部分资本也属于流动资本，但这一部分资本并不存在价值转移问题。因为资本家支付给工人工资以后，工人把工资作为自己的收入用来购买消费品了，而新产品中与购买劳动力价值相等的价值，是由工人在生产过程中重新创造出来的。

13. 折旧（社科院研究生院 2007 博）

答：折旧是固定资产折旧的简称，通常是指固定资产在使用过程中，由于磨损而逐渐转移到产品成本中去的那部分价值。它是由固定资产本身的特点所引起的价值周转的一种特殊形式。企业的固定资产在使用过程中通过损耗价值是逐渐移转到产品中的。为了保证再生产的顺利进行，固定资本全部磨损后要进行更新，即在价值上进行补偿，在实物上进行替换。为了保证固定资本及时更新，必须不断地把固定资本转移的价值从销售商品的收入中提取出来，以折旧基金的形式加以累积。这种按固定资产的损耗程度进行补偿的方法称为折旧；逐渐按损耗程度提取的那部分金额，称为折旧费。固定资产的折旧费是摊入产品成本的，以折旧费计入产品成本的过程，是固定资产在生产过程中的价值转移过程。折旧的计算方法由国家统一规定或由会计准则进行规范。一般是根据固定资产的原始价值及报废时的估计清理费和残值，按预计使用期限平均计算。

二、问答题

1. 概述资本的一般特点和主要形态。（中央财经大学 2014 研）

答：参见本章“复习笔记”相关内容。

2. 谈谈资本经营的特点及主要的资本经营方式。（中央财经大学 2012 研）

答：（1）资本经营的特点：

资本经营的特点可以通过与一般生产经营领域中的资本运动相比较看出，具体参见本章“复习笔记”相关内容。

（2）资本经营的方式：

①资本扩张方式。资本扩张是资本自身生存发展的需要，也是资本具有的本质属性。企业资本扩张经营的方式是多种多样的。目前我国企业资本扩张中采用的基本方式有兼并、收购、战略联盟等。

②资本收缩方式。企业在经营中，随着经营战略和条件的变化，会出现一些不适合企业长期战略、没有成长潜力或影响企业整体业务发展的子公司、部门或产品生产线。为了使资源配置更加合理，更好地规避风险，使企业更具有竞争力，企业可以采取资本收缩经营方式。资本收缩方式主要有股份回购、资产剥离、企业分立、股权出售、企业清算等。

③资产重组方式。资产重组的方式主要有股份制改造、资产置换、债务重组、债转股、破产重组等。资产重组是指对一定企业重组范围内的资产进行分拆、整合或优化组合的活动，是优化资本结构、达到资源合理配置的资本经营方式，资产重组的实质是对企业资源的重新配置。

④租赁经营和托管经营方式。租赁经营和托管经营都是通过存量资本的流动和重组来实现资本经营。租赁经营是企业所有者将企业资产的所有权在一定时期内出租给承租方，承租方按合同规定定期交纳租金的一种经营方式。托管经营是将经营不善、管理混乱的企业委托给实力较强的优势企业经营管理的一种经营方式。租赁经营和托管经营的实质是在企业所有权与经营权彻底分离的情况下，通过市场对各种生产要素进行优化配置，提高社会资源的利用效率，实现资本经营的目标。

⑤无形资本经营。无形资本经营是指企业对所拥有的各种无形资本进行运筹和策划，用无形资本的价值实现企业的整体价值增值目的的资本经营方式。

⑥知识资本经营。狭义的知识资本经营概念，是指在企业资本经营过程中，利用市场机制，转让和引进知识、智力，整合企业内部与外部的知识资本，借助于企业外部的知识资源创造出具有自身竞争优势的经营模式。

3. 试分析资本循环正常进行的条件和影响资本周转的因素。（中央财经大学 2017 研）

答：（1）资本循环正常进行的条件：

①空间上的并存性，资本的三种职能形式在空间上同时并存。全部资本必须按一定比例分成三个部分，分别同时存在于三种职能形式上。

②时间上的继起性，资本的三种职能形式在时间上相互继起。即分别处在每种职能形式上的资本，都必须相继进行转化，依次从一个阶段转向下一个阶段，从一种职能形式转向下一种职能形式，经过循环回到它原来的出发点，连续不断地运动。

并存性和继起性是互为前提、互为条件的。没有并存性就没有继起性，并存性是继起性的前提；而没有继起性也就不可能有并存性，并存性又是继起性的结果。

（2）影响资本周转的因素：

①资本周转时间。资本周转时间的长短，反映了资本周转的速度。资本周转一次所需的时间越长，资本的周转速度越慢；反之则越快。周转时间由资本的生产时间与流通时间所构成。

生产时间是指资本处于生产领域中的时间，包括劳动时间、劳动过程的正常中断时间、生产要素的储备时间，在这三部分时间中，劳动时间是最重要的部分。要加快资本周转，一方面，要努力提高劳动生产率，缩短劳动时间；另一方面，也要尽量缩短非劳动时间，如减少储备时间、自然力作用时间和停工时间。

流通时间是指资本处于流通领域中的时间，包括购买时间和售卖时间。影响流通时间长短的主要因素包括市场供求状况、生产企业与市场距离的远近，以及交通运输和信息条件等。为了缩短流通时间，就要及时掌握市场信息，改进运输工具。

②生产资本的构成。当固定资本与流动资本比例不变时，固定资本和流动资本各自的周转速度加快，则预付总资本周转也加快；当固定资本与流动资本各自的周转速度不变时，固定资本比重越大，总资本周转越慢；流动资本比重越大，总周转越快。

4.3 考研真题详解

一、概念题

1. 固定资本的无形损耗(中央财经大学 2006 研)

答：固定资本的无形损耗，是指固定资本在其使用期内，由于科学技术进步而引起的在价值上的贬值。这种损耗在固定资本的物质形态上是观测不出来的，故称之为无形损耗。无形损耗有两种，一种是由于科学技术进步使生产机器设备的部门的劳动生产率提高，从而使具有原技术结构和经济性能的机器设备的再生产费用降低，导致原机器设备贬值；另一种是由于科学技术进步使机器设备生产部门生产出新的、具有更高生产效率和经济性能的机器设备，从而使原有的机器设备的交换价值受到损失而引起的固定资产贬值。在这两种情况下，即使是刚刚投入生产过程，甚至还没投入生产过程的原机器设备，也会发生贬值。无形损耗的大小，取决于固定资本物质形态的更新周期的长短和科技进步的快慢。更新周期越长，科学技术进步越快，固定资本无形损耗越大；反之，则越小。

2. 资本社会化(南京大学 2001 研)

答：资本社会化是指随着生产和管理的社会化，资本也日益采取社会化形式的趋势，具体表现在股份资本、国家资本等社会资本形式得到普遍的发展，在社会总资本中的比重越来越大。资本的社会化具有以下几个特征：①资本积累方式的社会化。②资本占有方式的社会化。③资本生产方式的社会化。④资本管理职能的社会化。

3. 产业资本(中央财经大学 2004 研；浙江师范大学 2008 研)

答：产业资本是指按资本主义方式经营的一切生产部门的资本，包括工业、农业、建筑业等各个物质生产部门的资本。产业资本的循环要经历购买、生产、销售三个阶段，相应地采取货币资本、生产资本和商品资本三种职能形式。

二、问答题

1. 试论资本循环与周转理论及其现实意义。(四川大学 2006 研)

答：(1)资本循环理论：

资本循环是资本运动的基本形式。资本价值的增殖，要经过一系列的形态变化，这些形态变化形成相应的阶段，在每个阶段，资本价值都处在与该阶段相适应的职能形式上。在运动过程中，资本价值得以保存并增殖，最后又回到过程开始时它原有的形态上，这个总过程就是资本循环。由于处在这种循环运动中的资本是产业资本，所以又叫产业资本循环。

资本循环要经过三个阶段：购买阶段、生产阶段、销售阶段。产业资本循环采取三种不同的循环形式：货币资本的循环、生产资本的循环、商品资本的循环。产业资本的三种职能形式和三种循环形式在空间上并存，在时间上继起是产业资本循环正常进行的条件。

(2)资本周转理论：

资本周转是指不断反复、周而复始的资本循环。资本周转的核心问题是资本周转的速度。周转速度是指资本周转一次所花费的时间，或者说在一定时间内资本可以周转的次数。所以，资本周转速度可以用周转时间和周转次数两种方法来表示。

影响资本周转速度的有两个因素：一是固定资本和流动资本的比例，是决定预付总资本平均周转速度的一个重要因素；二是缩短流通时间和生产时间，是加快资本周转的另一个重要因素。

(3)现实意义：

①企业只有合理安排使用资本，做好购、产、销的衔接工作，才能使资本连续循环，实现利润。

②企业要合理安排固定资本和流动资本的比例，采取有效措施提高生产、工作效率，加快资本周转，提高经济效益。

2. 资本周转速度对剩余价值的影响是什么？（中国人民大学 2002 研；华中科技大学 2006 研）

答：资本周转速度的快慢对于剩余价值的生产和实现有着重大的影响。

(1)资本周转速度对预付总资本量和剩余价值量的影响：

在资本主义社会，资本家为榨取剩余价值需要预先垫付一笔货币资本，用来购买生产资料和劳动力，这笔预先垫付的资本，就叫预付资本。加速资本周转的速度，可以节约预付资本量，扩大再生产规模，榨取更多的剩余价值。

从固定资本来说，周转速度的加快，一方面可以避免或减少无形磨损的损失，另一方面还可以加速固定资本更新，提高固定资本的利用率。例如，原来固定资本周转一次是 20 年，加快周转速度后，周转一次缩短为 10 年。这样，资本家预付的资本就可以更快地回收，用来进行固定资本更新，购置生产效率更高的机器设备，或者用来扩大生产规模，从而使资本家获得更多的剩余价值。

从流动资本来说，周转速度的加快，可以节省预付的流动资本。资本周转速度越快，维持同样生产规模所需要的流动资本数量越小，越能节约预付资本。如果把节约的流动资本投入生产，就会相应地扩大生产规模，榨取更多的剩余价值。

(2)资本周转速度对年剩余价值率的影响：

在预付资本量中，有一部分是用来购买劳动力的预付可变资本。流动资本周转速度越快，其中预付可变资本的周转速度也越快，这样，一年中等量预付可变资本，就可以雇用更多的工人，榨取更多的剩余价值，从而表现为更高的年剩余价值率。

年剩余价值率是一年内生产的剩余价值量与预付可变资本的比率。资本周转速度快慢，直接影响预付可变资本的数量的大小，决定年剩余价值率的高低。例如，有甲乙两个资本，每周雇用同等的劳动力，都要预付可变资本100元，剩余价值率都是100%。但是这两个资本的周转速度不一样，资本甲每年(52周)周转一次，一年就要预付可变资本5200元，获取剩余价值5200元。而资本乙每年可以周转10次，也就是每5.2周就可以周转一次，全年预付可变资本为520元，但一年发挥作用的可变资本与甲一样也是5200元，获取剩余价值也是5200元。

这样，资本甲年剩余价值率=5200/5200=100%；资本乙年剩余价值率=5200/520=1000%。这就是说，资本乙的周转速度是资本甲的10倍，因而年剩余价值率也是资本甲的10倍。资本乙由于周转速度快，用比较少的预付可变资本，可以获得同量的剩余价值；或是用同量的可变资本，能获得多倍的剩余价值。

3. 简述产业资本的运动的两个条件：三种职能形式在空间上的并存性和三种循环形态在时间上的继起性。(西南财经大学2013研)

答：产业资本家为了不断地获取剩余价值，必须使他的资本不间断地进行循环运动。产业资本实现连续不断的循环，需具备两个条件：第一，产业资本家的全部资本不能同时存在于循环的某一个阶段和处于某一种职能资本形式，必须把全部资本按一定比例分为三个部分，分别处于货币资本、生产资本和商品资本形式，使三种职能资本形式在空间上并存(即并存性)，只有这样，才不会发生生产过程和流通过程的中断。第二，产业资本家所掌握的三部分职能资本，其中每一种职能资本形式都必须连续不断地进行循环，顺次通过三个阶段，依次改变它们的形式，经过循环回到原来的形式，使三种职能资本形式在时间上相继进行转化(即继起性)。如果任何一部分资本在循环的任何一个阶段发生中断，产业资本的三种职能形式并存的状况就不能保持。

并存性和继起性是互为前提、互为条件的。没有并存性就没有继起性，并存性是继起性的前提；而没有继起性也就不可能有并存性，并存性又是继起性的结果。产业资本的三种职能形式只有并存并依次相继转化，产业资本的循环运动才不致中断。与此相适应，产业资本必然同时并列存在着货币资本循环、生产资本循环和商品资本循环三种循环形式，其中每一种循环形式都要连续不断地进行循环运动。

货币资本、生产资本和商品资本的并存性和继起性，是产业资本循环得以正常进行的必要条件。但是，在资本主义制度下，生产的无政府状态和经济危机的频繁爆发等原因，导致资本循环的必要条件经常遭到破坏，资本的循环运动并不能始终顺利地进行。

4. 作为货币的货币和作为资本的货币有何联系与区别？(华中科技大学2002研)

答：(1)联系的方面：

①两者都是货币，都采用货币的形式。资本最初总是表现为一定数量的货币，这就是作为资本的货币，这种货币在形式上是和作为货币的货币一样的。

②作为货币的货币在一定的经济条件下可以转化为作为资本的货币。货币转化为资本的最根本的条件就是劳动力成为商品。而劳动力成为商品需要两个条件，其一是劳动者有人身自由；其二是劳动者丧失一切生产资料和生活资料，除自身的劳动力外一无所有。只有在这两个条件下，劳动力才能作为商品出现在市场上。当货币所有者在劳动力市场上购买到劳动力这一特殊商品，并通过劳动力的使用为其带来剩余价值时，货币才转化为资本。

(2)区别的方面：

①含义的区别。作为货币的货币是能固定充当一般等价物的特殊商品。而作为资本的货币是指在运动中自行增殖的价值。

②本质的区别。作为货币的货币其本质是一般等价物，而作为资本的货币的本质不是物，而是以物为媒介的社会生产关系，它体现着资本家对工人的剥削关系。

③作为货币的货币和作为资本的货币的不同可以从商品流通公式和资本流通公式表现出来。商品流通公式为：商品－货币－商品。资本的流通公式为：货币－商品－增殖的货币。这两个公式有本质的区别：a. 作为商品流通媒介的货币和作为资本的货币流通形式不同。b. 流通的目的不同。商品流通公式表明为买而卖，目的是为获得使用价值；资本流通的目的是为了价值增殖，它的运动没有限度。c. 在商品流通中，货币只作为购买手段，充当商品流通的媒介；而在资本流通中，货币在运动中能够带来剩余价值，因此货币不再是普通的货币，而是成为资本的存在形式。

5. 综合资本集中和资本积聚原理谈谈我国大中型企业谋求发展的战略。(吉林大学2005 研)

答：(1)资本集中和资本积聚的含义及二者之间的关系：

参见本章“复习笔记”相关内容。

(2)我国大中型企业谋求发展的战略：

我国国有企业经济效益仍然不够高，企业资产负债率过高，因历史原因形成的包袱重，企业冗员问题严重。在企业体制上，虽然相当多的国有企业通过改制，形成了现代企业制度的基本框架，但远未形成有效的现代企业制度的运作机制。国有企业应注意利用资本集中和资本积累的相关原理来改善企业效益。在企业发展过程中应注意自身资本的积累，要为企业以后的发展积累一定的资本。由于资本积累过程是一个比较缓慢的过程，所以企业应更加注意资本集中，通过兼并重组以及发行股票等方式扩大自己的资本。根据资本集中和资本积聚原理，我国大中型企业谋求发展可以采取以下战略：

①股份有限公司和有限责任公司是发展规模企业的两种有效形式。实践表明，企业公司化改制，既是盘活资产、积聚资金的有效途径，又是对规模企业实施现代管理的手段。要加强各行业企业，尤其是国有控股企业建立现代企业制度的力度，加快企业转换经营机制的进程。在“退”中优化资本和产权结构，在“进”中加快发展，使优势企业增强实力，以此促进企业实行规模经营。以股份制改造为契机，促进企业的兼并、联合，在明晰产权和自愿的基础上，将一批条件较好的企业改组为股份制或股份合作制企业。组建培育大公司和企业集团，在做优做强上下功夫。“优”指竞争有优势，“强”指核心能力强。要努力形成企业的规模优势，发挥规模效益。大公司和企业集团的组建和发展一定要遵循经济规律，根据行业特点，对规模经济效益明显的行业，应形成以少数大型企业集团为主的结构优势；对规模经济效益不显著的行业，应鼓励中小企业发展，引导中小企业向“专、精、特、新”方向发展，搞好同大型企业的协作配套。

②在培养大规模企业或企业集团的过程中，政府应该通过政策性贷款或低利率技改贷款对大型骨干企业进行重点扶持，在税收、发行股票和债券方面给予政策倾斜。对历史包袱较重而又在行业占有重要地位的大型国有企业，要增加投入或专案研究发展途径。

③鼓励优势企业特别是国有优势企业向资产经营转变，允许企业转让和重组部分资产存量，以实现企业资产增量的调整。在属于“国退民进”的行业中，加大国有企业进退的力度，快进快退，鼓励企业通过吸引外来资本提高企业经营状况，加快经济布局战略性调整步伐。在实现国有资产保值的前提下，鼓励管理层和职工持股，不断拓宽国有资本退出的渠道和领域，通过推进企业境内外上市、利用外商合资、吸收社会法人相互参股、吸引民营资本进入等，吸引多方投资，形成多元投资主体，推进企业间的优势互补。

6. 简述影响资本周转速度与周转时间的因素。(财政部财政科学研究所2007研；西南财经大学2012研)

答：(1)资本周转速度是指资本周转一次所花费的时间，或者说在一定时间(一般是一年)内周转的次数。资本周转的速度可以用资本周转时间的长短和资本周转次数的多少来表示。资本周转速度(快慢)与资本周转时间(长短)成反比，与资本周转次数(多少)成正比。资本周转时间是指产业资本从预付一定形式的资本开始，经过资本的循环运动，实现了价值的增殖，然后重新回到原来的资本形式为止所经历的时间。资本的周转时间由资本的生产时间和流通时间之和构成。

(2)影响资本周转速度的因素主要有：

①资本周转时间的长短或资本周转次数的多少；

②生产资本的构成，即固定资本和流动资本的比例。生产资本中固定资本占的比重大，整个资本周转速度就慢，相反流动资本占的比重大，整个资本的周转速度就快。

(3)影响周转时间长短的因素主要有：

①资本的生产时间，即资本处于生产领域中的时间，它包括：一是劳动时间，主要受产品性质和生产技术与效率高低的影响；二是劳动过程的正常中断时间，主要包括劳动对象受自然力独立作用而发生物理的、化学的、生物的变化过程所需要的时间，以及正常的休工时间(设备的正常保养期，节假日或其他正常的劳动间歇期等)；三是生产要素的储备时间，主要是指生产资料等已经购买但尚未投入生产过程的时间。

②资本的流通时间，即资本处于流通领域中的时间，它包括：一是购买时间，即货币资本转化为生产资本所需要的时间，主要受生产要素供应条件的影响；二是售卖时间，即商品资本转化为货币资本的时间，主要受市场需求与竞争状况的制约。

第5章　社会总资本再生产和市场实现

5.1　复习笔记

【知识框架（庖丁解牛）】

- 社会总资本再生产和市场实现
  - 社会总资本再生产的核心问题
    - 社会总资本
    - 社会总产品和社会生产部门的分类
    - 社会再生产的核心问题是社会总产出的实现
  - 社会简单再生产及其实现条件
    - 社会简单再生产
    - 简单再生产下两大部类各自的实现条件
    - 简单再生产的基本实现条件和实现过程
  - 社会扩大再生产及其实现条件
    - 社会扩大再生产
    - 扩大再生产的前提条件
    - 扩大再生产的实现条件
  - 供求平衡与市场实现
    - 供求平衡与不平衡
    - 卖方市场和买方市场

【考点难点归纳（厚积薄发）】

考点一：社会总资本再生产的核心问题　★★★★

1. 社会总资本

(1)含义：

社会总资本是指社会分工和市场交换条件下的相互联系的个别资本的总和。

(2)社会资本运动：

①含义。社会资本运动是指相互交错、互为条件的个别资本运动的总和。

②社会资本运动与单个资本运动。单个资本运动是指各独立发挥职能的资本独立地进行循环和周转实现着单个资本的再生产。社会资本运动是指这种互相交错的单个资本运动的总和。两种资本运动都是生产和流通过程的统一，并且要在运动中变化资本的职能形式。但是相比于单个资本运动，社会资本运动包含的范围更加广阔。

2. 社会总产品和社会生产部门的分类

(1)社会总产品的含义：

社会总产品是指社会各个物质生产部门的劳动者在一定的时期内（通常为一年）所生产出来的全部物质资料的总和。社会总产品在价值形态上是不变价值、可变价值与剩余价值的总和，即为社会总产值。

(2)社会生产部门分类如表5-1所示：

表5-1　社会生产部门分类

<table>
<tr><th>门类</th><th>划分依据</th><th>类别</th></tr>
<tr><td rowspan="2">两大部类</td><td rowspan="2">社会总产品最终用途</td><td>第一部类(Ⅰ)的部门生产生产资料</td></tr>
<tr><td>第二部类(Ⅱ)的部门生产消费资料</td></tr>
<tr><td rowspan="3">三次产业</td><td rowspan="3">社会生产活动历史发展的顺序</td><td>第一产业是指农、林、牧、渔业(不含农、林、牧、渔服务业)</td></tr>
<tr><td>第二产业是指采矿业(不含开采辅助活动)，制造业(不含金属制品、机械和设备修理业)，电力、热力、燃气及水生产和供应业，建筑业</td></tr>
<tr><td>第三产业即服务业，包括：批发和零售业，交通运输、仓储和邮政业，住宿和餐饮业，信息传输等</td></tr>
</table>

(3)两大部类和三次产业划分法的区别与联系如表5-2所示：

表5-2　两大部类和三次产业划分法的区别与联系

<table>
<tr><th>要点</th><th colspan="2">具体内容</th></tr>
<tr><td rowspan="4">区别</td><td>方法论</td><td>两大部类划分法较三次产业更为抽象</td></tr>
<tr><td>分类依据</td><td>两大部类的划分依据产品的最终用途，三次产业的划分依据生产部门产生和发展的序列</td></tr>
<tr><td>涵盖内容</td><td>两大部类以社会总产品概念涵盖一切物质生产部门，三次产业以国民生产总值的概念包容社会所有生产部门，特别是包括服务业</td></tr>
<tr><td>计算口径</td><td>两大部类包括了原材料等中间产品在内的所有物质产品，三次产业则只统计各部门的增加值(即不包括构成当年新产品实体的原材料价值)</td></tr>
<tr><td rowspan="2">联系</td><td>价值</td><td>物质产品的价值和非物质的产品即服务的价值都可以区分为c、v、m</td></tr>
<tr><td>关系</td><td>三次产业划分融合到两大部类中扩大了两大部类的内涵。所有的物质生产和服务生产构成社会总生产，社会全部物质产品和服务产品构成社会总产出。根据服务产品的最终用途，为生产提供的服务可以纳入第一部类，为生活提供的服务可以纳入第二部类</td></tr>
</table>

3. 社会再生产的核心问题是社会总产出的实现

(1)社会再生产：

社会再生产是指不断更新和不断重复的生产，社会再生产物质资料的生产是人类社会赖以存在和发展的基础。

(2)社会再生产的核心问题是市场实现问题：

①社会资本再生产过程实际上是资本的现实运动过程，资本从商品形态转化为货币形态，预付资本才能得到价值补偿。

②社会再生产的进行还需要得到物质补偿，即在物质资料的再生产中不断再生产出用于生产消费的生产资料和用于生活消费的消费资料。为了保证社会再生产的顺利进行，各部类内部和两部类之间要进行价值的补偿和物质的替换，为此必须保持一定的数量关系，还必须相应地发展为两部类交换服务的流通部门。

考点二：社会简单再生产及其实现条件 ★★★★★

1. 社会简单再生产

（1）含义：社会总资本的简单再生产是指工人在生产过程中创造出来的剩余价值全部用于资本家个人消费，使再生产维持在原有的规模上重复进行。

（2）假定：

①资本主义性质的社会生产，整个社会被划分为资本家和工人两个阶级。

②生产周期为一年，全部不变资本都在一年内消耗完，且其价值全部转移到新产品中去；所有商品都按价值出售，商品的价格也不会背离于价值。

③不存在对外贸易。

2. 简单再生产下两大部类各自的实现条件

在简单再生产条件下，社会生产两大部类的全部产出都必须通过交换而得到实现，达到供求平衡。

（1）第一部类产出的实现条件：$\mathrm{I}(c+v+m)=\mathrm{I}c+\mathrm{II}c$。

即：社会的生产资料和生产服务的总供给等于总需求，第一部类产出完全实现。

（2）第二部类产出的实现条件：$\mathrm{II}(c+v+m)=\mathrm{I}(v+m)+\mathrm{II}(v+m)$。

即：社会的消费资料和生活服务的总供给等于总需求，第二部类产出完全实现。

3. 简单再生产的基本实现条件和实现过程

（1）社会简单再生产的基本实现条件：$\mathrm{I}(v+m)=\mathrm{II}c$。

（2）全部社会总产出的实现过程：

①第一部类内部的交换。第一部类的 c 代表本部类所消耗掉的生产资料的价值，为了维持简单再生产的继续进行，必须用新的生产资料来补偿。

②第二部类内部的交换。第二部类的 $(v+m)$ 代表本部类工人和资本家用于消费的消费资料的价值，它必须以消费资料来补偿。

③两大部类之间的交换。通过第一部类的 $(v+m)$ 所代表的生产资料与第二部类的 c 所代表的消费资料的交换，第一部类的工人和资本家得到所需要的消费资料，第二部类的资本家得到再生产所需要的生产资料。

考点三：社会扩大再生产及其实现条件 ★★★★★

1. 社会扩大再生产

社会扩大再生产是指社会生产在社会总资本循环运动中不断扩大规模，可以通过生产要素投入的增加或生产要素产出效率的提高或二者同时发生而得到实现。

扩大再生产可以进一步分成外延扩大再生产和内涵扩大再生产。外延扩大再生产是指如果生产技术不进步，单纯依靠增加生产资料和劳动力的数量而实现的扩大再生产。内涵扩大再生产是指以技术进步为基础，依靠提高生产资料和活劳动的使用效率而实现的扩大再生产。

2. 扩大再生产的前提条件

（1）扩大再生产第一个前提条件：$\mathrm{I}(v+m)>\mathrm{II}c$。

第一部类的可变资本与剩余价值之和，必须大于第二部类的不变资本。

(2)扩大再生产第二个前提条件：$Ⅱ[c+(m-m/x)]>Ⅰ(v+m/x)$。式中，m/x(其中 $x>1$)为剩余价值中资本所有者消费量。

第二部类的不变资本与用于积累的那部分剩余价值之和，必须大于第一部类的可变资本与资本家用于个人消费的那部分剩余价值之和。

3. 扩大再生产的实现条件

(1)社会总资本扩大再生产的基本实现条件：$Ⅰ(v+\Delta v+m/x)=Ⅱ(c+\Delta c)$。

说明：在社会总资本扩大再生产的条件下，社会总产品的构成在两大部类之间应当保持一定的比例关系，即第Ⅰ部类原有的可变资本，加上追加的可变资本，再加上第Ⅰ部类资本家用于个人消费的剩余价值，三者的总和应当等于第Ⅱ部类原有的不变资本加上追加的不变资本。

(2)社会总资本扩大再生产的第二个实现条件为：$Ⅱ(c+v+m)=(Ⅰv+Ⅱv)+(Ⅰm/x+Ⅱm/x)+(Ⅰ\Delta v+Ⅱ\Delta v)$。

说明：要进行扩大再生产，第Ⅱ部类的全部生产物价值，除了补偿两个部类原有工人所需的生活资料和两个部类的资本家所需要的生活资料外，还必须能够满足两个部类新追加的工人所需要的生活资料。

(3)社会总资本扩大再生产的第三个实现条件为：$Ⅰ(c+v+m)=(Ⅰc+Ⅱc)+(Ⅰ\Delta c+Ⅱ\Delta c)$。

说明：在扩大再生产时，第Ⅰ部类的全部生产物价值，除了补偿两个部类已消耗的生产资料外，还必须能够满足两个部类进行积累时需要追加的生产资料，即第Ⅰ部类的全部产品必须满足两个部类进行规模扩大的再生产时对生产资料的全部需要。

考点四：供求平衡与市场实现 ★★

1. 供求平衡与不平衡

社会总产出实现的理想状态是供求的平衡，即消除供求之间的不适应、不平衡现象，使供应与需求相互适应，相对一致。供求平衡包括总量平衡和结构平衡。但在市场经济条件下，供求不平衡是绝对的；供求平衡是相对的。

2. 卖方市场和买方市场(见表5-3)

表5-3　卖方市场和买方市场

市场类型	具体内容	
卖方市场	含义	以卖方为主导、总需求大于总供给的卖方型市场格局
	影响	一方面，卖方市场格局可促使企业之间展开竞争，有利于企业改善经营管理、提高劳动生产率，使商品物美价廉，也有助于产业结构的合理化。另一方面，卖方市场如果出现过分压低商品价格的情况，则会严重打击商品生产者的生产积极性，从而导致市场疲软和经济不景气
买方市场	含义	以买方为主导、总供给大于总需求的买方型市场格局
	影响	在买方市场格局下，市场上商品价格信号和利率信号等都发生了扭曲，从而导致分配不合理、企业缺乏竞争，企业便会丧失强化经营管理、采用新技术和降低成本的动力与压力

5.2 课后习题详解

一、概念题

1. 单个资本

答：单个资本是指能够独立发挥资本作用，实现价值增殖的资本。资本是指能够增殖的价值，即经济活动中表现为生产要素或经营投入的价值，并能以产品形态和货币形态存在。资本主义社会的企业，首先是作为独立地发挥资本职能的实体而存在，它们各自通过自身的循环与周转，实现自己的价值增殖。当资本作为独立地从事剩余价值的生产和实现活动来发挥资本的职能作用时，就是单个资本。各单个资本都是社会资本的有机组成部分，单个资本的运动被纳入社会总资本的运动中，单个资本的增殖与风险受社会资本的构成及社会资本运动的质量所制约。

2. 社会资本(东北财经大学2008研；中央财经大学2018研)

答：社会资本是指相互联系、相互交错的单个资本的总和。但社会资本并不是单个资本运动的简单加总。社会总资本的运动比单个资本运动具有更为复杂的关系。因为社会总资本的再生产运动不仅包括预付资本价值的运动，而且包括全部剩余价值的流通；不仅包括生产消费和资本流通，而且包括资本家和工人的个人消费以及媒介个人消费的一般商品流通。

3. 两大部类(中央财经大学2019研)

答：两大部类是指社会总产品在物质形态上，根据其最终用途，区分为生产资料的生产部类和消费资料的生产部类。第Ⅰ部类由生产生产资料的部门所构成，其产品进入生产领域；第Ⅱ部类由生产消费资料的部门构成，其产品进入生活消费领域。要使社会再生产不断继续，两大部类之间必须保持一定的比例关系。

两大部类比例是生产资料生产与消费资料生产这两大部类在社会再生产过程中的数量比例关系。具体包括两方面的内容：①两大部类产品的平衡交换。尽管两大部类产品的最终经济用途不同，但以货币为媒介的交换可以使它们在实物形态和价值形态上相互得到补偿和实现，从而使社会再生产得以顺利进行。这种交换的基础是两大部类保持一定的比例关系。②两大部类产品的协调增长。即在技术进步、资本有机构成提高的条件下，第一部类产品的优先增长不能脱离第二部类产品的增长，第二部类产品的增长也不能不顾第一部类产品增长的实际需要，两大部类产品的增长必须保持协调。两大部类按比例协调发展，是任何社会再生产过程本身的客观要求和基本规律。

4. 三次产业

答：三次产业是指根据社会生产活动历史发展的顺序把产业结构划分为第一产业、第二产业和第三产业。我国对三次产业的划分标准为：第一产业是农、林、牧、渔业；第二产业是采矿业，制造业，电力、燃气及水的生产和供应业，建筑业；第三产业是除第一、第二产业以外的其他行业。我国国民经济中的第一、第二、第三产业变化的总趋势是：第一产业的比重逐渐下降，质量日益提高，第二产业的结构不断优化，第三产业的比重逐步提高。

5. 卖方市场

答：卖方市场是指以卖方为主导、总需求大于总供给的卖方型市场格局。一方面，卖方市场格局可促使企业之间展开竞争，有利于企业改善经营管理、提高劳动生产率，使商品物美价廉，也有助于产业结构的合理化。另一方面，卖方市场如果出现过分压低商品价格的情况，则会严重打击商品生产者的生产积极性，从而导致市场疲软和经济不景气。

6. 买方市场

答：买方市场是指以买方为主导、总供给大于总需求的买方型市场格局。适度买方市场对经济是有利的，但若供应过多地超越现实的需求，买方市场的正面作用也会走向反面。在买方市场格局下，市场上商品价格信号和利率信号等都发生了扭曲，从而导致分配不合理、企业缺乏竞争，企业便会丧失强化经营管理、采用新技术和降低成本的动力与压力。

二、问答题

1. 怎样认识社会资本运动与单个资本运动的联系和区别？

答：(1)社会资本运动与单个资本运动的含义：

参见本章“复习笔记”相关内容。

(2)社会资本运动与单个资本运动的联系：

社会资本运动是单个资本运动的有机组合，单个资本运动是社会资本运动的组成因子。

①从运动过程来看，都是生产过程和流通过程的统一。

②从运动形式来看，两者在循环过程中都经过购买、生产、销售三个阶段，并相应的采取货币资本、生产资本、商品资本三种职能形式，完成各自的循环。

③从运动的目的来看，两者都是为了价值不断得到增殖，都是资本关系的体现。

(3)社会资本运动与单个资本运动的区别：

社会总资本的再生产和流通与单个资本的再生产和流通相比较，其研究对象和范围有很大的区别。

①社会总资本的再生产和流通，不仅包括生产消费，而且包括个人消费。从单个资本来看，资本家也要将一部分剩余价值用于个人消费；工人所得工资也要用于个人消费。但这种个人消费是在资本的运动过程以外进行的，不属于资本流通的范围。但是，从社会总资本角度来看，资本家和工人购买个人消费品的过程，同时也就是生产消费品的企业出卖商品的过程，就是他的商品资本转化为货币资本的过程。所以，在社会总资本的运动中要包括个人消费。

②由于社会总资本运动包括个人消费，所以，社会总资本的运动不仅包括资本流通，而且包括媒介个人消费的一般商品流通。“社会总资本的循环却包括那种不属于单个资本循环范围内的商品流通，即包括那些不形成资本的商品流通。”

③社会总资本的再生产和流通，不仅包括资本的流通，而且包括剩余价值的流通。剩余价值的流通，一般说来可以分为两部分：一部分作为追加资本加入资本流通；另一部分作为收入用于个人消费，加入一般商品流通。

2. 怎样认识社会资本再生产的核心问题？（中共中央党校2011研；中央财经大学2015、2016研）

答：研究社会再生产，一方面要考察社会总产出的各个部分如何从商品形式转化为货币形式，即实现价值补偿；另一方面要考察社会总产出的各个部分在转化为货币资本形式之后，又如何再转化为所需要的物质产品和服务，即实现物质补偿的问题。

社会资本再生产的核心问题，是社会总产品的实现问题，也就是社会总产品的价值补偿和物质补偿的问题。这是因为：

（1）社会资本再生产反映了资本的现实运动，而资本从商品形态向货币形态的转化，是资本运动之"惊险的跳跃"，它表明既有生产过程是否能顺利完成，也就同时表明下一个生产过程能否正常开始。如果社会总产出能够通过交换，实现其价值和剩余价值，就意味着社会生产所耗费的资本能够在价值上得到相应的补偿，意味着社会资本的周转又回到了原来的出发点，从而可以重新购买生产要素，开始新一轮的再生产。否则，如果社会总产出不能或部分不能顺利销售，所耗费的资本就不能得到或不能充分得到价值补偿，社会再生产就不能正常进行。

（2）社会再生产的进行，不仅要求生产中所耗费的资本在价值形态上得到补偿，而且要保证资本价值所反映的实际生产过程所耗费的生产资料和消费资料得到补偿和替换。这就不仅要求社会资本所获得的价值补偿总量要足以用于重新购买所需补偿和替换的生产要素，而且要求上一生产过程所提供的社会总产出应当在使用价值形态上符合再生产继续进行的需要。而使用价值形态的补偿和替换是社会再生产运动中一个更加现实的问题，它不仅有所消耗的生产资料和消费资料以及有关服务产品的总量补偿和替换问题，而且还有这些需要补偿和替换的使用价值的内部结构问题。如果社会生产的物质产品和服务在实物构成上与所耗费和要补偿的产生不一致，则社会再生产的进行仍然会遇到困难。

所以，社会总产出的实现包括了价值补偿和使用价值补偿，也包括了总量补偿和结构性的补偿，补偿的过程就是社会总产出在价值和使用价值形态上都得到实现的过程。其中，社会总产品的价值补偿是社会总资本正常运行的基础，社会总产品的使用价值补偿是保证社会总资本正常运行的关键。

3. 试解释简单再生产和扩大再生产的实现条件及两大部类产出各自的平衡关系如何才能成立。

答：（1）简单再生产和扩大再生产：

简单再生产和扩大再生产是社会再生产的两种类型。简单再生产是指剩余价值被资本家全部消费掉，使再生产在原有规模上重复进行；而扩大再生产是指资本家将从工人身上剥削来的剩余价值，不是全部消费掉，而将其中一部分作为新资本追加投入生产过程使生产在扩大了的规模上重复进行。

社会总产品的实现是社会再生产的核心问题。要使社会再生产能够顺利进行，社会生产两大部类之间及其内部必须保持适当的比例关系。要具体分析社会再生产的实现问题，必须分别从简单再生产和扩大再生产两方面来考虑。

（2）简单再生产的实现条件及两大部类产出的平衡关系：

①第Ⅰ部类新创造的价值产品必须全部用于补偿第Ⅱ部类消耗掉的生产资料，第Ⅱ部

类产品中相当于不变资本的部分必须能够维持第Ⅰ部类工人和资本家原有的生活需要，即Ⅰ$(v+m)$ = Ⅱc。

②第Ⅱ部类生产的全部产品价值应该等于两大部类的可变资本和剩余价值的总和，第Ⅱ部类生产的全部消费资料必须和两大部类的工人和资本家对个人消费品的需要相等，即Ⅱ$(c+v+m)$ = Ⅰ$(v+m)$ + Ⅱ$(v+m)$。

③第Ⅰ部类生产的全部产品价值应该等于两大部类的不变资本价值的总和，第Ⅰ部类生产的生产资料必须全部用来补偿两大部类消耗掉的生产资料，即Ⅰ$(c+v+m)$ = Ⅰc + Ⅱc。

(3)扩大再生产的实现条件及两大部类产出的平衡关系：

①第一部类产出的实现条件：扩大再生产要能顺利进行，第Ⅰ部类新增加的生产资料必须和第Ⅱ部类需要补偿的生产资料以及两大部类需要追加的生产资料之和相等：

$$\text{Ⅰ}(c+v+m) = \text{Ⅰ}(c+\Delta c) + \text{Ⅱ}(c+\Delta c)$$

式中，Δc 表示追加的不变资本，其实物形态是追加的生产资料。即：两大部类需要追加的生产资料和第Ⅰ部类所提供的生产资料相等。

②第二部类产出的实现条件：扩大再生产要能顺利进行，第Ⅱ部类用于补偿不变资本的消费资料及其所提供的追加消费资料必须和第Ⅰ部类的资本家和工人所需要的消费资料以及两大部类需要追加的消费资料相等：

$$\text{Ⅱ}(c+v+m) = \text{Ⅰ}(v+\Delta v+m/x) + \text{Ⅱ}(v+\Delta v+m/x)$$

式中，Δv 表示追加的可变资本，其实物形态是追加的消费资料。

扩大再生产条件下两大部类之间的产出交换仍包括三个基本的方面：一是在第一部类内部通过交换而实现，二是在第二部类内部通过交换而实现，三是两大部类之间的交换，使第一部类在扩大再生产情况下的消费需求得到解决，使第二部类在扩大再生产情况下所增加的生产资料和生产服务也得到满足。在上述条件得到满足后，社会扩大再生产得以顺利进行。

4. 结合实际，分析卖方市场和买方市场的特点。

答：(1)卖方市场：

卖方市场是指以卖方为主导、总需求大于总供给的卖方型市场格局。一方面，卖方市场格局可促使企业之间展开竞争，有利于企业改善经营管理、提高劳动生产率，使商品物美价廉，也有助于产业结构的合理化。另一方面，卖方市场如果出现过分压低商品价格的情况，则会严重打击商品生产者的生产积极性，从而导致市场疲软和经济不景气。

(2)买方市场：

买方市场是指以买方为主导、总供给大于总需求的买方型市场格局。适度买方市场对经济是有利的，但若供应过多地超越现实的需求，买方市场的正面作用也会走向反面。在买方市场格局下，市场上商品价格信号和利率信号等都发生了扭曲，从而导致分配不合理、企业缺乏竞争，企业便会丧失强化经营管理、采用新技术和降低成本的动力与压力。

(3)特点分析：

在卖方市场条件下企业经营的特点：①企业从思想上认为顾客的需求大体上是一致的；②先有产品，后有顾客；③企业以生产为中心；④生产企业在市场上占有相对有利的地位。

在买方市场条件下企业经营的特点：①企业在思想上认为顾客的需求是有差异的；②先有顾客，后有生产；③企业以顾客为中心；④顾客在市场上占有相对有利的地位。

5.3　考研真题详解

一、概念题

1. 扩大再生产(中山大学2006研)

答：扩大再生产是指生产规模较原有基础有所扩大的再生产，以剩余产品不全部用于个人消费，而把其中的一部分用于积累，作为追加的生产资料和消费资料为前提条件。扩大再生产可分为外延式扩大再生产和内涵式扩大再生产。

内涵式扩大再生产是指依靠生产技术进步和改进生产要素质量来扩大生产规模，提高生产效率。外延式扩大再生产是指在生产技术、劳动效率和生产要素的质量不变的情况下，单纯依靠追加生产要素的数量来扩大原有的生产规模。

在现实的经济生活中这两种扩大再生产往往结合在一起，但现代经济增长主要依靠内涵式扩大再生产，以提高经济增长的效益和质量。

2. 内涵扩大再生产(浙江大学2008研)

答：内涵扩大再生产是“外延扩大再生产”的对称，是指不是依靠增加劳动力和原有生产设备的数量，而是依靠技术进步，采用更先进的设备，提高劳动力的素质来扩大生产规模的生产方式。有时通过改善经营管理，改进原有设备，挖掘生产潜力，减少浪费，不追加或少量追加投资也可实现内涵的扩大再生产。在科学技术迅速发展的条件下，内涵扩大再生产是扩大再生产的主要方式。内涵扩大再生产的主要优点有：①可以广泛的采用新技术、新工艺和新的组织形式，以大幅度的提高劳动生产率；②可以节约投资，充分利用现有生产设备条件，提高经济效益；③可以在更高水平基础上实现生产要素优化组合，充分发挥现有生产要素的积极作用。

二、问答题

1. 试分析社会总资本扩大再生产的过程和条件。(西南财经大学2006研)

答：(1)社会资本扩大再生产的前提条件：

社会资本的扩大再生产，要以资本积累作为前提。资本家为了进行扩大再生产，必须将剩余价值的一部分积累起来，作为追加的资本投入生产。其中一部分作为追加的不变资本，用于追加生产资料；另一部分作为追加的可变资本，用于追加劳动力。

①第Ⅰ部类生产的全部产品，除了维护第Ⅰ部类和第Ⅱ部类简单再生产所必需的生产资料外，还要有个余额，才能保证满足扩大再生产对追加生产资料的需要。用公式表示就是：Ⅰ$(c+v+m)>$Ⅰ$c+$Ⅱc，把公式两端的Ⅰc都减去，这个公式就表示为：Ⅰ$(v+m)>$Ⅱc。

这个公式表明，第一部类的可变资本与剩余价值之和，必须大于第二部类的不变资本，这就是社会资本扩大再生产所必要的基本前提条件。

②第Ⅱ部类生产的全部产品，除了满足两大部类资本家和原来工人的消费需要外，也

必须有个余额，才能保证满足扩大再生产对追加的消费资料的需要。如用 m/x 代表资本家个人消费的剩余价值，则 $m-m/x$ 表示用于积累的剩余价值，这样，用公式表示就是：Ⅱ$(c+v+m)>$ Ⅰ$(v+m/x)+$ Ⅱ$(v+m/x)$，把公式两端都减去Ⅱ$(v+m/x)$，则扩大再生产的这一前提条件可用公式表示为：Ⅱ$(c+m-m/x)>$ Ⅰ$(v+m/x)$。

这个公式表明，第二部类的不变资本与用于积累的那部分剩余价值之和，必须大于第一部类的可变资本与资本家个人消费的那部分剩余价值之和。

具备了上述两个基本前提条件，社会资本的扩大再生产就具有了可能性。

(2)社会资本扩大再生产的实现过程：

根据社会资本扩大再生产的前提条件，假定两大部类社会总产品的构成为：

$$\text{Ⅰ}\ 4000c+1000v+1000m=6000$$

$$\text{Ⅱ}\ 1500c+750v+750m=3000$$

假定第一部类的资本家为了进行扩大再生产把 $1000m$ 的一半即 500 作为追加资本，另一半即 500 作为个人消费。按照原有的 4:1 的资本有机构成，$500c$ 追加资本中有 400 作为追加的不变资本，100 作为追加的可变资本。这样，第一部类全部产品的价值构成重新组合为：Ⅰ$4400c+1100v+500m=6000$。

第一部类的 $1100v+500m$ 要与第二部类相交换，才能补偿第一部类的工人和资本家所需要的消费资料和第二部类所需要的生产资料。但是，第二部类只有 $1500c$ 用来和第一部类相交换。因而第二部类还要从 750 剩余价值中拿出 100 作为追加的不变资本，使第一部类所需要的消费资料得到补偿。而且，第二部类追加 100 不变资本，使第二部类自身也能实现扩大再生产。按照第二部类原有的 2:1 的资本有机构成，第二部类还要从剩余价值中相应提取 50 作为追加的可变资本。这样，第二部类全部产品的价值构成就重新组合为：

$$\text{Ⅱ}\ 1600c+800v+600m=3000$$

两大部类产品的价值经过重新组合后，就为社会资本扩大再生产的实现创造了条件。两大部类的产品同样通过三方面的交换而得到实现：第一部类的 $4400c$，通过本部门内部的交换得到实现；第二部类的 $800v+600m$，也通过本部门内部的交换得到实现；第一部类的 $1100v+500m$ 和第二部类的 $1600c$，则通过两大部类之间的相互交换得到实现。用图式可以表示如下：

$$\text{Ⅰ}\ 4400c+\boxed{1100v+500m}=6000$$

$$\text{Ⅱ}\ \boxed{1600c}+800v+600m=3000$$

通过上述几方面的交换，两大部类的全部产品都得到实现，因而社会资本扩大再生产在第二年就能够顺利地进行。在第二年的扩大再生产中，如果剩余价值率仍为 100%，到第二年末，两大部类生产的全部产品在价值上的构成则为：

$$\text{Ⅰ}\ 4400c+1100v+1100m=6600$$

$$\text{Ⅱ}\ 1600c+800v+800m=3200$$

这样，社会资本的生产规模，就由上一年的 9000(6000＋3000)扩大到第二年的 9800(6600＋3200)，从而实现了社会资本的扩大再生产。以后各年社会资本扩大再生产的规模和社会总产品的实现，都可以根据第一部类剩余价值转化为积累的比例，按照以上方法加以类推。

(3)社会资本扩大再生产的实现条件：

通过以上社会资本扩大再生产的实现过程可以看出，社会资本扩大再生产的实现条件就是，第一部类原有的可变资本，加上追加的可变资本，再加上本部类资本家用于个人消费的剩余价值，三者之和必须等于第二部类原有的不变资本加上追加的不变资本。这就是社会资本扩大再生产所必须保持的两大部类之间的基本比例关系。用 Δc 表示追加的不变资本，Δv 表示追加的可变资本，上述社会资本扩大再生产基本的实现条件，可用公式表示如下：

$$\text{I}\,(v+\Delta v+m/x)=\text{II}\,(c+\Delta c)$$

从社会资本扩大再生产的这个基本实现条件，同样可以引申出另外两个实现条件：

$$\text{I}\,(c+v+m)=\text{I}\,(c+\Delta c)+\text{II}\,(c+\Delta c)$$

$$\text{II}\,(c+v+m)=\text{I}\,(v+\Delta v+m/x)+\text{II}\,(v+\Delta v+m/x)$$

2. 怎样理解“资本主义再生产过程不仅生产商品和剩余价值，而且还生产生产关系本身”？（南京大学2003研）

答：(1)资本主义再生产过程：

同任何其他社会一样，资本主义社会生产总是连续不断重复进行的。这种连续不断、周而复始的社会生产就是资本主义的再生产过程。如果资本家把剥削来的剩余价值全部用于个人消费，再生产只是在原有规模上重复进行，那就是资本主义的简单再生产。如果资本家把一部分剩余价值资本化，使生产在扩大的规模上重复进行，那就是资本主义的扩大再生产。

(2)资本主义再生产是物质资料的再生产：

资本主义社会的每一次生产过程中，都要消耗一定的物质资料，同时又会生产出一定的物质资料用以补偿已经消耗的生产资料和生活资料，为下一次生产过程创造出物质条件，使再生产得以连续不断地进行下去。因而，资本主义再生产首先是物质资料的再生产。同时资本主义剩余价值规律又决定了资本主义再生产过程绝不仅仅满足于生产产品本身，而是要最大限度的追求剩余价值，因此资本主义再生产过程必然是生产商品和剩余价值的过程。

(3)资本主义再生产是资本主义生产关系的再生产：

资本主义社会的物质资料再生产是在资本主义生产关系下进行的。经过资本主义再生产过程，再生产出各种物质资料，同时使资本主义的剥削关系也不断再生产出来，无论是资本主义的简单再生产，还是扩大再生产，都会再生产出资本主义的生产关系。

①在资本主义的简单再生产中，资本主义生产关系的再生产体现在：a. 资本家用来购买劳动力的可变资本，即支付给工人的工资，是由劳动者自己创造出来的；b. 不仅可变资本，而且资本家的全部资本都是由工人创造出来的；c. 工人的个人消费是从属于资本家阶级剥削剩余价值的需要，它为资本家再生产出可供剥削的劳动力，成为资本主义再生产的一个条件。由此看出，作为资本主义生产过程的基础和出发点的劳动者和生产资料的分离，通过资本主义再生产不断再生产出来，作为资本主义简单再生产的结果，一方面再生产出资本家，另一方面再生产出雇佣工人。

②在资本主义扩大再生产条件下，资本主义的生产关系在不断扩大的基础上被再生产出来。这表现在：a. 不仅资本家的全部资本是由工人创造出来的，而且用于扩大再生产的追加资本，也是由雇佣工人创造的剩余价值转化来的；b. 资本家的追加资本不仅是剥削工人的结果，而且成为进一步扩大对工人剥削的手段；c. 资本家在劳动力市场上用不等价物来占有工人的劳动的一部分，来换取更大量的工人的活劳动。

总之，资本主义的再生产过程不仅生产商品和剩余价值，而且还生产生产关系本身，是物质资料再生产和资本主义的生产关系再生产的统一。

3. 简述两大部类划分法和三次产业划分法的区别与联系。(中央财经大学2010研)

答：两大部类划分法和三次产业划分法的区别与联系参见本章“复习笔记”相关内容。

4. 社会总资本简单再生产实现的条件是什么？并说明其含义。(中国人民大学2013研；武汉大学2017研)

答：(1)社会简单再生产的含义：

社会生产需要连续进行，这种周而复始，连续进行的生产就是再生产。社会简单再生产，就是指社会剩余产品是用于消费而不是用于积累的，生产在维持原来的规模上重复进行。

(2)马克思主义再生产理论的两个基本原理(两个基本前提)：

马克思主义社会再生产理论的核心问题是社会总产品的实现问题。社会总产品是指社会各物质生产部门在一定时期内生产的全部物质资料的总和，其在价值形态上区分为三个部分和按产品的实物形态把社会生产划分为两大部类的原理，是马克思主义再生产理论的两个基本原理。

①三个部分。社会总产品在价值形态上又称社会总产值，它划分为包含在产品中的生产资料转移的不变资本价值(c)、凝结在产品中的由工人必要劳动创造的可变资本价值(v)以及凝结在产品中的由工人在剩余劳动时间里创造的剩余价值(m)。

②两大部类。社会总产品在物质形态上，根据其最终用途，区分为用于生产性消费的生产资料和用于生活消费的消费资料。相应地，马克思把社会生产划分为两大部类：第一部类(Ⅰ)的部门生产生产资料，第二部类(Ⅱ)的部门生产消费资料。

马克思主义社会再生产理论不仅要说明社会总产品各部分的价值补偿问题，而且要说明它的实物补偿问题。社会总产品的价值补偿是指它的各个组成部分的价值，包括不变资本价值、可变资本价值、剩余价值如何由商品形式转化为货币形式，即如何通过商品的销售以货币的形式收回，从而补偿预付资本的价值并获得剩余价值。社会总产品的实物补偿是指它的各组成部分的价值转化为货币形式后再如何转化为所需要的产品，相当于处于不变资本的价值从哪里和怎样获得所需要的生产资料，可变资本的价值和资本家获得的剩余价值从哪里和怎样获得所需的消费资料。只有使社会总产品既获得价值补偿又获得实物补偿才能保证社会再生产的顺利进行。

(3)简单再生产的实现条件及含义阐述：

社会资本简单再生产的条件，也就是社会资本简单再生产所必须保持的两大部类之间的基本比例关系，这些基本比例关系如果不能保持，社会资本简单再生产就不能顺利进行，具体实现条件如下：

①社会总资本简单再生产顺利进行的基本条件：$\text{I}(v+m)=\text{II}c$。

它说明：要实现简单再生产，第Ⅰ部类新创造的价值产品必须全部用于补偿第Ⅱ部类消耗掉的生产资料，第Ⅱ部类产品中相当于不变资本的部分必须能够维持第Ⅰ部类工人和资本家原有的生活需要。

②社会资本简单再生产实现的一个必要条件：$\text{II}(c+v+m)=\text{I}(v+m)+\text{II}(v+m)$。

这一实现条件说明了在简单再生产的条件下，第Ⅱ部类消费资料的生产（供给）与两大部类工人和资本家对消费资料消费（需求）之间的关系。第Ⅱ部类生产的全部产品价值应该等于两大部类的可变资本和剩余价值的总和，第Ⅱ部类生产的全部消费资料必须和两大部类的工人和资本家对个人消费品的需要相等。

③社会资本简单再生产实现的又一个必要条件：$\text{I}(c+v+m)=\text{I}c+\text{II}c$。

这说明，在简单再生产条件下，第Ⅰ部类生产的全部产品价值应该等于两大部类的不变资本价值的总和，第Ⅰ部类生产的生产资料必须全部用来补偿两大部类消耗掉的生产资料。

5. 简述社会总产品的实现问题。（财政部财政科学研究所2012研）

答：社会总产品的实现问题就是社会总产品的价值补偿和实物补偿的问题。社会总产品的实现问题是社会资本再生产的核心问题。

(1)社会总产品的价值补偿：

社会总产品的价值补偿是指它的各个组成部分的价值，包括不变资本价值、可变资本价值、剩余价值，如何由商品形式转化为货币形式。即如何通过商品的销售，以货币形式收回，以便补偿预付资本的价值，并获得剩余价值。

(2)社会总产品的实物补偿：

社会总产品的实物补偿是指它的各个组成部分的价值转化为货币形式以后，如何再转化为所需要的产品。其中，相当于不变资本的价值从哪里和怎样重新获得所需要的生产资料，相当于可变资本的价值和资本家用于个人消费的剩余价值从哪里和怎样获得所需要的消费资料。只有使社会总产品既从价值上得到补偿，又从实物上得到补偿，才能保证整个社会资本再生产正常顺利地进行。

只有在生产社会总产品时所消耗掉的生产资料和消费资料能够正好从社会总产品中找到相应的物质资料加以补偿，社会资本再生产才能顺利进行。

6. 请运用社会总资本扩大再生产理论分析其对现在中国经济问题的实际意义。（西南财经大学2016研）

答：(1)社会总资本扩大再生产理论：

参见本章“复习笔记”相关内容。

(2)该理论对现在中国经济问题的实际意义：

马克思关于社会总产品价值形态和实物形态上的划分，对社会主义经济仍然适用。社会主义条件下，社会再生产的核心问题是社会总产品的实现，即实现物质补偿与价值补偿。在实际工作中，就必须从价值与物质两个方面考虑，注意二者的协调与统一。社会生产各部门之间与各部门内部、生产与消费之间，也应该保持合理比例。

具体来说，对我国经济问题有如下指导意义：

①改善需求结构。国民经济需求结构是指在社会总需求中投资需求、消费需求和出口需求的比例关系。鉴于在较长时期内，我国过分依赖出口和投资拉动经济增长的实际，当前和今后时间内要牢牢把握扩大内需这一战略基点，加快建立扩大消费需求长效机制，释放居民消费潜力，保持投资合理增长，扩大国内市场规模，促进经济增长由主要依靠投资、出口拉动向依靠消费、投资、出口协调拉动转变。

②优化产业结构。产业结构是指各产业在其经济活动过程中形成的技术经济联系，以及由此表现出来的数量比例关系。根据不同的标准，有不同的产业结构分类体系。主要有：

a. 目前各国通行的三次产业分类法；

b. 划分为生产资料和生活资料两大部类的分类法，以及与此密切相关的农业、轻工业、重工业分类法；

c. 按资源投入的相对比例划分的分类法，即分为劳动密集型产业、资本密集型产业和技术密集型产业的分类法。

第 6 章　信用制度与虚拟资本

6.1　复习笔记

【知识框架(庖丁解牛)】

- 信用制度与虚拟资本
  - 信用及其功能
    - 信用的产生
    - 信用的形式
    - 信用在市场经济运行中的作用
  - 信用制度
    - 银行和银行资本
    - 股份公司和股票价格
  - 虚拟资本和虚拟经济
    - 虚拟资本与信用
    - 虚拟资本与实体资本的关系
    - 实体经济与虚拟经济

【考点难点归纳(厚积薄发)】

考点一：信用及其功能　★★

1. 信用的产生

信用是指信贷行为的总称，是以偿还和付息为条件的价值单方面的让渡或转移。

信用的产生是以商品经济的产生和发展为基础的。最初的原始形态的信用产生于原始社会的末期和奴隶社会初期，原始形态的信用大多是实物的借贷，随着商品货币关系的发展，出现了货币借贷。

2. 信用的形式(见表 6-1)

表 6-1　信用的形式

形式	具体内容	
商业信用	含义	指以赊账方式出售商品(或提供劳务)时买卖双方之间相互提供的信用。商业信用是基本的信用形式，是银行信用乃至整个信用体系的基础
	特点	①商业信用的对象是处在产业资本和商业资本循环一定阶段上的商品资本。 ②商业信用主要是职能资本在商品买卖时相互提供的信用。 ③商业信用的发展程度直接依存于商品生产和流通的状况
	工具	商业票据(期票和汇票)

续表

形式		具体内容
银行信用	含义	指以银行为中介，以存款等方式筹集货币资金，以贷款方式对国民经济各部门、各企业提供资金的一种信用形式
	特点	①银行能把社会上各种闲置资金集中起来，形成巨额银行资本，因此，银行信用不受个别资本的数量和周转的限制。 ②银行信用的对象不是商品资本，而是货币资本。 ③银行信用的债务人是职能资本即工商及农业企业，债权人是银行
国家信用	指以国家作为债权人或债务人的信用。基本形式是国债，通常以发行公债和国库券的形式实现	
企业信用	指企业通过发行债券筹集资金形成的一种信用形式。形式有股票和债券	
消费信用	指由企业、银行或其他消费信用机构向消费者个人提供的信用。消费信用的方式包括赊账、分期付款和发放消费信贷等	

3. 信用在市场经济运行中的作用(见表6-2)

表6-2 信用在市场经济运行中的作用

作用	具体内容
促进市场经济发展	①增加投资机会、促进资本的自由转移，改变对资源的分配结构，实现社会资源的优化配置。 ②加速了资本的积聚和集中，使许多大型企业得以建立和发展。 ③节省了流通费用，商业信用与银行信用使非现金结算发展起来，大批交易可以不使用现金支付，既节省了流通中的现金货币量，也加速了货币投放和回笼的速度。 ④给居民提供了新的投资渠道和金融资产的持有方式，形成合理的消费结构。 ⑤促进了资本在不同部门之间的分配和利润率的平均化。 ⑥有效地调节着国民经济运行，对宏观经济与微观经济进行适时、适度的干预，促使国民经济的健康发展
加深市场经济矛盾	①可能造成虚假繁荣，加深生产与消费的矛盾，触发生产过剩的危机。 ②会引发货币信用危机。 ③刺激投机

考点二：信用制度 ★★

1. 银行和银行资本

(1)银行的产生：

银行的产生是以商业信用的发展为基础的，银行工具克服了商业信用的局限性，替代了商业信用工具。银行是商品货币经济发展到一定阶段的产物。它的产生大体上分为三个阶段：①出现了货币兑换业和兑换商。②增加了货币保管和收付业务，即由货币兑换业演变成货币经营业。③兼营货币保管、收付、结算、放贷等业务，这时货币兑换业便发展为银行业。

(2)多功能综合性银行的表现：

①银行日益支配工商企业的生产、经营活动。

②银行与工商企业在银行业务扩大和长期贷款增加的条件下，紧密结合，加速了垄断

组织的形成。

③银行同时追求规模经济和范围经济，主要手段为兼并。

(3)银行的分类如表 6-3 所示：

表 6-3　银行的分类

类别	具体内容
商业银行	①商业银行是指以追求最大利润为目标，能向客户提供多种金融服务的特殊的金融企业。 ②特点：a. 获取最大限度的利润；b. 经营的是货币和货币资本，对整个社会经济的影响要远远大于任何一个企业；c. 除了对股东和客户负责之外，还必须对整个社会负责。 ③分类：单一银行制、分行制、银行持股公司制和连锁银行制。 ④业务范围：负债业务、资产业务和中间业务
中央银行	是银行的银行，是国家最重要的宏观经济调控部门之一，是一国或国家货币联盟制定和实施货币政策，监督管理金融业和防范金融风险，规范金融秩序和维护金融稳定的主管机构
政策性银行	是由政府或政府机构发起或出资，以某种特定政策性金融业务为其基本业务活动的银行。目前，我国的政策性银行有：中国进出口银行和中国农业发展银行
非银行金融机构	是以发行股票和债券、接受信用委托、提供保险等形式筹集资金，并将所筹资金运用于长期性投资的金融机构

(4)银行资本：

①构成。银行资本分为两个部分：一部分是银行资本家投入银行的自有资本，它只占银行资本的很小一部分；另一部分是银行吸收的存款，即借入资本。

②银行资本的特点。

a. 银行资本的产生是以货币经营业为基础的。

b. 银行资本的存在形式有两种：现金和有价证券，其中以有价证券形式存在的资本是虚拟资本。

c. 银行资本的运动的存在形式有两种：银行信用和买卖有价证券。

d. 银行资本是与产业资本、商业资本并存的一种职能资本。

③银行的资产业务和负债业务。

银行的资产业务是指银行的资金运用业务，主要分为贷款业务和投资业务两大类。资产业务也是商业银行收入的主要来源。银行的负债业务主要是以吸收存款的方式借入资金。

④银行的利润。

银行的利润由贷款利息和存款利息的差额构成。银行利润的来源是雇佣工人在生产中所创造的剩余价值。

2. 股份公司和股票价格

(1)股份公司：

①含义：股份公司是指通过发行股票的方式合资经营的企业。

②股份公司产生的基础：信用制度。

③股份公司的组织形式：股份两合公司、股份无限公司、有限责任公司和股份有限公司。

（2）股票：

①股票的含义：股票是指向股份公司投资入股并有权取得股息收入的凭证。

②股票的特点：不可偿还性、参与性、收益性、流通性、价格波动性和风险性。

③股息：股息是指公司根据股东出资比例或持有的股份，按照事先确定的固定比例向股东分配的公司盈余。

④股票价格：股票价格又称为股票行市，它不等于股票票面的金额。股票的票面额代表投资入股的货币资本数额，它是固定不变的；而股票价格则是变动的，它经常是大于或小于股票的票面金额。股票价格一般是由股息和利息率两个因素决定的，用公式表示为：

股票价格 = 预期股息/利息率 = 股票面额 × 预期股息率/利息率

考点三：虚拟资本和虚拟经济　★★★

1. 虚拟资本与信用

（1）虚拟资本：

虚拟资本是指以能够带来收入的有价证券形式而存在的资本。它最初体现于股票、债券等有价证券上，金融衍生工具产生后自然也成了它的体现物。

（2）虚拟资本与信用的关系：

①信用对虚拟资本的影响：信用制度的发展产生了虚拟资本；虚拟资本产生的根据是借贷资本信用关系；虚拟资本产生的基础是社会信用制度的逐步完善。

②虚拟资本对信用的影响：银行资本本身的虚拟化、虚拟资本导致大量金融衍生品的产生和发展。

2. 虚拟资本与实体资本的关系（见表6-4）

表6-4　虚拟资本与实体资本的关系

要点	具体内容
虚拟资本与实体资本的统一性	虚拟资本的存在和运动必然要以它所表现的实体资本为基础。 ①实体资本的基础作用：实体资本的运动状况、运用的规模和循环周期分别决定并影响着虚拟资本的运行状况、发行规模和周期波动。 ②虚拟资本对实体资本的制约作用： a. 虚拟资本本身就是实体资本循环运动的起点，并影响实体资本运用的过程和规模。 b. 虚拟资本的结构影响着实体资本的分配比例和结构。 c. 虚拟资本对实体资本的活动范围起到了扩大的作用
虚拟资本与实体资本的矛盾性	虚拟资本虽产生于并必须借助于实体资本，但又是从实体资本独立出来的另一套资本。虚拟资本的价格取决于预期收入和平均利息率，而非实体资本价值。因此，虚拟资本的价格变动可能背离于实体资本价值，其价格呈现出相对独立的运动
虚拟资本对经济的影响	①虚拟资本缓解了经济发展中的资本约束，拓宽了公众的投资渠道，也促进了相关行业和企业的发展。 ②虚拟资本导致财富虚拟化，加快了整个经济的虚拟化进程

3. 实体经济与虚拟经济

（1）实体经济：

实体经济是指由商品和服务的生产、交换、分配和消费的运动过程所形成的经济系统，即农业、工业、交通运输、商贸物流、建筑业、服务业等提供实实在在的产品和服务的经济活动。

(2)虚拟经济：

①含义。虚拟经济是指源于实体经济又相对独立于实体经济的虚拟资本的活动。

②虚拟经济与虚拟资本的区别。虚拟资本是信用制度和资本证券化的产物，但各种信用工具和证券化的资本形式并不必然是虚拟经济。

③虚拟经济和实体经济对立统一的关系。虚拟经济与实体经济是标与本的关系。实体经济是虚拟经济的基础，虚拟经济不能脱离实体经济，二者相互制约相互作用。

(3)虚拟经济对实体经济的影响：

①虚拟经济的发展为实体经济的发展提供了多样的投资渠道和融资工具。

②虚拟经济的发展使实体经济实现存量重组和结构调整。

③虚拟经济的发展降低了实体经济中的投资风险。

④虚拟经济的市场状况对实体经济起到了财富效应。

⑤虚拟经济的负效应：在虚拟资本的积累快于现实资本积累的情况下，生息的货币资本不仅不反映现实货币资本的积累，而且自我扩张，这样，就导致了现实资本供求和生息货币资本的供求出现明显的差别。生息货币的过剩或不足，不反映或不完全反映现实资本的过剩或不足，增大了调控宏观经济的难度。

6.2 课后习题详解

一、概念题

1. 商业信用(中央财经大学2017研)

答：商业信用是指企业之间以赊销商品或预付货款的形式形成的一种借贷关系。商业信用的基本形式包括：①商品赊销——卖方向买方提供信用；②预付货款——买方向卖方提供信用。在这两种形式中，最主要的又是商品赊销。商业信用具有以下特点：①商业信用是商品生产者之间以商品形态提供的信用，贷出的资本就是待实现的商品资本；②商业信用主要是职能资本在商品买卖中相互提供的信用；③商业信用的发展程度直接依存于商品生产和流通的状况；④商业信用是银行信用乃至整个信用体系的基础。

2. 银行信用

答：银行信用是指以银行为中介，以存款等方式筹集货币资金，以贷款方式对国民经济各部门、各企业提供资金的一种信用形式。银行信用是间接信用，是存贷款人的中介。

银行信用具有以下特点：①银行信用是以货币形态提供的。它克服了商业信用在数量规模上的局限性。②银行信用的借贷双方是货币资本家和职能资本家。由于提供信用的形式是货币，这就克服了商业信用在使用方向上的局限性。③在产业周期的各个阶段上，银行信用的动态与产业资本的动态往往不相一致。④银行信用的实质是银行作为中介使货币资本所有者通过银行和职能资本之间发生的信用关系。

3. 国家信用(中央财经大学2013研)

答：国家信用是指以国家作为债权人或债务人的信用。在现代社会中，国家信用主要表现在国家作为债务人而形成的负债。国家的负债有内债和外债两种。内债是对国内的负债，外债则是对其他国家的负债。国家信用主要采用以下几种形式：①发行国家公债。这是一种长期负债，期限一般在一年以上，有的长达十年。政府发行这种公债，通常用于大的项目投资和建设。②发行国库券。这是一种短期负债，期限在一年以下居多，一般是一个月、三个月、六个月等。③专项债券。这是一种指明用途的债券。④银行透支或政府借款。银行透支一般是临时性的，有的在年度内偿还。政府借款的期限一般较长，通常在隔年财政收入(包括发行公债收入)大于支出时才能偿还。总的来说，国家信用的直接用途是弥补政府财政赤字。此外，也用于调剂财政年度收支的暂时不平衡。国家信用还可起到调节经济的作用。从政府宏观调控角度讲，当需要刺激经济扩张或需要抑制经济过热时，可通过国家信用来筹措资金或吸收货币，以达到调节经济运行的目的。

4. 消费信用

答：消费信用是指企业、银行或其他消费信用机构向消费者个人提供的信用。消费信用根据提供商的不同可以分为企业提供的消费信用和银行提供的消费信用等种类。其中由企业提供的消费信用主要有赊销和分期付款两种形式。赊销主要是对那些没有现款或现款不足的消费者采取的一种信用出售的方式；而分期付款则更多地是运用于某些价值较高的耐用消费品的购买行为中。消费信贷是工商企业、银行或其他信用机构向缺乏货币购买力的消费者提供贷款的活动，是推销商品、扩大销路、刺激需求的手段。

5. 股份有限公司

答：股份有限公司是指注册资本由等额股份构成，并通过发行股票或股权证筹集资本，股东以其所持股份为限对公司承担责任，公司以其全部资产对公司的债务承担责任的企业法人。股份有限公司的设立方式有发起设立和募集设立两种。股份有限公司的主要优点在于股东风险小，能迅速集中大量资金，为个人投资提供了选择的可能性；同时，公司的发展比较稳定，有利于实现产业结构的合理化和提高整个社会的协作化水平。

6. 实体经济(中央财经大学2018研)

答：实体经济是指由商品和服务的生产、交换、分配和消费的运动过程所形成的经济系统，即农业、工业、交通运输、商贸物流、建筑业、服务业等提供实实在在的产品和服务的经济活动。

7. 虚拟经济

答：虚拟经济是指源于实体经济又相对独立于实体经济的虚拟资本的活动。虚拟经济中的交易对象是股票、债券、外汇、可转换证券、认股权证以及由此衍生而来的期货、期权等各种金融工具与组合工具。虚拟经济以实体经济的存在为前提，但又自成市场体系。其本质是虚拟资本以增殖为目的进行独立化运作的权益交易。虚拟经济按其资本的虚拟化程度可分为四个层次：①货币信用化；②实体经济产权化、证券化、票据化；③资产证券化；④完全脱离实体经济而独立运行的各种金融衍生品。

8. 泡沫经济

答：泡沫经济是指在市场经济中以资产价格的剧烈波动为特征的经济现象，表现为金融资产的变动脱离了实体经济，其实质是与经济基础条件相背离的资产价格膨胀。泡沫经济产生的重要前提是货币经济。在货币经济中，任何一件物品或资产的名义价格都有可能超过其实际市场价值。资产的名义价格超过实际价值的部分，称为"经济泡沫"或"资产泡沫"。这里所说的资产，包括的范围很广，如股票、债券、房地产、土地，以及具有收藏价值的绘画、珠宝首饰、古董，甚至名贵花卉等。在近现代资本市场上，最大量买卖的上市资产集中在股票和房地产上。资产价格膨胀特别表现在股票和房地产等金融资产上，所以经济泡沫或资产泡沫又被称为"金融泡沫"。泡沫经济形成的原因主要是市场经济中的非理性行为、国际金融市场的冲击和错误的宏观经济政策等。防止泡沫经济的措施包括：①建立完善的市场制度和信用关系；②培育理性的市场主体；③建立严格的虚拟经济发展法规和政策。

二、问答题

1. 商业信用与银行信用的联系与区别是什么?

答：商业信用是指企业之间以赊销商品或预付货款的形式形成的一种借贷关系。银行信用是指以银行为中介，以存款等方式筹集货币资金，以贷款方式对国民经济各部门、各企业提供资金的一种信用形式。

(1)商业信用与银行信用的联系：

商业信用的发展是银行信用产生的基础，具体表现在以下两方面：①商业信用工具需要银行信用工具来替代；②银行信用的产生是克服商业信用局限性的需要。

(2)商业信用与银行信用的区别：

①商业信用是商品生产者之间以商品形态提供的信用，贷出的资本就是待实现的商品资本；而银行信用的实质是银行作为中介使货币资本所有者通过银行和职能资本之间发生的信用关系，银行能把社会上各种闲置资本集中起来，银行信用不受个别资本的数量和周转的限制。

②商业信用主要是职能资本在商品买卖中相互提供的信用，商业信用的债权人和债务人都是职能资本；而银行信用的对象是货币资本，银行信用对企业来说，属于间接融资。

③商业信用的发展程度直接依存于商品生产和流通的状况，在再生产周期的繁荣或高涨阶段，以商业信用方式出售的商品也多。相反，在危机阶段，商业信用也相应陷入萎缩状况；而银行信用可以突破商业信用的局限性，扩大信用的规模和范围，一方面，银行信用不受个别资本数量和周转的限制，另一方面，银行信用也不受商品流转方向的限制。

2. 论述信用制度与虚拟资本的关系。

答：虚拟资本是指以股票、债券、不动产抵押单等有价证券形式存在，并为其持有者带来一定收入的资本。虚拟资本主要有两种形式：①信用形式上的虚拟资本。主要有期票、汇票、银行券、国家债券等，同一笔货币被反复使用便产生虚拟资本。②收入资本化形式上产生的虚拟资本。主要由股票、债券构成，以资本所有权证书的形式进入流通，同一张所有权证书或债权凭证反复交易就形成纯粹的虚拟资本。

(1)信用制度对虚拟资本的影响——虚拟资本是信用制度发展的结果:

①信用制度的发展产生了虚拟资本;

②虚拟资本产生的根据是借贷资本信用关系;

③虚拟资本产生的基础是社会信用制度的逐步完善。

(2)虚拟资本也对信用制度,特别是银行信用产生了越来越深刻的影响:

①银行资本本身的虚拟化。随着有价证券独立运动的发展以及有价证券高收益的性质,银行在发放贷款时逐渐同意债务人用有价证券来担保获得贷款。这使银行资本由现金(银行券)和有价证券两部分构成。

②虚拟资本还导致大量金融衍生品的产生和发展。

3. 说明虚拟资本与实体资本的区别和联系。

答:虚拟资本是指以股票、债券、不动产抵押单等有价证券形式存在,并为其持有者带来一定收入的资本。与虚拟资本相对立的是实体资本,实体资本也可以称为真实资本或现实资本,是指定期带来收入的、以实物或货币形式表现的资本。实体资本是本身具有价值、在生产过程中实际发挥作用的资本,实体资本与虚拟资本之间存在着对立统一的关系。

虚拟资本与实体资本的区别和联系参见本章“复习笔记”相关内容。

4. 论述虚拟经济的正、负效应。(中央财经大学2007、2015研;南开大学2008研)

答:(1)虚拟经济是指源于实体经济又相对独立于实体经济的虚拟资本的活动。

(2)虚拟经济的正、负效应:

①虚拟经济的正效应是它的发展在总体上可以促进实体经济的发展。

a. 虚拟经济的发展为实体经济发展提供了多样的投资渠道和融资工具。

b. 虚拟经济的发展使实体经济实现存量重组和结构调整。

c. 虚拟经济的发展降低了实体经济中的投资风险。

d. 虚拟经济的市场状况对实体经济起到了财富效应。

②虚拟经济的负效应集中表现在投机过度引发泡沫经济。

虚拟资本又可以成为金融投机工具,特别是在投机性炒作和金融衍生产品泛滥的情况下,使大量社会资金滞留在证券交易领域,影响实体经济的发展。而在虚拟资本过度膨胀,大大超出现实资本的数量,脱离实际经济发展需要的情况下,会造成虚假繁荣,形成大量经济泡沫,容易导致证券市场价格剧烈波动,造成金融体系的动荡,诱发金融危机。

6.3 考研真题详解

一、概念题

1. 股票价格与股息(中国政法大学2000、2001、2003研;南开大学2002研)

答:股票价格是股票在市场上买卖的价格,是股息收入的资本化。它表现为购买股票所支付的货币额。股票价格与预期股息的大小成正比,而与利息率的高低成反比。用公式表示:股票价格=股息/利息率。

股息是股票持有者根据股票的票面额从企业利润中分得的收入。股票持有者有权参加股份公司利润的分配。资本主义股份公司的利润是剩余价值的转化形式，因而股息实质上是雇佣工人所创造的剩余价值的转化形式。股息一般低于平均利润。

股票价格与股息之间的关系主要体现在股票价格的公式中，即股票价格 = 股息/利息率。股票价格是在证券市场上买卖股票的价格，它不是股票的票面额。股票价格不是它所代表的实际资本价值的货币表现，而是股息收入的资本化。因此，股票价格取决于两个基本因素：预期股息收入和银行存款利息率。它与预期股息收入成正比，与银行利息率成反比。

2. 有价证券(中国人民大学2000研)

答：有价证券是指标有票面金额，证明持有人有权按期取得一定收入并可自由转让和买卖的所有权或债权凭证。有价证券是虚拟资本的一种形式，它本身没价值，但有价格。有价证券按其所表明的财产权利的不同性质，可分为三类：商品证券、货币证券及资本证券。有价证券具有产权性、收益性、流通性、风险性和期限性等基本特征。

二、问答题

1. 如何理解“虚拟资本是信用制度发展的结果，同时也改变信用，特别是银行信用本身”？试述虚拟资本的作用。(南开大学2006研)

答：(1)对“虚拟资本是信用制度发展的结果，同时也改变信用，特别是银行信用本身”这句话的理解参见本章“课后习题详解”问答题2。

(2)虚拟资本的作用：

①虚拟资本的存在和发展使经济发展中的资本约束被缓解。股票、债券等有价证券形式变成虚拟资本以后，货币资本所有者找到了一条直接投资、直接分享投资收益的渠道，更主要的是可以在证券市场上买卖以实现价值增殖；企业则找到了直接融资的途径，把股票、债券持有者的货币资本作为企业法人独立的财产权利加以自主地运用。虚拟资本作为信用工具，可以促进信用关系的发展，加速现实资本周转和促使资本及时转移，促进现实资本的重组和结构调整，有利于广泛利用社会上的各种闲散资金，推动资本的集中和股份制的发展，提高生产的社会化程度和满足扩大再生产的需要。

②虚拟资本导致财富虚拟化，加快了整个经济的虚拟化进程，产生虚拟经济。虚拟资本可以成为金融投机工具，特别是在投机性炒作和金融衍生产品泛滥的情况下，使大量社会资金滞留在证券交易领域，影响实体经济的发展。而在虚拟资本过度膨胀，大大超出现实资本的数量，脱离实际经济发展需要的情况下，会造成虚假繁荣，形成大量经济泡沫，容易导致证券市场价格剧烈波动，造成金融体系的动荡，诱发金融危机。

2. 不久前，美国《商业周刊》发表了一篇题为《纳斯达克崩了，新经济没事》的文章，认为高新技术以及网络经济对生产力的推动作用并没有因为纳斯达克股指的下挫而停止，而不过是挤干网络泡沫而已。试运用实际资本与虚拟资本关系的原理，对这一经济现象进行简要的解释和说明。(吉林大学2002研)

答：(1)虚拟资本与实际资本的含义及两者的关系参见本章“课后习题详解”问答题3。

(2)对该经济现象的解释：

纳斯达克股指的下挫并不代表实体经济增长的停止，因为虚拟资本的价值是虚拟的；其运动不仅与生产资本的运动相脱离，而且还与其所代表的资金的运动相脱离。

纳斯达克股指的下挫，不过是挤干网络泡沫而已，说明了虚拟资本与实际资本的关系。虚拟资本的运行状况以实际资本的运动状况为依据；实际资本运用的规模影响着虚拟资本的发行规模，社会再生产规模决定着证券投资规模；实际资本的循环周期影响着虚拟资本的周期波动。

虚拟资本的积极作用主要有：促进资源优化配置；促使社会闲散资金转化为生产经营资金；促进经济效益的提高。虚拟资本的消极作用主要是使国民经济发生动荡和危机的可能性增大。

3．简述信用在资本主义经济中的作用。（中央民族大学 2006 研；复旦大学 2011 研）

答：（1）信用的含义：

信用是指信贷行为的总称。资本主义信用有三种：商业信用、银行信用和国家信用。商业信用是指职能资本家之间用赊账方式买卖商品而发生的信用。银行信用是银行以贷款方式向职能资本家提供的信用。国家信用是国家财政发行公债和国库券，或贷款给企业而发生的信用。

（2）信用在资本主义经济中的作用：

①信用促进了资本主义经济的发展。

a．信用促进了利润率的平均化。利润率的平均化以资本在各部门间的自由转移为条件，而货币形态上的资本比较容易自由地在各部门间转移。信用制度和银行正是实现货币资本再分配的最灵活的机构。依靠银行的贷款或投资，资本能迅速地由利润率低的部门转向利润率高的部门。因而促进了各部门利润率的平均化。

b．信用能够节省流通费用，缩短流通时间。由于信用的发展，商品买卖可以采用赊账的方式，这就大大加快了商品流通，缩短了资本周转的时间，并节省了与商品流通有关的一切费用。

c．信用可以促进资本的集中，加速资本的积聚。信用是资本集中的强大杠杆，它加速了资本集中的重要形式之一即股份公司的发展。因为股份公司股票的很大一部分要通过银行来发行，而且银行常常是股份公司的主要投资者。信用还大大加速了大资本剥夺中小资本的过程，加强了大企业的竞争力，因为大资本往往能得到较多的银行贷款，这样就使它能更有力地压倒和吞并中小资本。信用还加速了资本的积累，它把各种闲置资本汇合成巨额货币资本，缩短了个别资本家逐渐积累资本所需要的时间。

d．信用把社会上各阶层的零星收入集中起来，供资本家使用，从而扩大了资本积累的规模。

②资本主义信用的发展促进了资本主义基本矛盾的发展和经济危机的爆发。

a．这是因为信用制度的发展使资本主义的生产规模可以不受资本家自有资本的限制而扩大，促进了生产的社会化。

b．信用通过加速资本集中和积聚，使生产资料和产品日益集中到少数大资本家私人手里，这就使生产社会化和生产资料资本主义私人占有的资本主义基本矛盾进一步尖锐化。

c．信用又造成了商品的虚假需求，加剧了各生产部门之间发展的不平衡，从而促进了经济危机的爆发。

4. 什么是股票？股票价格是怎样决定的？（中南财经政法大学 2004 研）

答：（1）股票：

股票是向股份公司投资人股并有权取得股息收入的凭证。每股股票代表一定金额，它体现着股份资本的所有权。股份公司通过发行股票筹集资本，股票的持有者作为股份公司的股东，其所投入公司的资本，构成企业生产经营的基础。

（2）股票价格的决定因素：

①基本因素。

股票价格是股票出售时的价格，是股息收入的资本化。股息和银行存款利息率是制约股票价格的最根本的因素。股票价格与预期股息的大小成正比，而与利息率的高低成反比。用公式表示：股票价格 = 股息/利息率。

如：股票面额 100 元，预期股息率 6%，可领股息 6 元，而当时银行利息率为 5%，股票价格则为 6 元/5% = 120 元。

②其他因素。

在日常的股票市场上，股票的价格经常由于股票供求关系的变动而不断上下波动。影响股票供求关系的有经济因素、政治因素及人为投机因素。经济因素如经济周期、通货膨胀、金融政策、税收政策等；政治因素如战争、国内外重大政治事件、政府领导的更迭等；人为投机因素指一些大的股票持有者通过制造谣言、大量抛出或大量购入股票等手段造成虚假的供求，使股票价格大涨大落，以达到他们从中牟取暴利的目的。

股票的发行价格有三种情况，一种是折价发行，这种情况下，股票的价格小于股票的票面价格。一种是平价发行，这时的股票价格等于其票面价格。还有一种是溢价发行，这时的股票价格大于股票的票面金额。

第7章　竞争与垄断

7.1　复习笔记

【知识框架（庖丁解牛）】

- 竞争与垄断
  - 竞争引起垄断
    - 竞争的含义
    - 竞争的分类
    - 竞争对资源配置的影响
    - 竞争引起资本集中和垄断
      - 竞争引起资本集中
      - 生产集中引起垄断
  - 不完全竞争市场
    - 垄断的分类
    - 垄断行为
    - 不完全竞争市场的类型
    - 垄断利润与垄断价格
  - 有效竞争与反垄断
    - 垄断没有消除竞争
    - 有效竞争与反垄断政策

【考点难点归纳（厚积薄发）】

考点一：竞争引起垄断 ★★

1. 竞争的含义

竞争是指商品生产者或其他经济利益主体为获取更多的经济利益而进行的生产、销售等有利条件的角逐，即经济利益主体之间进行实力较量与利益争夺的过程。竞争能够促进商品经济的发展和市场经济的完善。

2. 竞争的分类（见表7-1）

表7-1　竞争的分类

分类依据	具体类别
市场结构特征	完全竞争与不完全竞争
竞争主体所在领域	同一产业内部企业之间的竞争和不同产业或不同部门企业之间的竞争
竞争主体关系	卖方之间的竞争、买方之间的竞争和买卖双方之间的竞争
竞争手段	价格竞争与非价格竞争

3. 竞争对资源配置的影响（见表 7-2）

表 7-2　竞争对资源配置的影响

影响	具体内容
积极影响	①竞争能保证最有效率的企业具有使用有限资源的优先权。 ②竞争能保证由最有效率的企业供给社会所需要的产品
消极影响	①过度竞争造成高估或低估了市场需求，占用大量的生产要素，难以实现资源的优化配置。 ②过度竞争阻碍了价格机制的正常作用。 ③过度竞争会加大竞争成本，从而导致产业利润率过低，影响企业创新

4. 竞争引起资本集中和垄断

竞争引起资本集中，资本集中引起垄断。资本集中是指个别资本结合形成更大的资本。垄断是一种市场结构，指少数资本主义大企业为了获得高额利润，通过相互协议或联合，对一个或几个部门商品的生产、销售和价格进行操纵和控制。

（1）竞争引起资本集中：

①同一部门中的不同企业的竞争引起生产和资本集中。

②不同部门企业间的竞争引起并扩大生产和资本集中。

③竞争引起的资本集中具有了越来越充分的技术基础。

④信用和股份公司是竞争引起的生产资本集中得以加速的杠杆。

（2）生产集中引起垄断：

①生产集中引起垄断的可能性：随着以股份公司为代表的企业组织创新以及生产、资本集中的发展，社会生产越来越集中于少数大企业手中，形成垄断。

②生产集中引起垄断的必要性：生产集中使企业规模扩大，生产能力迅速膨胀；提高行业进入壁垒，逐步形成寡头垄断格局；寡头企业进一步寻求妥协，达成垄断协定。

考点二：不完全竞争市场 ★★

1. 垄断的分类（见表 7-3）

表 7-3　垄断的分类

类别	具体内容	
经济垄断	自然垄断	指由一家企业提供产品和服务比由两家以上企业共同提供产品、服务成本更低的情形，常见于城市供气供水、电力行业
	技术垄断	指经济主体对技术专利的排他性占有和使用的权利
	市场垄断	指少数企业或经济组织排他性的控制要素和产品市场
	产品差别引起的垄断	指由于企业生产的同类产品的差别化而在事实上形成排他性的生产和经营
行政垄断	指与行政控制相联系的排他性行为	

2. 垄断行为

垄断行为包括价格垄断、非价格垄断和组织垄断行为。

3. 不完全竞争市场的类型(见表7-4)

表7-4 不完全竞争市场的类型

市场类型	概念	形成原因
完全垄断	指整个行业的市场完全处于独家厂商的控制之下，是一种没有任何竞争、由一家厂商控制某种产品的市场结构	企业占有全部关键性资源或控制生产要素的全部供给；政府给予企业的排他性权利；自然垄断
寡头垄断	指少数大企业控制着产业市场的大部分产品供给，从而具有较高市场份额的市场结构，是介于完全竞争与完全垄断之间，以垄断因素为主又有竞争因素的市场结构	长期竞争导致多数企业退出市场；产业技术特点决定；产业内的企业在需求约束下自觉地调节供给与需求矛盾的结果
垄断竞争	指许多厂商生产并出售相近但不可以完全替代的商品的市场结构，是介于垄断与竞争之间而偏向于竞争，比较接近现实经济状况的市场结构	产品差别

4. 垄断利润与垄断价格

(1)垄断利润：

垄断利润是指垄断资本家凭借其在生产和流通领域的垄断地位而获取的大大超过平均利润的高额利润。垄断利润以垄断价格为前提。

(2)垄断价格的含义、制约因素及负面影响如表7-5所示：

表7-5 垄断价格的含义、制约因素及负面影响

要点	具体内容
含义	指垄断资本家凭借其垄断地位在销售或购买商品时所规定的旨在保证最大限度的垄断利润的市场价格
制约因素	商品需求、商品供给和产品成本
负面影响	①垄断价格会造成过剩生产能力的存在，即存在着供过于求的状况。 ②垄断价格会导致产业部门的生产能力不足，即存在着供不应求的状况。 ③垄断价格确定会使竞争减弱，改善经营管理和推动技术革新的动力也相应减弱

考点三：有效竞争与反垄断 ★★

1. 垄断没有消除竞争

垄断没有完全消除竞争，只是改变了竞争的目的、形式和后果。垄断条件下的竞争者主要是垄断资本与非垄断资本，竞争形式包括这两者之间的竞争和垄断资本之间的竞争。

(1)垄断资本与非垄断资本的竞争：

①含义：指垄断企业与部门内外非垄断的中小企业之间发生的竞争关系。

②实现手段：依靠进入壁垒排挤中小企业；通过转包等形式控制中小企业；通过买方垄断掠夺中小企业。

(2)垄断资本之间的竞争：

①同一部门内部垄断企业之间的竞争。其表现形式为：

a. 垄断企业的价格协调与企业之间公开的或隐蔽的价格竞争可以同时进行。

b. 垄断企业之间进行着广泛的非价格竞争和市场外竞争。

②不同部门之间垄断企业的竞争：

a. 不同部门之间由于商业关系和投资关系的存在导致垄断企业部门发生竞争。

b. 分为垄断企业在相关垄断部门之间的竞争和垄断企业在非垄断部门内的竞争。

2. 有效竞争与反垄断政策

(1)有效竞争：

有效竞争是指既有利于维护竞争又有利于发挥规模经济作用的竞争格局。

(2)反垄断政策：

政府的直接规制政策和反垄断政策都可以规范竞争秩序，实现有效竞争，制约垄断的结构和行为。反垄断法对于生产的过度集中起到限制作用，使得公开垄断已经不能合法存在。

但是，受制于多方面的原因，反垄断法并没有起到反垄断，保护、促进竞争的目的，也没有限制住资本集中的不断加强和垄断行为的扩张。

7.2　课后习题详解

一、概念题

1. 资本集中(四川大学 2018 研)

答：资本集中是指个别资本结合形成更大的资本，它是通过大资本吞并中小资本或者许多中小资本联合成少数大资本的方式实现的。资本集中是借助于竞争和信用两个强有力的杠杆来实现的，既可以采取大资本兼并中小资本的形式，也可以采取组织股份公司的形式。资本集中是社会资本的合并或联合；资本集中是通过原有资本在资本家之间重新分配实现的，它不会增大社会资本总额；资本集中不受积累基金限制，它的增长速度比较快。

2. 垄断(中央财经大学 2018 研；四川大学 2018 研)

答：垄断是一种市场结构，指少数资本主义大企业为了获得高额利润，通过相互协议或联合，对一个或几个部门商品的生产、销售和价格进行操纵和控制。形成垄断的主要原因有四个：①自然垄断，生产成本使一个生产者比大量生产者更有效率；②资源垄断，关键资源由一家企业拥有；③行政性垄断，政府给予一家企业排他性地生产某种产品或劳务的权利；④专卖，由国家专营机构统一管理和产销。垄断的实质就是垄断资本家对生产和市场进行操纵和控制，以保证获得大大高于一般平均利润的垄断高额利润。垄断在形成以后，就成为自由竞争阶段之后的资本主义最深厚的经济根源和社会基础。生产和资本的集中是竞争的结果，生产和资本的集中又必然走向垄断，垄断形成后又会反过来进一步加快生产和资本的集中。

3. 卡特尔

答：卡特尔是垄断组织的主要形式之一，是指生产同类商品的资本主义企业为垄断商品销售市场获取高额垄断利润而订立的协定。卡特尔协定的内容包括：划分销售市场、确定商品产量或规定商品售价。参加者不得违反协定，但它们在生产上、商业上和法律上仍保持独立性。参加者之间为争取有利的销售市场和扩大产销限额进行着剧烈的竞争，常使协定瓦解。第一次世界大战后在各资本主义国家迅速发展。随着垄断资本的国际化产生了国际卡特尔。按协议内容卡特尔可以分成规定销售条件的卡特尔、规定销售价格的卡特尔、规定产品产量的卡特尔、规定利润分配的卡特尔、规定原料产地分配的卡特尔等。生产同类商品的企业作为卡特尔成员，各自在法律上保持其法人资格，独立进行生产经营，但必须遵守协议所规定的内容。卡特尔成立时，一般签订书面协议，有的采取口头协议形式。成员企业共同选出卡特尔委员会，其职责是监督协议的执行，保管和使用卡特尔基金等。由于成员企业之间的经济实力对比会因经济发展而变化，卡特尔的垄断联合缺乏稳定性和持久性，经常需要重新签订协议，甚至会因成员企业在争取销售市场和扩大产销限额的竞争中违反协议而瓦解。

4. 自然垄断

答：自然垄断是指在某些产业中，只有由一家企业进行大规模生产经营供给整个市场，才能使生产最有效率的垄断现象。在自然垄断行业如果由两家以上的企业进行生产，生产成本将会上升。当在任何产量范围内都有规模经济特征时，随着产出的增加，平均成本就会下降，并且对于任何一个既定的产量，一个企业生产总比几个企业共同生产更节约成本，此时就存在着自然垄断。实际上即使平均成本不是处处随着产出的增加而递减，自然垄断也可能发生。

5. 完全竞争

答：完全竞争又称纯粹竞争，是指一种竞争不受任何阻碍和干扰的市场结构。完全竞争必须具备的前提条件是：①市场上有许多生产者与消费者，任何一个人的销售量或购买量都只占有很小的市场份额，以致无法通过自己的买卖行为来影响市场价格，他们都是市场上既定价格的服从者，而不是价格的决定者。②不存在产品差别，也就是生产某种产品的所有厂商的供给都是同质的，其形式、包装等都是无差别的。这样任何一个生产者都无法通过自己产品的特异之处来影响价格。③各种生产资源(劳动、资本等)都可以完全自由流动而不受任何限制。④市场信息是畅通的，厂商与居民户都可以获得完备的信息，完全了解市场价格和所有交易情况，买卖双方只能按现行市场价格成交。⑤不存在外部性。完全竞争只是一种理论抽象，在现实经济生活中并不存在，但对完全竞争的分析具有基础性的理论意义。

6. 完全垄断

答：完全垄断是指与完全竞争相反的、完全排斥竞争的一种市场结构。市场上，一个行业中如果只有唯一的一个卖方，但有许多买方，称为“卖方垄断”；如果只有唯一的一个买方，但有许多卖方，称为“买方垄断”；如果只有一个卖方，而且只有一个买方，称为“双边垄断”。一般情况下，垄断常单指卖方垄断。垄断的主要特征有：①卖方垄断企业的产品独特，很难找到替代品。②存在市场势力。卖方垄断企业具有控制产品价格和产量的能力。③存在着新企业进入的障碍。完全垄断只是一种理论抽象，在现实经济生活中很少见，但对完全垄断的分析具有基础性的理论意义。

7. 寡头垄断

答：寡头垄断是指少数大企业控制着产业市场的大部分产品供给，从而具有较高市场份额的市场结构，是介于完全竞争与完全垄断之间，以垄断因素为主又有竞争因素的市场结构。每个厂商在该行业的总产销量中都占有相当大的份额，以致其中一家厂商的产量或价格的变动，都会影响该种商品价格和其他几家厂商的销售量。其主要特征是：①市场上，一个行业中只有少数几个企业相互竞争。②这些企业的产品可以是同质产品，也可以是差别产品。③存在市场势力，但取决于企业之间相互作用的形式是合作还是竞争。企业之间的相互作用较为复杂，常常带有博弈性质。④新企业的进入有障碍。

8. 垄断竞争

答：垄断竞争是指许多厂商生产并出售相近但不可以完全替代商品的市场结构，是介于垄断与竞争之间而偏向于竞争，比较接近现实经济状况的市场结构。垄断市场的主要特征是：①企业数量多但规模相对较小；②产品相似又彼此差别；③企业进出不受限制；④众多小的购买者。

9. 产品差别

答：产品差别是指同一种产品在质量、外形、包装、品牌、服务等方面的细微差别。产品差别是垄断竞争的最主要原因。产品差别形成的原因主要有：产品的物理差异、信息闭塞或不完整的原因、服务方面的差异、特殊销售活动和同类企业地理位置的差异等等。产品差别可以使企业达到在市场竞争中占据有利地位的目的。

10. 过度竞争(东北财经大学2008研；中央财经大学2009研)

答：过度竞争是指低集中度、持续性过度供给或过剩生产能力和经济绩效较差的现象。过度竞争是企业数量多、非集中的竞争性产业中常见的现象。它指的是这样一种状态：在集中度低的产业中，尽管许多企业利润率很低或者陷入赤字状态，但生产要素(主要是劳动力)和企业却不能顺利地从这个行业中退出，使低或负的利润率长期继续。

11. 有效竞争

答：有效竞争是指既有利于维护竞争又有利于发挥规模经济作用的竞争格局。由于现实环境的复杂性，决定了竞争的多样性。例如各个产业之间以及同一产业在不同阶段的竞争特性都不可能完全相同。克拉克指出，竞争的多样性来自于产品的同质性或非同质性、生产者的数量及其规模结构、价格制定的方式、交易的方式、市场信息传递的特征和手段、生产者和消费者的地理分布、产出控制的时间特征、工厂或企业规模的差异导致的成本变动、短期产出波动引起的成本变动、生产能力的可伸缩性等十个方面因素。

二、问答题

1. 论述竞争与资本集中的关系。(西南财经大学2017研)

答：资本集中是指将许多个分散的、独立的资本通过一定的方法合并成大资本，它是通过大资本吞并中小资本或者许多中小资本联合成少数大资本的方式实现的。竞争与资本集中的关系是原因与结果的关系，资本集中是竞争的结果，这是因为：

(1)同一部门中的不同企业的竞争引起生产和资本集中。竞争的分化作用使某些优势企业发展壮大，而弱势企业缩小破产，客观上造成了资本向优势企业的集中。

(2)不同部门企业间的竞争也会引起和扩大生产和资本的集中。在现实中并不存在严格意义上的完全竞争市场，即不同部门之间存在壁垒，为了跨越进入壁垒，弱化退出壁垒，减少沉没成本，组建集团企业、实现跨行业多元化经营的方式成为不同部门企业争夺有利的投资领域的主要竞争手段，从而导致巨型企业或企业集团的出现，极大地推动了生产和资本的集中。

(3)竞争引起的资本集中具有了越来越充分的技术基础。大机器生产提高劳动生产率，促进分工，促进产业结构的演进，为生产、资本向技术先进企业的集中创造了必要条件。

(4)信用和股份公司是竞争引起的生产资本集中得以加速的杠杆，为资本集中提供了最有效的手段。

2. 谈谈垄断的各种类型及成因。

答：(1)垄断的分类：

①按照垄断主体存在的不同领域，分为：经济垄断与行政垄断；

②按照不完全竞争市场垄断程度的差别，分为：完全垄断市场、寡头垄断市场和垄断竞争市场。

(2)垄断的成因：

垄断只有在生产和资本的集中达到很高程度时才会产生，因为只有这时才具备了垄断的条件。

①一个部门的生产和资本高度集中时，就会使竞争遇到严重的困难和阻碍。这时，该部门原有的许多中小企业和新的企业很难建立和挤入这些垄断部门。

②企业规模空前扩大，除了使竞争更加困难之外，还增大了竞争的破坏性和危险性。少数大企业为了避免在竞争中两败俱伤，常常互相让步，暂时妥协，达成一定的协议来共同瓜分市场和原料来源。同时，由于大企业的数目很少，它们之间达成妥协的可能性随之增大了。

③由于大企业的资本有机构成一般都大大高于中小企业，再加上攫取更大利润的贪欲，这些企业决不会满足于资本的平均利润和一般的超额利润。在这种情况下，少数大企业联合起来操纵商品的生产和销售，通过规定垄断价格来赚取最大限度的利润，也就成了很自然的事情。

3. 论述垄断条件下竞争的基本形式。(中央财经大学2016研)

答：垄断条件下竞争者主要是垄断资本与非垄断资本，竞争形式包括这两者之间的竞争和垄断资本之间的竞争。

(1)垄断资本与非垄断资本之间的竞争：

垄断资本与非垄断资本之间的竞争是指垄断企业与部门内外非垄断的中小企业之间发生的竞争关系。在垄断资本主义阶段，除了占统治地位的垄断资本以外，还存在着大量非垄断中小企业，这就在客观上造成了相互之间的竞争关系。在这种竞争关系中，垄断大企业总是力图排挤、掠夺或控制中小企业，其做法可归纳为以下几点：

①依靠进入壁垒排挤中小企业。

②通过转包形式控制中小企业。

③通过买方垄断掠夺中小企业。

(2)垄断资本之间的竞争：

①同一部门内部垄断企业之间的竞争。

a. 垄断企业的价格协调与企业之间公开的或隐蔽的价格竞争可以同时进行。

b. 垄断企业之间进行着广泛的非价格竞争和市场外竞争。

②不同部门之间垄断企业的竞争。

a. 不同部门之间由于商业关系和投资关系的存在导致垄断企业部门发生竞争。

b. 垄断企业在相关垄断部门之间的竞争和垄断企业在非垄断部门内的竞争。

4. 论述过度竞争的资源配置缺陷。

答：(1)过度竞争及其判断标准：

过度竞争是指低集中度、持续性过度供给或过剩生产能力和经济绩效较差的现象。过度竞争是企业数量多、非集中的竞争性产业中常见的现象。它指的是这样一种状态：在集中度低的产业中，尽管许多企业利润率很低或者陷入赤字状态，但生产要素(主要是劳动力)和企业却不能顺利地从这个行业中退出，使低或负的利润率长期继续。

过度竞争的判断标准有两个：①企业过度进入该产业。②产业中过度进入的企业长期不能从该产业中退出。

(2)过度竞争的资源配置缺陷：

①生产者由于过度竞争的存在，难以对市场需求进行准确判断，进一步导致资源无法实现最优配置。

②价格机制的正常作用由于过度竞争的存在受到阻碍。即过度竞争的环境对价格机制在社会各个生产部门的分配和调节具有阻碍作用。

③过度竞争加大竞争成本，从而导致产业利润率过低，并损害了企业或产业的创新能力。影响企业利润率的因素既有外部的，也有内部的。外部因素主要是市场竞争环境。

5. 论述反垄断的作用与局限。

答：(1)反垄断的作用：

政府的直接规制政策和反垄断政策都可以规范竞争秩序，实现有效竞争，制约垄断的结构和行为。反垄断法对于生产的过度集中起到限制作用，使得公开垄断已经不能合法存在。

(2)反垄断的局限：

受制于多方面的原因以及其自身所存在的众多局限性，比如内容空泛、条文笼统、词意含混、可以被人随心所欲地加以解释等，反垄断法并没有起到反垄断，保护、促进竞争的目的，也没有限制住资本集中的不断加强和垄断行为的扩张。

7.3 考研真题详解

一、概念题

1. 垄断利润（首都经济贸易大学2005研；中央财经大学2013研）

答： 垄断利润是指垄断资本家凭借其在生产和流通领域的垄断地位而获取的大大超过平均利润的高额利润。垄断高额利润一般包括平均利润和垄断利润，在个别垄断企业中还包括因采用新技术降低个别成本而比其他企业多得的超额利润，显然，垄断利润只是垄断高额利润的一部分。在自由竞争阶段，虽然个别企业通过改进技术、提高劳动生产率可以获得超额利润，但这只是暂时的现象。一旦新技术被普遍采用，少数企业所获得的超额利润就会归于消失。而在垄断阶段，垄断资本却可以凭借其在生产和流通中的垄断地位，长期获得大量的垄断高额利润。因为在垄断条件下，资本等生产要素在不同产业部门之间的自由转移受到垄断造成的一系列“进入壁垒”与“退出壁垒”的限制，所以，在自由竞争阶段充分发挥作用的利润率平均化就难以发挥作用。

2. 垄断价格（中央财经大学2003研）

答： 垄断价格是指垄断资本家凭借其垄断地位在销售或购买商品时所规定的旨在保证最大限度的垄断利润的市场价格。垄断资本获取垄断利润的主要手段是规定垄断价格。它包括垄断高价和垄断低价两种形式：①垄断高价是指垄断组织在商品销售时规定的超过商品价值和生产价格的垄断价格。②垄断低价是指垄断组织利用其垄断地位在购买和倾销商品时人为压低的价格。垄断低价包括两种情况：a. 垄断组织在向非垄断企业、小生产者和其他国家购买商品时，凭借自己的垄断地位把价格压到商品价值或生产价格以下；b. 垄断组织为了挤占竞争对手的市场份额和处理过剩、滞销商品，实行低价倾销政策。

二、问答题

1. 简论市场竞争与垄断。（财政部财政科学研究所2006研）

答： 垄断是一种市场结构，是指少数资本主义大企业为了获得高额利润，通过相互协议或联合，对一个或几个部门商品的生产、销售和价格进行操纵和控制。垄断是垄断资本主义最基本的特征，是垄断资本主义的实质。垄断和市场竞争的关系可以简要地概括成：垄断产生于市场竞争，但它没有消灭竞争，并与竞争并存。

（1）垄断产生于竞争：

垄断是自由竞争阶段之后的资本主义最深厚的经济根源和社会基础。

①市场竞争发展到一定阶段造成生产集中。

②生产集中发展到一定阶段造成垄断。

③当垄断在社会经济生活中占据统治地位时，市场竞争的资本主义就发展为垄断的资本主义。

（2）垄断没有消除竞争：

垄断是在市场竞争的基础上作为竞争的对立物而产生的，但垄断并没有也不可能消除竞争，而是凌驾于竞争之上，与之并存。垄断资本主义阶段存在竞争的主要原因有：

①垄断没有消除以资本主义私有制为基础的商品经济。

②不存在由一个垄断组织囊括一切部门、一切企业的绝对垄断。社会经济活动中仍存在大量的非垄断企业，它们之间的竞争是不可避免的。

(3)垄断下的竞争新特点：

垄断资本主义阶段，竞争不仅存在而且在竞争内容、形式、目的、手段上都有新的特点。垄断条件下的竞争内容有：垄断组织内部为争夺产销份额和领导权的竞争；垄断组织之间的竞争；垄断组织与非垄断组织之间的竞争；非垄断的中小企业之间的竞争。垄断资本主义时期的竞争不同于市场竞争，它的特点主要有以下几个方面：

①竞争的主要目的是要获取高额垄断利润以及巩固和扩大自己的垄断地位。在市场竞争资本主义时期，企业之间竞争的目的在于获取超额利润，为此各企业千方百计地提高劳动生产率，但结果是形成平均利润率，得到的是平均利润。在垄断时期，垄断企业之间的竞争目的是为了占领市场和获取高额垄断利润，并且这种垄断利润能够长期、稳定地维持下去。为实现这一目的，采取的方式就不仅仅是提高劳动生产率，而是包括其他一切有利于这一目的实现的手段。

②竞争的规模比过去空前扩大而且性质也发生了变化。在市场竞争时期，由于各企业的数量众多并且规模也较小，因而企业之间的竞争是相对平等和自由的。但是，垄断竞争是以少数大企业在某部门中的垄断为基础的，在垄断大企业与非垄断的中小企业之间进行的竞争，已不是相对平等和自由的竞争关系，而是大企业对中小企业的排挤、掠夺和控制关系。

③竞争的手段更加多样。在市场竞争时期，企业之间的竞争主要是通过提高劳动生产率和运用价格手段。在垄断时期，垄断竞争更加多样化，除了提高劳动生产率以外，采取的手段还包括垄断技术、垄断原料来源等，甚至运用政治的和暴力等手段，以达到打垮对手的目的。另外，非价格竞争，如品种、服务方面的竞争，新产品、新技术、广告宣传和促销手段上的竞争已具有越来越重要的意义。

④竞争的范围扩大。市场竞争的主要场所在国内。在经济领域，垄断竞争则已由国内扩展到国外，而且除了经济领域的竞争之外，在政治、军事、文化领域也展开了激烈的竞争。

⑤竞争程度更加激烈，时间更加持久，破坏性后果更加严重。垄断竞争时期的竞争更加激烈、持久，竞争造成的破坏作用更大。

2. 垄断利润及其来源。(浙江大学2001研)

答：(1)垄断利润的含义：垄断利润是指垄断资本家凭借其在生产和流通领域的垄断地位而获取的大大超过平均利润的高额利润。它包括四个部分：第一，平均利润。按等量资本获得的等量利润。第二，额外利润。以垄断低价购买生产资料而获得的。第三，一般超额利润。是由对生产技术条件的垄断而稳定获得的。第四，垄断超额利润。是以垄断高价销售产品而获得的。

(2)垄断利润的来源：①垄断资本对雇佣劳动者的剥削。②垄断资本对殖民地、半殖民地或发展中国家的雇佣劳动者和小生产者的剥削。③垄断企业通过向非垄断企业低价购买产品和高价销售自己产品的途径，占有非垄断企业所得到的一部分利润；同时，也通过同样的方法剥削城乡小生产者和广大消费者，把小生产者创造的价值的一部分和消费者的收入的一部分攫取过来成为垄断利润的一部分。④垄断组织利用所控制的国家机器，把国家所支配的那一部分国民收入转化为高额垄断利润。⑤垄断组织通过不等价对外贸易，对殖民地、半殖民地和发展中国家进行剥削和掠夺，攫取高额垄断利润。高额垄断利润反映了垄断资本主义时期，垄断资产阶级剥削工人阶级、农民和其他劳动者的关系，也反映了垄断企业占有非垄断企业一部分利润的关系。

3. 为什么自由竞争引起生产集中发展到一定阶段必然引起垄断？（中央财经大学2002研）

答：竞争与资本集中的关系是原因与结果的关系，资本集中是竞争的结果，资本集中引起垄断。具体参见本章“复习笔记”相关内容。

4. 为什么在垄断资本成为社会资本的主要形式后，仍然存在大量的中小企业？（浙江大学2000研）

答：随着垄断的形成和发展，并在经济生活中占据统治地位，垄断资本也成为社会资本的主要形式。尽管如此，垄断资本不会也不可能消灭或完全取代非垄断资本即中小企业的资本。中小企业的存在和发展有以下客观原因：

（1）在现代市场经济条件下，一国国民经济的体系极其庞大与复杂，少数大垄断企业不可能囊括一切经济部门和一切经济领域，这就为中小企业的存在和发展提供了空间。

（2）现代科技与生产专业化的发展，为中小企业的生存与发展提供了技术基础。社会化分工的发展使行业和产品的专业化走向零部件生产的专业化和工艺过程的专业化，高度专业化的生产职能逐渐独立化为中小企业的专有生产职能。

（3）现代社会消费需求的多样化的趋势，为中小企业的广泛发展提供了广阔的市场空间。

（4）国家对中小企业的政策。国家经济调解的政策手段还有国家对中小企业的政策。中小企业在发达资本主义国家迄今还是广泛存在的。虽然从单个中小企业来看，它们作用不大，但作为一个总体，它们在当代资本主义社会中的地位与作用都是不容忽视的。当代资产阶级国家既然是垄断资产阶级的代表，在对待中小企业上，自然也是反映垄断组织利益的。但它从垄断资产阶级的长远利益，提出一些安抚与稳定中小企业的政策措施，如颁布反托拉斯法令、规定在国家采购和国家贷款方面给予中小企业一定的照顾等等。为了标榜对中小企业的关心，当代资产阶级国家一般都专门设立了中小企业管理局之类的政府机构，负责对中小企业提供财政支持和贷款担保，帮助中小企业培训管理人员，为中小企业提供国内外市场信息等等。这些做法不仅是出于对中小企业在经济发展和就业等方面的作用的考虑，也是出于维持资本主义制度的稳定的考虑。

国家为中小企业的生存和广泛发展创造机会给中小企业的发展提供了各种优惠政策。由于中小企业可以在垄断资本尚未到达的部门或地区，弥补垄断资本的不足，满足社会不可缺少的各种需求；同时也为垄断组织提供原材料或半成品服务，以满足垄断资本的需求，并且在扩大一国的就业和对外贸易方面也发挥着重要作用。为此国家在调节整个社会经济活动的过程中对中小企业都实施扶持或优惠政策。

5. 什么是价值规律？垄断价格有没有违反价值规律？（浙江大学 2012 研）

答：（1）价值规律的含义：

商品的价值由生产商品的社会必要劳动时间决定，商品交换按照由社会必要劳动时间决定的价值量进行。这是贯穿于商品生产和商品交换中的一种不以人们意志为转移的客观必然趋势，是商品经济的基本规律。

（2）垄断价格并没有违反价值规律。

垄断价格是指垄断组织依靠自己在经济上的垄断地位所制定的能够带来垄断利润的价格，垄断价格由商品的成本价格加上垄断利润构成。在垄断价格体系中，垄断高价是指垄断组织在出售商品时制定的高于商品价值的垄断价格；垄断低价是指垄断组织在购买和倾销商品时所制定的低于商品价值的垄断价格。垄断价格没有违反价值规律的原因在于：

①垄断价格的确定不能完全脱离开商品的价值，价值仍是价格的基础。

②垄断价格并没有，也不可能增加商品的价值总量，垄断价格出现后，全社会的商品价格总额仍然等于商品的价值总和。

③垄断价格的确定和变化，归根到底仍然取决于生产商品所耗费的社会必要劳动时间量的多少及其变化。

由此可见，价值规律在资本主义发展的不同时期，都在发生作用，只是表现形式不同罢了。因此，垄断价格并没有违反价值规律。

6. 判断"垄断组织的实质是扩大资本规模，提高竞争力"这句话是否正确，为什么？（西南财经大学 2017 研）

答：这句话说法是错误的。理由如下：

垄断的实质是垄断资本家对生产和市场进行操纵和控制，以保证获得高于一般平均利润的垄断高额利润。

（1）垄断是指少数资本主义大企业或大企业的联合，通过控制某个或若干部门的生产和流通以获取高额垄断利润。垄断是在自由竞争中成长起来的。在自由竞争条件下，生产分散于大量中小企业，这些企业为数众多，难于达成协定，即使它们当中许多单位联合起来，其产品生产和流通在本部门内的比重也难以大到能够进行操纵的程度。而在生产集中发展到一定高度时，社会生产集中在少数大公司手里，这些少数大公司就完全可能成立协定，控制某个部门的生产和流通，以牟取高额利润。

（2）这类公司结成垄断的必要性在于：①生产集中使大公司生产极度膨胀，结果生产过剩、销售困难、利润下降，为了保持和扩大利润，就必须结成垄断组织以调节生产。②大公司规模巨大，资本雄厚，其他中小企业难以与其较量，同时部门间资本的转移也受到资本量和需求量的限制，这些都会使自由竞争受到限制，形成垄断趋势。③大公司之间的激烈竞争，会对势均力敌的对手造成损害，为了避免两败俱伤，就会产生谋求暂时妥协、达成垄断协定的必要。

（3）垄断利润是指垄断资本家凭借其在生产和流通领域的垄断地位而获取的大大超过平均利润的高额利润。垄断高额利润一般包括平均利润和垄断利润，在个别垄断企业中还包括因采用新技术降低个别成本而比其他企业多得的超额利润，显然，垄断利润只是垄断高额利润的一部分。在自由竞争阶段，虽然个别企业通过改进技术、提高劳动生产率可以获得超额利润，但这只是暂时的现象。一旦新技术被普遍采用，少数企业所获得的超额利润就会归于消失。而在垄断阶段，垄断资本却可以凭借其在生产和流通中的垄断地位，长期获得大量的垄断高额利润。因为在垄断条件下，资本等生产要素在不同产业部门之间的自由转移受到垄断造成的一系列“进入壁垒”与“退出壁垒”的限制，所以，在自由竞争阶段充分发挥作用的利润率平均化就难以发挥作用。

第二篇　资本主义经济

第8章　资本主义制度的形成和剩余价值的生产

8.1　复习笔记

【知识框架(庖丁解牛)】

- 资本主义制度的形成和剩余价值的生产
  - 资本主义制度的形成及其本质特征
    - 资本主义制度的形成
    - 资本主义制度的本质特征
  - 货币转化为资本
    - 资本总公式及其矛盾
    - 劳动力商品
      - 劳动力的含义
      - 劳动力成为商品的基本条件
      - 劳动力商品的价值和使用价值
  - 剩余价值的生产过程
    - 劳动过程和价值增殖过程
    - 不变资本和可变资本
    - 剩余价值率
  - 生产剩余价值的两种方法
    - 绝对剩余价值生产
    - 相对剩余价值生产

【考点难点归纳(厚积薄发)】

考点一：资本主义制度的形成及其本质特征　★★★

1. 资本主义制度的形成

(1)资本主义制度萌芽：

资本主义的萌芽是封建社会晚期商品经济日益发达，在市场和价值规律作用下，小手工生产者发生分化，小部分上升为最早的工业资本家和大部分沦为雇佣劳动者的生产关系。

(2)资本原始积累：

①含义：

资本原始积累的过程是生产者和生产资料分离的历史过程。这个过程产生了两个结果：a. 社会的生活资料和生产资料转化为资本；b. 直接生产者转化为雇佣工人。

②过程：

a. 对直接生产者特别是农民进行剥夺，用剥夺的方法和残暴的手段建立了土地私有制，建立起资本主义私有制以及雇佣劳动关系。

b. 通过殖民制度、国债、重税、保护关税制度、商业战争等暴力和非暴力方式将货币财富在少数人手中积累并转变为资本。

(3)资本主义制度确立：

①生产力变革。18世纪60年代，以蒸汽机的发明为主要标志的第一次工业革命促进了生产力的巨大进步。

②生产方式变革。工业革命之后建立的工厂制度，使原来的手工劳动者沦为听由机器支配的资本关系的附属品。

③生产关系变革。资本主义生产方式的胜利排挤了封建地主和大部分中间阶级，社会阶级结构分化为两极，即资产阶级和无产阶级。最终资本主义制度确立下来。

2. 资本主义制度的本质特征

(1)资本主义制度的基础：生产资料的资本主义私有制。

(2)资本主义制度的本质特征：雇佣劳动制度。

考点二：货币转化为资本 ★★★★

1. 资本总公式及其矛盾

(1)资本总公式：

资本总公式为：$G-W-G'$。其中 $G'=G+\Delta G$，ΔG 表示更多的货币，即资本的增殖额。

(2)资本总公式的矛盾：

①资本总公式矛盾的内容。

资本总公式与价值规律相矛盾。价值规律要求商品交换按照等价原则进行，但资本总公式表明，货币资本在流通过程中发生了增殖，即产生了剩余价值。

②资本总公式矛盾的解决。

在流通领域里，无论是等价交换还是不等价交换，始终不能找到剩余价值产生的根源。剩余价值的产生也不可以完全离开流通领域。因为流通是商品所有者相互关系的总和，若离开流通领域，商品所有者不同其他商品所有者接触，就只能同他自己的商品发生关系。

因此，剩余价值的产生，货币转化为资本，既不在流通领域，但又不能离开流通领域，这就是解决资本总公式矛盾的先决条件。

2. 劳动力商品

(1)劳动力的含义：

劳动力是指人的劳动能力，是人的体力和脑力的总和。

(2)劳动力成为商品的基本条件：

①劳动力所有者必须有人身自由可供出卖；

②劳动力所有者丧失了一切生产资料和生活资料，只能靠出卖劳动力为生。

(3)劳动力商品的价值和使用价值：

①劳动力商品的价值。

劳动力商品的价值由生产和再生产劳动力所需要的社会必要劳动时间决定，可以还原为维持劳动者自身生存所需生活资料的价值，包括：

a. 劳动者本人用以维持劳动力再生产所必需的生活资料的价值；

b. 劳动者养育子女所必需的生活资料的价值；

c. 劳动者的教育训练费用。

②劳动力商品的使用价值。

劳动力商品的使用价值具有其他商品根本没有的特殊性质。劳动力在使用过程中，不仅能够创造自身价值，还能够创造出比自身价值更大的价值，其超出原有价值的那部分就是剩余价值。

考点三：剩余价值的生产过程 ★★★★

1. 劳动过程和价值增殖过程

(1)劳动过程：

①含义：劳动过程是指劳动者有目的地使用劳动资料，改变劳动对象，创造使用价值的过程。

②特点：a. 劳动隶属于资本；b. 劳动产品归资本家所有，不归劳动者所有。

(2)价值增殖过程：

价值增殖过程就是剩余价值的生产过程。剩余价值就是由雇佣工人的劳动创造的而被资本家无偿占有的超过劳动力价值的价值。

以雇佣劳动为基础的资本主义生产具有两重性，表现为劳动过程和价值增殖过程的统一。

2. 不变资本和可变资本

(1)不变资本和可变资本的比较如表 8-1 所示：

表 8-1　不变资本和可变资本的比较

要点	存在形式	价值转移方式	价值量变化
不变资本	生产资料(原材料、机器、厂房)	通过工人具体劳动转移(一次性或分多次转移)	不变
可变资本	劳动力	不转移，创造新价值(包括再生产劳动力的价值和剩余价值)	增殖

(2)区分不变资本与可变资本的意义：

①进一步揭示了剩余价值产生的源泉。雇佣工人的剩余劳动是剩余价值产生的唯一源泉。

②为确定资本家对雇佣工人的剥削程度提供了科学依据，即剩余价值率。

3. 剩余价值率

(1)剩余价值率的定义及其表示方法：

剩余价值率(m')衡量的是资本家对工人的剥削程度，用剩余价值(m)和可变资本(v)相比即可得到剩余价值率。剩余价值率有两种表示方法：

①物化劳动表示法：m' = 剩余价值/可变资本 = m/v。

该公式表示：在雇佣工人劳动所创造的价值中，资本家和工人各占多少份额。

②活劳动表示法：m' = 剩余劳动时间/必要劳动时间。

该公式表示：在工人的一个工作日的全部劳动时间中，用于补偿劳动力的价值和无偿地给资本家生产剩余价值的比例。

(2)剩余价值量的计算及其决定因素：

①剩余价值量的计算公式：$M=(m/v)\times V=m'\times V$（$M$ 代表剩余价值总量，V 代表可变资本总量）。

②剩余价值量的决定因素：剩余价值率的高低和可变资本总量。

考点四：生产剩余价值的两种方法 ★★★★

1. 绝对剩余价值生产

(1)绝对剩余价值的定义及其生产途径：

①定义：绝对剩余价值是指在必要劳动时间不变的条件下，依靠工作日绝对延长而生产的剩余价值。

②生产途径：a. 延长工人的工作时间；b. 提高工人劳动强度。这是一种延长工作日时间的隐蔽的形式。

(2)绝对剩余价值生产的局限：

①最低界限：必要劳动时间。

②最高界限：a. 劳动时间的生理界限；b. 道德的界限(这种需要的范围和数量取决于社会的经济和文化发展水平)。

③在以上界限之内，工作日的现实长度取决于无产阶级与资产阶级的力量对比。

2. 相对剩余价值生产

(1)相对剩余价值的定义及其生产途径：

①定义：相对剩余价值是指在工作日长度不变的条件下，由于缩短必要劳动时间，从而相应延长剩余劳动时间而生产的剩余价值。

②生产途径：相对剩余价值的生产的实现，是以社会劳动生产率提高和劳动力价值降低为前提，缩短必要劳动时间继而延长剩余劳动时间形成的。即有：

社会劳动生产率↑⇒劳动力价值↓⇒必要劳动时间↓⇒相对剩余价值生产↑

(2)相对剩余价值生产的过程：

①单个企业追求超额剩余价值提高劳动生产率。

②资本家之间为追求超额剩余价值进行激烈的竞争。

③各个资本家不断追求超额剩余价值，新的生产技术被采用、劳动生产率普遍提高，却导致相对剩余价值的形成。

(3)超额剩余价值：

超额剩余价值是指具有较高劳动生产率的个别资本凭借商品的个别价值低于社会价值而获得的超越社会平均条件的那部分剩余价值，也称额外剩余价值。

(4)相对剩余价值和超额剩余价值的区别和联系如表 8-2 所示：

表 8-2　相对剩余价值和超额剩余价值的区别和联系

要点	区别		联系
	含义	产生	
相对剩余价值	在工作日长度不变的条件下，由于必要劳动时间缩短而剩余劳动时间相应延长所生产的剩余价值	提高全社会的劳动生产率	超额剩余价值是相对剩余价值产生的原因
超额剩余价值	企业由于提高劳动生产率而使商品的个别价值低于社会价值的差额	某一(些)部门资本家改进技术、改善经营、提高劳动生产率	

3. 绝对剩余价值生产和相对剩余价值生产(见表 8-3)

表 8-3　绝对剩余价值生产和相对剩余价值生产

要点	区别			联系
	含义	途径	不同时期作用不同	
绝对剩余价值生产	在必要劳动时间不变的条件下，依靠工作日绝对延长而生产的剩余价值的生产方法	①延长工作日；②提高劳动强度	在资本主义发展初期起主要作用	①都延长了工人的剩余劳动时间，增加了资本家无偿占有的剩余价值量；②绝对剩余价值生产是相对剩余价值生产的起点，决定了相对剩余价值的生产方法也是促进绝对剩余价值生产的方法
相对剩余价值生产	在工作日长度不变的条件下，由于必要劳动时间缩短而剩余劳动时间相应延长所生产的剩余价值的生产方法	提高社会劳动生产率	随着资本主义的发展成为主要的剥削方法	

4. 生产剩余价值是资本主义的绝对规律

(1)剩余价值规律的基本内容：

剩余价值规律是指通过不断扩大和加重对雇佣劳动的剥削来达到获取尽可能多的剩余价值的目的。资本主义生产的目的是由资本主义私有制决定的。

(2)剩余价值规律是资本主义的绝对规律：

①剩余价值规律表明了资本主义生产的实质是资本家剥削工人创造的剩余价值。

②剩余价值规律决定资本主义再生产的各环节。资本主义再生产的各环节都是为生产剩余价值服务的，并且是由获得剩余价值的多少决定的。

③剩余价值规律还决定了资本主义生产方式的发展及其历史趋势。

8.2　课后习题详解

一、概念题

1. 资本原始积累(中央财经大学 2017 研)

答：资本原始积累是指新兴资产阶级为了促进资本主义经济关系的形成，采取暴力手段加速形成资本主义经济制度准备条件的过程。资本主义经济制度的形成，在经济上需要具备两个基本条件：①大量的有人身自由，但失去生产资料的劳动者；②少数人手中积累起为组织资本主义生产所需要的大量货币财富。这两个条件通过小商品生产者的两极分化已逐渐准备着，但是，单纯依靠小商品生产者的两极分化来实现这两个条件，是一个相当缓慢的过程。新兴资产阶级为了促进资本主义经济关系的形成，便采取暴力手段加速形成这两个经济条件。这个过程发生在资本经济制度确立之前，所以叫做资本的原始积累。资本原始积累的实质，是用暴力手段剥夺小生产者的生产资料，强迫劳动者同生产资料相分离，使生产资料和货币财富在少数资本家手中迅速积累起来，并使劳动者沦为出卖劳动力的雇佣工人。

2. 雇佣劳动制度

答：雇佣劳动制度是指在资本主义制度下，资本家雇佣劳动者为其生产，并从雇佣劳动者的剩余劳动中获取剩余价值的制度。雇佣劳动制度是资本主义生产方式的本质特征。劳动力成为商品是雇佣劳动制度建立的前提。劳动力成为商品，便形成了资本主义雇佣劳动制度。

3. 劳动力商品

答：劳动力商品是指成为市场交易对象的人的劳动能力。劳动力成为商品需具备两个基本条件：第一个基本条件是劳动者必须具有人身自由。劳动者必须掌握劳动力的所有权，才能把劳动力在一定时期内的使用权当作商品出卖。第二个基本条件是劳动者除了自己的劳动力以外，不占有生产资料，也没有足够的生活资料。因此劳动者只能把劳动力当作商品出卖，否则就无法维持生活。这两个基本条件的形成，是历史长期发展的结果。劳动力作为商品，同其他商品一样，也具有价值和使用价值。

4. 剩余价值（中央财经大学2014、2016研；社科院研究生院2019研）

答：剩余价值是指雇佣工人创造的被资本家无偿占有的超过劳动力价值的价值，即劳动者创造的超过自身及家庭需要的那部分价值。

按照剩余价值的生产方法，剩余价值可分为绝对剩余价值和相对剩余价值。绝对剩余价值是指通过延长工作时间从而延长剩余劳动时间而生产的剩余价值；相对剩余价值是指通过压缩必要劳动时间、相应延长剩余劳动时间而生产的剩余价值。

5. 剩余价值率

答：剩余价值率是指剩余价值（m）和可变资本（v）的比率（m/v），或工人的剩余劳动时间和必要劳动时间的比率。剩余价值率反映资本家对工人的剥削程度。它随着资本主义社会生产力的发展和剥削的加强而不断提高。

6. 不变资本

答：不变资本是指转变为生产资料的那部分资本。在生产过程中，生产资料的使用价值形态发生了变化，而它的价值则转移到了新产品中。这种转移是通过具体劳动完成的。转移的价值量，只是进入生产过程时的生产资料的原有价值量，绝不会大于它。可见，这部分资本的价值在生产过程中没有发生数量的变化，只是改变了它的物质形态。

根据价值转移的方式不同，不变资本又可分为固定资本和流动资本。在生产过程中，用来购买生产资料（包括厂房、机器、设备、燃料、原料和辅助材料等）的那一部分资本，其价值只是转移到新产品中去，而并不改变它原有的价值量，因而是不变资本。另外，不同的生产资料，其价值转移方式不同。一般而言，作为投入物的原料、燃料等，一次消耗完毕，其价值一次性转移到新产品中，这部分资本为流动资本；而厂房、机器、设备等，在生产过程中可以多次使用，其价值是逐步转移到新产品中的，属固定资本。

与可变资本不同，不变资本不是剩余价值的来源，而是剩余价值吸收器，是资本家占有剩余价值的必要条件。

7. 可变资本

答：可变资本是转变为劳动力的那部分资本。这部分资本的价值，在生产过程中没有转移到新产品上去，因为资本家所支付的劳动力的价值，被工人用于购买生活资料而消费掉了。这部分资本的价值是在生产过程中由工人再生产出来的。但是，劳动力在生产过程中被使用的结果是，不仅再生产出了转化为劳动力的那部分资本的价值，而且生产出了剩余价值。

8. 剩余价值规律(中央财经大学 2019 研)

答：剩余价值规律是指剩余价值的产生及其增殖的规律。剩余价值规律是指通过不断扩大和加重对雇佣劳动的剥削来达到获取尽可能多的剩余价值的目的。资本主义生产的目的是由资本主义私有制决定的。剩余价值决定了资本主义生产的实质及其发展的根本方向，支配着资本主义生产的一切主要方面和主要过程。资本家用延长工作日、提高劳动强度和改进技术等方法加强剥削工人，榨取剩余价值。一方面促使资本主义生产力发展水平和生产社会化程度日益提高，另一方面又使社会财富日益集中到资本家手中，因而激化资本主义的基本矛盾，最终必将导致资本主义制度灭亡。马克思发现这个规律，使政治经济学发生真正的革命。

二、问答题

1. 如何理解“资本主义社会的经济结构是从封建社会的经济结构中产生的，后者的解体使前者的要素得到解放”？

答：这是马克思在考察资本主义制度形成时提出的论点，包含了两层意思：一是指出资本主义制度产生于封建社会内部；二是资本主义制度取代封建主义极大地解放和发展了社会生产力。

(1)资本主义制度产生于封建制度内部：

资本主义生产方式同封建制度的地方特权、等级制度和人身依附是相矛盾的。西方在 16 世纪中期，许多国家纷纷出海远洋，对相对落后地区掠夺财富，进行殖民统治，后期由于国内人们生活需求大，出现为之提供商品或服务的商人越来越多，从而经济实力也逐渐壮大，形成财团，要求政治上的保护和特权，为新的资本主义生产关系的产生准备了必要的条件；同时荷兰在 16 世纪末、英国在 17 世纪中叶、法国在 18 世纪末、德国及其他一些国家在 19 世纪中叶先后爆发资产阶级革命，变革了封建制度，从而为资本主义生产方式取代封建的生产方式扫清了道路。

①随着生产力和商品经济的发展，城市中一些条件较好的手工作坊的行东日益富裕起来，终于转化为最初的资本家；而一些帮工和学徒则成为雇佣工人。与此同时，在竞争中

处于不利地位而破产的行东，最终连同他们的帮工和学徒一起沦为雇佣工人。于是封建行会组织逐步瓦解。最初的资本主义生产关系就是这样在小商品生产者两极分化的基础上产生的。商品经济的发展促进了商业资本的发展。而商业资本的发展，不仅促进了小商品生产者的两极分化，而且还采取各种方法控制小商品生产者，最终使其完全丧失独立地位，实际上变成了雇佣工人；而某些控制小商品生产者的商人即包买商，则变成了工业资本家。

②货币地租代替了实物地租，农民对地主的人身依附关系逐渐变为单纯的契约关系，随之而来的是越来越多的农民变成独立的小商品生产者。在价值规律的作用下，两极分化急剧发展，大多数农民贫困破产，成为农村的无产者和半无产者；少数人发财致富，成为农村的资产阶级——富农。农村中最初的资本主义生产关系逐步产生。

(2)资本主义制度代替封建制度极大地解放和发展了社会生产力：

资本主义经济关系的产生代表了进步的生产关系，解放了生产力；而代表腐朽生产关系的封建主义制度此时就竭力阻碍和限制资本主义制度的发展。资本主义经济的发展，要求冲破封建主义制度的束缚。资本主义制度取代封建主义极大地解放和发展了社会生产力，可以从资本原始积累的过程中得到体现。

资本原始积累的过程是生产者和生产资料分离的历史过程。①对直接生产者特别是农民进行剥夺，用剥夺的方法和残暴的手段建立了土地私有制，建立起资本主义私有制以及雇佣劳动关系。②通过殖民制度、国债、重税、保护关税制度、商业战争等暴力和非暴力方式将货币财富在少数人手中积累并转变为资本。

由此可见，资本主义制度取代封建主义是生产力发展的必然，是生产关系一定要适应生产力发展规律的历史体现。

2. 资本主义制度的本质特征是什么？

答：资本主义制度的本质特征是雇佣劳动制度。即在资本主义劳动过程中，劳动者的劳动力归资本家使用，劳动者在资本家监督下为资本家的利益生产；劳动产品归资本家所有。

(1)资本主义制度的基础是生产资料的资本主义私有制。货币财富在少数人手中的集中，既是资本主义产生的历史条件，也是资本主义运行的现实条件。在资本主义私有制下，一方面，劳动力成为商品，由于生产资料资本主义所有制，劳动者丧失了生产资料，同时，劳动者具有人身自由，能将自己的劳动力当作商品出卖；另一方面，劳动力成为商品，货币也就成为资本，因为如果劳动力不是商品，无法购买劳动力，则即使资本家占有生产资料也无法使生产资料与劳动力相结合，货币就不能成为资本。

(2)雇佣劳动制度是资本主义生产方式的本质特征。

①资本家阶级垄断了对生产资料的占有。

②广大劳动者对生产资料“一无所有”而成为靠出卖劳动力为生的雇佣劳动者。

③资本家无偿地占有雇佣工人创造的剩余价值，对剩余价值的追求成为社会生产的决定性动机和根本目的。

④这是一种采取商品经济形式、以劳动力成为商品为前提、通过拥有资本而占有他人劳动获取剩余价值的剥削方式。

资本主义剥削制度与以往的剥削制度的区别在于，历史上一切剥削制度共同特征是：

剥削者无偿占有被剥削者的剩余劳动，而资本主义剥削则表现为资本家无偿占有雇佣工人的剩余劳动所创造的剩余价值。

3. 为什么说劳动力成为商品是货币转化为资本的前提?（中央财经大学 2014 研）

答：只有劳动力成为商品，货币才能转化为资本。因为如果劳动力不是商品，货币无法购买到劳动力，则即使资本家占有生产资料也无法使生产资料与劳动力相结合，货币就不能成为资本。

(1)劳动力成为商品：

劳动力商品是指成为市场交易对象的人的劳动能力。劳动力成为商品需具备两个基本条件：第一个基本条件是劳动者必须具有人身自由。劳动者必须掌握劳动力的所有权，才能把劳动力在一定时期内的使用权当作商品出卖。第二个基本条件是劳动者除了自己的劳动力以外，不占有生产资料，也没有足够的生活资料。因此劳动者只能把劳动力当作商品出卖，否则就无法维持生活。这两个基本条件的形成，是历史长期发展的结果。

(2)货币转化为资本：

资本是能够带来剩余价值的价值，是在不断的运动过程中谋求自身增殖的货币。资本不是一般的商品价值，也不是一种物，而是一种以物为媒介的人与人之间的社会关系。货币转化为资本是为了使货币资本带来剩余价值。这正是资本总公式($G-W-G'$)中价值量发生变化的原因。

(3)劳动力成为商品是货币转化为资本的前提：

劳动力商品价值的决定同其他商品价值的决定相比，其特点在于它包含历史的和道德的因素。劳动者对生活资料的需求是在一定社会历史条件下形成的。因此它的构成和范围就不只是取决于劳动者的生理需要，还取决于社会经济和文化的发展。随着社会经济和文化水平的提高，工人所必需的生活资料的种类和数量会增加，质量会提高。同时，在不同的国家，由于社会道德、生活习惯以及气候和自然特点等不同，劳动者的物质和精神生活需要也就不同。

商品的使用价值是在消费中实现的。普通的商品被消费和使用时，随着使用价值的消失，价值或是消失了，或是转移到其他商品上去。劳动力商品却不是这样，它具有独特的使用价值，即它被消费和使用时，不仅能够创造价值，而且能创造出比它自身价值更大的价值。劳动力商品的这种特殊的使用价值对货币转化为资本具有决定性的意义，货币所有者必须购买到这种特殊商品，才能获得剩余价值。所以，劳动力成为商品是货币转化为资本的前提。

4. 剩余价值是如何生产出来的?

答：(1)剩余价值的含义：

参见本章“课后习题详解”概念题 4。

(2)剩余价值的生产过程：

物质资料的生产过程，首先是劳动过程。不论在什么社会形态下，劳动过程都是劳动者运用劳动资料作用于劳动对象，生产出具有使用价值的产品的过程。资本主义生产是高度发达的商品生产，任何商品生产过程都是劳动过程和价值形成过程的统一。在劳动过程中，具体劳动创造商品的使用价值；在价值形成过程中，抽象劳动形成商品的价值。资本家让工人在劳动过程中生产商品的使用价值是因为使用价值是价值的物质承担者。但是，资本家生产商品，目的也不是价值，而是价值增殖，即生产剩余价值。因此，资本主义生产过程是劳动过程与价值增殖过程的统一。

价值增殖过程不外是超过一定点而延长了的价值形成过程。价值形成过程继续延长，超过一定点就会产生剩余价值。资本家购买工人一天的劳动力，支付一天劳动力的价值，于是作为买者的资本家就取得对劳动力一天的使用权。

剩余价值的产生，是由于资本家把雇佣工人的劳动时间延长到补偿劳动力价值所需要的劳动时间以上，从而劳动力所创造的全部价值，超过了劳动力本身的价值，超过的那部分价值就是剩余价值，因而价值增殖过程就实现了，这就是资本价值增殖的秘密。所以，剩余价值就是由雇佣工人创造的、被资本家无偿占有的超过劳动力价值的价值。

5. 剩余价值生产包括哪两种基本生产方法?

答: 剩余价值的生产方法有两种：绝对剩余价值生产和相对剩余价值生产。

(1)绝对剩余价值生产：

在资本主义生产过程中，工人的工作日必然包括必要劳动时间和剩余劳动时间两个部分。在必要劳动时间不变的条件下，依靠工作日绝对延长而生产的剩余价值，就称为绝对剩余价值，而生产这种剩余价值的方法就是绝对剩余价值生产的方法。

(2)相对剩余价值生产：

在工作日长度不变的条件下，由于必要劳动时间缩短而剩余劳动时间相应延长所生产的剩余价值称为相对剩余价值，而生产这种剩余价值的方法就是相对剩余价值生产的方法。

(3)绝对剩余价值生产与相对剩余价值生产的相互关系：

①绝对剩余价值生产是剩余价值生产的一般基础。因为只有把工作日绝对延长到必要劳动时间以外，才能无偿产生剩余价值。

②绝对剩余价值生产又是相对剩余价值生产的出发点。因为只有在工作日已分割为必要劳动时间和剩余劳动时间的基础上，资本家才能提高劳动生产率来缩短必要劳动时间，相对延长剩余劳动时间，生产出更多的剩余价值。

③在资本主义发展的不同时期，绝对剩余价值生产和相对剩余价值生产的方法起着不同作用。在资本主义发展的初期，由于生产技术发展较慢，资本家主要依靠绝对剩余价值生产方法剥削工人。后来，随着资本主义的发展，技术不断发展和劳动生产率不断提高，工人阶级为缩短工作日的斗争日益强大，相对剩余价值生产的方法就逐渐成为主要的剥削方法。

6. 为什么说剩余价值规律是资本主义生产方式的基本经济规律?

答: (1)剩余价值规律：

在一个社会经济形态的经济规律体系中起主导作用的经济规律，就是基本经济规律。资本主义的基本经济规律就是剩余价值规律，是指剩余价值的产生及其增殖的规律，即通过不断扩大和加重对雇佣劳动的剥削来达到获取尽可能多的剩余价值的目的。

(2)剩余价值规律是资本主义的基本经济规律的原因：

①剩余价值规律决定着资本主义生产的实质——生产剩余价值。资本主义的生产目的就是追求剩余价值，是资本增殖。资本家的一切活动，都是在执行资本的职能。在资本主义生产方式中，只有生产剩余价值的劳动才是生产劳动，劳动者只是生产剩余价值的工具，对剩余价值的追求是资本主义生产发展的动力。

②剩余价值规律决定着资本主义生产的一切主要方面和主要过程，支配着资本主义生产总过程的生产、分配、交换和消费的各个环节，决定着资本主义生产的高涨和危机，决定着资本主义生产方式的产生、发展和灭亡，决定着资本主义矛盾的全部发展过程。

③剩余价值规律决定了资本主义生产方式的发展及其历史趋势。对于剩余价值的追求驱使资本家不断改进技术，提高劳动生产率，这就使生产和消费的矛盾加剧和扩大，再生产比例遭到破坏，产品价值的实现出现困难，引发经济危机，最终导致资本主义制度灭亡。

总之，由于剩余价值规律反映了资本主义生产的实质，决定着资本主义生产的目的和手段，决定着资本主义生产的一切主要方面和主要过程，决定着资本主义生产的高涨和危机、发展和灭亡，因此它是资本主义基本经济规律。

8.3　考研真题详解

一、概念题

1. 相对剩余价值生产（华中科技大学 2006 研；浙江大学 2011 研；中央民族大学 2018 研；中南财经政法大学 2019 研）

答：相对剩余价值是指在工作日长度不变的条件下，由于缩短必要劳动时间，从而相应延长剩余劳动时间而生产的剩余价值。相对剩余价值的生产的实现，是以社会劳动生产率提高和劳动力价值降低为前提，缩短必要劳动时间继而延长剩余劳动时间形成的。

2. 超额剩余价值（浙江大学 2000 研；中国人民大学 2002 研；中央财经大学 2002、2013 研；北京理工大学 2003 研；华南师范大学 2004 研；武汉大学 2005 研）

答：超额剩余价值是指具有较高劳动生产率的个别资本凭借商品的个别价值低于社会价值而获得的超越社会平均条件的那部分剩余价值，也称额外剩余价值。同一生产部门的资本主义企业之间，在生产技术和经营管理等方面存在着差别，因而这些企业生产出来的商品的个别价值也必然是参差不等的。但商品不是按照个别价值，而是按照由社会必要劳动时间决定的社会价值出售的。那些采用先进技术、劳动生产率较高的企业，其商品的个别价值低于社会价值，但仍按社会价值出售，因此它比其他企业多得一部分剩余价值，这就是超额剩余价值。超额剩余价值是由劳动生产率特别高的个别企业的雇佣工人创造的，是相对剩余价值的一种特殊形态。

3. 必要产品（浙江大学 2000 研）

答：必要产品是“剩余产品”的对称，即劳动者的必要劳动创造的产品，是物质生产部门劳动者及其家属的正常消费支出。必要产品用于生产者自身再生产，制造必要产品的抽象劳动时间，称为必要产品价值，简称必要价值，又称劳动力价值。与之对应的概念是剩余产品。制造剩余产品的抽象劳动时间，称为剩余产品价值，简称剩余价值。必要产品是必要价值的承担者，没有必要产品，就没有必要价值；同样剩余产品是剩余价值的承担者，没有剩余产品，就谈不上剩余价值。

二、问答题

1. 资本的本质是什么？区分不变资本和可变资本有什么意义？（厦门大学2002研；中南财经政法大学2011研）

答：（1）资本的本质：

从本质上讲，资本是靠剥削工人而带来剩余价值的价值，它体现着资本家和雇佣工人之间剥削与被剥削的关系。资本作为资本主义生产关系的特定产物，是一个历史的范畴。

（2）资本划分为不变资本和可变资本的意义：

马克思根据预付资本的不同部分在价值增殖中的不同作用，把资本划分为不变资本和可变资本。

①它进一步揭示了剩余价值的真正来源，表明剩余价值不是全部资本的产物，而只是其中的可变资本带来的。

②由于这一划分，可以看到剩余价值和可变资本的比率，即剩余价值率，它可以准确地表明资本家对雇佣工人的剥削程度。

③马克思正是以不变资本和可变资本的区分为基础，提出了资本有机构成理论，并在此基础上，揭示了资本主义积累的一般规律，创立了再生产理论和剩余价值分配理论。这些对于研究资本主义生产总过程及其历史趋势奠定了理论基础。

2. 简述劳动力商品区别于普通商品的表现特征。（西南财经大学2017研）

答：劳动力商品是指作为买卖对象的劳动力。劳动力成为商品需具备两个基本条件：第一个基本条件是劳动者必须具有人身自由。劳动者必须掌握劳动力的所有权，才能把劳动力在一定时期内的使用权当作商品出卖。第二个基本条件是劳动者除了自己的劳动力以外，不占有生产资料，也没有足够的生活资料。因此劳动者只能把劳动力当作商品出卖，否则就无法维持生活。这两个基本条件的形成，是历史长期发展的结果。在任何社会里，劳动力都是存在的，但只有在资本主义生产关系中，劳动力才成为要卖给资本家的商品。劳动力是商品，它和其他商品一样具有使用价值和价值，然而与一般商品相比，劳动力商品的价值和使用价值具有自己的特点。

（1）劳动力商品价值的特点：

①劳动力商品的价值由生产和再生产劳动力所需要的社会必要劳动时间决定，即维持劳动者自身生存所需生活资料的价值，包括三部分：a. 劳动者本人所必需的生活资料的价值，用以维持他自身的劳动力的再生产；b. 劳动者养育子女所必需的生活资料的价值，用以繁衍后代，延续劳动力商品的供给；c. 劳动者的教育训练费用，用以满足资本主义生产对具备一定的技术和文化知识的劳动力的要求。

②劳动力价值还应包含历史和道德的因素，即劳动者所需要的生活资料的构成和数量因各国社会经济文化发展水平和自然历史条件的不同而有所不同。

（2）劳动力商品使用价值的特点：

劳动力商品的使用价值即劳动，能够创造价值和剩余价值。劳动力之所以成为特殊商品，最重要的原因就是它具有独特的使用价值（相对于其他普通商品的使用价值而言），这种独特的使用价值，在使用过程中有着特殊的属性，其他商品的使用过程是人们对商品的消费过程，而劳动力商品的使用过程是一个创造价值的过程，劳动力在使用过程中能够创造出价值，并且能够创造出大于它自身价值的价值。劳动力成为商品是资本主义制度特有的现象。对于资本主义生产方式来说，具有决定意义的是劳动力商品使用价值的特殊性。

3. 简述相对剩余价值与超额剩余价值及其关系。（武汉大学 2000、2003 研；吉林大学 2003 研；华中师范大学 2004 研；中南财经政法大学 2012 研）

答：(1) 相对剩余价值与超额剩余价值的含义：

相对剩余价值是指在工作日长度不变的条件下，由于缩短必要劳动时间，从而相应延长剩余劳动时间而生产的剩余价值。相对剩余价值的生产，是由必要劳动时间的缩短引起的，必须以全社会劳动生产率的提高为条件。

超额剩余价值是指具有较高劳动生产率的个别资本凭借商品的个别价值低于社会价值而获得的超越社会平均条件的那部分剩余价值，也称额外剩余价值。超额剩余价值的生产，是由于采用先进技术的个别企业的工人的必要劳动时间缩短和剩余劳动时间相应延长而创造的。

(2) 相对剩余价值与超额剩余价值的关系：

相对剩余价值与超额剩余价值之间既相互联系又相互区别。

①二者的联系表现在：一方面，从个别资本家来看，出于对更多的超额剩余价值的追求，他必须不断提高劳动生产率，使其商品的个别价值低于社会价值。但是，首先采用先进技术的企业获得超额剩余价值只是一种短暂的现象，当所有的资本家都仿效这一做法，都提高了劳动生产率时，个别价值与社会价值的差额就消失了，超额剩余价值也就不存在了。但是，这时由于社会劳动生产率的提高，使劳动力价值下降，必要劳动时间缩短，相对延长了剩余劳动时间，从而所有的资本家都普遍地得到了相对剩余价值。也就是说，相对剩余价值生产是作为各个资本家追求超额剩余价值的结果而实现的，可以说相对剩余价值是超额剩余价值的转化形式。另一方面，相对剩余价值的增加也提高了资本家扩大生产，提高技术水平的积极性，促使资本家进一步采用先进的生产技术设备，从而提高劳动生产率，争取获得更多的超额剩余价值。由于从产生过程来说，二者都是生产效率提高的结果（相对剩余价值是全社会生产率提高的结果；而超额剩余价值是个别资本家提高劳动生产率的结果），因此，可以说超额剩余价值是属于相对剩余价值范畴的概念。

②二者的区别表现在：超额剩余价值是个别企业劳动生产率提高的结果，相对剩余价值是社会劳动生产率普遍提高的结果；前者是个别企业获得的，后者是所有企业都能获得的；前者是各企业提高劳动生产率的目的，后者是各企业追求超额剩余价值的结果。

4. 资本不能从流通中产生，又不能不从流通中产生，它必然既在流通中又不在流通中产生。（南京大学 2003 研；厦门大学 2003 研）

答：资本是靠剥削工人而带来剩余价值的价值，它体现着资本家和雇佣工人之间剥削与被剥削的关系。资本在物质内容上和现象上表现为一定数量的货币和生产资料，只有当货币和生产资料用于剥削雇佣劳动者的剩余劳动而带来剩余价值时，它们才成为资本。从资本的价值运动形式看，资本具有的一般共同属性有以下几点：①垫支性。②运动性。③增殖性。在一般共同属性之外，资本又具有特殊性。资本与不同的社会经济制度结合在一起，表现出不同社会属性。在资本主义社会，资本体现了剥削关系；在社会主义公有制条件下，资本体现了社会主义的生产关系。

(1)资本不能在流通中产生，即剩余价值不在流通中产生。从形式上看，资本总公式 $G-W-G$ 是同价值规律相矛盾的。价值规律要求按照等价交换的原则进行，交换的结果只会是价值的形式发生变化，而价值量不会变化。但资本总公式表明，货币作为资本在流通中发生了增殖，这就是资本总公式的矛盾。但是，在流通过程中，无论是等价交换还是不等价交换，都不会产生剩余价值。离开流通，货币所有者把货币贮藏起来，货币永远也不能转化为资本，商品所有者也只能同自己的商品发生关系，剩余价值无从产生。剩余价值不能在流通中产生，因为流通只是为价值增殖过程做准备，而这个过程是在生产领域中进行的；又不能离开流通而产生，因为它是以流通为媒介，它以在商品市场上购买劳动力为条件。这是解决资本总公式矛盾的条件。资本家所追求的价值增殖过程不外是超过一定点而延长了的价值形成过程。所以，剩余价值是在生产过程中由工人的剩余劳动生产的，即剩余价值的生产是在生产领域。在商品流通过程中，无论是等价物交换，还是不等价物交换，都不能产生剩余价值。

(2)资本又只能在流通中实现，即剩余价值的实现是在流通领域。一方面，只有在流通领域中，只有通过交换，才会有价值实现的可能性。因为某商品对于拥有者来说只是使用价值，而只有在交换中才能体现该商品的价值，这是因为商品使用价值和价值的对立。另一方面，只有通过商品和货币交换，才会有剩余价值实现的可能性。因为只有货币才能将流通过程中的增殖固定下来。所以剩余价值不能不从流通中产生。

5. 为什么说相对剩余价值的生产可以用资本家对超额剩余价值的追求来解释。(北京大学 2006 研)

答：相对剩余价值是指在工作日长度不变的条件下，由于缩短必要劳动时间，从而相应延长剩余劳动时间而生产的剩余价值。能够用资本家对超额剩余价值的追求来解释相对剩余价值的生产的原因具体如下：

(1)由于工作日的界限和无产阶级为缩短工作日的斗争，使资本家延长工作日的行动受到一定的限制。但是，资本家追求剩余价值的欲望是无止境的，他们便在工作日长度不变的条件下，想方设法增加剩余价值的生产。

在工作日长度不变的情况下，提高对工人的剥削程度，就只有改变工作日两个组成部分的比例，即缩短必要劳动时间，相应延长剩余劳动时间。

(2)相对剩余价值生产的关键在于缩短必要劳动时间，提高劳动生产率。必要劳动时间是生产劳动力价值的必要劳动时间，而劳动力价值又是劳动者及其家属所必需的生活资料的价值。因此，劳动者的生活资料价值变动就会使劳动力价值变动，从而必要劳动时间也会随之变动。在工人所需生活资料的价值中，还包含着生产这些生活资料所费的生产资料的价值，这类生产资料的价值变动，也会影响劳动力价值和必要劳动时间的变动。由于商品的价值取决于生产商品所费的社会必要劳动时间，而社会必要劳动时间又与社会劳动生产率水平相关，只要同劳动力再生产相关的生活资料和生产资料的生产部门的劳动生产率提高了，劳动力价值就会降低，必要劳动时间便会相应缩短，剩余劳动时间就会相对延长，从而生产出相对剩余价值。

(3)相对剩余价值的生产的实现，是以社会劳动生产率提高和劳动力价值降低为前提，缩短必要劳动时间继而延长剩余劳动时间形成的。

(4)相对剩余价值生产是通过各个资本家追逐超额剩余价值的竞争来实现的。追逐超额剩余价值是资本家的直接目的，相对剩余价值生产是其社会结果。单个资本家不能长久保持住超额剩余价值。因为，其他资本家为了追求更多剩余价值也会提高劳动生产率，等到劳动生产率普遍提高后，商品社会价值就会降低，商品个别价值与社会价值的差额就会消失。在社会劳动生产率提高的过程中，与生产工人生活资料相关的部门提高了劳动生产率，就会降低劳动力价值，整个社会再生产劳动力价值的必要劳动时间就会缩短，相对延长了剩余劳动时间，实现了相对剩余价值生产。

第9章　资本主义的分配

9.1　复习笔记

【知识框架(庖丁解牛)】

- 资本主义的分配
  - 资本主义制度下的工资
    - 工资的本质
    - 工资的基本形式
    - 名义工资和实际工资
  - 平均利润和生产价格
    - 剩余价值转化为利润
    - 利润转化为平均利润
    - 价值转化为生产价格
  - 商业利润、借贷资本和地租
    - 商业资本和商业利润
    - 借贷资本和利息
    - 资本主义地租

【考点难点归纳(厚积薄发)】

考点一：资本主义制度下的工资　★★★

1. 工资的本质

(1)劳动力和劳动的区别如表9-1所示：

表9-1　劳动力和劳动的区别

要点	概念	存在时间	存在条件	是否为商品	
劳动力	进行劳动的能力	劳动过程开始前就存在	劳动者健康地生存	是	
劳动	对劳动力的使用	劳动过程开始后才存在	生产资料和劳动力的结合	否，否则	①与劳动价值论同义反复； ②需要出卖之前独立存在，矛盾； ③违反价值规律； ④雇佣工人就出卖了不属于自己的商品

(2)工资的本质和表象如表9-2所示：

表9-2　工资的本质和表象

要点	内容	原因
本质	劳动力的价值	工人在出卖劳动力时，通过让渡劳动力的使用价值获得劳动力的价值即工资

续表

要点	内容	原因
表象	工资表现为劳动的价值或价格	①从资本和劳动的交换关系看，人们主要关注遵循对等原则，忽略商品； ②从工资支付形式看，工资是在劳动过程完成之后才支付的； ③从工人立场看，劳动是工人赖以生存的手段，因此会将工资认为是其劳动所得； ④从资本家立场看，资本家力求以较少的货币换取尽量多的劳动来产生利润，因此将工资视为劳动的价值； ⑤从工资的实际运动看，劳动时间和劳动熟练程度不同，工资也会不同

(3)劳资集体谈判制度：

劳资集体谈判是一种工人阶级与资本家就雇佣关系和问题进行交涉的一种形式。其目的是希望劳资双方能够在一个较平等的情况下订立雇佣条件，以保障劳方应有的权益。而集体谈判权就是一些国家及地区赋予劳工的一种权利。工资和福利，是劳资集体谈判的主要问题之一。劳资集体谈判的内容主要包括：①劳动报酬协议；②工资、薪金范围协议；③奖励工资；④企业津贴与福利等。

2. 工资的基本形式

(1)计时工资。计时工资是指根据劳动者的实际工作时间和工资等级以及工资标准检验和支付劳动报酬的工资形式。

(2)计件工资。计件工资是按照劳动者生产合格产品的数量和预先规定的计件单价计量和支付劳动报酬的一种工资形式。

3. 名义工资和实际工资(见表 9-3)

表 9-3　名义工资和实际工资

要点	含义	联系	数量变动趋势
名义工资	即以一定的货币量表示的工资，工人出卖劳动力所得到的货币数量	①其他条件不变时，两者变动一致； ②其他条件发生变化时，比如物价改变，两者变动不一致	一般呈增加趋势
实际工资	工人用货币工资所能购买到的生活资料和取得的劳务的数量		在资本主义发展的历史过程中，有时降低有时升高

考点二：平均利润和生产价格 ★★★★

1. 剩余价值转化为利润

(1)成本价格：

①概念。$c+v$ 构成商品的生产成本或成本价格，用 K 表示。

②内涵。成本价格这一范畴同商品的价值形成或同资本的增殖过程毫无关系，只是着眼在资本价值的耗费和资本价值的再现，由于看不到创造新价值的要素，这个范畴使得不变资本和可变资本的区别消失了。

(2)利润：

①概念。利润是剩余价值的转化形式，表现为商品价值超过成本价格的余额。

②内涵。利润和剩余价值本质相同，在量上是一样的，但它们反映的关系是不同的，

利润掩盖了资本对雇佣劳动的剥削关系。

◆拓展延伸◆

表 9-4 剩余价值和利润

要点	区别	联系
剩余价值	相对可变资本而言，是预付可变资本的增加额，体现了资本家对人的剥削，是人与人的关系	①同一来源、数量、物质内容构成； ②剩余价值是利润的本质，利润是剩余价值的转化形式
利润	相对全部预付资本而言，是全部预付资本的增加额，体现投入资本的价值与增殖部分的价值的关系，是物与物的关系	

(3)利润率：

①概念：利润率是剩余价值与全部预付资本的比率，是剩余价值率的转化形式，是同一剩余价值量不同的方法计算出来的另一种比率。

用 p' 代表利润率，C 代表全部预付资本，c 表示不变资本，v 表示可变资本。则：

$$p' = \frac{m}{C} = \frac{m/v}{C/v} = \frac{m/v}{(c+v)/v} = \frac{m/v}{c/v+1}$$

②影响因素：

a. 剩余价值率。

b. 资本的有机构成。

c. 资本周转速度。

d. 不变资本的节省状况。

◆拓展延伸◆

表 9-5 剩余价值率与利润率

要点	剩余价值率	利润率
区别	①反映工人被剥削的程度。 ②随着资本主义的发展，有不断上升的趋势	①反映资本的自我增殖程度。 ②随着资本主义的发展趋于下降
联系	①剩余价值率和利润率是同一个剩余价值量通过两种不同计算方法得出的不同比率，利润率是剩余价值率的转化形式。 ②预付资本量已定的条件下，利润率的大小首先取决于剩余价值率的高低	

2. 利润转化为平均利润

(1)平均利润形成的过程：

平均利润的形成是部门之间竞争的结果。这种竞争一般是通过资本转移，即资本从利润率低的部门转移到利润率高的部门来实现的(市场自发配置资源)。部门之间的竞争导致不同部门的利润率趋向平均化，形成平均利润。

(2)平均利润率：

①公式：平均利润率 = 剩余价值总额/社会总资本。

平均利润率是指社会总资本的年利润率，在利润率平均化的条件下，各部门的资本家可获得平均利润 = 预付资本 × 平均利润率。

②决定因素：a. 各部门的利润率水平。b. 社会总资本的结构，即在各部门之间的分配比例。

(3) 利润转化为平均利润的影响：

等量资本获取等量利润完全掩盖了利润的本质和来源，但利润和剩余价值在数量上是相等的。利润转化为平均利润后，许多部门实际所得利润不等于本部门工人所创造的剩余价值量，这割断了利润和剩余价值在数量上的联系。不同生产部门通过投入等量资本获得等量利润，从表面上来看，利润来源于资本而非剩余劳动，因此，平均利润的形成进一步掩盖了资本主义的剥削关系。

3. 价值转化为生产价格

(1) 价值与生产价格的关系如表 9-6 所示：

表 9-6　价值与生产价格的关系

<table>
<tr><th rowspan="2">要点</th><th colspan="3">区别</th><th rowspan="2">联系</th></tr>
<tr><th>公式</th><th>质</th><th>量</th></tr>
<tr><td>价值</td><td>价值 = $c+v+m$</td><td>与活劳动相联系</td><td rowspan="2">①资本有机构成高的部门，生产价格 > 价值；
②资本有机构成低的部门，生产价格 < 价值；
③资本有机构成相当于社会平均资本有机构成的部门，生产价格 = 价值</td><td rowspan="2">生产价格是价值的转化形式</td></tr>
<tr><td>生产价格</td><td>生产价格 = $K+p$
其中，$K=c+v$，p 为平均利润</td><td>与资本相联系</td></tr>
</table>

(2) 商品按照生产价格出售是价值规律起作用的形式发生了变化：

商品按照生产价格出售，不是对价值规律的违背，只是价值规律的作用形式有所变化：生产价格成为商品交换的基础，进而代替价值成为市场价格的波动中心。其原因在于：

①从各个生产部门看，资本家获得的平均利润可能高于或者低于本部门工人创造的剩余价值；但从全社会来看，整个资产阶级获得的平均利润总额仍然等于无产阶级创造的剩余价值总额。

②从每个部门来看，虽然生产价格似乎偏离了价值，但从整个社会来看，这种偏离又是互相抵消的。

③价值规律支配着价格的运动，生产上所需要的劳动时间的减少或增加，会使生产价格降低或提高。商品生产价格的变动总是离不开商品价值的变动，不是直接同本部门商品价值的变动有关，就是间接同其他部门商品价值的变动有关。

考点三：商业利润、借贷资本和地租 ★★★★

1. 商业资本和商业利润

(1) 商业资本：

①含义：商业资本是指从流通领域专门从事商品的买卖，以获取商业剩余价值为目的的职能资本。它是处于流通领域的商品资本的转化形式。

②职能：商业资本的职能也就是商品资本的职能，即通过商品的销售，实现商品的价

值和剩余价值。

③作用：有利于缩短流通时间，节约流通费用，减少流通中资本的占有量，有利于社会生产协调，有助于提高社会生产效益，也有利于加速企业资本循环和周转。但另一方面，商业资本的独立，也会产生流通、消费、生产相脱节的暂时现象，造成某种社会损失。

(2)商业利润：

①商业利润的来源：商业利润是产业资本家让渡给商业资本的剩余价值的一部分，它体现着商业资本家和产业资本家共同剥削雇佣工人的关系。

②商业利润和平均利润率的确立：

商业利润的确立受平均利润率的支配，即商业资本家获得的商业利润，不能低于平均利润。资本家为了追逐利润，总是把资本从利润率低的部门转移到利润率高的部门，涉及的即为商业部门与产业部门两部门。通过竞争和资本转移，引起供求关系和价格的变动，各个生产部门的利润率趋于平均化，形成平均利润率。商业资本参加了剩余价值的分配以后，平均利润率的公式变为：

平均利润率＝社会剩余价值总额/(产业资本总额＋商业资本总额)

③流通费用：商业流通中除用来购买商品外之外所需的各种费用。它可以分为两类：

a. 生产性流通费用。这类费用从商品价值中得到补偿，并可获得平均利润。

b. 纯粹流通费用。这类费用花费的劳动是非生产性劳动，不产生价值和剩余价值。作为非生产性费用的纯粹流通费用的补偿获得，是通过商业资本家向产业资本家购买商品时，采取直接扣除的方式来实现的。

2. 借贷资本和利息

(1)借贷资本：

①含义：借贷资本是借贷资本家为了取得利息而暂时给职能资本家使用的货币资本。

②产生：借贷资本的形成和产业资本的循环过程有着直接的联系。在产业资本的循环过程中，一方面职能资本在循环中游离出大量闲置的货币资本，包括：正在积累中的折旧费、闲置待用的流动资本、尚未投资的剩余价值和社会零星储蓄；另一方面在资本主义生产过程中又需要大量补充资本。拥有闲置资本的资本家贷款给需要使用货币资本的资本家，因此资本家之间就形成借贷关系，闲置的货币资本便转化为借贷资本。

③借贷对象：主要是职能资本家，即产业资本家和商业资本家。

④性质：借贷资本从属于职能资本，它体现了借贷资本家和职能资本家共同剥削雇佣工人的关系。

(2)利息和利息率：

①利息：

a. 含义：利息是资本家将货币资本贷给职能资本家所获得的利益。

b. 实质：借贷资本家凭借对资本的所有权，从职能资本家那里取得的一部分剩余价值，是剩余价值的一种转化形式。

②利息率：

a. 含义：利息率是一定时期内的利息量和所借资本额之间的比率。

b. 影响因素：平均利润率；借贷资本的供求状况。

(3)银行资本：

①银行：银行是通过存款、贷款、汇兑、储蓄等业务，承担信用中介的金融机构。它主要的业务范围有吸收公众存款、发放贷款以及办理票据贴现等。

②银行资本的构成：自有资本和借入资本。

③银行利润：银行利润是指贷款利息和存款利息之间的差额减去经营银行业务费用的余额。

(4)信用：

①含义：资本主义信用是指以偿还付息为条件的价值运动的特殊形式，是借贷资本的运动形式，主要包括商业信用和银行信用两种形式。

②信用在资本主义经济中的二重性：

a. 一方面，信用促进了资本主义经济的发展。

b. 另一方面，资本主义信用的发展又促进了资本主义基本矛盾的发展。

3. 资本主义地租

(1)地租的含义：地租是土地所有者凭借土地所有权获得的一种非劳动收入。

(2)地租的形式：资本主义地租有两种基本形式，即级差地租和绝对地租，具体如表9-7所示。

表9-7 级差地租和绝对地租

要点	产生条件	形成原因	实质	分类	来源及反映的关系
级差地租	土地的优劣不同	土地的有限性所引起的土地经营的资本主义垄断	优等地和中等地生产的农产品的个别生产价格低于劣等地生产条件所决定的农产品的社会生产价格而形成的超额利润	级差地租Ⅰ：土地肥力差别和与市场距离不同	两者皆来源于农业工人创造的剩余价值，反映了农业资本家和土地所有者共同剥削农业雇佣工人的关系
				级差地租Ⅱ：在同一块土地上连续追加投资的劳动生产率不同	
绝对地租	农业资本有机构成低于社会平均资本有机构成	土地私有权的垄断	农产品价格超过社会生产价格以上的那部分超额利润	—	

(3)地租与土地价格：

地租是土地使用者为租用土地而向土地所有者支付的经济代价，是土地所有权在经济上的实现。土地价格是指为购买获得土地预期收益的权利而支付的代价，土地价格的高低取决于可以获取的预期土地收益高低。地租与土地价格的关系为：土地价格＝地租/利息率。

9.2 课后习题详解

一、概念题

1. 工资(四川大学2018研)

答：工资是与利润、利息、地租相并列的一种分配形式和分配范畴。按照马克思的观点，工资是指劳动力价值的转化形式。劳动力商品的价值是由生产和再生产这种特殊物品所必需的劳动时间决定的。具体地说，其价值包括：为维持工人及其家属生存所必需的生活资料的社会必要劳动时间，以及为训练工人掌握必要技术所需的费用。

资本主义工资的本质是劳动力的价值或价格，从现象上看，资本主义工资好像是劳动的报酬；资本主义工资这种内容和形式的不一致状况，掩盖了资本主义的剥削关系。资本主义工资的基本形式包括计时工资和计件工资。计时工资是指根据劳动者的实际工作时间和工资等级以及工资标准检验和支付劳动报酬的工资形式。计件工资是按照劳动者生产合格产品的数量和预先规定的计件单价计量和支付劳动报酬的一种工资形式。

2. 平均利润（中国人民大学2003研；财政部财政科学研究所2006研；东北财经大学2006研；中央民族大学2006研；中央财经大学2019研）

答：平均利润是指投入各个不同部门的等量资本获得的等量利润。平均利润的计算公式为：平均利润 = 预付资本额 × 平均利润率。平均利润的形成是部门之间竞争的结果。在不同生产部门之间必然展开争夺有利投资场所和更高的利润率的竞争。这种竞争一般是通过资本转移，即资本从利润率低的部门转移到利润率高的部门来实现的（市场自发配置资源）。部门之间的竞争导致不同部门的利润率趋向平均化，形成平均利润，等量资本获得等量利润。在资本主义社会，平均利润的形成进一步掩盖了利润来自剩余价值这一本质联系。因为利润转化为平均利润后，许多部门所得的利润量和本部门工人创造的剩余价值量不等，利润和剩余价值在量上的联系被割断了。

3. 生产价格（中央财经大学2008、2010研；四川大学2011研）

答：生产价格是资本主义条件下商品价值的转化形式，等于商品的成本价格与平均利润之和。生产价格的形成是以平均利润率的形成为前提的。在价值转化为生产价格的条件下，价值规律也就以生产价格规律的形式发挥作用。商品的市场价格的规定也就不再以价值，而是以生产价格为基础，并随市场供求关系的变动，围绕着生产价格这一中心而上下摆动。原因有：①从各个生产部门看，资本家获得的平均利润可能高于或者低于本部门工人创造的剩余价值；但从全社会来看，整个资产阶级获得的平均利润总额仍然等于无产阶级创造的剩余价值总额。②从每个部门来看，虽然生产价格似乎偏离了价值，但从整个社会来看，这种偏离又是互相抵消的。③价值规律支配着价格的运动，生产上所需要的劳动时间的减少或增加，会使生产价格降低或提高。商品生产价格的变动总是离不开商品价值的变动，不是直接同本部门商品价值的变动有关，就是间接同其他部门商品价值的变动有关。

4. 利润率

答：利润率是剩余价值与全部预付资本的比率，利润率是剩余价值率的转化形式，是同一剩余价值量不同的方法计算出来的另一种比率。用公式表示为：$p'=m/C$，其中p'代表利润率，m代表剩余价值，C代表全部预付资本。

利润率表示全部预付资本的增值程度，而且在量上总是小于剩余价值率，从而掩盖了资本主义的剥削程度。利润率是经常变动的，决定和影响利润率的主要因素有：剩余价值率的高低；资本有机构成的高低；资本周转速度的快慢；不变资本的节省；原料价格的变动。利润率反映企业一定时期利润水平的相对指标。利润率指标既可考核企业利润计划的完成情况，又可比较各企业之间和不同时期的经营管理水平，提高经济效益。

5. 商业利润（东北财经大学 2008 研；中央财经大学 2018 研）

答： 商业利润是指产业资本家用低于商品生产价格的价格（出厂价格）把商品卖给商业资本家，商业资本家再按照商品的生产价格，把商品卖给消费者之后形成的卖价和进价之间的差额，也就是产业资本家转让给商业资本家的那一部分剩余价值。由此可知，商业利润的实质是剩余价值，它是剩余价值的转化形式。商业利润反映着商业资本家和产业资本家共同瓜分剩余价值的关系以及商业资本家剥削产业工人和商业雇员的关系。在商业资本家和产业资本家之间的竞争中，商业利润一般不低于平均利润。

6. 资本有机构成（中央财经大学 2009、2015 研；四川大学 2011 研；广西大学 2016、2018 研；中南财经政法大学 2018 研；社科院研究生院 2019 研）

答： 资本有机构成是指由资本技术构成所决定，并且反映资本技术构成变化的资本价值构成，可用公式 $c:v$ 来表示。资本的有机构成从两方面来考察，即资本的技术构成和资本的价值构成。从物质形态看，资本是由一定数量的生产资料和劳动力所构成，它们之间的比例是由生产的技术水平决定的，叫做资本的技术构成。从价值形态看，资本又是由一定数量的不变资本和可变资本构成的，它们之间的比例叫做资本的价值构成。资本的技术构成和价值构成之间存在着密切的有机联系——资本的技术构成决定价值构成，资本价值构成的变动通常反映技术构成的变动。

7. 借贷利息

答： 借贷利息是指职能资本家为了获得贷款而付给借贷资本家的一部分平均利润，是剩余价值的特殊转化形式。职能资本家使用借贷资本获得的平均利润要分割成两个部分：一部分采取企业利润的形式为职能资本家所有，另一部分采取利息的形式付给借贷资本的所有者，作为出让资本使用权的报酬。借贷资本家是凭借资本的所有权获得利息参与剩余价值瓜分的。但在现象形态上，利息表现为资本所有权的产物，企业利润表现为职能资本家经营企业的报酬。平均利润分为利息和企业利润，进一步掩盖了资本主义的剥削关系。实质上，利息既是借贷资本家和职能资本家共同剥削雇佣工人的关系的体现，又是借贷资本家和职能资本家之间共同瓜分剩余价值的关系的体现。

8. 级差地租（东北财经大学 2008 研；首都经济贸易大学 2008 研；中央财经大学 2009、2015、2019 研；华中师范大学 2013 研；山西财经大学 2018 研；中南财经政法大学 2018 研；中国财政科学研究院 2021 研）

答： 资本主义级差地租是指生产条件较好的资本主义农场以地租形式交给土地所有者的剩余利润，即农产品个别生产价格低于社会生产价格的差额。其来源是农业工人劳动所创造的剩余价值。由于耕地有限，优等地和中等地不能任意增加，为满足社会对农产品的需求，还要同时耕种劣等地。获得平均利润是资本家在劣等地上投资的前提，劣等地生产率所决定的个别生产价格就成为农产品的社会生产价格。经营优等地和中等地的资本家因生产率较高、单位产品成本价格较低，其个别生产价格低于社会生产价格；土地的资本主义经营垄断，使这些资本家经常获得超过平均利润以上的剩余利润。这种剩余利润通常以地租形式由租佃资本家交给土地所有者。级差地租有两种形式：因土地肥沃程度和距离市场远近等条件差别而产生的级差地租Ⅰ；因对土地追加投资生产率高低差别而产生的级差地租Ⅱ。

9．绝对地租（中央民族大学2019研）

答：绝对地租是指由于土地私有权的存在，租种任何土地（包括劣等地在内）都必须缴纳的地租。在资本主义农业落后于工业的条件下，农业资本有机构成低于工业；在剥削程度相同的条件下，等量资本在农业中比在工业中能产生更多的剩余价值。因土地私有权的垄断，这部分较多的剩余价值不参与平均利润率的形成，农产品不按生产价格而按价值出售，在价值和社会生产价格之间存在一个差额。这一差额就以绝对地租的形式为土地所有者占有。随着农业现代化的发展，农业资本有机构成逐步提高甚至超过工业有机构成。农产品的价值和社会生产价格之间的差额逐步消失。但因为土地私有权垄断，土地所有者总要获得一定的地租方肯出租土地。在这种情况下，绝对地租便成为农产品价值上的一个附加额，农产品价格便具有垄断价格的性质。

二、问答题

1．如何理解工资的本质是劳动力的价值或价格，而不是劳动的价值或价格？

答：资本主义工资本质是劳动力价值或价格的转化形式，这是因为：

（1）劳动力和劳动是两个不同的概念。

劳动力以活的工人的形式存在着，工人为维持他自己的生存并维持他的家庭——这保证在他死后劳动力继续存在，需要一定量的生活资料。因此，生产这些生活资料所必需的劳动时间就代表了劳动力的价值。劳动是劳动力的使用，劳动力在生产中发挥作用时才是劳动；劳动是价值的实体和内在尺度，但是它本身没有价值。

（2）劳动不能成为商品，原因如下：

①按照劳动价值论，商品的价值是凝结在商品中的人类劳动。劳动创造了价值，但把劳动本身说成是有价值的，在逻辑上同样不能成立。

②如果劳动是商品，那么它就应该在出卖之前就独立存在。但是劳动只有在劳动者和生产资料相结合后才能实现，而工人和资本家在劳动力市场发生交换关系时，工人还未进行劳动，当然也不能把尚不存在的劳动当作商品出卖。

③如果劳动是商品，工资是劳动的价值或价格，会导致否定价值规律或否定剩余价值规律。因为根据等价交换原则，资本家将得不到剩余价值，资本主义生产关系也就失去了存在的基础；如果工资只相当于工人部分劳动的价值，则又违背了价值规律。

④如果劳动是商品，就等于说雇佣工人出卖了不属于自己的商品。

（3）资本家购买劳动力付给工人的工资，也不是劳动的价值或价格，而是劳动力的价值或价格。现实生活中，在现象上之所以表现为劳动的价值或价格，是由资本主义生产方式的特点引起的。

①资本家购买劳动力，工人出卖劳动力，同其他商品交换一样，买者支付一定量货币，卖者交出在一定时间内进行劳动的能力。由于劳动能力潜藏于人体，只能在劳动过程中体现，所以，人们直观见到的是工人的劳动。这样，工人出卖的好像是劳动，工资就表现为

劳动的价格了。

②工人往往是在劳动之后才得到工资，也给人一种假象，认为工资就是工人出卖劳动所取得的报酬。

③工人劳动时间越长或劳动熟练程度越高，工资也越多，这些都进一步加强了工资是劳动的价值或价格的假象。揭示资本主义工资的本质，可以进一步认清资本家与雇佣工人之间的剥削与被剥削关系。

(4)劳动力的价值和价格转化为工资形式，即转化为劳动本身的价值和价格，会具有决定性的重要意义。这种表现形式掩盖了现实关系，正好显示出它的反面，即在雇佣劳动下，甚至剩余劳动或无酬劳动也表现为有酬劳动，因而掩盖了资本主义的剥削关系。

2. 为什么说剩余价值率与利润率是两个完全不同的范畴?

答: (1)剩余价值率和利润率的含义:

①剩余价值率是剩余价值与可变资本的比率，它表现了资本家对工人的剥削程度，因而又称为剥削率。以 m' 代表剩余价值率，m 代表剩余价值，v 代表可变资本，则 $m'=m/v$。

剩余价值率还可以用剩余劳动与必要劳动的比率来表示。工人全部劳动时间分为两部分，一部分是再生产劳动力价值的劳动时间，称为必要劳动时间，这个时间中支出的劳动称为必要劳动；另一部分是生产剩余价值的时间，称为剩余劳动时间，这个时间中支出的劳动称为剩余劳动。此时，剩余价值率 m' = 剩余劳动/必要劳动。

②利润率是剩余价值与全部预付资本的比率，利润率是剩余价值率的转化形式，是同一剩余价值量不同的方法计算出来的另一种比率。用公式表示为：$p'=m/C$，其中 p' 代表利润率，m 代表剩余价值，C 代表全部预付资本。

(2)剩余价值率和利润率是不同的范畴:

剩余价值率和利润率的主要区别是：①它们所表示的关系不同，剩余价值率表示资本家对工人的剥削程度，利润率表示预付资本的增殖程度，在这个范畴上，资本对雇佣劳动的榨取和剥削看不见了，表现为资本自身增殖的关系，剩余价值的来源被神秘化了。②二者在量上也不相同，由于全部预付总资本在量上总是大于可变资本，因此利润率总是低于剩余价值率。③剩余价值率表明剩余价值的真正来源是可变资本，而利润率却掩盖了资本家对工人的剥削程度，从而进一步掩盖了剩余价值的真正来源。

3. 商品的价值是如何转化为生产价格的? (南开大学2007研)

答: (1)利润转化为平均利润:

利润转化为平均利润是商品的价值转化为生产价格的前提，具体参见本章“复习笔记”相关内容。

(2)价值转化为生产价格:

利润转化为平均利润，价值也就转化为生产价格。在平均利润形成以前，商品按照价值出卖。生产价格是资本主义条件下商品价值的转化形式，等于商品的成本价格加平均利润之和。

生产价格的形成是以平均利润率的形成为前提的。在价值转化为生产价格的条件下，价值规律也就以生产价格规律的形式发挥作用。商品的市场价格的规定也就不再以价值，而是以生产价格为基础，并随市场供求关系的变动，围绕着生产价格这一中心而上下摆动。生产价格和价值之间存在一定的差额。在质的方面，生产价格只是同资本相联系，同活劳动没有联系。在量的方面，生产价格和价值经常不一致。

(3)价值转化为生产价格是价值规律的资本主义形式：

商品按照生产价格出售，并非对价值规律的违背，只是价值规律起作用的形式发生了变化：生产价格成为商品交换的基础，市场价格已不再以价值为中心，而是以生产价格为中心上下波动。其原因参见本章“复习笔记 ”相关内容。

4. 商业利润、借贷利息和地租的本质是什么？它们是如何形成的？

答：(1)商业利润的本质及形成过程：

①商业利润的本质：商业利润的实质是剩余价值，它是剩余价值的转化形式。商业利润反映着商业资本家和产业资本家共同瓜分剩余价值的关系以及商业资本家剥削产业工人和商业雇员的关系。在商业资本家和产业资本家之间的竞争中，商业利润一般不低于平均利润。

②商业利润的形成过程：

a. 商业资本是指从流通领域专门从事商品的买卖，以获取商业剩余价值为目的的职能资本。它是处于流通领域的商品资本的转化形式。

b. 商业资本家直接雇佣的是商业职工，纯粹从事买卖活动的雇佣劳动者的劳动，只实现价值而不创造价值，所以商业利润的最终来源只能是产业工人所创造的剩余价值。但商业资本直接剥削的是商业职工的无酬劳动。

c. 产业资本通过占有产业工人的无酬劳动来生产剩余价值，商业资本则通过占有商业职工的无酬劳动来减少实现剩余价值的费用，并据此从产业资本那里瓜分到一部分剩余价值。

(2)借贷利息的本质及形成过程：

①借贷利息的本质：借贷利息本质上是产业工人创造的、由职能资本家让渡给借贷资本家的一部分剩余价值的转化形式，体现了借贷资本家和职能资本家瓜分剩余价值的关系。

②借贷利息的形成过程：

a. 借贷资本的形成和产业资本的循环过程有着直接的联系。在产业资本的循环过程中，同时存在一部分资本家持有大量暂时闲置的货币资本和一部分资本家货币资本不足急需补充。前者贷款给后者使用，于是就在资本家之间形成借贷关系，闲置的货币资本便转化为借贷资本。

b. 借贷资本作为一种所有权资本即财产资本而与职能资本相对立。资本的所有权属于借贷资本家，使用权属于职能资本家。如此一来，同一个资本就有了双重的存在：对于借贷资本家来说，它是所有权资本，而对于职能资本家来说，它是职能资本。

(3)地租的本质及形成过程：

①地租的本质：地租的本质是农业资本家获得的超过平均利润以上的那部分剩余价值(超额利润)。农业资本家由于租种了土地所有者的土地，将这部分超额利润分给土地所有者，这部分超额利润即为地租。资本主义地租体现了土地所有者、农业资本家和雇佣工人三者之间的关系，即土地所有者和农业资本家通过瓜分剩余价值，共同剥削农业雇佣工人

的关系。

②地租的形成过程：级差地租产生的原因是土地经营权的垄断，产生的条件是土地肥沃程度和地理位置的差别。级差地租是由农产品个别生产价格低于社会生产价格的差额构成的。

绝对地租产生的原因是土地私有权的垄断，产生的条件是农业资本有机构成低于社会资本有机构成。绝对地租是农产品的价值高于社会生产价格的那部分差额，农产品按其价值出售，差额部分便构成了绝对地租。

9.3 考研真题详解

一、概念题

1. 实际工资与名义工资(华中科技大学2006研；华中师范大学2012研)

答：实际工资是工人用货币工资能买到的生活资料和服务的数量。名义工资是工人出卖劳动力所得的货币额，即货币工资。

实际工资和名义工资有密切的联系，在其他条件不变的情况下，两者的变动是一致的，即名义工资越高，实际工资也就越高，反之亦然。但两者的变动也经常不一致，即名义工资不变甚至提高，而实际工资却可能降低，这是因为，实际工资的水平不仅取决于货币工资的高低，还取决于物价的高低。如果名义工资不变，物价上涨，或者名义工资的提高赶不上物价上涨的速度，实际工资就会下降。

2. 虚假的社会价值(南京大学2001研)

答：虚假的社会价值是指农产品的社会价值总额超过实际生产价格总额的部分，即构成资本主义级差地租的那部分农产品价值。它是马克思在论证资本主义级差地租时使用的概念。在工业中，利润率平均化和生产价格的形成，不影响社会价值总额。生产价格总额等于社会价值总额。在农业中，农产品的社会价值由劣等土地上的个别生产价格决定，而不像工业品那样由社会平均条件下的生产价格决定。这样，农产品的社会价值总额就超过实际包含的劳动量，其中超过部分的社会价值，不包含形成价值实体的社会劳动，故称虚假的社会价值。在资本主义制度下由农业资本家作为级差地租交给土地所有者。

农业中所出现的“虚假的社会价值”，是由在资本主义生产方式的基础上，通过竞争而实现的市场价值所决定的。土地作为经营对象的垄断，是农业中经常形成“虚假的社会价值”的根本原因，而商品交换和价值规律的作用则是其必要的条件。

3. 级差地租Ⅱ(武汉大学2003研；社科院研究生院2004研；中南财经政法大学2013研)

答：级差地租Ⅱ是指由于在同一块土地上，各个连续投资劳动生产率的差异而产生的超额利润化的地租。在同一块土地上连续追加投资，每次投资的劳动生产率必然会有差异，只要高于劣等地的生产率水平，就会产生超额利润。级差地租形成的原因是土地的有限性引起的土地经营权的资本主义垄断，源泉是耕种优等地和中等地的农业雇佣工人创造的超额利润。

4. 纯粹流通费用(中国人民大学2002研；中央财经大学2011研；中南财经政法大学2019研)

答：纯粹流通费用又称非生产性流通费用，是由商品的价值运动所引起的费用，即在商品变为货币、货币变为商品的单纯的商品买卖过程中所支出的费用。纯粹流通费用是同商品的价值形态变化有关的费用，它是实现商品价值形态变化的劳动的货币表现。为此耗费的劳动，既不参与使用价值的创造、又不参与价值的形成，是非生产性劳动。纯粹流通费用主要有：商店的建筑费、设备费、簿记费、广告费、办公费、商业店员的工资等。

5. 超额利润(复旦大学2007研)

答：超额利润是指超过平均利润的那部分利润。生产技术和经营管理水平较高的企业，劳动生产率高于该生产部门的一般水平，其个别生产价格低于社会生产价格；按社会生产价格出售商品，就获得超过平均利润的利润。当新的生产技术和经营管理方法被普遍采用时，商品的社会生产价格就因劳动生产率的普遍提高而下降，原来采用新技术及先进管理方法的企业就不能再获得超额利润。但另一些使用更加新的生产技术的企业，又会获得超额利润。超额利润刺激生产者采用新技术，改善经营管理，促进社会生产力发展；但又有使生产者为了保持超额利润而保守技术秘密、阻碍生产和技术发展的一面。

二、问答题

1. 为什么说计件工资是最适合资本主义的一种工资形式?(中国人民大学2020研)

答：(1)计件工资是依据工人所完成的产品数量或作业量而支付的工资。计件工资同计时工资在本质上相同，计件工资是以计时工资为基础的。

(2)随着发达资本主义国家生产自动化的发展，特别是电子、信息技术的发展，很多自动化装置本身就严格地控制着工人的劳动强度和质量，在这种情况下，采用计时奖励工资要比计件工资对资本家更有利，因为资本家可以在计时工资总额不变，甚至工资略为提高的情况下，利用机器的加速运转来提高工人的劳动强度，从而加重对工人的剥削；而且这样做可以避免由于资本家不断降低计件工资单价而引起的工人反抗。

相比于计时工资，计件工资能够在一定程度上掩盖资本主义的剥削关系，更加适应资本主义的发展。

2. 资本主义条件下工人的工资实质上是由什么决定的?又受到哪些因素的影响?(中国人民大学2015研)

答：(1)资本主义工资本质是劳动力价值或价格的转化形式。劳动力是潜藏在人身体内的劳动能力；劳动是劳动力的使用，劳动力在生产中发挥作用时才是劳动；劳动是价值的实体和内在尺度，但是它本身没有价值。因此，资本主义工资本质上不是劳动的价值或价格，而是劳动力价值或价格的转化形式。资本主义工劳动力价值与工人的必要劳动相对应，即生产必要产品所耗费的劳动，其最低限度，由生产、发展、维持和延续劳动力所必需的生活资料的价值决定。

(2)影响实际工资的因素：①实际工资的变动直接受名义工资的影响，在其他条件不变的情况下，两者变动是一致的，即名义工资越高，实际工资也就越高，反之亦然。②在名义工资一定的条件下，实际工资的水平不仅取决于货币工资的高低，还取决于物价的高低。如果名义工资不变，物价上涨，或者名义工资的提高赶不上物价上涨的速度，实际工资就会下降。

各个国家的工资水平存在的差别叫做工资的国民差异。工资是由劳动力价值决定的，影响劳动力价值变化的各种因素，各国工资差异也是由这类因素引起，包括：①由于各国社会经济、文化发展水平、传统历史条件和自然环境的不同，于是劳动力价值中包含的社会、道德的因素就有所差异，劳动者所必需的生活资料数量和范围也就不同，各国工人的名义工资和实际工资水平都不一样。②由于各国生产技术条件的差异，要求其工人具备的劳动技能和文化素质也就不一样。于是，用于教育和培训劳动力的费用多少不一，劳动力价值存在差异，反映到名义工资和实际工资水平上就有差异。③由于各国劳动生产率的水平不同，影响到各国工资水平的差异，如发达资本主义国家的劳动生产率比不发达资本主义国家的劳动生产率高。④在各国工人的就业结构中，男工与女工的比例、劳动力市场的供求状况、工人的组织程度、工人运动的发展情况等，都对各国工资水平的差异产生影响。

3. 资本主义市场价格是怎样形成的?（北京大学 2007 研）

答：资本主义市场价格是以资本主义生产价格为基础，受供求影响而形成的。

(1)假设：

①各部门的剩余价值率相同。

②生产要素的自由流动，即生产要素能自由退出一个部门也能够不受限制地进入另外一个部门，保证了资本家为获得最大的利润而选择利润率高的生产部门。

③排除了要素的专用性，即资本家能够不受损耗地把一种资本形式转变成另外一种资本形式，即使是从汽车行业转至面包行业也如此。马克思正是在这种严格的假设下论证其生产价格进一步市场价格的形成的。

(2)形成过程：

①成本价格和利润的形成。成本价格是不变资本和可变资本的转化形式。不变资本的价值(c)、可变资本的价值(v)和剩余价值(m)三个部分构成资本主义企业生产的商品价值。用公式来表示，就是：$W=c+v+m$。其中 c 是不变资本转移的价值，即过去的劳动所创造的价值，$v+m$ 是现在的劳动所创造的新价值。因此，商品的价值(W)就是生产该商品时实际消耗的劳动量，也可称之为商品的实际生产费用。但是，对资本家个人来说，他在生产该商品时所支付的费用只是不变资本 c 和可变资本 v；至于剩余价值 m，资本家并没有支付任何代价，是无偿占有的。所以，$c+v$ 就成了资本家的生产费用，也称为成本价格(用 K 来表示)。于是，原来的公式 $W=c+v+m$，现在可以表示为 $W=K+m$。这样一来，剩余价值完全表现为成本价格的一个附加额，剩余价值与可变资本的直接关系便被掩盖了。不仅如此，对于资本家来说，剩余价值不但是成本价格的一个增加额，而且是他的全部预付资本的一个增加额，不是由可变资本部分引起，而是由预付总资本引起。于是，剩余价值便表现为利润这个转化形式。

②利润转化为平均利润。资本主义自由竞争包括部门内部的竞争和各部门之间的竞争，部门内部的竞争形成商品的社会价值和部门利润率。在此基础上，等量资本要求等量利润，必然引起资本在部门之间的竞争，即不同产业部门的资本为争夺更有利的投资场所而进行

的竞争。这种竞争，既表现为资本从利润率低的部门向利润率高的部门的转移，也表现为新增资本向利润率较高部门的投入。结果使各部门不同的利润率转化成全社会一般的利润率，即平均利润率。

③价值转化为生产价格。价值转化为生产价格后，商品市场价格就不再是以商品价值为中心而是以生产价格为中心，而上下波动。当然，这并不是说价值规律不起作用了，只是作用形式发生了变化。生产价格的形成依然是以价值规律为基础的，生产价格的变化最终取决于价值的变化和部门之间的竞争状况。

在价值转化为生产价格的条件下，价值规律就以生产价格规律的形式发挥作用。商品的市场价格的规定也就不再以价值，而是以生产价格为基础，并随市场供求关系的变动，围绕着生产价格这一中心而上下摆动。

4. 简述地租及其形成的条件和原因。（四川大学 2006 研；财政部财政科学研究所 2016 研）

答：资本主义地租是农业资本家为取得土地的使用权而交给土地所有者的超过平均利润的那部分剩余价值；资本主义地租实际上是资本主义土地所有权在经济上实现自己增殖价值的一种形式，所反映的是土地所有者（地主）和产业资本家共同剥削工人的经济关系。根据地租产生的原因和条件进行研究得到，资本主义地租有两种基本形式——级差地租和绝对地租。

（1）绝对地租形成的条件和原因：

绝对地租是指由于土地私有权垄断，租种任何土地都必须交纳的地租，它是农产品价值高于生产价格的差额。

①绝对地租产生的条件：

绝对地租产生的条件是农业部门的资本有机构成低于工业部门，且农产品价值高于它的生产价格，即农业工人创造的剩余价值高于平均利润。在农业生产中，农业资本家取得平均利润，农业工人取得工资，土地所有者还必须要得到绝对地租。因此，农产品就需要按照高于其生产价格的市场价格出售。但这并非对价值规律的违背，因为农业部门较低的资本有机决定其价值就要高于生产价格，只要能把其差额扣留在农业部门就可以成为绝对地租。

②绝对地租产生的原因：

绝对地租产生的原因是土地私有权的垄断。土地私有权垄断是指土地的供给是有一定数量限制的，因而土地的私有权就具有了垄断性质。土地私有权的垄断，使得资本无法实现向农业部门的自由转移，也就使得农产品价值高于生产价格的差额无法参加利润的平均化过程，这部分差额就留在农业部门内部而成为绝对地租。

（2）级差地租形成的条件和原因：

级差地租是指由于租种不同等级的土地所缴纳的不同数量的地租，来源于农业工人创造的超额利润。

①级差地租产生的条件：

级差地租产生的条件是土地自然生产条件的差异。较好土地所生产农产品的个别生产价格会低于社会生产价格，但仍然可按社会生产价格出售，就可以获得超额利润，也就转化为级差地租。

②级差地租产生的原因：

级差地租产生的原因是土地有限性所造成的土地经营垄断。和工业部门相比，农业生产的超额利润有两个特点：一是农产品社会生产价格是由劣等地农产品的个别生产价格决定的，从而优等地和中等地都可以取得超额利润即级差地租；二是农业中的超额利润相当稳定。这些特点产生的原因，是由于土地有限特别是好土地更为有限造成的，使得土地经营具有垄断性。这样，如果劣等地得不到平均利润，农业资本家就不会去租种，全社会的农产品将不够供应。所以，土地优劣不同只是级差地租产生的条件，而产生的原因却是土地经营垄断。

5. 什么是资本有机构成？资本有机构成变动对资本主义经济有何影响？（中国人民大学2006研）

答：(1)资本有机构成的含义：

参见本章“课后习题详解”概念题6。

(2)资本有机构成提高对资本主义经济的影响：

在资本主义制度下，资本平均有机构成有提高的趋势。这是因为资本主义生产的目的是生产剩余价值，资本家为了获得更多的剩余价值，为了在竞争中保存自己击败对手，总是千方百计地改进生产技术，采用新的机器设备，提高劳动生产率，这必然引起资本技术构成的提高，资本的有机构成也就随之提高。同时，资本的积累、积聚和集中，为采用先进技术，提高劳动生产率创造了条件，从而对资本有机构成的提高起着促进作用。因此，资本有机构成的提高，既是资本家在竞争中追逐剩余价值的结果，又是资本积累的必然结果。

①资本有机构成的提高对无产阶级的命运产生重大影响。这是因为，随着资本积累，资本有机构成提高，资本对劳动力的需求相对减少，甚至绝对减少，从而形成相对过剩人口。相对过剩人口是指劳动者的供给超过了资本对它的需要。就是说，这些人口相对于资本的需要来说，是“多余的人”。从而造成日益增多的产业后备军，使无产阶级陷于失业、贫困。

②资本有机构成的提高也促使了资本主义平均利润率呈下降趋势。平均利润率是社会剩余价值总额同预付资本总额的比率，它是不同资本家通过竞争和资本转移，重新瓜分剩余价值的结果。平均利润率形成以后，由于资本有机构成的不断提高，其总的变动趋势是下降的，平均利润率下降规律使资本主义矛盾尖锐化，资本积累的本来目的，是追求更大利润，但其结果却造成平均利润率下降的趋势，它必然使资本主义生产总过程中的一系列内在矛盾激化。

a. 生产扩大与价值增殖的矛盾。资本主义生产的目的是追求剩余价值，为此便要扩大生产和提高劳动生产率。但这样做又导致两重后果：一方面可以缩短必要劳动时间，提高剩余价值率即剥削程度；另一方面又使资本有机构成提高，使平均利润率降低。此外，劳动生产率的提高还会使原有生产资本贬值。这种矛盾是资本主义生产方式所决定的。

b. 生产和消费的矛盾。资本家为了弥补利润率下降造成的损失，便要加速资本积累，使生产不断扩大。同时，资本积累又造成劳动者的贫困失业和有支付能力需求的相对缩小，从而导致生产和消费之间的矛盾的尖锐化。而这一矛盾，实质上就是使商品价值和剩余价值的实现日益困难，从而导致剩余价值生产和剩余价值实现矛盾加剧。

c. 人口相对过剩和资本相对过剩的矛盾。资本家为了在利润率下降的同时增加利润量，就要增加资本积累和扩大投资规模。但是，一方面，资本有机构成的提高，要求单个资本数量不断增大，这使得分散的达不到最低限额的中小资本难以进行正常投资。同时，生产能力的过剩使得有利的投资场所相对缩小，这就出现了相对的资本过剩。另一方面，在大量资本出现闲置的同时，相对过剩人口也在增长。这种矛盾的存在，造成社会生产力的巨大浪费，这是资本主义生产关系阻碍生产力发展的重要表现。

6. 什么是生产价格？生产价格是如何调节资本主义资源配置的？（中国人民大学2006研）

答：(1)生产价格的含义：

生产价格是资本主义条件下商品价值的转化形式，等于商品的成本价格加平均利润之和。生产价格的形成是以平均利润率的形成为前提的。

(2)生产价格调节资本主义资源配置：

生产价格形成之后，商品将按照生产价格出售。因此，价值规律就按照生产价格规律的形式发生作用。市场价格以生产价格为中心上下波动，这就是在资本主义自由竞争阶段作为价值规律的转化形式的生产价格规律。

生产价格规律取代了价值规律发挥调节资源配置的作用：

①生产价格规律调节资本和劳动力在各个生产部门之间的分配。在资本主义制度下，由于资本家之间的激烈竞争和社会生产的无政府状态，商品的供求经常是不一致的，资本在各个部门的分配也是极其不平衡的。当一个部门的商品供过于求时，市场价格就低于社会生产价格，平均利润就有一部分不能实现；而在供不应求时，市场价格就要高于社会生产价格，不仅能实现平均利润，而且还可以获得更多的利润。这样，生产价格规律就通过市场价格围绕生产价格上下波动来支配着资本在各个生产部门之间的不断流入和流出，自发地调节着生产资料和劳动力在各个部门之间的分配，起着调节社会生产、配置社会资源的作用。

②生产价格规律调节着剩余价值在不同生产部门的资本家之间的分配。随着平均利润率的形成，商品的价值转化为生产价格，各部门的生产价格经常同价值发生背离，因此，各部门的资本家获得的平均利润也与本部门工人创造的剩余价值发生一定程度的背离。在资本有机构成高的部门，资本家获得的平均利润就会多于本部门工人所创造的剩余价值；反之，资本有机构成低的部门，资本家获得的平均利润就会少于本部门工人所创造的剩余价值。这样，生产价格规律就通过部门间的竞争、资本的转移，自发地调节着剩余价值在不同部门的资本家之间的分配，使他们都能以等量资本获得等量利润。

③生产价格规律自发地刺激企业改进技术和改善经营管理。在一个生产部门里，生产价格是由该部门的平均成本价格加平均利润构成的。但是，在同一部门内由于各个企业的生产技术条件和经营管理水平的不同，个别成本价格不同，因此由个别成本价格加平均利润所形成的个别生产价格也就不同。而在市场上都按照社会生产价格出售商品，生产条件好的企业，个别生产价格低于社会生产价格，因而能获得超额利润。这样，就加剧了部门

内部各个企业之间的竞争，刺激它们为了获得超额利润而不断改进技术，改善经营管理，提高劳动生产率，从而自发地促进资本主义社会生产力的发展。

7. 资本技术构成、价值构成与有机构成间的关系。（社科院研究生院2007研）

答：资本的有机构成是指由资本技术构成所决定，并且反映资本技术构成变化的资本价值构成，可用公式 $c:v$ 来表示。资本的有机构成应从两方面来考察。从物质形态看，资本是由一定数量的生产资料和劳动力所构成，它们之间的比例是由生产的技术水平决定的，叫做资本的技术构成。从价值形态看，资本又是由一定数量的不变资本和可变资本构成的，它们之间的比例叫做资本的价值构成。资本的技术构成和价值构成之间存在着密切的有机联系——资本技术构成是基础，一般说，资本的技术构成决定价值构成，资本价值构成的变动通常反映技术构成的变动。

一般说来，资本技术构成提高，随之资本价值构成提高，资本有机构成也就提高。但三者关系并非机械地完全一致，而是或然对应的关系。资本技术构成相同的，可以有不同的资本价值构成。如铜器业与铁器业，劳动力与生产资料间有相同的比率，即资本技术构成相同，但铜比铁贵，两者的资本价值构成就不同。就是说，资本技术构成相同的各个资本，即同样多的劳动力推动同等数量的机器和原料，仍会因不变资本价值不同，而有不同的价值构成。价值构成相同，技术构成可以不同。

8. 简述资本主义部门之间的竞争及其经济影响。（中国人民大学2007研）

答：(1)在不同生产部门之间必然展开争夺有利投资场所和更高的利润率的竞争。比如甲乙两个部门，甲部门利润率高，乙部门利润率低。相比较而言，乙部门不满足于所获得的低利润，一定会向甲部门展开部门之间的竞争。这种竞争是围绕争得有利的投资场所而展开的。

(2)部门之间竞争的经济影响：

部门之间竞争一般是通过资本转移，即资本从利润率低的部门转移到利润率高的部门来实现的(市场自发配置资源)。部门之间的竞争导致不同部门的利润率趋向平均化，形成平均利润。等量资本获得等量利润。在资本主义社会，平均利润的形成进一步掩盖了利润来自剩余价值这一本质联系。因为利润转化为平均利润后，许多部门所得的利润量和本部门工人创造的剩余价值量不等，利润和剩余价值在量上的联系被割断了。

9. 简述利润如何转化为平均利润。（中央财经大学2012研；华中师范大学2016研）

答：(1)不同生产部门的利润率不同，是利润平均化的前提。

利润率平均化是资本本性的要求。不同生产部门由于投入其中的资本量的有机构成不同，会产生极不相同的利润率。那些资本有机构成低或资本周转速度快的生产部门，利润率比较高，反之则较低。即同量资本由于投在不同的生产部门而有不同的利润率，获得数量不等的利润。在长期发展中，不同部门利润率趋于相等，或者能够逐步缩小利润率差异，即达到等量资本获取等量利润。利润表现为预付总资本的产物，因而利润在数量上就要同全部资本相联系，等量资本要求获得等量利润。因此，一般而言，每个部门的资本家都能大体上获得该部门拥有的资本量相对应的利润。

(2)利润平均化是通过部门之间的竞争实现的。

部门间的企业竞争是资本寻求更有利的投资场所而进行的竞争，其表现形式则是资本从发展缓慢、利润率较低的部门向成长性强、利润率高的部门转移。在不同生产部门之间就必然展开争夺有利投资场所和更高的利润率的竞争。比如甲、乙两个部门，甲部门利润率高，乙部门利润率低。相比较而言，乙部门不满足于所获得的低利润，一定会向甲部门展开部门之间的竞争。这种竞争是围绕争得有利的投资场所而展开的。竞争的手段一般是通过资本转移，即资本从利润率低的部门转移到利润率高的部门来实现的(市场自发配置资源)。部门之间的竞争导致不同部门的利润率趋向平均化，这种平分剩余价值的结果形成了平均利润。等量资本获得等量利润。在资本主义社会，平均利润的形成进一步掩盖了利润来自剩余价值这一本质联系。因为利润转化为平均利润后，许多部门所得的利润量和本部门工人创造的剩余价值量不等，利润和剩余价值在量上的联系被割断了。

10. 利用马克思地租理论分析我国城市建设征地和拆迁中矛盾突出的原因。(浙江大学2013研)

答：(1)地租与土地价格：

①资本主义地租是指农业资本家为取得土地的使用权而交给土地所有者的超过平均利润的那部分剩余价值。资本主义地租实际上是资本主义土地所有权在经济上实现自己、增殖价值的一种形式。根据地租产生的原因和条件进行研究得到，资本主义地租有两种基本形式——级差地租和绝对地租。

a. 级差地租是指与土地的不同等级相联系的地租，它是由农产品个别生产价格低于社会生产价格的差额而形成的超额利润所构成的。土地的肥沃程度不同和地理位置不同，是产生级差地租的条件。级差地租产生的原因是对土地的资本主义经营垄断。

b. 绝对地租是指由于土地私有权的垄断所勒索到的地租。农业的资本有机构成低于工业的资本有机构成时，绝对地租是农产品价值超过生产价格以上的余额，它的源泉也是农业工人的剩余价值。劣等地虽然没有级差地租，但却可以产生绝对地租。

②土地价格等于“资本化的地租”，即如土地所有者出卖土地所得到的货币，当作借贷资本存在银行里，所得的利息与地租相等。土地价格的计算公式是：土地价格 = 地租/利息率。在资本主义的发展过程中，随着资本有机构成的提高，利润率和利息率都呈现下降的趋势，而地租则呈现上涨的趋势，所以由地租和利息率两个因素所决定的土地价格就不断呈现上涨的趋势。

在社会主义条件下，仍然存在级差地租、绝对地租和垄断地租等多种地租形式，因此，马克思地租理论仍然是城镇土地估价的基本理论依据之一。

(2)我国城市建设征地和拆迁中矛盾突出的原因：

①城郊接合部征地越来越难。一方面，农民对现行的综合价补偿标准不满意，另一方面，地段较好的土地，农民提出了一些不合理的赔偿要求，使本来就已经激化的征地价格矛盾越来越成为制约征地工作的瓶颈，使征地协议难以顺利达成。

②对集体土地房屋拆迁和旧城改造过程中对原集体土地中的房屋征用，没有严格的法律界定，使得在实际工作中缺乏法律依据，给集体土地房屋拆迁征地工作带来诸多不便。

③对农民的利益缺乏切实保障。a. 在公共利益界定不清的前提下，排除了被征地农民参与土地增值收益分配的机会。b. 补偿标准过低。农民被征用一亩土地所得的补偿费还不

及城市居民一年的收入，其补偿标准过低，不利于城乡协调发展。同时，目前由于我国农村社会保障体制尚未建立，土地对农民具有重要的保障功能与归依功能，相比较农民已有的经济基础和今后的需要，现有的补偿标准难以保证农民原有生活水平的保持和改善。c. 安置途径简单。在计划经济时期，征地补偿多以就业安置为主。但随着计划经济向市场经济的逐渐接轨，失地农民的就业机会越来越少，因此现在征地普遍采用货币安置的方式。即征地部门将土地补偿费、安置补助费和青苗补偿费以货币形式一次性支付给集体或农民。

第10章　资本主义条件下的企业

10.1　复习笔记

【知识框架(庖丁解牛)】

资本主义条件下的企业
- 企业和资本主义企业制度
  - 企业
  - 资本主义企业制度
- 资本主义企业制度的历史演进
  - 资本主义企业制度的类型
  - 股份公司与资本主义企业财产关系的变化
- 现代资本主义条件下的企业组织与治理结构
  - 企业组织结构变革的基本趋势
  - 企业目标的多元化和利益相关者共同治理
  - “雇员持股计划”和利润分享制

【考点难点归纳(厚积薄发)】

考点一：企业和资本主义企业制度　★★

1．企业

(1)企业的含义：

企业是指从事生产、流通与服务等经济活动的营利性组织，企业通过各种生产经营活动创造物质财富，提供满足社会公众物质和文化生活需要的产品服务。

(2)工场内部分工和社会分工：

分工包括工场内部分工和社会分工两种形式，二者的比较如表10-1所示。

表10-1　工场内部分工和社会分工的比较

两种类型	含义	特点
工场内部分工	指生产同一产品过程中，操作环节之间的分工，其结果是形成一定的劳动规模	①局部工人生产的是一种中间产品，其共同产品才是商品； ②各局部劳动者之间靠统一指挥联系起来； ③生产资料所有权是集中的，这也是企业组织存在的基础
社会分工	指生产不同产品过程中，不同劳动者之间的分工，其结果是形成众多的劳动部门	①每个独立生产者的生产结果都是最终产品； ②不同劳动部门之间的产品买卖充当社会分工的媒介； ③生产资料的所有权和管理权是分散在不同的商品生产者中间的，这是市场组织存在的基础

(3)企业是生产组织的一种形式：

①在技术上，企业是一种技术组织，该组织是以社会化大生产为条件，以生产过程中各工序和操作的专业化为基础的。

②在经济关系上，企业体现了生产资料和劳动力的结合，是反映人们在生产过程中的经济关系的一种社会组织。

2. 资本主义企业制度

(1)企业制度：

①企业制度的含义。企业制度是指在一定的历史条件下所形成的企业经济关系，包括企业经济运行和发展中的一些重要规定、规程和行动准则。

②企业制度包含的内容。企业制度包括企业产权制度、分配制度和管理制度等内容。

a. 产权制度是指制度化的产权关系，是划分、确定、界定、保护和行使产权的一系列规则，是企业制度的基础。

b. 分配制度是指企业中收入分配的具体规则，是企业产权制度的一种具体表现。

c. 管理制度是指对企业管理活动的制度安排，是产权制度的实现形式。

(2)资本主义企业制度的基本特征：

①资本主义企业制度产生与发展的前提是资本与雇佣劳动的交换或劳动力的自由买卖。

②资本主义企业的治理结构以资本所有权为中心，工人在资本家的监督和指挥下劳动。

③资本主义企业的分配制度的基础为剩余价值规律。

(3)资本主义企业制度的具体形式：

从生产力的组织形式看，资本主义企业制度经历了三个生产力的发展阶段：简单协作、工场手工业和机器大工业。与此相适应，从生产关系的组织形式看，资本主义企业制度逐步从个人业主制向公司制和其他社会化程度较高的企业制度过渡。

考点二：资本主义企业制度的历史演进 ★★★★

1. 资本主义企业制度的类型(见表 10-2)

表 10-2 资本主义企业制度的类型

三种类型	含义	特点	局限
个人业主制企业	指个人出资经营、归个人所有和控制、由个人承担经营风险和享有全部经营收益的企业	①生产规模较小，经营结构单一，发展初期的生产经营活动一般都以小工场、小作坊、小商店的形式进行； ②企业的所有者同时又是生产经营者和管理者，责权利高度统一； ③企业内部管理结构比较简单，资本家亲自指挥生产，组织销售，并对工人和生产过程实行监督； ④企业承担无限连带责任	①企业的发展速度和规模有限； ②企业承担无限的清偿责任，经营风险较大； ③企业的寿命有限

续表

三种类型	含义	特点	局限
合伙制企业	指由两个或两个以上的自然人通过订立合伙协议，共同出资经营、共负盈亏、共担风险的企业组织形式。我国合伙组织形式仅属限于私营企业。合伙企业一般无法人资格，不缴纳所得税	①合伙人对企业全部债务承担无限连带责任； ②产权不明确，合伙制企业中个人的所有权(股份)无法自由转让和出售	①合伙人的增加会限制资本集中于企业的规模； ②企业缺乏连续性和长久的生命力
股份公司制企业	指通过发行股票及其他证券，把分散的资本集中起来经营的一种企业组织形式	①出资者承担有限的清偿责任； ②资本的股份化和自由转让； ③企业具有独立寿命，可以永久存在	①公司设立程序严格、复杂，公司规模庞大、成员结构也庞杂； ②股东成员变动性太大； ③公司股权分散，人数很多，但只要掌握一定比例以上的股票，就能控制公司的命脉，因此，公司董事会很容易损害众多小股东的利益

2．股份公司与资本主义企业财产关系的变化

(1)股份公司所有权的分散化：

①原因：生产的社会化和市场化。

②表现：相对控股，股东人数增加；企业法人持股和机构法人持股的比例上升。

(2)现代股份公司产权关系的特征：

现代股份公司产权关系是以资本所有权与控制权(经营权)的分离为特征的。

①两权分离的形式：

a．真实资本与所有权资本的分离。

b．管理职能与所有权职能的分离。

②两权分离的必然性：

社会化大生产条件下，相对资本来说，科技知识、管理才能以及信息是更加重要的影响企业经营的因素。因此，如果企业拥有具有多方面现代管理知识的经营专家、职业经理，有利于企业的经营和管理。

(3)股份公司出现后资本主义企业财产关系的新特点：

①企业员工能够通过持有公司股份而成为公司股东。

②企业所有者倾向于通过委托代理关系将经营管理职能交给职业经理人。

③企业所有者的所有权主要体现在收益分享和财产最终处理的权利方面。

④企业所有者拥有直接控制和间接控制经营权的权利。

考点三：现代资本主义条件下的企业组织与治理结构 ★★

1. 企业组织结构变革的基本趋势

(1)企业生产经营的内外部环境变化：全球化、网络化、知识化。

(2)企业组织创新的表现：企业组织结构扁平化、企业组织的小型化、虚拟企业的出现。

(3)企业组织变革对资本主义生产过程的影响：

①从生产要素来看，由关注资本和劳动力要素变为关注创新知识和创造性劳动。

②从生产方式来看，由利用规模经济变为利用技术和创新。

③从组织管理来看，由等级分明的组织结构和利用“企业家权威”变为企业的网络化管理。

④从工人的劳动性质和工作环境来看，越来越重视工人具有创造性的自由劳动和合作劳动。

2. 企业目标的多元化和利益相关者共同治理

(1)企业目标多元化：

在现代资本主义条件下，企业的目标与商业行为的廉正性和可信度以及社会责任感密切相关。

(2)利益相关者：

①含义。利益相关者是指在某一企业里享有一种或多种利益关系，并与企业相互作用、相互影响的个体或群体。

a. 内部相关者：包括股东和雇员。

b. 外部相关者：包括消费者、供应商、社区成员和政府等。

②引入利益相关者理论的意义。

企业在经营过程中，着眼点不能仅仅停留在股东身上，还应关注利害关系者的利益。这些利害关系者对企业的经营与营利、生存与发展都起着至关重要的作用，忽视任何一种利害关系者的存在，都可能对企业产生严重的后果。

③利益相关者的共同治理要求。

a. 企业决策应关注相关者的利益。

b. 公司董事会应允许一部分外部相关者进入。

c. 各种利益相关者组成的机构在起作用。

d. 促使企业建立一种新的商业道德。

(3)公司治理结构：

①含义。公司治理结构是指由所有者、董事会和高级执行人员即高级经理三者组成的一种组织结构。

②公司治理结构的框架应遵循的原则。

a. 公司利益相关者的合法权利应得到维护；

b. 全体股东应受到平等的待遇，当其权利受损时，应有机会得到有效补偿；

c. 利益相关者的参与应该有助于建立提高公司经营绩效的机制；

d. 与公司有关的重要信息及时准确地披露应得到保证。

3. “雇员持股计划”和利润分享制（见表 10-3）

表 10-3 “雇员持股计划”和利润分享制

要点	含义	优点	缺点
利润分享制	指企业每年年终时，首先按比例提取一部分企业总利润构成“分红基金”，然后根据雇员的业绩状况确定分配数额，最后以红利形式发放的劳动收入	①有利于保证企业员工的稳定，激发其创造力和积极性；②有利于满足职工获得社会的尊重和自我实现的需求，提高对员工的激励	并没有改变私有财产制度以及资本与劳动之间的根本关系
职工持股制度	指为了吸引、保留和激励公司员工，通过让员工持有股票，使员工享有剩余索取权的利益分享机制和拥有经营决策权的参与机制		
股票期权制度	指企业向主要经营者提供的一种在一定期限内按照某一既定价格购买的一定数量本公司股份的权利，由企业的所有者向经营者提供激励的一种报酬制度		

10.2 课后习题详解

一、概念题

1. 企业制度

答：企业制度是指企业劳动者和生产资料结合的社会形式，是调节企业内工人与工人、资本家、企业家之间关系的各种社会规则。企业制度是一个多层次的制度体系，包括企业产权制度、分配制度和管理制度等内容。①产权制度决定了企业财产的组织形式和经营机制，反映了企业的所有制性质，是企业制度的基础。②分配制度是支配企业收入分配的具体规则，是企业产权制度的表现，有什么样的产权制度就会有什么样的分配制度。③管理制度表明了企业内部各个经济主体之间在企业经营过程中的权力安排，是产权制度的实现形式。企业制度的产生和发展归根到底是由生产方式决定的。

2. 虚拟企业（中央财经大学 2012、2013 研）

答：虚拟企业是指当市场出现新机遇时，具有不同资源与优势的企业为了共同开拓市场，共同对付其他的竞争者而组织的、建立在信息网络基础上的共享技术与信息，分担费用，联合开发的、互利的企业联盟体。虚拟企业主要有以下几种类型：①网络虚拟企业，主要是指利用现代信息手段，依靠其他组织以合同为基础进行制造、分销、营销或其他关键业务的经营活动来提供商品和服务的企业。②品牌型虚拟企业，主要是指为了充分发挥企业的核心竞争力，实施虚拟生产及销售等的虚拟经营方式的企业。③联盟型虚拟企业，主要是指由两个或两个以上拥有不同的关键技术和资源，而彼此的市场又有一定程度的分别和间隔的企业，为了彼此的利益，交换彼此的利益和相互的资源以创造竞争优势的松散型联合体。

3. 利益相关者

答：利益相关者是指在某一企业里享有一种或多种利益关系，并与企业相互作用、相互影响的个体或群体。利益相关者的范围有：①内部相关者，包括股东和雇员；②外部相关者，包括消费者、供应商、社区成员和政府等。管理层在做出经营决策时，不仅要考虑投资者的利益和回报，还要考虑利益相关者的利益和权利，这样就有利于实现各方利益的均衡。

二、问答题

1. 从生产力和生产关系两个方面论述资本主义企业制度的特征。

答：(1)从生产力的组织形式看，资本主义企业制度经历了三个生产力的发展阶段：简单协作、工场手工业和机器大工业。与此相适应，从生产关系的组织形式看，资本主义企业制度逐步从个人业主制向公司制和其他社会化程度较高的企业制度的过渡。

(2)从生产关系的角度来看，资本主义企业制度是建立在资本主义生产方式的基础上的，它具有以下一些基本特征：

①资本主义企业的产生是有前提的，即资本与雇佣劳动的交换或劳动力的自由买卖，具体来说就是：a. 劳动力获得由于获得人身自由而能够自由支配并出卖自己的劳动能力；b. 劳动者与生产资料发生了广泛地分离，生产资料归资本家所有，劳动者除了劳动力一无所有，只有靠出卖劳动力才能与生产资料相结合。

②资本主义企业实施以资本所有权为中心的治理结构，资本家作为资本的所有者，拥有从资本所有权中派生出的对企业进行监督和指挥的绝对权力。劳动力此时是一种被资本家购买的特殊商品，因此工人在资本家的监督和指挥下劳动，并服从资本家的意志。

③资本主义企业实施以剩余价值规律为基础的分配制度，它的基本特点是：产品属于资本家而非工人，产品中一部分价值作为劳动力的价值支付给工人，超出这部分价值的，由资本家占有，因此追逐剩余价值是资本主义企业发展的根本动力。

2. 为什么说“两权分离”并没有改变资本主义所有制的本质?

答：(1)“两权分离”的含义：

“两权分离”是指资本所有权与控制权(经营权)的分离，这是现代股份公司产权关系的基本特征。股份公司的“两权分离”形式有两种：①真实资本与所有权资本的分离；②管理职能与所有权职能的分离。

(2)“两权分离”并没有改变资本主义所有制的本质，原因是：

①“两权分离”的企业所有制关系的本质依然是雇佣劳动，即使在现代股份公司高度分散化的产权结构中，工人、管理人员也可以通过持股成为股东。

②“两权分离”的企业所有制关系依然以追逐价值的增殖为目标，通过分散化的所有权以及所有权证券化、市场化，所有者将自己的财产委托给精于经营管理企业的人管理企业，以实现财产价值的增殖。

③在现代股份公司，资本所有权内部关系发生了重要变化，许多企业出资者或资本所有者的所有权主要体现在分享收益和最终处置财产的权利上，不能直接支配、任意使用企业的财产。

④股份公司“两权分离”并不意味着所有权控制力已经不存在。企业所有者仍然拥有对经营权的直接控制和间接控制权。

3. 当代高新技术条件下，资本主义企业组织形式发生了哪些变化？（中央财经大学2014研）

答：在当代高新技术条件下，资本主义企业组织形式发生了如下变化：

（1）企业组织结构扁平化。即通过减少管理层次、压缩职能机构、裁减人员，使组织的决策层和操作层之间的中间管理层级越少越好，以便使组织最大可能地将决策权延至最远的底层，从而提高企业效率的一种紧凑而富有弹性的新型团队组织。

（2）企业组织小型化。许多大公司正在通过分离、剥离、授权、压缩组织层次、砍掉非核心业务的方式将资源集中到创造较高价值、拥有独特优势的核心业务上。

（3）虚拟企业的出现。随着知识经济和信息网络技术的发展，以及产品创新周期的缩短和个性化的需要，一个企业必须发挥自己的核心优势，而不是像过去那样把各个环节的业务都做完。在这种形势下，将单个企业的优势以比较灵活的方式结合起来，建立比较松散、动态的跨企业间的合作关系，就形成了虚拟企业。虚拟企业主要有以下几种类型：

①网络虚拟企业，主要是指利用现代信息手段，依靠其他组织以合同为基础进行制造、分销、营销或其他关键业务的经营活动来提供商品和服务的企业。

②品牌型虚拟企业，主要是指为了充分发挥企业的核心竞争力，实施虚拟生产及销售等的虚拟经营方式的企业。

③联盟型虚拟企业，主要是指由两个或两个以上拥有不同的关键技术和资源，而彼此的市场又有一定程度的分别和间隔的企业，为了彼此的利益，交换彼此的利益和相互的资源以创造竞争优势的松散型联合体。

4. 为什么说职工持股和股票期权制是资本主义生产关系的一种局部调整？（中央财经大学2016研）

答：（1）职工持股制度和股票期权制度的含义参见本章“复习笔记”相关内容。

（2）实行职工持股和股票期权是资本主义生产关系的一种局部调整，原因如下：

①这些措施在一定程度上缓和了资本主义企业中劳资双方的利益矛盾。主要表现在：

a. 随着劳动力供给在企业发展过程中扮演着越来越重要的角色，雇员持股计划和股票期权为企业保证员工的稳定、激发员工持久的创造力和积极性提供了行之有效的手段。

b. 职工持股和股票期权制度使得企业职工可以拥有企业的股份，这让职工更能实现尊重和自我价值的需求，而且激励作用十分持久，可以明显缓解资本企业中劳资双方的利益矛盾。

②资本主义生产关系实质是以生产资料私有制为基础的雇佣劳动制度，但是，职工持股和股票期权制并没有改变私有财产制度以及资本与劳动之间的根本关系。雇员持股和利润分享扎根于资本主义的政治和文化结构之中，是社会各派力量相互斗争和妥协的产物。资本主义生产关系的缺陷和这种经济制度的不合理性，是不会通过职工持股就能够消除的，因为相对于大股东所占的股份比例来说职工股份微不足道。

可见，职工持股和股票期权是资本主义生产关系的一种局部调整，它们并没有改变资本主义雇佣劳动的本质。

10.3　考研真题详解

一、概念题

1. 跨国公司(上海财经大学 2000 研；中央财经大学 2002 研；南京大学 2002 研；首都经济贸易大学 2003 研；中南财经政法大学 2003、2006 研)

答：跨国公司是指发达资本主义国家的垄断企业，以本国为基地，通过对外直接投资，在世界各地设立分支机构或子公司，从事国际化生产和经营活动的垄断企业。与一般企业相比，跨国公司具有以下特点：①跨国公司以全球性的战略安排来确定经营目标；②在经营方式上趋向于多样化；③在所有制形式上更趋于多元化；④跨国公司对经济全球化起着主要的推动作用。

2. 股份有限公司与有限责任公司(浙江大学 2000 研；东北财经大学 2004 研)

答：股份有限公司是指由若干个股东共同出资组成的、公司资本划分为等额股份、全体股东仅以其各自所持股份为限对公司债务承担责任的公司。股份有限公司的特点：①资本证券化，全部资本分为等额股份，以股票的形式公开发行，并允许自由转让；②个人财产与企业财产相分离，股东除了负出资的义务外，对公司债务不承担任何责任；③所有权与经营权相分离，股东虽然有资本所有权却没有业务执行权，股东不会参与经营，企业经营权由董事会和经理掌握。股份有限公司的设立方式有发起设立和募集设立两种。

有限责任公司是指由一个以上的股东共同出资，每个股东以其认缴的出资额对公司行为承担有限责任，公司以其全部资产对其债务承担责任的企业形式。设立有限责任公司应当具备的条件：①股东符合法定人数：1 个以上 50 个以下。有限责任公司(一人公司除外)股东可分期缴纳认缴出资。②各国法律多规定其最低资本额。我国对有限责任公司(一人公司除外)最低注册资本额规定为人民币 3 万元。

3. 股票期权(中央财经大学 2009 研)

答：股票期权是指买方在交付了期权费后即取得在合约规定的到期日或到期日以前按协议价买入或卖出一定数量相关股票的权利。股票期权是对员工进行激励的众多方法之一，属于长期激励的范畴。它是上市公司给予企业高级管理人员和技术骨干在一定期限内以一种事先约定的价格购买公司普通股的权利。股票期权是一种不同于职工股的崭新激励机制，它能有效地把企业高级人才与其自身利益很好地结合起来。股票期权的行使会增加公司的所有者权益。

二、问答题

1. 资本主义工厂和股份公司两种企业制度有何区别？(南开大学 2000 研)

答：资本主义企业制度在历史发展过程中经历了个人业主制、合伙制和公司制三种基本制度形式。而资本主义工厂制度一般是指个人业主制和合伙制。股份公司是一种通过发行股票的方式把分散的和独立的单个私人资本组织起来实行统一经营的企业制度。两者的区别主要表现在以下几个方面：

(1)筹集资本的方法不同。

对于个人业主制企业，它只有一个产权所有者，企业财产就是业主的个人财产。业主拥有完整的所有者权利和绝对的经营权威。企业通常由业主直接经营，业主享有企业的全部经营所得，独立地承担企业风险，同时对企业债务负有完全的偿付责任。资本主义企业在走向现代形式之前出现了合伙制企业。合伙制企业由两人及以上按照协议投资，共同经营、共负盈亏的企业。合伙制企业财产由全体合伙人共有，共同经营，合伙人对企业债务承担连带无限清偿责任。而股份公司是指将公司的资本总额平分为金额相等的股份，公司可以向社会公开发行股票筹资。这种制度使筹集资金变得更为容易，也提高了资金的利用率，加速了投资主体的多元化，扩大了资金的来源。

(2)所有权和经营权的关系不同。

资本主义工厂制度下，出资人既是所有者主体，也是经营管理主体。业主制是一种产权单一所有的集权的产权结构，业主拥有全部的产权，包括经营决策权、监督管理权、剩余索取权，业主与雇员之间是一种雇佣劳动关系。在这种产权结构中，最终产出不是由团队的全体成员共享，而是雇工得到一个固定工资，而雇主得到扣除工资后的剩余，即雇主是资产所有者和监控者，并拥有剩余索取权。所以资本主义工厂制度下企业的经营权和所有权是统一的，不可分离的。股份公司制度是适应社会化大生产和市场经济发展需要、实现所有权与经营权相对分离、利于强化企业经营管理职能的一种企业组织形式。股东具有对企业的剩余索取权、重大决策权和选择经营者的权力。

(3)领导人的责任和风险不同。

合伙制企业合伙人要承担无限的连带法律责任，即每一个合伙人对整个企业所欠债务均具有无限责任，而且是相互株连，彼此连带，随着合伙人的增加，这种无限清偿责任所固有的风险也随之增加，这就限制了合伙者的范围从而也限制了资本集中于企业的规模。

(4)获取收益的方式不同。

资本主义工厂制度下，收益分配的方式是将纳税后的企业利润按一定的规则进行分配，单一制企业的收益是归这个工厂的厂主自己分配。而合伙制企业则按一定的规则如出资的多少来分配。而在股份制公司制度下，股东按股票的多少获取股息收入。

2. 试述资本主义股份公司在资本社会化进程中的作用。(北京师范大学 2002 研)

答：(1)资本主义股份公司：

以发行股票的方式，集中众多单个资本进行股份联合经营的资本集团，称为股份资本。通过发行股票形式集中许多单个资本联合经营的企业，称为股份公司。

资本主义股份公司的组织结构，体现了股份资本所有权与经营权相分离的条件下，资本所有权对经营权的制约关系，也表现了资本联合经营中各个股份资本所有者之间的制约关系。从股份公司组织结构的纵向层次看，它表现了资本所有权既与经营权相分离，又制约着经营权的运用。

在资本主义制度下，股份资本是私有资本的股份联合经营形式。它不表示资本归集体所有，而是私有资本经营形式的变化。股份资本在所有权同经营权分离的基础上，只是经营权实现形式由单独经营变成联合经营，其私人所有权和剥削雇佣劳动的性质都未变化。

股东的股票是对股份资本所有权的凭证，依据这种凭证可分取股息，表明股东对股份资本拥有私有权。股份公司不允许退股，表明资本经营权实行联合经营不许拆散。

(2)资本主义股份公司推动资本社会化：

股份公司对资本社会化的推动作用主要体现在以下两个方面：

①资本占有形式的社会化。资本主义私有制是以占有生产资料剥削他人劳动为基础的私有制，它是通过对以个人劳动为基础的私有者的剥夺建立起来的。股份公司的出现表明："那种本身建立在社会生产方式的基础上并以生产资料和劳动力的社会集中为前提的资本，在这里直接取得了社会资本(即那些直接联合起来的个人资本)的形式，从而与私人资本相对立。这是作为私人财产的资本在资本主义生产方式本身范围内的扬弃。"这种扬弃是在资本主义生产方式范围内的，它并不是否定资本主义私人占有本身，而是抛弃了个人资本的形式，使联合起来的个人资本取得了社会资本的形式。这样就使资本占有形式突破个人资本的局限走向社会化。

②资本组织形式的社会化。在个人资本经营的企业里，资本的所有权和资本的职能是结合在一起的。但是，股份资本通过公司来经营，它一开始就要求摆脱资本家的个人管理。这正如恩格斯指出的："现在社会经济的发展，愈来愈导致资本积聚，导致生产的社会化，使生产成为不能再由单个资本家来管理的大企业。"与个体企业不同，资本的组织形式现在已转化为公司，因而过去由资本家个人进行的经营管理，现在由公司经理和他负责的一套社会管理机构来接替。资本的所有权与资本的职能在公司组织里已经分离。在公司组织里，社会管理代替了个人管理，因此，股份公司的建立，说明资本的组织形式也已走向社会化了。但是，这种社会化同样没有改变股份公司的资本主义性质，只是通过公司这种组织形式，大资本凭借股份制控制众多的小资本，使大资本的支配权力进一步扩大。

单个资本家掌握的资本数量有限，不能创办规模巨大的企业，而通过股份公司就可以把许多单个资本联合起来，对资本主义生产的发展起到了重大作用。马克思说："假如必须等待积累去使某些单个资本增长到能够修建铁路的程度，那么恐怕直到今天世界上还没有铁路。但是，集中通过股份公司转瞬之间就把这件事完成了。"股份公司的形成，虽然没有改变资本主义私有制的性质，但对财产占有的形式却从个人资本发展到社会资本。马克思说："这是作为私人财产的资本在资本主义生产方式本身范围内的扬弃。"这是资本主义生产关系内部的一种调整，这种调整既推动了资本主义生产的发展，又加深了资本主义的矛盾，同时也为新的生产方式的出现提供了过渡形式。

3. 简述当代资本主义社会剩余价值生产的新特点。(西南财经大学2006研)

答：第二次世界大战以后，科学技术的发展特别是第三次科技革命的发生，对发达资本主义国家的社会生产过程带来了重大影响。在这些国家中，新的科学技术的广泛采用，生产自动化、电子化的发展，促进了劳动生产率的提高和生产力的发展，同时资本家获得的剩余价值大大增加，资本主义剥削形式也发生了变化，出现了一些新的特点：

(1)剩余价值生产的范围发生变化。①提供剩余价值的部门大为扩展。在第一次世界大战前的相当长时期中，提供剩余价值的主要是物质生产和物质交换部门。在当代，第一和第二产业即传统的剩余价值生产部门的产值在国民经济中的比重大大下降，而第三产业的比重大大上升，其中包括从直接物质生产过程中独立出来的产品开发、生产决策、市场分析、信息获取、设备维修、售后服务等部门，都成为提供剩余价值的部门。②剩余价值生产的范围不仅表现在地域上的扩大，而且还表现在资本主义国家作为总垄断资本家直接参与剩余价值生产。

(2)剩余价值生产的主体发生变化。一是由直接物质生产部门向第三产业转化；二是从体力劳动者向脑力劳动者的转化。这两种变化，都是当代科技革命的结果，同剩余价值生产部门的变化一样，它反映出劳动者脱离直接生产过程的趋势。

(3)剩余价值生产的载体发生变化。以前剩余价值的载体多是看得见、摸得着的实实在在的物质商品，然而当今却不完全是这样，由于非物质生产领域参与剩余价值的生产，以及剩余价值生产主体的多元化，从而使剩余价值的载体出现了新的变化，越来越多地凝结在劳务、信息、知识、科技、技术等无形产品上，载体转变为无形载体。

(4)生产剩余价值的手段发生变化。提供剩余价值的手段更文明，早期的泰罗制、福特制等加强劳动强度来提供更多剩余价值已淡化，逐渐被文明的“行为管理”“人民资本主义”等所取代。强调对人的行为的激发与引导，重视对企业职工高级需要的满足，以调动持久的动力。现在，从表面上看，劳动者的劳动条件大为改善，繁重的体力劳动明显减少，而劳动者的脑力支出、紧张和专注程度却可能提高了。

4. 简述资本主义国有制产生与发展的原因、性质和作用。(华中科技大学2002研)

答：(1)资本主义国有制产生与发展的原因：

①资本主义国有制是资本主义社会化大生产发展的必然结果。从单个私人资本，通过股份公司形式实现资本社会化并在此基础上形成私人垄断资本，在私人垄断资本发展基础上形成国家垄断资本，产生资本主义国有制经济，反映了资本主义社会生产力与生产关系矛盾运动引致的资本组织形式的变迁。

②资本主义国有制经济的产生与发展是为了弥补市场调节不足，为经济发展提供共同条件，以加强国家调控能力的需要。在社会经济发展中，某些公共生产与服务部门及经济发展的基础设施、基础工业部门投资数量大、周期长、利润低，在市场调节下，私人垄断不愿或无力兴办，但却是保证社会再生产正常进行所不可缺少的。所以，往往采取国家所有制，成为国家垄断资本主义的最初形式。

③战后西方国有制经济的发展还与克服经济危机、稳定经济的需要有关。英国1945～1949年第一次国有化浪潮以及1974年的第二次国有化浪潮都是与经济危机联系在一起的。政府通过国有化，建立和发展国有企业，既可以扩大就业，解决大量工人失业问题，又可以增加投资，刺激经济发展，达到稳定经济的目的。

(2)资本主义国有制的性质：

国有制是历史上国家出现以后就存在的一种所有制形式，但在不同社会具有不同性质。资本主义国有制是资本主义经济关系中资产阶级国家作为资本家代表的“总资本家”所有制形式，是国家通过财政手段集中进行国民收入再分配，并分别采取国有独资、国有资本与私人垄断资本合股经营等方式形成的国有垄断资本。现代资本主义国家的国有制经济从形式上看似乎取得一种“公有制”外貌，资产阶级学者也宣扬他们的国有制是代表全社会利益的。实际上，国有制的性质取决于国家的阶级性质。就国有制及各种实现形式而言，反映了高度社会化大生产及国家调控经济的客观需要，但国家不同的阶级性质又决定国有制的不同性质。现代资本主义国家本质上是垄断资本家进行阶级统治的工具。国有经济的存在并不会改变这一性质，相反会使这一性质得到加强。资本主义国有制经济本质上是垄断资本加强统治而在经济上采取的国家与垄断资本结合的经济式，是国家垄断资本主义的主要表现。

(3)资本主义国有制的作用：

从西方国有经济发展的历史看，国有制经济的作用表现在两个方面：一方面，它有利于促进技术进步，有利于产业结构和地区经济结构调整，有利于私人垄断资本获得高额利润，成为国家调控经济的重要力量；另一方面，由于国有企业的存在与发展是以巨大的财政支出为前提的，对国家财政是一个巨大的负担。同时，由于资本主义国有制企业是在政府行政机构的支配下运营的，造成一系列决策失误、损失浪费。而财政补贴的存在也使国有企业内无动力，外无压力，效率低下，对经济发展产生了消极影响。

第11章 国家垄断资本主义及其对经济的干预

11.1 复习笔记

【知识框架(庖丁解牛)】

国家垄断资本主义及其对经济的干预
- 国家垄断资本主义的产生和发展
  - 自由竞争的资本主义
  - 私人垄断资本主义
  - 国家垄断资本主义产生与发展的过程及原因
- 国家垄断资本主义的形式和实质
  - 国家垄断资本主义的形式
  - 国家垄断资本主义的实质
- 现代资本主义国家对经济的干预和调节
  - 市场调节的局限性
  - 发达资本主义国家宏观调控的目标
  - 国家干预调节经济的手段
  - 现代资本主义市场经济模式
  - 资本主义国家干预和调节经济的后果

【考点难点归纳(厚积薄发)】

考点一:国家垄断资本主义的产生和发展 ★★★

1. 自由竞争的资本主义(见表11-1)

表11-1 自由竞争的资本主义

要点	具体内容
发展阶段	开始于资本主义生产方式的确立,结束于19世纪70年代
基本特点	①由私人占有生产资料; ②各生产部门中没有垄断的存在; ③具有较为频繁的资本和劳动力流动; ④具有较为完善的市场体系; ⑤基本形成了统一的国内市场和世界市场; ⑥资本积聚与资本集中程度不高; ⑦在资源配置和经济运行中,市场调节居于主导地位,政府的职能有限,往往起着保护私有制和国家安全的作用
矛盾和危机	以私人资本所有制和雇佣劳动为前提,资本与雇佣劳动之间存在着矛盾。随着自由竞争资本主义的发展,劳资矛盾不断激化,经济危机频发

2. 私人垄断资本主义

(1)私人垄断资本主义的形成：

私人垄断资本主义是由发展到一定阶段的生产和资本的集中所引起的，而生产和资本的集中又是自由竞争的产物。

①自由竞争引起生产和资本集中：

a. 生产集中是指生产资料、劳动力和商品的生产越来越被集中于少数大企业的过程，或者说少数大企业在整个社会生产中所占比重日益增大的过程。

b. 资本集中是指已经形成的各个资本的合并，它是通过大资本吞并小资本，或若干小资本联合成少数大资本而实现的个别资本迅速增大。

②生产和资本集中引起垄断：

一方面，生产力提高和科技进步为生产工具的革新打下基础，使大生产具有可能性；另一方面，自由竞争促进了资本的集中。资本主义生产扩大的过程，也是生产不断集中的过程。并且生产和资本集中发展到一定程度的时候，就会引起垄断。垄断联合的形式如表 11-2 所示。

表 11-2　垄断联合的形式

五种类型	含义
卡特尔	指一种正式的串谋行为，它能使一个竞争性市场变成一个垄断市场，属于寡头市场的一个特例
辛迪加	指同一生产部门的少数大企业为了获取高额利润，通过签订共同销售产品和采购原料的协定而建立的垄断组织
托拉斯	指在同一商品领域中，通过生产企业间的收购、合并以及托管等形式，由控股公司在此基础上设立一巨大企业来包容所有相关企业来达到企业一体化目的的垄断形式
康采恩	指一种通过由母公司对独立企业进行持股而达到实际支配作用的垄断企业形态
混合联合公司	指资本主义国家出现的一种独特的跨部门垄断联合组织

(2)垄断与竞争：

①垄断没有消除竞争的原因：

a. 竞争是商品经济的产物，垄断的出现并没有也不可能消灭商品经济，竞争规律必然存在并起作用。

b. 任何垄断都无法达到"纯粹的垄断"的地步，垄断组织与非垄断组织并存、垄断企业与"局外企业"并存是垄断资本主义社会的一般现象。

c. 各垄断企业、各部门的发展由于技术的和经济的原因总是不平衡的。

②垄断条件下竞争的新特点如表 11-3 所示：

表 11-3　垄断条件下竞争的新特点

两种类型	竞争目的	竞争手段	竞争范围
自由竞争	获得超额利润	经济手段	经济领域和国内市场
垄断竞争	不仅要获取垄断高额利润，还要巩固和扩大垄断地位和统治权力	经济手段和非经济手段	扩大到经济领域以外

(3)垄断资本主义：

垄断资本主义是指资本主义发展的最高阶段。它是在资本主义生产力和生产关系的矛盾进一步发展的基础上，在生产和资本加速集中的过程中，于19世纪末20世纪初形成起来的。

①银行垄断资本的作用的新特征：

a. 银行对工业企业的监督和控制得到加强。

b. 大银行加快了生产集中的形成和工业垄断组织的发展。

c. 大银行对社会经济的支配和调节得到加强。

②金融资本：

金融资本是指通过金融联系，银行垄断资本和工业垄断资本日益融合在一起形成的一种新型资本。

③金融寡头：

a. 产生：在金融资本形成的基础上，产生了金融寡头。

b. 含义：金融寡头是指掌握庞大的金融资本的最大资本家或资本家集团。

c. 金融寡头实现统治的途径：

第一，在经济上，主要通过“参与制”得以实现。

第二，在政治上，主要通过“个人联合”得以实现。

(4)垄断利润和垄断价格的具体内容如表11-4所示：

表11-4 垄断利润和垄断价格

要点	具体内容	
垄断利润	含义	指垄断资本家凭借自己在社会生产中的垄断地位而获得的超过平均利润的高额利润
	来源	①榨取了工人无偿劳动所创造的剩余价值； ②获取非垄断和中小资本家的部分利润； ③榨取和掠夺他国劳动人民和海外财富； ④利用国家政权实施有利于垄断资本的国民收入再分配结构
垄断价格	含义	指垄断组织凭借在经济上的垄断地位制定的能够带来垄断利润的价格
	形式	①垄断高价：指垄断资本在出售自己产品时规定的超过商品价值和生产价格的垄断价格； ②垄断低价：指垄断组织利用其垄断地位在购买和倾销商品时人为压低的价格
	本质	垄断资本对工人创造的剩余价值间接攫取
	垄断价格并未否定价值规律的原因	①垄断价格的确定并未脱离价值； ②从全社会来看，社会的商品价格总额等于价值总额

◆拓展延伸◆

参与制是指垄断资本家通过掌握一定数额的股票对企业实行控制的一种制度。金融寡头以自己掌握的总公司作为“母公司”，收买其他公司一定数额的股票，使之成为自己控制的“子公司”；“子公司”又以同样的方法控制其他更多的公司，使之成为“孙公司”。如此逐级控制，在经济上就形成了金字塔式的控制体系，而站在塔顶上的极少数的金融寡头，就是利用这种层层“参与”的制度，控制和支配着比自己的资本大几倍、几十倍甚至上百倍的他人资本，大大加强了自己在经济上的统治地位。金融寡头在经济领域的统治，主要是通过参与制来进行的。

3. 国家垄断资本主义产生与发展的过程及原因(见表 11-5)

表 11-5　国家垄断资本主义产生与发展的过程及原因

要点	具体内容	
含义	指国家政权同垄断资本相结合的垄断资本主义	
产生与发展的过程	开始形成时期	19 世纪 70 年代到第一次世界大战时期，国家在这一时期对整个国民经济实行集中统制
	不稳定发展时期	第一次世界大战结束到第二次世界大战结束，国家在这一时期对整个国民经济实行干预和调节
	广泛高度发展时期	战后时期，国家资本主义在战后发展迅速，其影响和作用渗透到了每一经济领域当中
产生与发展的原因	根本原因	现代科技革命激化了高度发达的社会化大生产与资本主义私人占有之间的矛盾
	具体原因	①社会生产力的发展； ②二战后经济复苏； ③为稳步克服经济危机并实现经济稳定运行和发展； ④国际市场竞争日趋激烈

考点二：国家垄断资本主义的形式和实质 ★★★

1. 国家垄断资本主义的形式

国家垄断资本主义的本质是国家政权与垄断资本的融合。根据国家与垄断资本融合的不同方式以及国家参与社会再生产过程的不同情况，国家垄断资本主义主要通过以下几种具体形态表现出来：

(1)作为国家垄断资本主义典型形式的国家所有的垄断资本。

①国家财政拨款直接投资开办建立企业；

②通过“国有化”，即国家高价收购或以其他补偿损失的办法，把某些私人企业收归国有。

(2)作为国家垄断资本主义基础的国家与私人共有的垄断资本。

①国家购买私人垄断企业的部分股票；

②私人垄断组织购买国有企业的部分股票；

③国家和私人垄断企业共同出资建立新企业；

④国有企业和私人垄断企业合并；

⑤国有企业转由私人垄断租赁、承包经营。

(3)与国家有密切联系的私人垄断资本。

这种国家垄断资本主义在外部形式上表现为私人垄断资本在经济运动过程中不能离开国家或国有垄断资本的支持。

(4)国家运用多种手段对社会再生产过程进行干预和调节。

①市场调节的局限性：

a. 市场调节难以解决经济活动中产生的外部性问题；

b. 市场调节具有自发性、盲目性和滞后性；

c. 市场调节难以解决"公平"问题，无法抑制微观经济主体拼命扩张导致的垄断，市场经济秩序被破坏；

d. 市场调节也不能自动解决社会再生产中总供给和总需求、产业结构和经济协调发展等诸多的矛盾。

②国家对经济的干预和调节：

a. 在微观经济方面，国家对经济的干预和调节主要是反对垄断，实现有效竞争。

b. 在宏观经济方面，国家主要是通过各种政策和手段进行调控以达到一定的宏观目标。

2. 国家垄断资本主义的实质

国家垄断资本主义具有私人资本主义或垄断资本主义的性质。原因在于：

(1)国有企业并未改变垄断资本主义所有制的本质。

(2)国私共有合营企业实际上是通过国家资本来增强私人垄断资本。

(3)国家垄断资本主义体系中的国家是总垄断资本家，是为垄断资产阶级的总利益服务的。

◆拓展延伸◆

由私人垄断资本主义发展到国家垄断资本主义的必然性：

(1)它是第二次世界大战以后经济恢复的需要。

(2)社会生产力的发展和生产社会化程度的提高，要求生产资料占有形式发生变化，这是国家垄断资本主义产生的物质基础。

(3)它是缓解社会基本矛盾，克服经济危机，实现经济稳定发展的需要。

(4)它是应对国际市场日趋激烈的竞争的需要。

总之，在垄断统治下，随着现代科技的进步以及生产社会化的发展，资本主义生产关系同现代生产力的矛盾与冲突使得国家垄断资本主义的产生和迅速发展成为必然。

考点三：现代资本主义国家对经济的干预和调节　★★

1. 市场调节的局限性

(1)市场调节难以实现国民经济的总量平衡，容易造成周期性的经济波动。

(2)市场调节难以解决国民经济长期发展问题。

(3)市场调节无法解决经济的外部性问题，影响社会的整体效益。

(4)市场调节容易导致垄断的产生，难以保证竞争机制的正常作用，从而影响整体经济效益的提高。

(5)社会公共产品难以通过正常的市场价格机制来进行分配。

2. 发达资本主义国家宏观调控的目标

(1)实现国民经济的协调稳定发展。

(2)实现充分就业。

(3)实现较为稳定的国民经济增长率。

(4)平抑经济周期，预防经济萧条或衰退。

(5)稳定物价水平，调节通货膨胀。

(6)综合考虑公平与效率，改善国民福利。

3. 国家干预调节经济的手段(见表 11-6)

表 11-6　国家干预调节经济的手段

<table>
<tr><th>手段</th><th colspan="2">具体内容</th></tr>
<tr><td>财政政策</td><td colspan="2">指国家根据一定时期政治、经济、社会发展的任务而规定的财政工作的指导原则，通过财政支出与税收政策来调节总需求</td></tr>
<tr><td rowspan="2">货币政策</td><td>含义</td><td>指中国人民银行为实现其特定的经济目标而采用的各种控制和调节货币供应量和信用量的方针、政策和措施的总称</td></tr>
<tr><td>工具</td><td>利率、法定存款准备金比率、再贴现率、公开市场业务等</td></tr>
<tr><td rowspan="2">产业政策</td><td>含义</td><td>指政府为了实现一定的经济和社会目标而对产业的形成和发展进行干预的各种政策的总和</td></tr>
<tr><td>功能</td><td>弥补市场缺陷，有效配置资源；保护幼小民族产业的成长；发挥后发优势，增强适应能力</td></tr>
<tr><td rowspan="2">收入政策</td><td>含义</td><td>指政府为降低一般价格水平上升的速度而采取的强制性或非强制性的限制工资和价格的政策</td></tr>
<tr><td>形式</td><td>①工资-物价“指导线”，即由政府确定工资和物价的增长标准，将工资-物价增长率限制在全社会劳动生产率平均增长幅度以内。
②工资与物价管制或冻结，即在某个时期内，由政府颁布法令对工资和物价实行管制，甚至加以冻结。
③劝说，即政府劝阻工会与资本家把工资与物价的提高限制在一定的范围之内。
④以税收为基础的政策，即政府以税收作为奖惩手段来限制工资增长</td></tr>
</table>

4. 现代资本主义市场经济模式

(1)美国的市场经济模式：

在美国，经济运行主要依靠市场机制的自发调节来实现。

(2)德国的市场经济模式：

在德国，经济运行依靠市场机制调节和依靠国家指导来实现。

(3)日本的市场经济模式：

在日本，经济运行主要依靠政府管控来实现。

5. 资本主义国家干预和调节经济的后果(见表 11-7)

表 11-7　资本主义国家干预和调节经济的后果

要点	具体内容
作用	在一定程度上缓和了社会生产中的矛盾，表现在： ①弥补了由市场调节可能造成的市场失灵。 ②改变了资本主义的再生产周期。 ③促进新技术的发展和新产业的涌现。 ④有利于科技研究及其与实际生产的结合。 ⑤使国有经济能够在社会范围内发挥重要作用。 ⑥有利于私人垄断资本的发展。 ⑦改变了社会生产的无政府状态。 ⑧缓和了劳资矛盾

续表

要点	具体内容
局限	建立在私有制基础上，只能发挥有限的作用，不能从根本上改变资本主义再生产周期性发展规律，不可能从根本上避免经济危机

11.2　课后习题详解

一、概念题

1. 垄断价格

答：垄断价格是指垄断组织凭借在经济上的垄断地位制定的能够带来垄断利润的价格。垄断资本获取垄断利润的主要手段是规定垄断价格。它包括垄断高价和垄断低价两种形式：前者是指垄断组织在商品销售时规定的超过商品价值和生产价格的垄断价格，后者是指垄断组织利用其垄断地位在购买和倾销商品时人为压低的价格。

2. 垄断利润

答：垄断利润是指垄断企业凭借对生产要素、技术专利等排他性的独占权和市场势力所获得的超过平均利润以上的超额利润。垄断高额利润一般包括平均利润和垄断利润，在个别垄断企业中还包括因采用新技术降低个别成本而比其他企业多得的超额利润，显然，垄断利润只是垄断高额利润的一部分。在自由竞争阶段，虽然个别企业通过改进技术、提高劳动生产率可以获得超额利润，但这只是暂时的现象。一旦新技术被普遍采用，少数企业所获得的超额利润就会归于消失。而在垄断阶段，垄断资本却可以凭借其在生产和流通中的垄断地位，长期获得大量的垄断高额利润。因为在垄断条件下，资本等生产要素在不同产业部门之间的自由转移受到垄断造成的一系列“进入壁垒”与“退出壁垒”的限制，所以，在自由竞争阶段充分发挥作用的利润率平均化就难以发挥作用。

3. 国家垄断资本主义

答：国家垄断资本主义是指国家政权和垄断资本融合在一起的垄断资本主义。国家垄断资本主义的产生和发展大体经历了三个时期：①19 世纪 70 年代到第一次世界大战，是国家垄断资本主义的产生时期。②第一次世界大战结束到第二次世界大战，是国家垄断资本主义应对周期性经济大危机的实践与理论形成时期。③第二次世界大战后至今，是国家垄断资本主义全面渗入社会再生产的各个环节，并成为当代资本主义生产方式重要特征的新时期。

国家垄断资本主义的形成和发展不是偶然的，它是科技进步和生产社会化程度进一步提高的产物，是资本主义基本矛盾进一步尖锐化的必然结果。具体来讲，国家垄断资本主义产生和发展的主要原因是：①它是第二次世界大战以后经济恢复的需要。②社会生产力的发展和生产社会化程度的提高，要求生产资料占有形式发生变化，这是国家垄断资本主义产生的物质基础。③它是缓解社会基本矛盾，克服经济危机，实现经济稳定发展的需要。④它是应对国际市场日趋激烈的竞争的需要。

4. 凯恩斯主义

答： 凯恩斯主义是由英国经济学家凯恩斯创立的宏观经济学理论。凯恩斯理论的基础或核心是就业理论。凯恩斯用就业理论全面分析和解释了经济周期，所以其理论也称为"凯恩斯周期理论"。凯恩斯理论的基本内容有：

①非自愿性失业的存在性。凯恩斯指出资本主义市场经济下存在着第三类失业，即非自愿性失业，它是指劳动者在愿意接受现行工资的条件下，因找不到工作而失业。

②产生非自愿性失业的原因是资本主义市场经济下"有效需求"的不足。有效需求，是指总需求函数与总供给函数的相交之点，或者说是总需求与总供给均衡时的需求。

③投资量不足的原因。决定投资的因素有两个，一是利率，二是资本边际效率，以后者为主。资本边际效率，是指投资于新资产所预期的未来利润率。资本边际效率有以下几个特点：a. 它与预期有关。凯恩斯指出这一点非常重要，由此资本边际效率才会有急剧变动，经济周期才会产生。b. 资本边际效率作为对未来利润率的一种心理预期，与"信心"或"信任状态"密切相关。c. 对投资未来利润率下降的怀疑心一经产生，传播便非常迅速。d. 这种预期是一种无法控制、无法管理的市场心理状态。

④政策结论。凯恩斯提出，要达到充分就业状态，唯一的办法是由政府进行宏观调控，主张采取相机抉择的财政政策。即当经济周期处于衰退阶段时，政府可采取扩张性财政政策，降低税收，增加预算支出，以刺激私人投资需求和消费需求，扩大就业；当经济周期处于繁荣阶段时，政府可采取紧缩性财政政策，提高税收，降低预算支出，以抑制通货膨胀。

5. 国家干预

答： 国家干预是指在以市场机制为基础的市场经济条件下，为了克服市场失灵，国家运用管制和宏观调控等手段规范市场主体的行为以校正、补充市场缺陷的活动的总称。国家干预是采用多种方式和手段进行的，主要内容包括财政政策、货币政策、收入政策和产业政策。

二、问答题

1. 资本主义垄断是如何形成的？

答： (1)资本主义垄断是指把一个或几个经济部门的大部分商品的生产和销售掌握在自己手中的极少数大企业，为了规定垄断价格、控制原料来源和销售市场、获取高额垄断利润，达成协议而实现同盟和联合。

(2)竞争引起的生产和资本集中为垄断的产生提供了可能性和必要性。

①生产集中引起垄断的可能性：

随着生产力的发展和科学技术的进步，不断涌现出各种大型的高效率的机器设备。这既为大生产提供了可能，也对大生产提出了要求。因为这些技术装备只有在大企业中才能加以推广和利用。

②生产集中引起垄断的必要性和必然性：

为了追逐利润，自由竞争也迫使资本家不断地扩大生产规模。获得规模效益，以使自己在竞争中处于有利的地位。竞争的一般趋势总是大企业战胜小企业，大资本吞食或控制小资本。因此，伴随着生产扩大而来的必然是生产日益集中于少数大企业。

2. 什么是国家垄断资本主义？它是如何产生的？

答：（1）国家垄断资本主义的含义参见本章“课后习题详解”概念题3。

（2）国家垄断资本主义的产生参见本章“复习笔记”相关内容。

3. 国家垄断资本主义的本质是什么？它有哪些形式？

答：国家垄断资本主义的本质和形式参见本章“复习笔记”相关内容。

4. 资本主义市场调节具有哪些局限性？

答：资本主义市场调节的局限性参见本章“复习笔记”相关内容。

5. 资本主义国家宏观调控有哪些手段？

答：资本主义国家宏观调控的手段有：财政政策、货币政策、产业政策和收入政策，具体参见本章“复习笔记”相关内容。

6. 资本主义国家干预具有什么作用？为什么说资本主义国家干预不能从根本上消除资本主义基本矛盾和经济危机？

答：（1）资本主义国家干预的作用：

资本主义国家干预在一定程度上缓解了社会生产中的矛盾，刺激和推动了经济发展。具体表现在：

①国家对经济的干预和调节有利于协调部门比例，改进地区结构，推进产业结构高级化，改善生态平衡和环境污染，弥补单纯市场调节的不足和弱点，促使微观效益和宏观效益得到一定程度的结合。

②国家对经济的干预和调节，通过国有垄断资本的活动和各项经济政策，特别是财政政策和货币政策的运用和经济计划的实施，使资本主义再生产周期发生了变化，经济危机时间缩短，危机程度减轻，生产过剩规模缩小，危机破坏力减弱。

③国家通过税收等途径在全国范围内集中了大量的资金投入科技研究，投入私人无力承担或不愿承担的大型工程或耗资巨大、技术密集的新兴工业部门，使战后新技术、新产业迅速发展起来。

④国家用其巨额投资，促使垄断资本加强科技的研究和在生产中的应用，改造传统工业部门，建立现代化基础设施，提高产品质量，降低成本，加强竞争能力，以便在竞争中立于不败之地，从而加快了资本主义经济的发展。

⑤国家用其掌握的财力资源，建立和发展数额巨大的国有经济，可以在整个社会范围内发挥巨大的作用，这是任何私人垄断资本所无法比拟的。

⑥国家用其强大的经济力量参与社会资本再生产，从垄断资产阶级的整体利益出发，组织、参与、兴办一些投资巨大、风险大、利润无保证的事业，为私人垄断资本的发展提供有利的条件。

⑦国家利用经济计划在一定程度上对国民经济的发展规模、结构和方向进行调节，对社会生产无政府状态具有一定的制约作用。

（2）资本主义国家干预不能从根本上消除资本主义基本矛盾和经济危机：

资本主义对经济的国家干预，在相当大程度上缓解了资本主义的经济危机和社会矛盾，促进了资本主义经济的发展，使其显示出巨大的活力。但由于资本主义私人占有制的限制，它的国家干预常常受到私人利益的牵制，因而较难充分发挥其干预的作用。改革开放后我国所实行的社会主义市场经济体制，由于是建立在社会主义公有制为主体的经济基础之上，因此其国家调节就可以较资本主义国家更为有效。

11.3 考研真题详解

一、概念题

1. 金融资本(中国人民大学2001研；中央财经大学2013研)

答：金融资本亦称"财政资本"，是指银行垄断资本和工业垄断资本融合生长的资本。工业生产集中的高度发展和垄断的产生，推动银行资本的积聚和集中，形成银行垄断。银行由担任支付的简单中介人变为万能的垄断者，掌握和支配国内绝大部分的货币资本、生产资料和原料来源。银行垄断组织和工业垄断组织通过互相收买对方企业的股票和互相参加董事会等办法，使银行资本和工业资本融合为一、混合生长，形成金融资本。

金融资本的存在方式有两种：一种是银行垄断资本和工商业垄断资本在统一的组织内实行直接的结合；另一种是银行垄断资本和工商业垄断资本在资本关系、信贷关系和其他关系方面实行紧密的联系，共同控制社会经济活动。其典型存在方式是资本主义的大财团。它的特征有：①银行垄断资本的实力进一步加强。②非银行金融机构获得迅速发展。③跨国银行大量涌现。金融资本产生以后，就以它巨大的经济实力来谋求在经济上的统治。金融资本主要是通过"参与制"来实现其在经济上的统治。金融资本在实现对社会经济领域统治的同时，又把自己的统治扩展到政治和社会领域。这种统治主要是通过"人事联合"的方式来实现的。金融资本的形成是帝国主义的经济特征之一。

2. 资本输出(中南财经政法大学2004研)

答：资本输出是资本的所有者、经营者或其国家政府，基于一定经济利益或政治、军事目的的对外投资。资本输出按其形式可分为借贷资本输出和生产资本输出两种类型。前者又叫间接投资，主要指由政府、金融机构和企业对他国政府、企业和金融机构提供贷款或购买其发行的有价证券，以获取股息、利息或红利的行为。后者则是直接投资，指政府、企业和金融机构在其他国家投资开办公司、企业以从事经营并获取利润的活动。垄断资本主义时期资本输出除了反映社会生产力高速发展、生产国际化的客观要求外，更是由经济发达资本主义国家的垄断统治所造成的。

3. 国际垄断价格(浙江大学2001研)

答：国际垄断价格是指发达资本主义国家垄断组织为保证国际垄断利润而制定的一种国际市场价格。国际垄断价格是商品国际价值的货币表现；商品的国际价值是商品国际价格变动的基础和中心。

国际垄断价格包括向经济落后国家出售商品时规定的垄断高价和向这些国家购买商品时支付的垄断低价。不合理的国际分工，少数发达国家对国际贸易的垄断，使这些发达国家的垄断组织能以垄断高价销售工业品，而以垄断低价收购农产品、矿产品和初级产品，通过不等价的剪刀差，攫取高额利润。

二、问答题

1．试分析国家垄断资本主义在战后得到迅速发展的原因。（北京科技大学2005研）

答：（1）国家垄断资本主义的含义：

国家垄断资本主义是国家政权和垄断资本融合在一起的垄断资本主义。国家垄断资本主义的产生和发展大体经历了三个时期：①19世纪70年代到第一次世界大战，是国家垄断资本主义的产生时期。②第一次世界大战结束到第二次世界大战，是国家垄断资本主义应对周期性经济大危机的实践与理论形成时期。③第二次世界大战后至今，是国家垄断资本主义全面渗入社会再生产的各个环节，并成为当代资本主义生产方式重要特征的新时期。

（2）国家垄断资本主义战后迅速发展的原因：

国家垄断资本主义的产生和发展，从根本上说，是资本主义基本矛盾运动的必然结果。

①现代科学技术的发展，生产社会化程度的提高，是国家垄断资本主义发展的客观基础。第二次世界大战以后，在新科技革命的推动下，生产社会化的程度空前提高。大规模的生产投资，一系列新兴工业部门的兴起，现代化公共基础设施的建设，重大科学研究和技术的开发，以及环境保护和生态平衡等问题，都需要巨额的投资和从整个社会的角度来加以规划。这样才能保证社会经济的协调发展。显然，这些问题的解决，对于私人垄断资本来说是无能为力的。这在客观上就要求国家出面来解决这些问题，为高度社会化的生产力发展创造条件。因此，国家参与社会经济活动，干预经济生活，解决发展中的问题和矛盾，其实质是为了适应生产社会化发展的需要。

②解决经济发展过程中供给与需求的矛盾，保证经济协调发展，是国家垄断资本主义发展的重要原因。在资本主义经济发展过程中，供给与需求的矛盾是导致经济危机爆发的最主要因素。资本主义经济发展的实践证明，单靠市场机制的作用是不能解决好这一问题的，私人垄断资本也无力克服这一矛盾。这就要求国家站在社会经济发展全局的高度，采取各种政策和措施来解决这一矛盾，为资本主义经济发展开辟道路。第二次世界大战后，资本主义国家采取了种种反危机的措施，如国家采购、社会福利、出口信贷、出口补贴等，有效地扩大了社会总需求，缓和了市场矛盾，这对于减轻经济危机的程度起到了不可缺少的作用。这说明现代资本主义经济的运行已离不开国家的调节和干预。

③缓和资本主义社会中劳资矛盾、阶级矛盾、社会矛盾，是国家垄断资本主义发展的又一重要因素。在资本主义经济发展过程中，各种社会矛盾也伴随产生，有时这些矛盾还相当尖锐。缓和这些矛盾是保证经济发展的重要条件，但是，靠个别资本或某个资本集团无法缓和这些矛盾。这也就要求作为总资本家的国家，从垄断资本阶级的整体利益和长远利益出发，采取各种政策措施来调节和缓和社会矛盾，为资本主义经济发展提供一个比较稳定的社会环境。这说明现代资本主义经济发展所需要的社会环境也离不开国家的作用。

总之，国家垄断资本主义的客观基础是生产社会化的发展，目的是为了保证垄断资本能顺利地运行，维护垄断资本和垄断资产阶级的利益。

2. 概述资本主义国家垄断下市场作用机制的特点。（上海财经大学 2003 研）

答：国家对经济活动的全面调节和干预是国家垄断资本主义高度发展的主要目标。国家的调节和干预，一方面是经济发展实践的需要，另一方面也有其明确的理论指导。国家调节是以实现宏观经济的均衡为目标的，经济手段、法律手段、政策手段是国家调节运行的主要手段。

国家对经济活动的调节和干预是为了保证市场经济的顺利运行，因此这种调节和干预从根本上来说是和市场经济运行的要求相一致的。在资本主义国家垄断下的市场作用机制同样存在着优点和缺点，而国家垄断就是为了克服这些市场作用机制的缺点而诞生的。市场作用机制的优点在于有利于资源的优化配置和科学技术的更新换代以及企业间的优胜劣汰。同时资本主义国家垄断下市场作用机制也具有以下特点：

(1) 外部性问题难以得到解决。外部性问题是指外部经济和外部不经济。外部不经济是指在实际经济活动中，生产者或消费者的活动对其他消费者或生产者带来的负面的影响。这是市场机制的自发作用难以解决的。

(2) 市场运行主体行为目标具有短视性。

(3) 市场调节具有自发性、盲目性和滞后性。

(4) 市场调节会造成人们收入分配上的不公平。

(5) 市场调节不能解决社会再生产中的矛盾。社会再生产中的主要矛盾包括：总供给和总需求的矛盾、产业结构和经济协调发展的矛盾、资本周转与社会再生产的矛盾。

国家垄断主义的产生正是由这种市场机制的严重缺陷引起的。发达国家对宏观经济的调控，是由资本主义条件下市场调节的局限性所决定的。资本主义国家的宏观调控，正是由于市场自发的不足而产生的社会生产中的矛盾所决定的。资本主义国家的宏观调控，并不排斥市场调节，而只是弥补市场调节的不足。国家干预经济的主要手段有财政政策、货币政策、产业政策、收入政策、计划管理。资本主义国家的经济计划主要有三个基本特点：预测性、指导性、协商性。

3. 国家垄断资本主义对经济调节的主要方式和利弊。（重庆大学 2003 研）

答：(1) 国家垄断资本主义对经济调解的主要方式：

资产阶级国家用作调节经济手段的各项政策措施，包括财政政策和货币政策等，不同国家、不同时期侧重采用的政策也有不同。

①财政政策。作为国家调节经济手段的财政政策包括政府的税收政策和支出政策。由于财政收支是宏观经济平衡的变量之一，国家收入和支出的变动会影响社会总需求和总供给，因此财政政策就是政府根据对经济形势的判断增加或减少政府支出或税收以调节经济的政策。

②货币政策。货币政策是政府根据确定的恢复经济目标，通过中央银行对货币供给的管理调节利率和信贷资金供应以影响社会总需求的政策。货币政策作为政府调节经济的重要手段，以废除货币的金本位制度为前提。因为废除金本位制度以后，从前那种货币发行所受到的国家黄金库存量的限制被克服了，由于“制造货币”相对容易，货币供应量可以迅速成倍地扩大，从而使政府可以通过控制通货来调节宏观经济。

(2) 国家垄断资本主义对经济调解的积极作用：

①国家垄断资本主义保证垄断资本集团获取稳定的高额垄断利润，从而促进了经济的发展。

②国家利用经济杠杆调节经济，扩大了国内外市场，在一定程度上缓和了生产过剩的经济危机。

③推动了科技进步和实现产业结构的高级化。

④在一定程度上调节了资产阶级内部的矛盾。

⑤通过社会福利和收入政策直接干预劳资关系，起到了缓和阶级矛盾，推动资本主义经济发展的作用。

(3)国家垄断资本主义对经济调解的弊端：

①国家干预不能解决生产盲目扩大和劳动群众消费需求相对狭小的矛盾。

②国家调节不能克服生产的无政府状况，不能消除部门之间比例破坏和经济结构的失衡。

③国家干预经济不能解决失业和贫富悬殊问题，不能消除贫困现象。

④国家干预不能消除资本主义经济危机。

因此，国家垄断资本主义不能从根本上消除资本主义基本矛盾，反而使这一矛盾进一步深化。

4. 国家垄断资本主义条件下的经济危机和经济周期有何特点？其成因何在？(华中师范大学2004研)

答：(1)国家垄断资本主义条件下经济危机和经济周期的特点：

经济危机的周期爆发和扩大再生产过程呈周期性是资本主义积累过程的固有特征。但是危机和周期的具体表现并不是一成不变的。随着资本主义进入垄断阶段，特别是自从第二次世界大战后，由于国家垄断资本主义的发展和垄断资本主义积累条件的变化，经济危机和经济周期也开始出现了一些新的重要特点：

①危机的强度有所减弱，但生产能力过剩和失业却成为周期中的经常现象。危机的本质是生产过剩，生产的下降幅度因而成为衡量危机深度的主要指标。用这个标准来衡量，战后主要资本主义国家在历次经济危机中的生产下降程度一般都大大低于战前时期。而且危机期间失业率的增长也比战前小得多。

②危机阶段的货币信用危机有所缓和，但却出现了在周期各阶段物价持续上升的趋势。战后由战前危机时期的商品销售困难和生产急剧下降所引起的货币信用危机的表现形式变得比较缓和。

③周期进程中往往没有明显的萧条和复苏阶段，但高涨阶段却又常常被局部性危机或生产停滞所间断。整个周期的起伏变得比较平缓，各个周期阶段的独特特征不像过去那样鲜明，唯有危机阶段相对来说比较清晰。

④周期的长短变得不规则，危机的周期性也遭到一定程度的破坏。

(2)国家垄断资本主义条件下的经济危机和经济周期特点的成因：

①资本主义生产的计划性有所加强。

首先是垄断资本主义积累使垄断大公司日益成为社会生产的主导力量。其次是资本主义国家也加强了社会生产的计划性，提出了一定时期的经济发展的具体目标，为私人企业组织生产提供指导，并通过各种经济手段推动计划的实施。但是资本主义社会的生产资料私有制决定了它无法根本消除社会生产的无计划状态。

②资本主义国家大大加强了对社会经济的干预和调节。

国家对经济进行宏观调节的根本目的就在于反危机，熨平周期，保证资本积累和经济的稳定增长。国家的这种宏观调节虽然不能彻底消除经济危机和熨平周期，但确实使周期的起伏变得比较平滑。同时，国家干预经济的主要任务是扩大社会需求总量，以解决资本积累和生产扩张中的市场不足问题。而国家所采取的主要干预手段，包括国家投资、政府对商品和劳务的购买等都在一定时期和一定程度上保证或扩大了市场，缓解了积累过程中生产和消费的尖锐矛盾及其派生的生产过剩危机的剧烈程度。但是因为危机的根源在于资本主义剥削制度及其固有的生产与消费的矛盾决定了它不能消除危机和周期。

③固定资本更新作为经济周期物质基础的作用有所减弱。

这主要是因为第二次世界大战以后由于一系列的经济条件的变化，再生产过程中的大规模投资变得不如战前那样集中，许多因素共同作用的结果，使战后以来大规模的资本投资在时间上趋于分散化。

④服务业对周期波动的缓冲作用加强了。

危机和周期波动的主要领域是工业，它的影响逐渐波及到非物质生产领域，其影响程度也比较弱。劳务部门的特点是劳务部门对经济波动的抵抗力和适应力比较强，对危机的反应较为迟缓，从而能够在周期性震荡中起缓冲作用。劳务部门在国民经济中的比重越大，这种缓冲作用越强。但是，非物质生产部门的存在与发展是不能最终脱离工业和其他物质生产部门的，它的扩大也不能彻底消除危机与周期。

从以上可以看出，资本主义积累条件的变化固然会影响危机和周期的表现形式，使之具有某些新特点，但不会消除危机和资本主义积累过程的周期性质。

第12章　经济全球化和资本主义国际经济关系

12.1　复习笔记

【知识框架(庖丁解牛)】

- 经济全球化和资本主义国际经济关系
  - 经济全球化的形成及表现
    - 经济全球化的含义
    - 经济全球化的成因
    - 经济全球化的表现
  - 经济全球化的影响和矛盾
    - 经济全球化对发达国家和发展中国家的影响
    - 经济全球化的矛盾
  - 经济全球化条件下的资本主义国际经济关系
    - 资本主义国家的经济关系
    - 资本主义的国际经济协调
    - 建立国际经济新秩序

【考点难点归纳(厚积薄发)】

考点一：经济全球化的形成及表现　★★★

1. 经济全球化的含义

经济全球化是指世界经济活动超越国界，通过对外贸易、资本流动、技术转移、提供服务、相互依存、相互联系而形成的全球范围的有机经济整体。

2. 经济全球化的成因

(1)科技进步与相应的生产力大发展，为经济全球化奠定了必要的物质技术基础。

(2)世界性的市场化改革，为经济全球化提供了体制保障。

(3)经济自由化的政策导向，推动了经济全球化的发展。

3. 经济全球化的表现(见表12-1)

表12-1　经济全球化的表现

要点	具体内容
生产全球化	表现为分工进一步深化： ①垂直型国际分工，是指经济发展水平相差悬殊的国家之间的分工。

续表

要点	具体内容
生产全球化	②水平型国际分工，是指经济发展水平大体相同的国家在同一产业的同一部门内，按照生产环节，或零部件，或产品型号进行的分工
贸易全球化	表现为世界贸易高速增长以及各国贸易依存度的普遍提高，标志着贸易全球化程度日渐发展和加深
金融全球化	生产和产品的国际化使得国际间资金流动频繁，大大促进了投资金融的国际化，为适应于国际化的潮流，各国放宽了对投资金融的管制，甚至采取诸多措施鼓励本国对外投资的发展
企业经营全球化	表现为跨国公司成为世界经济的主体

考点二：经济全球化的影响和矛盾 ★★★★

1. 经济全球化对发达国家和发展中国家的影响(见表 12-2)

表 12-2　经济全球化对发达国家和发展中国家的影响

要点	具体内容
发达国家	①通过制定规则占有优势。 ②通过贸易获取利益。 ③通过国际资本流动获得好处
发展中国家	①机遇： a. 改善原本资金不足和先进技术落后的局面。 b. 促进产业结构的调整和优化。 c. 扩大对外贸易。 d. 通过对国际合作的参与维护自己的权益。 e. 有利于经济和社会发展。 ②挑战： a. 资本流动的冲击。 b. 国际市场的冲击。 c. 国内政策的有效性面临降低风险

2. 经济全球化的矛盾(见表 12-3)

表 12-3　经济全球化的矛盾

要点	具体内容
积极影响	①有利于各国生产要素的优化配置和合理利用。 ②促进了国际分工的发展和国际竞争力的提高。 ③促进了经济结构的合理优化和生产力的较大提高。 ④促进世界经济多极化的发展
消极后果	①环境进一步恶化。 ②少数大国一手操纵世界经济事务，使平等互利原则和国际间的合作屡遭破坏。 ③局部地区的民族摩擦、经济危机以及政治经济的震荡也极易在全球范围内传播和扩展，增加了国际政治经济的不稳定性和不确定性。 ④资本主义发展不平衡规律的作用会更加突出，使国家之间的市场竞争和民族冲突会更加激烈和尖锐。 ⑤世界性的经济风险不断增加，且影响不断扩大

考点三：经济全球化条件下的资本主义国际经济关系 ★★

1. 资本主义国家的经济关系（见表 12-4）

表 12-4 资本主义国家的经济关系

要点	具体内容	
发达资本主义国家之间的经济关系	贸易冲突	①各国贸易发展的不平衡。 ②各国在主要商品上的贸易冲突。 ③各国市场开放程度的不平衡
	投资冲突	发达资本主义国家相互间投资使得在投资开放度、清除歧视性待遇等投资领域的矛盾、冲突和争夺以及控制和反控制的斗争不可避免
	金融冲突	①各国都要为巩固和加强各自货币在国际货币资本市场和金融事务中的地位而斗争。 ②在世界市场上，往往硬通货币值上升而软通货币值下降
发达资本主义国家与发展中国家之间的经济关系	基本特征是既相互依赖，又相互斗争，它们之间经济关系的实质是一种控制与反控制、剥削与反剥削的关系	

2. 资本主义的国际经济协调（见表 12-5）

表 12-5 资本主义的国际经济协调

要点	具体内容
含义	指各资本主义国家就贸易政策、汇率政策、货币政策和财政政策等宏观经济政策进行磋商和协调，适当调整现行的经济政策或联合采取干预的政策行动，促进各国经济稳定增长
原因	①世界经济形成了程度较高的相互依存关系。 ②世界经济发展失衡导致和激化了危机和矛盾。 ③世界经济发展不平衡
形式	①国际经济组织的协调：国际货币基金组织、世界银行、世界贸易组织。 ②区域经济联盟的协调：欧洲联盟、北美自由贸易区、亚太经济合作组织。 ③政府首脑会晤的协调：主要形式是西方八国首脑会议
局限	不能消除资本主义国家经济关系中的矛盾： ①国际经济协调并不公平公正。 ②国际组织还未能适应经济全球化的发展。 ③全球经济一体化的程度低于区域经济一体化的程度。 ④全球经济一体化规则最终会影响经济全球化的利益分配格局

3. 建立国际经济新秩序

（1）时代的主题：和平与发展。

维护世界和平、谋求共同发展的途径主要有：

①政治上，以反对霸权主义、强权政治为主旋律，实现世界多极化的发展格局，实现国际关系的民主化。

②秩序上，对国际政治经济旧秩序进行改革，建立国际政治经济新秩序。
③经济上，总结经济全球化发展规律并进行引导。
④文化上，尊重世界文明的多样性。
⑤安全上，树立互信、互利、平等和协作的新安全观。
(2)当今世界还不是和平与发展的世界。
①仍然存在霸权主义、强权政治和恐怖主义等传统安全问题。
②局部战争和动乱在世界一些地区时有发生。
③世界各国普遍存在经济发展问题，并存在发展不平衡问题。
④关系到全人类的问题日益突出和严峻。
⑤还未完全废除不公正、不合理的国际政治经济旧秩序。
(3)国际经济新秩序的具体内容如表 12-6 所示：

表 12-6　国际经济新秩序

要点	具体内容
含义	指建立在所有国家的公正合理、互相依靠、共同利益和合作基础上的国际间的经济关系体系
目标	①确保发展中国家能够平等参加国际分工。 ②确保发展中国家实现对本国资源的有效控制，并享有限制和监督跨国公司行为的权利。 ③确保发展中国家充分地、平等地参与国际经济事务的决策权
原则	①各国政治上应相互尊重，共同协商，而不应把自己的意志强加于人。 ②在互信、互利、平等、协作的基础上，反对各种霸权形式、霸权主义和强权政治。 ③尊重并维护世界多样性，实现国际关系民主化和发展模式多样化。 ④各国平等参与国际事务。 ⑤对国家之间的一切分歧或争端采用和平方式进行解决。 ⑥以平等互利为基础，加强并扩大经济、科技、文化多方面的交流与合作
中国在建立国际经济新秩序方面的主张	①主张各国人民同心协力，构建人类命运共同体。 ②坚持独立自主的和平外交政策。 ③积极发展全球伙伴关系。 ④坚定奉行对外开放的基本国策。 ⑤对发展中国家特别是最不发达国家加大援助力度。 ⑥支持多边贸易体制。 ⑦坚持共商共建共享的全球治理观

12.2　课后习题详解

一、概念题

1. 经济全球化(中央财经大学 2008、2017 研)

答：经济全球化是指世界经济活动超越国界，通过对外贸易、资本流动、技术转移、提供服务、相互依存、相互联系而形成的全球范围的有机经济整体。经济全球化是当代世界经济的重要特征之一，也是世界经济发展的重要趋势。经济全球化是指贸易、投资、金融、生产等活动的全球化，即生产要素在全球范围内的最佳配合置。从根源上说是生产力和国际分工的高度发展，要求进一步跨越民族和国家疆界的产物。

2. 布雷顿森林体系

答：布雷顿森林货币体系是指二战后以美元为中心的国际货币体系。1944 年 7 月，44 国代表在美国新罕布什尔州的布雷顿森林举行会议，签署了《国际货币基金组织协定》，从而建立了布雷顿森林体系。

布雷顿森林体系主要有四点内容：①建立了国际货币基金组织和世界银行。②确立了国际储备资产。③协助会员国调整国际收支。④取消正常账户交易的外汇管制。

布雷顿森林体系的建立在战后相当一段时间内，带来了国际贸易空前发展和全球经济日益相互依存的时代。但布雷顿森林体系存在着无法克服的缺陷：它以一国货币(美元)作为主要储备资产，具有内在的不稳定性。因为只有靠美国的长期贸易逆差，才能使美元流散到世界各地，使其他国家获得美元供应。但这样一来，必然会影响人们对美元的信心，引起美元危机。而美国如果保持国际收支平衡，就会断绝国际储备的供应，引起国际清偿能力的不足。这是一个不可克服的矛盾。这个矛盾导致 1971 年布雷顿森林体系的完全崩溃。

二、问答题

1. 经济全球化的含义和表现是什么？它是如何形成的？

答：(1)经济全球化的含义和表现参见本章“复习笔记”相关内容。

(2)经济全球化的形成过程：

从 19 世纪至今的 100 多年间，经济自由化曾三度获得较大发展：

①19 世纪 20 年代 ~ 20 世纪初，以英国为首的资本主义国家为了开拓世界市场，积极倡导实行自由贸易政策。当时，由于经济发展水平的差异，美、德等国先是实行保护政策，后来随着工业实力的壮大，也纷纷要求到世界市场上“自由地竞争”。

②20 世纪 50 ~ 70 年代初，经济实力最为强大的美国极力倡导贸易自由化和货币自由兑换，在关税及贸易总协定和布雷顿森林体系等国际经济协调机制的保障下，世界贸易、金融、投资都有了很大的发展。

③20 世纪 80 ~ 90 年代，以美国为主导的发达资本主义国家向全球大力推行新自由主义经济政策，极力鼓吹贸易、金融、投资自由化，致使世界上多数发展中国家都积极进行经济改革，大幅度开放本国市场。

显然，这三次经济自由化浪潮正是通过不断消除生产要素的流动障碍，为经济全球化开辟了道路。

(3)经济全球化的形成原因：

经济全球化的基础在于国际分工和经济国际化，其根本动力是社会生产力的发展。就具体动因而言，经济全球化趋势的形成与发展主要同下列因素有关：

①科技进步与相应的生产力大发展，为经济全球化奠定了必要的物质技术基础。

②世界性的市场化改革，为经济全球化提供了体制保障。

③经济自由化的政策导向，推动了经济全球化的发展。

2．经济全球化对不同的国家有什么影响？（浙江大学 2001、2003 研；南开大学 2007 研；财政部财政科学研究所 2014 研）

答：（1）经济全球化对发达国家的影响：

发达资本主义国家从经济全球化中获得了大量的利益，主要表现在以下几个方面：

①发达资本主义国家通过制定规则占有优势。

目前，全球经济仍处于发达资本主义国家占主导地位的状态，国际上很多通行的规则都是由发达资本主义国家制定的。这些国家在国内国际市场上开展活动时，不会面临规则的冲突，防范国际市场的风险时，国内的有关手段和措施也是非常好的参考，这大大降低了交易成本。因此，发达资本主义国家可以更好地利用全球资源，以较低的成本享受巨大的分工利益。

②发达资本主义国家通过贸易获取利益。

二战后，关贸总协定是支撑世界贸易扩大的制度框架。发达国家通过主导贸易规则，打开别国的金融、贸易市场，将竞争引入别国市场的优势领域。在世界市场上，发达国家经济实力和技术水平远超发展中国家，凭借其优势在别国攫取了大量的收益。

③发达资本主义国家通过国际资本流动获得好处。

国际货币基金组织（IMF）是唯一规范国际资本流动的全球性多边组织。发达国家通过 IMF 对发展中国家进行援助时，附加了许多苛刻的条件，企图将西方发达国家的经济制度强加给发展中国家，从中获取大量的利益，却并未考虑是否会给资本接受国造成危机。

由上可见，发达资本主义国家通过不对等的国际制度，可以获取更大的收益和承担更少的成本。这反过来又进一步加强发达国家的优势地位和对国际制度的主导权。

（2）经济全球化对发展中国家的影响：

第二次世界大战后，发达资本主义国家与发展中国家经济关系的基本特征是既相互依赖，又相互斗争，它们之间经济关系的实质是一种控制与反控制、剥削与反剥削的关系。

①发展中国家与发达资本主义国家之间存在着不对等的相互依赖关系。

随着资本的全面国际化和经济全球化，当代发达资本主义国家的国际经济交往虽然主要是在它们相互之间进行的，但它们与发展中国家的经济关系并不是无足轻重的。这不仅表现为发达国家的出口仍有 1/3 左右要依赖发展中国家的市场，而且作为原料产地，发展中国家的地位更加突出。

当然，现在的国际剥削已与过去侧重于殖民占领和超经济的剥削有很大的不同，是更符合资本主义剥削制度本质的经济剥削。发达资本主义国家通过国家资本输出进行“援助”，通过私人垄断资本设立的跨国公司进行资本输出、技术转让、就地生产等，用各种不同的方式，从发展中国家攫取了大量的利润。这是在市场经济的活动范围内进行的剥削，表面上，双方是平等的交易伙伴，但发达国家的垄断资本却凭借它掌握的资本和技术以及对国际市场的控制和垄断，掠走了发展中国家的大量财富。

对于当代资本主义国家与发展中国家的这种相互关系，应当看到它不同的两个方面：一方面，这里仍然存在着严重的国际剥削，尽管这种剥削已与以前的殖民剥削的形式有所不同，但剥削的实质并没有改变；另一方面，这种资本关系的发展打破了发展中国家存在的某些前资本主义社会生产方式，这是一种历史的进步，从而对推动发展中国家更快地向工业化的现代社会发展有一定的积极意义。正是发展中国家与当代资本主义国家之间经济关系的这种两重性，决定了第二次世界大战后这两类国家在经济关系上既有联系和发展又有矛盾和冲突的现实状况。

②发展中国家与发达国家在经济上的矛盾与斗争。

发展中国家获得了政治独立，大多刚刚走上发展资本主义的道路。过去遭受的掠夺和现在所受的剥削使它们缺乏自身经济发展所必需的许多条件。

许多发展中国家的经济困难虽然是由自身的诸多原因造成的，但与国际垄断资本所进行的剥削也有很大的关系。它们为改善经济发展的各种条件，正继续展开着艰巨的斗争。这一斗争的主要内容是：要求打破发达国家对国际市场的垄断，以改善发展中国家的贸易条件；要求为发展中国家提供必要的发展资金和科学技术，放宽贷款条件，并减轻发展中国家的债务负担；要求对国际经济机构和国际经济组织进行调整和改革，以提高发展中国家的地位和扩大它们的发言权。这些合理的要求涉及国际垄断资本的剥削利益，因此不是轻易就能争取到的。在这一方面，发展中国家与发达国家之间的矛盾与斗争将是长期的。

3. 为什么说资本主义国际经济协调不能消除资本主义国家经济关系中的矛盾?

答：战后资本主义国际经济协调有了较大的发展，但从本质上来说，经济全球化条件下的国际协调不能消除资本主义国家经济关系中的矛盾，主要原因有以下几个方面：

(1)国际经济协调不够公正和公平。许多重要的国际协调组织在制定国际经济规则时，受某些经济实力强大的国家主导或操纵，仍然以发达国家的利益为核心，有失公允。发达资本主义国家实力相对一致，协调可能性较大。发达资本主义国家与发展中国家相对悬殊的实力对比使得国际规则的制定成为一种相互博弈过程。发达国家能够形成相对一致的规则，并凭借实力优势将其共同的内部规则延伸到世界范围，主导着国际制度。

(2)国际组织还未能适应经济全球化的发展。因此，在经济全球化背景下，传统国际经济组织的作用不断弱化，改革的呼声越来越高。IMF 和世界银行面对日益全球化的资本，已经不能很好地实现对国际经济的协调；同时，WTO 的指导原则体现了西方新自由主义，这一做法将会增加发展中国家参与全球化的风险。

(3)全球一体化的程度低于区域一体化的程度。在全球缺乏统一的一体化规则的情况下，那些经济规模较小的国家面对全球竞争，显得势单力薄。因此世界各地区的一些国家通过建立区域经济组织，增强竞争力，形成了世界多个经济中心。

(4)全球经济一体化规则最终会影响经济全球化的利益分配格局。全球经济一体化分配规则的合理性和公平性取决于资源的初始配置状况。但是发达国家作为这一规则的主要制定者常常忽略由于历史原因而造成的不平等的资源初始分配状况，尤其是发达国家与发展中国家之间资源初始分配的不平等。

因此，在经济全球化条件下，国际经济协调的加强是必然的趋势。但是，各发达资本主义国家之间在经济发展中呈现出矛盾与协调并存的经济关系，又因为发达资本主义国家间有限的协调作用，无法完全缓解矛盾，不断出现新的矛盾，不断进行新的协调，新的协调也被不断破坏。因此，协调过后是更为剧烈的摩擦。资本主义国际经济协调不能从根本上消除资本主义国家经济关系中的矛盾。

4. 建立国际经济新秩序的目标和原则是什么？

答：建立国际经济新秩序的目标和原则参见本章“复习笔记”相关内容。

12.3　考研真题详解

一、概念题

1. 经济一体化（浙江大学 2001 研）

答：经济一体化是指两个或两个以上的国家在现有生产力发展水平和国际分工的基础上，由政府间通过协商缔结条约建立的经济联盟。在这个多国经济联盟的区域内，商品、资本和劳务能够自由流动，不存在任何贸易壁垒，并拥有一个统一的机构，来监督条约的执行和实施共同的政策及措施。根据各参加国的具体情况和条件以及它们的目标要求，有自由贸易区、关税同盟、共同市场和经济联盟四种形式。

①自由贸易区。自由贸易区是指由签订自由贸易协定的国家组成的贸易区。成员国之间免征关税和取消其他贸易限制。

②关税同盟。关税同盟是指两个或两个以上国家为了取消彼此之间的关税或各种贸易壁垒，建立共同的对外关税而缔结的同盟。同盟内部商品自由流通和自由竞争。关税同盟在一体化程度上比自由贸易区进了一步。

③共同市场。共同市场是指在关税同盟基础上实现生产要素的自由流动，在同盟内建立关税、贸易和市场一体化。其最终目标是要实现完全的经济联盟。

④经济联盟。经济同盟是经济一体化的最终发展目标和最高级的形式。它要求其成员国在实现关税、贸易和市场一体化的基础上，建立一个超国家的管理机构，在国际经济决策中采取同一立场，行使统一的货币制度和组建统一的银行机构，进而在经济、财政、货币、关税、贸易和市场等方面实现全面的经济一体化。

2. 世界经济（对外经济贸易大学 2006 研）

答：世界经济是指人们超越国界，在世界范围内进行生产、分配、交换、消费等经济活动的总体。或者说，世界经济是世界各国和各地区经济在国际分工、世界市场的基础上，通过商品和各种生产要素的国际流动而相互联结、相互依赖和相互渗透的有机整体，是超越于民族国家界限的全球经济体系。世界经济的特点主要有：①世界经济不是世界上各国国民经济的简单总和或机械合成，而是相互渗透的有机结合或结为一体。②世界经济不是凝固不变的，而是一个不断变动和发展的经济体系，是一个历史范畴。世界经济是在人类进入资本主义阶段以后逐渐形成和不断深化的。二战后，经济活动和经济运行的全球化，成为世界发展中的突出现象。③世界经济不等同于国际经济。世界经济是在国际经济关系基础上形成的统一的经济体系。它以世界作为一个整体，不仅体现了这个体系中发生的国与国之间的经济关系，而且反映超越这些联系的全球性的经济问题，如世界人口问题、世界资源和能源问题、世界环境和生态问题、世界经济发展不平衡问题等等。

3. 产业资本国际化（首都经济贸易大学 2002 研）

答：产业资本国际化是指产业资本越出国家的界限，在国际范围内不断运动的过程，是生产和资本国际化的表现和特点之一。产业资本国际化的表现是私人或国家垄断资本不断扩大，向国外投资，兴办生产性企业。产业资本国际化是当代全面的资本国际化的核心和主体，它带动并促进了借贷资本和商业资本的国际化，使资本国际运动发展到空前的高度。产业资本国际化是通过对外直接投资进行的，跨国公司则是它的载体。

产业资本国际化是资本主义生产关系的国际扩张。第二次世界大战后，产业资本国际化不断发展，垄断资本主义国家的海外直接投资急速增加。它加强了垄断资本对世界的统治，使世界各国的经济联系更加紧密，也为垄断资本带来了巨额的垄断利润。

产业资本国际化是资本国际化的主要形式，这意味着资本在国际范围内生产和实现剩余价值，扩大了在国际范围的积聚能力。

二、问答题

1. 试分析跨国公司在战后得到迅速而巨大发展的原因。（北京科技大学2005研）

答：跨国公司是指以本国总公司为基地，通过对外直接投资，在其他国家和地区从事生产和经营活动的国际性企业。

跨国公司在战后得到迅速而巨大发展的根本原因是第三次科技革命推动下生产力的巨大发展和跨国公司利用这种生产力追逐全球利润。战后迅速发展的现代科学技术革命，把社会化大生产推向了空前发达的程度，商品生产和商品交换的广度和深度都达到了前所未有的规模，交通运输和信息革命进一步加速了经济生活国际化的历史进程。经济生活国际化是社会化大生产发展的重要表现和必然趋势，是资本国际化的坚实基础。新科技革命带来交通、运输和电脑网络大发展，使世界空间隔离大为缩短，一国的跨国公司以某城市为中心，可直接指挥分布在全球各地的分支机构，为产业资本国际化提供了物质技术条件。具体原因分述如下：

(1)由于劳动生产率极大提高，相对剩余价值剥削加强，从而使资本积累空前提高。这就为大规模输出产业资本准备了条件。

(2)巨型跨国公司占有空前庞大的生产力，而国内市场难以容纳，如美国三大汽车公司、国际商用机器公司、大型石油公司所拥有的生产力远远超过国内市场的需求，不实现生产过程国际化就会使利润率大幅度下降。

(3)生产力高度发展引起战后国际分工的空前发展，不仅特殊分工扩大(如新型工业群)，而且个别分工(其中尤其是纵向零部件分工)深化到空前程度。其结果是，一方面零部件可以在国外生产，另一方面其他国家的先进技术又可在国外就地吸收。这样，在全球最佳地点配置生产力，生产出成本最低的产品，然后把世界各地生产的零部件组装成技术先进、最富有竞争性的最终产品就成为现实了。战前主要是国际贸易使大工业的原料和产品脱离本国基地(即为世界市场而生产)，战后大工业的生产过程也脱离了本国基地。一国的个别分工只有在大规模发展为国际个别分工的条件下，产业资本大规模国际化才成为可能。在当代发达资本主义国家相互之间在生产同种商品的行业内投资已是普遍现象。

(4)科技革命引起交通和通讯便利，使商品成本降低，使跨国公司能适应市场的瞬息变化，进行有效的全球管理和指挥。

(5)在生产力高度发达的前提下，跨国公司可利用跨国投资来实现追逐最大利润的微观动机。如利用分工优势，就地生产就地销售以降低成本，突破关税壁垒，可以得到生产和销售内部化；利用廉价劳动力，接近原料产地，便于售后服务，根据产品生命周期输出技术；利用自身各种优势进行非股权控制等等。

2. 战后资本国际化表现出哪些新特点？（华中科技大学2002研）

答：资本国际化是资本越出国家的界限，在国际范围内不断运动的过程，因而是资本主义生产关系的国际扩张。战后资本国际化的新特点主要表现在以下几个方面：

(1)对外直接投资超过间接投资，产业资本大规模国际化。

对外直接投资是由产业资本、借贷资本和商业资本三种形态的资本输出组成的。战后由于生产国际化的迅速发展，它成为经济生活国际化的基础，大大改变了产业资本形态在资本输出中的地位和作用，并且日益发展成为资本输出的主要形式，在私人对外直接投资中占有很大比重，而国家垄断及其国际调节因素在这一对外扩张中也发挥着重要作用。但是，与此同时战后借贷资本也还是作为国际资本流动的重要组成部分，并已经达到了世界规模。同时，在借贷资本国际化的发展中，国家资本也是个重要的方面，国家作为债权人出现于国际借贷市场，推动了借贷资本国际化的发展和深化的进程。

(2)资本国际运动的规模与总量急剧膨胀，三种形态的资本国际运动都有空前增长。

(3)产业资本、借贷资本和商业资本的国际运动互相交错、紧密联系、互相推动；以跨国公司为载体的产业资本国际运动作为资本国际运动的主要形式带动其他两种资本形态的国际运动，使三者汇成为全面的资本国际化。

(4)资本国际运动推动世界经济发展的一面，日益明显地显示出来。国际贸易、国际资本流动与国际生产的增长，已成为世界经济发展的重要因素。

(5)进入资本国际运动的国家与经济主体日益增加，通过资本的国际运动，各个国家、各个地区的经济联系空前密切，真正实现了经济关系的全面国际化。

3. 二次大战后区域经济一体化迅速发展的主要原因。（南开大学2000研）

答：区域经济一体化是指相邻相近的或者特定的地理范围内的两个或两个以上的国家，为了维护既有的实现未来的共同的经济和政治利益，通过签订某种政府间条约或协定，制定和规范共同的行动准则，协调一致的政策，乃至通过建立各国政府一定授权的共同机构，进行长期和稳定的超国家的经济调节，达成和实现经济的甚至是政治的联盟。

战后区域经济一体化运动的迅速发展，有着深刻的社会经济原因，主要有以下七个方面：

(1)合理利用和配置人力、物力资源的需要。

人力和物力资源在各国的分布，是不平衡的。一国的各类物质资源和各层次劳动力的供给与需求的不平衡是绝对的。因此，一个国家和一个地区要合理利用和配置其人力和物力资源，以提高其经济发展速度和质量，就需要进行多国合作来互通有无与多寡。相邻相近的或特定的地理范围的国家实行区域经济一体化，正可以解决这一问题。

(2)发展规模经济，提高劳动生产率的需要。

在技术和资金日益密集的现代化生产中，要增强企业竞争力，就需要扩大经济规模，提高劳动生产率。实行区域经济一体化，各成员国的生产要素和商品可以自由流动，自然有利于企业经济规模的扩大和劳动生产率的提高。

(3)降低生产和流通成本，稳定物价的需要。

相邻相近的国家实行区域经济一体化，成员国间降低或取消关税，与邻近国家的贸易比重提高，使进口原材料和出口产成品的运输费用减少，自然使企业生产和流通成本降低，利润增加。产品的生产和流通费用的降低，市场商品可供量的增加，则有利于稳定物价，控制通货膨胀。

(4)扩大商品贸易和要素市场的需要。

实行区域经济一体化，在成员国之间通过签订政府条约或协定，规定相互取消或降低关税和贸易限额等非关税壁垒，允许商品和要素自由流动，实际上就是把各成员国以往一国统一的市场范围，扩大为多国统一的市场范围，使商品的要素市场范围绝对地扩大了。各成员国在区域内减免关税，提供贸易和投资等便利的同时，对区域外国家的关税和非关税壁垒依旧，那么，各成员国的商品和要素市场就相对扩大了。

(5)稳定货币汇率，防范金融危机的需要。

在金融和资本日益国际化，伺机出击、无孔不入的国际投机资本高达成千上万亿美元(高于世界上大多数国家的国内生产总值)的今天，单靠一国特别是实力弱小的国家的一国之力，是难以与强大的国际投机者抗衡的。发生于 1997 至 1998 年的东亚金融危机就是证明。因此，相邻相近而又在经济上利害与共，生死攸关的国家联合起来，实行区域经济一体化，以共同稳定汇率，防范金融危机，是非常必要的。

(6)协调一致，增强对外竞争实力的需要。

经济实力弱小或相对弱小的国家，在世界市场上面对实力强大的国家或集团的激烈竞争，处于十分不利的地位。这些国家要摆脱其在市场竞争中的困境，就有必要成立区域经济一体化组织，通过多国联合增强竞争实力。欧洲共同体当年成立的主要意图，就是为了增强成员国与美国和苏联的整体竞争抗衡实力。北美自由贸易区则是美国等面对日益紧密联合起来的欧洲的经济一体化挑战而成立的。

(7)实现地区和平与稳定的需要。

在完全自愿平等的原则下实行了区域经济一体化，各成员国的经济利益就捆绑在了一起，彼此就成了一荣俱荣、一损俱损的关系了。各成员国间有了矛盾和摩擦，就应该也能够通过平等协商来解决。各成员国跨国公司的相互投资、市场的相互渗透和融合，你中有我，我中有你的经济关系的形成，彼此生存空间的共享或趋向共享，使彼此诉诸武力解决争端成为不可能。政治关系决定于经济关系。经济上的一体化会使极端的政治即战争失去生存的土壤。当年欧洲实行经济一体化的主要目的，就是为了在欧洲永远消除战争，实现欧洲持久的和平与稳定。

第 13 章　资本主义的历史地位和发展趋势

13.1　复习笔记

【知识框架(庖丁解牛)】

- 资本主义的历史地位和发展趋势
  - 资本主义的历史地位和基本矛盾
    - 资本主义的历史地位
    - 资本主义的基本矛盾
  - 资本积累与资本主义基本矛盾的发展
    - 资本积累
    - 资本积累的两个社会经济后果
    - 资本主义的“创造性毁灭”与产品创新
  - 经济危机与经济周期
    - 资本主义经济危机
    - 资本主义再生产的周期
  - 资本主义发展的历史趋势
    - 生产力与生产关系的矛盾推动资本主义的发展
    - 资本主义基本矛盾的发展必将导致向社会主义的过渡

【考点难点归纳(厚积薄发)】

考点一：资本主义的历史地位和基本矛盾 ★★★

1. 资本主义的历史地位

(1)资本主义经济制度：

①资本主义经济制度的含义：是以资产阶级占有生产资料的资本主义私有制为基础，通过雇佣劳动制剥削工人所创造的剩余价值的经济制度。

②资本主义经济制度的性质：在性质上，资本主义经济制度是不同于奴隶制和封建制的，具体如表 13-1 所示。

表 13-1　资本主义经济制度的性质

两种类型	占有剩余劳动的形式	生产目的
资本主义经济制度	商品生产	占有剩余价值
前资本主义经济制度	以超经济强制为基础，商品生产只是局部现象	占有使用价值

(2)资本主义制度的历史作用：

①形成了普遍的商品关系，并推动了世界市场的建立。

②提高了生产力水平，并促进整个人类社会的进步。

③使劳动者在法律上实现了平等和自由。

2. 资本主义的基本矛盾

(1)资本主义基本矛盾的含义：

资本主义的基本矛盾是生产社会化与资本主义生产资料私有制之间的矛盾。其具体表现是：表现在消费上是生产无限扩大的趋势与劳动人民购买力相对缩小的矛盾；表现在生产上是个别企业中生产的有组织性与整个社会生产的无政府状态的矛盾；表现在阶级关系上是资产阶级与无产阶级的矛盾。

(2)资本主义基本矛盾的产生过程：

①以社会分工为基础，商品经济得以建立。

②社会分工使私人劳动和社会劳动产生了矛盾。

a. 一方面，生产者的劳动由于社会分工而具有社会劳动的性质。

b. 另一方面，生产者的劳动又由于生产资料的私人占有而具有私人劳动的性质。

③简单商品经济的基本矛盾，随着资本主义的发展，由私人劳动与社会劳动的矛盾演变为生产社会化与资本主义私人占有形式之间的矛盾。

(3)资本主义基本矛盾在各个阶段的体现：

①资本主义基本矛盾在自由竞争资本主义阶段，体现为生产社会化与生产资料资本主义私人占有之间的矛盾。

②资本主义基本矛盾在私人垄断资本主义阶段，体现为生产进一步社会化与私人垄断组织之间的矛盾。

③资本主义基本矛盾在国家垄断资本主义阶段，体现为高度生产社会化与国家垄断资本形式之间的矛盾。

考点二：资本积累与资本主义基本矛盾的发展 ★★★★

1. 资本积累

(1)资本积累的含义：

资本积累是指把剩余价值再转化为资本，即剩余价值资本化。剩余价值是资本积累的唯一的源泉，资本积累又是扩大再生产的重要源泉。其实质是资本家将其无偿占有的剩余价值的一部分再转化为资本，用来购买追加的生产资料和劳动力，扩大生产规模，从而进一步无偿地占有更多的剩余价值。

(2)资本的简单再生产和扩大再生产如表 13-2 所示：

表 13-2　资本的简单再生产和扩大再生产

要点	具体内容	
资本的简单再生产	指资本家将工人所创造的剩余价值全部用于个人消费，而生产过程只是在原有规模上重复进行	
资本的扩大再生产	含义	指资本家不是把剩余价值全部用于个人消费，而是把其中一部分剩余价值转化为新的资本，用来购买追加的生产资料和劳动力，使生产在扩大的基础上重复进行

续表

要点	具体内容	
资本的扩大再生产	类型	①外延扩大再生产，即在生产技术、劳动效率和生产要素（生产资料和劳动力）质量不变的情况下，依靠增加生产要素数量以及扩大生产场所来扩大生产规模。 ②内涵扩大再生产，即依靠生产技术进步、提高劳动效率以及改善生产要素质量来扩大生产规模

（3）影响资本积累的因素：

①利润率的高低。

②预付资本的大小。

③社会劳动生产率的水平。

④所用资本和所费资本之间的差额。

⑤劳动力的剥削程度。

（4）资本的构成包括技术构成和价值构成，具体如表 13-3 所示：

表 13-3　资本的构成

要点	含义	关系
技术构成	指资本在物质形态上由生产资料的数量同使用这些生产资料的劳动力数量所构成的比例	资本的技术构成决定资本的价值构成，技术构成的变化会引起价值构成的变化
价值构成	指资本在价值形态上由不变资本和可变资本所构成的数量比例	

（5）资本有机构成：

①资本有机构成的含义：

资本有机构成是指反映生产技术水平的生产资料和劳动力的比例。

②资本有机构成的变化趋势：

资本有机构成的逐步提高，并不排斥随着总资本的增长，可变资本绝对量继续有所增加，但是，在总资本中，可变资本所占的比重却会相对地逐步减少。因此，在资本有机构成提高的条件下，随着资本总额的增长，全部资本中不变资本所占的部分逐步递增，可变资本所占的部分逐步递减，从而资本对劳动力的需求也相对减少，结果必然形成资本主义制度所特有的相对人口过剩，从而加深了无产阶级贫困化。

2. 资本积累的两个社会经济后果（见表 13-4）

表 13-4　资本积累的两个社会经济后果

后果	具体内容	
相对人口过剩	含义	指在资本积累过程中，必然出现两种对立的趋势：一方面，资本对劳动力的需求相对地减少，有时甚至绝对地减少；另一方面，劳动力的供给却迅速增加
	表现	随着资本积累运动发生周期性的变化，并分布在不同的生产部门之中

续表

后果	具体内容	
平均利润下降趋势	平均利润率的下降是对资本主义内在矛盾的基本表现	在资本积累的过程中，在一切生产部门或有决定意义的生产部门都会发生劳动生产率的提高和有机构成的变化。在保持剩余价值率不变的条件下，资本有机构成的提高必然导致平均利润率的下降
	平均利润率的下降趋势和利润总量的绝对增加可以同时存在	①虽然资本有机构成的提高会导致平均利润率的下降，但仍然存在其他一些起反作用的因素阻碍平均利润率的这种下降趋势。 ②平均利润率的下降和利润总量的绝对增加实际上是对同一规律的不同表现
	平均利润率下降与利润总量增加的相互作用机制加剧了资本主义经济制度的内在矛盾	①平均利润率下降规律表现为剩余价值的生产和实现之间的矛盾。 ②平均利润率下降规律还表现为生产的扩大和价值增殖之间的矛盾。 ③平均利润率在下降时还会引起伴随人口过剩的资本过剩

3. 资本主义的“创造性毁灭”与产品创新

(1)“创造性毁灭”：

“创造性毁灭”是指由于创新而带来的不断地从经济体系内部革新经济结构的过程。

(2)产品创新：

①一方面，产品创新对平均利润率的下降起反作用。

②另一方面，产品创新又会促使平均利润率的下降，并带来资本主义经济的大规模波动。

③产品结构创新的动态过程划分为三个阶段：创新引入和成长阶段、成熟阶段、衰退阶段。

考点三：经济危机与经济周期 ★★★

1. 资本主义经济危机

(1)含义：

资本主义经济危机是指经济发展过程中周期性爆发的社会经济的大混乱。它的表现是：大量商品卖不出去，大量生产资料被闲置，大批生产企业、商店、银行破产，大批工人失业，生产迅速下降，信用关系破坏，整个社会生活陷入混乱。资本主义经济危机的实质是产能过剩。

(2)资本主义发生经济危机的原因：

①经济危机在简单商品生产中就已萌芽。

②生产社会化和生产资料私人占有之间的矛盾，以及资本家以价值增殖为唯一目的共同导致了生产和消费的严重冲突。

③有支付能力的购买力跟不上生产能力的增长这一矛盾的激化。

2. 资本主义再生产的周期

(1)资本主义再生产周期的阶段如表 13-5 所示：

表 13-5　资本主义再生产周期的阶段

四个阶段	特点
危机阶段	危机的最一般、最普遍的现象是商品生产过剩，而危机阶段中其他各种现象，如生产下降、市场萎缩、企业倒闭、工人失业剧增、收入显著下降等都是生产过剩在社会经济生活各方面的具体反映
萧条阶段	失业人数趋于稳定，但商品销售仍很困难，生产停滞、物价下降、商业萎缩、游资充斥
复苏阶段	市场交易渐趋活跃，市场商品逐步丰富，企业开始恢复和发展
高涨阶段	市场进入繁荣，生产扩大，新建企业增多，失业下降，社会购买力提高，信贷关系兴旺

(2)经济危机周期性发生的原因：

经济危机既是资本主义基本矛盾尖锐激化的结果，同时通过经济危机的爆发，在社会生产力遭受巨大破坏的代价下，这个矛盾又会得到暂时的、强制性的缓解，而社会资本再生产的比例关系又会暂时地达到平衡，从而资本主义社会便会逐渐渡过危机，经济重新恢复和发展。然而，在渡过经济危机和经济获得恢复及发展后，经过一定时期，资本主义基本矛盾又会重新激化，从而导致经济危机再一次爆发。所以，经济危机总是周期性地、不断重复地爆发。

(3)经济周期理论：

①朱格拉周期，又称主周期(7 ~ 11 年)。

②基钦周期，又称次周期(3 ~ 5 年)。

③库兹涅茨周期，又称建筑周期(15 ~ 25 年)。

④康德拉捷夫周期，又称长波周期(45 ~ 60 年)。

考点四：资本主义发展的历史趋势 ★★

1. 生产力与生产关系的矛盾推动资本主义的发展(见表 13-6)

表 13-6　生产力与生产关系的矛盾推动资本主义的发展

四个阶段	具体内容
自由竞争资本主义	19 世纪 70 年代以前，资本主义处于自由竞争阶段。然而随着生产力的发展，自由市场经济的缺陷逐渐凸显
私人垄断资本主义	19 世纪末 20 世纪初金融寡头在经济和政治上占据主导地位，阻碍了 19 世纪 70 年代以来生产力的发展
国家垄断资本主义	1929 ~ 1933 年的资本主义经济陷入大危机，垄断资本主义国家干预资本主义经济运行。二战后，私人垄断资本主义被国家垄断资本主义代替
资本主义信息时代的到来	20 世纪 70 年代后，社会生产力由于新科技革命得以提高，促使资本主义社会转变为信息社会，但无法消除资本主义的固有矛盾

2. 资本主义基本矛盾的发展必将导致向社会主义的过渡

(1)资本主义基本矛盾的发展导致向社会主义的过渡：

①资本主义的基本矛盾是指生产的社会化与生产资料私有制之间的矛盾。

②生产资料的社会所有是一种基本解决途径。

③一定程度的生产社会化必然导致资本社会化。

④资本社会化增强了社会化资本由私人占有被社会占有的可能性。

(2)二战后，资本积累和资本主义经济制度也随着生产力的发展具有一些新的特点：

①生产出现集中化、分散化和小型化的趋势。

②市场机制仍是生产力现代化前提下基本的资源配置方式。

③股份公司使资本具有社会化的可能性。

④国家对经济的干预得以加强。

13.2 课后习题详解

一、概念题

1. 相对人口过剩(中央财经大学2013、2014研)

答：相对人口过剩是指资本主义社会中劳动力的供给超过了资本对它的需要。在资本积累过程中，必然出现两种对立的趋势：一方面，资本对劳动力的需求相对地减少，有时甚至绝对地减少；另一方面，劳动力的供给却迅速增加。相对人口过剩规律是19世纪末20世纪初的资本主义生产方式特有的人口规律。

2. 创造性毁灭

答：创造性毁灭是指由于创新而带来的不断地从经济体系内部革新经济结构的过程。创新是创造，又是毁灭——对旧方法和产品的毁灭迎来对新的方法和产品的创造，正因为“长江后浪推前浪”，企业和社会经济才在这样的创造性毁灭中发展起来。这个创造性破坏的过程，就是资本主义的本质性事实。

3. 资本主义经济危机(上海财经大学2002研；中央财经大学2012研)

答：资本主义经济危机是指经济发展过程中周期性爆发的社会经济的大混乱。它的表现是：大量商品卖不出去，大量生产资料被闲置，大批生产企业、商店、银行破产，大批工人失业，生产迅速下降，信用关系破坏，整个社会生活陷入混乱。资本主义经济危机的实质是产能过剩。

4. 再生产周期

答：资本主义再生产周期亦称“经济周期”，是指资本主义再生产过程从一次危机开始到另一次危机开始之间的时期。一个再生产周期包括危机、萧条、复苏、高涨四个阶段。

危机阶段是再生产周期的决定性阶段。这个阶段的特点是，商品销售困难甚至被销毁，企业开工不足甚至倒闭，生产下降，物价下跌，工人大批失业，货币信用制度被破坏，整个社会经济生活陷于瘫痪和混乱，生产力遭到严重破坏。在萧条阶段，对生产力的破坏暂时停止，但社会购买力水平仍然很低，商品销售仍然困难。资本家为了增强其竞争能力，并获得利润，除加强对工人剥削外，还开始进行固定资本更新。复苏阶段，实现了经济的全面恢复。高涨阶段，出现购销两旺的势头，这种情况诱使资本家把生产的增长推到狂热的程度。这一切使生产和商业规模的扩大又大大地超出了有支付能力的需求，为下一次生产过剩危机的到来提供了条件。

5. 资本有机构成

答：资本有机构成是指由资本技术构成决定，并反映资本技术构成变化的资本价值构成。资本有机构成在不同的生产部门和企业有差别。因为它们的生产条件不同。一般说来重工业部门的资本有机构成较高，轻工业部门的资本有机构成较低。

在资本主义生产的历史发展进程中，资本有机构成变化的总趋势是不断提高的。资本有机构成的提高以个别资本增大为前提。

6. 资本积累的历史趋势

答：资本积累的历史趋势是指资本主义制度必然灭亡，社会主义制度必然胜利的客观历史趋势。资本主义的历史起点是资本原始积累。资本原始积累的结果是以个体劳动为基础的私有制被资本主义私有制即以剥削雇佣劳动为基础的私有制所排挤。资本主义生产方式确立以后，社会生产资料日益集中在少数人手里。资本越集中，生产社会化的程度越高，社会化大生产与资本主义私人占有形式之间的矛盾达到了不能相容的地步。这就造成了资本主义私有制向社会主义公有制过渡的客观必要性。同时，在资本主义积累的过程中，雇佣劳动的人数不断增加，组织性不断增强，无产者的愤怒和反抗也随着他们贫困的加深而增长，迫使他们走上革命斗争的道路。这就造成了资本主义向社会主义过渡的主观条件。

马克思指出，以个体劳动为基础的私有制为资本主义私有制所代替，这是对私有制的第一个否定。但是，资本主义生产本身发展的规律性，又造成了对它自身的否定，这是否定之否定。这种否定不是要重新建立私有制，而是在生产资料的集中和劳动的社会化的基础上，建立联合起来的社会个人的所有制即生产资料公有制。

二、问答题

1. 如何理解资本主义的历史地位？

答：(1)资本主义经济制度是一种以生产资料私有制为基础、以资本家占有工人剩余劳动为本质的过渡性制度。这种过渡性制度与奴隶制和封建制相比有着不同的性质：

①它生产的产品是商品，并遵循使得资本主义一切经济规律得以展开和发生作用的价值规律，资本主义经济制度对剩余劳动的占有采取了等价交换的形式。但是在前资本主义社会中，只有局部的商品生产，并且以超经济强制为基础对剩余劳动的进行占有。

②资本主义生产以雇佣劳动为基础，劳动力转化为商品是资本主义生产关系的前提条件，剩余价值的生产是它的直接目的和决定动机。而小商品生产以占有使用价值为目的，二者之间存在很大的区别。

(2)将资本主义制度视作一种过渡性制度并非对资本主义制度历史功绩的否定。马克思主义经典作家曾经对于资本主义制度的历史作用给予过极高的评价。

①资本主义形成了普遍化的商品关系。这种普遍的商品关系使得自然经济和封建等级制度对人类社会的发展所造成的严重束缚得以破除，并由此形成了全面的和广泛的人际的社会交往，促进了协作、分工、生产的集中以及劳动和自然科学的结合，推动了生产资料社会化、劳动过程的社会化，使所有国家的生产和消费都成为世界性的生产和消费。

②资产阶级凭着对剩余价值的无止境追求，奔走于全球各地，建立了普遍的联系。它改变了各民族之间的相互封闭状态，使人类的历史真正成为了“世界历史”，推动了社会生

产力的巨大发展。

③资本主义社会中，劳动力的商品化，使得劳动者摆脱了对统治阶级的人身依附，在法律上实现了平等和自由。

2. 什么是资本主义制度的基本矛盾？它在资本主义经济中集中体现为哪些方面？

答：(1)资本主义的基本矛盾：

资本主义的基本矛盾是生产的社会化与生产资料资本主义私人占有之间的矛盾。这一基本矛盾是商品经济基本矛盾发展到一定阶段的必然产物。资本主义生产是社会化大生产，但生产资料和产品却属于资本家私人占有，使社会化生产从属于一个个资本家追逐利润的狭隘利益，使社会生产的主体——广大劳动人民处于被剥削、被奴役的地位，这就形成了社会化生产和资本主义私人占有形式之间的对抗性矛盾，这是在资本主义社会各种矛盾中起主导作用的矛盾，因而是基本矛盾。

(2)资本主义制度的基本矛盾在资本主义经济中的体现：

①社会总产品的实现条件和实现方式之间的矛盾，即社会生产的无政府状态和按比例发展的客观规律之间的矛盾。为了使社会再生产能顺利进行，就必须满足社会发展的客观比例：两大部类之间的比例及总供给和总需求的比例。也就是按照社会需要把社会总劳动分配到各个部门中去。但是，资本主义社会的整个生产是无政府状态的，社会总产品的实现方式，主要是通过市场机制自发调节，这就不可避免地会出现比例失调。

②社会再生产中生产和消费的矛盾，即生产的无限扩大同有效需求相对落后之间的矛盾。资本主义生产本质上是剩余价值生产，追求剩余价值是资本家生产的唯一目的。因此，资本主义再生产具有无限扩大的内在趋势。但是广大劳动群众的消费能力限制在一定的范围内。从而使得生产出来的剩余价值难以完全实现，剩余价值的生产与实现之间发生脱节。

③资本主义生产与分配的矛盾。在资本主义生产中，工资和利润的对立决定资本家必然会竭力压低工资水平，从而引发生产与分配的矛盾。

总之，资本主义基本矛盾的不断激化使社会再生产的实现条件遭到严重破坏，从而使经济危机的爆发成为不可避免。这也体现出了资本主义生产方式的历史局限性，它必将由社会主义制度所取代。

3. 为什么说“相对人口过剩”和“平均利润率下降”是资本积累的两大社会经济后果？

答：(1)“相对人口过剩”是资本积累的社会经济后果，这主要是因为：

①执行职能的资本越大，社会劳动生产力越大，产业后备军也越大；

②产业后备军越大，经常的过剩人口就越多，他们就越贫困；

③产业后备军越大，经常失业的需要救济的贫民也就越多。

由于这一规律的作用，资本主义社会两极分化现象日益发展。这一规律制约着同资本积累相适应的贫困积累。因此，在一极是财富的积累，同时在另一极，即在把自己的产品作为资本来生产的阶级方面，是贫困、劳动折磨、受奴役、无知、粗野和道德堕落的积累。

(2)“平均利润率下降”是资本积累的社会经济后果，原因主要是：

①实际上是全社会的剩余价值在各部门的资本家之间重新分配的过程。

②各个部门的不同利润率转化为平均利润率，从而利润转化为平均利润，只是表明一

种趋势，不能认为是利润的绝对平均化。马克思指出："在整个资本主义生产中，一般规律作为一种占统治地位的趋势，始终只是以一种错综复杂和近似的方式，作为从不断波动中得出的、但永远不能确定的平均情况来发生作用。"

③利润转化为平均利润，也不排斥各部门中少数先进企业仍然可能获得超额利润。因为在分析平均利润率的形成时，是把每一个部门作为一个整体来看待的，因而是以每一个部门的资本的平均有机构成和平均周转速度为前提的；至于同一部门中各企业之间在这方面存在的差别，当时是存而不论的。事实上，这种差别引起的各个企业利润率的高低不同是必然的。因此，其中少数先进企业可以获得超过平均利润的超额利润，而有的企业却得不到平均利润，只有多数处于中等水平的企业可以获得平均利润。

总之，利润转化为平均利润，其实质仍然是剩余价值，只不过它们是剩余价值总量在不同部门资本家之间的重新分配而已。因此，平均利润率的形成过程，就是不同部门的资本家通过竞争而重新瓜分剩余价值的过程。而利润转化为平均利润，是把利润当作全部预付资本的产物，在概念上便完全确立了和固化了。这样，利润的本质、源泉以及资本剥削雇佣劳动的关系，便进一步被掩盖和扭曲。

4. 为什么说资本主义经济危机是资本主义基本矛盾的必然产物？

答：(1)资本主义经济危机是指与资本主义经济制度直接有关，由资本主义经济制度因素引起的经济危机，是资本主义基本矛盾的表现形式。其实质是生产相对过剩的危机。

(2)资本主义经济危机是资本主义基本矛盾的必然产物，原因主要有：

①资本主义经济危机的实质是生产相对过剩的危机，而生产相对过剩的危机是资本主义基本矛盾的集中表现。从一般意义上说，只要存在私有制和商品生产，就有经济危机发生的可能性。因为，货币出现之后，商品交换的公式由直接的物物交换即 $W-W$ 转变为了 $W-G-W$，流通过程就有出现中断的可能性。在商品货币关系发展到一定历史阶段时，货币就不仅表现为流通手段，而且具有了支付手段的职能。信用的出现使危机出现的可能性进一步加强。在资本主义商品生产中，价值的增殖是生产和交换的唯一目的，而使用价值则仅仅成了价值增殖的一种手段。资本主义经济制度的这个根本特征必然导致生产和消费的严重冲突。

②对于剩余价值的无止境的追求与竞争的外在压力相对结合，使生产具有了无限扩大的趋势，生产的商品越来越多，劳动生产率越来越高，物质产品越来越丰富。生产的不断扩大和使用价值的大量增加，需要社会购买力的相应增加作为保证，没有社会需要的相应增加，社会再生产过程就会中断。在资本主义生产方式中，雇佣工人既是生产者，又是自主的消费者。工人阶级在资本主义社会中的这种双重地位，带来了资本主义生产方式的一个矛盾——每个资本家在自己的工厂内部剥削工人越成功，对总体资本家而言，其商品实现越是困难，资本积累的发展使社会财富日益集中在少数人手中，工人阶级在社会总财富中所占份额相对资本家阶级在不断缩小，社会财富分配中的两极分化现象日益严重，有支付能力的购买力跟不上生产的能力的增长。生产和需要的这种矛盾发展到一定程度之后，就会导致生产普遍过剩的经济危机。危机既是资本主义基本矛盾的表现形式，又是这一矛盾得以强制性地缓解的方式。

5. 如何理解固定资本更新是资本主义经济危机周期性存在的物质基础？（中央财经大学2018研）

答：(1)资本主义经济危机的周期性发展是有其物质条件的，固定资本的更新具有特殊的意义。

①固定资本的更新为资本主义再生产摆脱危机提供了物质条件。在危机进入萧条阶段时，资本家所想的就是怎样提高劳动生产率，降低成本，尽快使自己的生产恢复和发展起来。他们会为此采取各种手段，其中一个很重要的方面，就是实行固定资本的更新和投资。这时，社会上充斥着游资，利息率、商品价格水平、工资水平等都较低，为固定资本的更新和投资提供了良好的客观条件。这样，固定资本的大量更新和投资带动了两大部类生产的发展，资本主义经济复苏起来。

②固定资本的更新又为下一次经济危机的到来创造了新的物质条件。因为固定资本的大规模更新意味着先进技术被广泛采用、旧设备为新设备所代替，劳动生产率普遍提高，生产规模扩大，生产迅速增长起来。同时，由于先进技术的采用，固定资本投资大量增加，资本有机构成提高，相对过剩人口增加，对劳动者的剥削加重，其结果是劳动者有支付能力的需求下降。这样，资本主义生产迅速扩大的趋势和劳动者有支付能力的需求相对缩小之间的矛盾又尖锐起来，当社会再生产的比例遭到严重破坏时，经济危机又爆发了。

(2)固定资本的更新，只是爆发周期性经济危机的物质基础，而不是爆发周期性经济危机的原因。如果没有资本主义生产方式，没有资本主义基本矛盾时而缓和时而尖锐的运动，固定资本的更新是不会引起经济危机的。

6. 为什么说资本主义基本矛盾必然导致资本主义向社会主义过渡？

答：(1)资本主义的基本矛盾：

资本主义的基本矛盾是生产的社会化与生产资料资本主义私人占有之间的矛盾。这一基本矛盾是商品经济基本矛盾发展到一定阶段的必然产物。

(2)资本主义基本矛盾必然导致资本主义向社会主义过渡：

①社会主义是资本主义基本矛盾长期运动的产物。

资本主义生产方式建立以后，由于经济条件的变化，剥夺采取了新的形式。现在已不仅仅是资本家剥夺以自己劳动为基础的小私有者，而且是资本家之间互相剥夺。这种剥夺是通过资本集中进行的。在资本积累过程中，资本家之间进行着激烈的竞争，大资本打倒小资本，吞并或控制小资本，使资本越来越集中到少数大资本家手里。

②资本主义生产的社会化的发展主要表现在以下几个方面：

a. 生产规模不断扩大，生产资料日益转化为由许多人共同使用的社会化生产资料。生产过程变成许多人共同进行的社会化生产过程，劳动产品也成为许多人共同劳动的社会化生产成果。

b. 社会分工和协作关系日益发展。生产越来越成为专业化的生产，社会生产的各部门和各企业之间的相互依赖、相互联系的社会化分工协作关系日益增强。

c. 形成了社会化的国内市场和世界市场。生产规模的扩大和社会分工的发展，使整个社会经济联系更加密切。社会生产日益成为为广大国内外市场而进行的生产。

③生产的社会化发展到一定程度必然导致资本的社会化。

生产社会化的发展，客观上必然要求劳动者共同使用的已经社会化的生产资料由整个社会占有，以便对社会化生产按照社会需要由社会实行有效的宏观调控和计划管理，并按照社会的需要配置社会资源和分配劳动产品。这样。生产关系才能适应生产力的社会性质。但是，资本家凭借对生产资料的私人垄断，却把社会化的生产力变为资本家高效生产剩余价值的资本的生产力，把劳动者共同使用的社会化生产资料变成资本家谋取私人利益的手段，把已经社会化的生产过程由私人资本家按照追求剩余价值的一己私利进行控制和管理，把劳动者共同创造的已经社会化的劳动成果的大部分攫为己有，变成他们的私人财产。因此，就产生了资本主义的基本矛盾。随着生产社会化程度的不断提高和资本积累过程中生产资料越来越集中到少数私人资本家手中，资本主义的基本矛盾日益加剧。这个矛盾的日益尖锐化，表明资本主义私有制已成为生产力进一步发展的严重障碍，从而用和生产社会化性质相适应的生产资料社会主义公有制代替资本主义私有制就成为历史发展的必然趋势。

13.3 考研真题详解

一、概念题

创新(南京大学2007研)

答：创新是指对旧事物的变革和新事物的创立，泛指一切创造性的活动。从大的方面说，可有知识创新、技术创新、制度创新等。创新概念的起源可追溯到1912年美籍经济学家熊彼特的《经济发展概论》。熊彼特在其著作中提出：创新是指把一种新的生产要素和生产条件的"新结合"引入生产体系。它包括五种情况：引入一种新产品，引入一种新的生产方法，开辟一个新的市场，获得原材料或半成品的一种新的供应来源，新的组织形式。熊彼特的创新概念包含的范围很广，如涉及到技术性变化的创新及非技术性变化的组织创新。

二、问答题

1. 简述资本主义的经济危机是生产过剩危机。(北京大学2007研)

答：(1)资本主义经济危机：

资本主义经济危机是指资本主义经济发展过程中周期爆发的生产相对过剩的危机，也是经济周期中的决定性阶段。它是资本主义体制的必然结果。由于资本主义的特性，其爆发也是存在一定的规律。

(2)资本主义的经济危机实质是生产相对过剩危机：

在资本主义经济发展过程中，每隔若干年就爆发一次生产相对过剩的经济危机。经济危机期间最根本的现象和典型特征是商品生产过剩。其他许多现象，如生产下降、工厂倒闭、工人大量失业等，都是直接或间接地由生产过剩这个根本特征引起的。

经济危机的根本特点是商品生产过剩，但这种过剩并非与劳动者的实际需要相比的生产绝对过剩，而是与劳动者有支付能力的需求相比即与劳动者的货币购买力相比的生产相对过剩。因此，资本主义经济危机实质上是生产相对过剩的危机。

2. 论马克思主义经济学中关于相对过剩人口理论的主要内容。(北京大学2006研；中国人民大学2018研)

答：相对过剩人口是指资本主义制度下劳动力商品的供给超过了资本对它的需求，形成多余的过剩人口，它表现为资本主义社会的失业工人。马克思相对过剩人口理论主要包括以下几点内容：

（1）相对过剩人口产生的根本原因。

①过剩的工人人口是资本积累或资本主义基础上财富发展的必然产物。资本积累最初只是表现为资本的量的扩大，但是，它是通过资本构成不断发生质的变化，通过减少资本的可变部分来不断增加资本的不变部分而实现的。因为对劳动力的需求不是由总资本的大小决定的，而是由总资本可变组成部分的大小决定的，所以它随着总资本的增长而递减。

②马克思认为社会劳动生产率的提高在促进资本积累的同时，必然产生相对过剩人口。他指出“劳动生产率的增长表现为劳动量比它所推动的生产资料的量相对减少，”“资本构成的这一变化又反映在资本的价值构成上，即资本的不变组成部分靠减少它的可变组成部分而增加。”这充分说明了伴随着资本积累必然会出现劳动生产率的提高，而劳动生产率的提高必然会产生永久性的显而易见的工人人口过剩。

（2）相对过剩人口的存在形式。

①流动的过剩人口。它是指在城市中时而被解雇、时而被雇佣的那种过剩人口。由于资本主义生产的无政府状态，在竞争中经常有一些企业减产、倒闭；由于采用新技术也会减少对劳动力的需求，这样就会使一部分工人失业。当一些部门受到利润的刺激而扩大生产时，他们又不同程度地被雇佣。

②潜在的过剩人口。它是指农村的失业人口。这部分过剩人口之所以是潜在的，是因为他们往往还保留着一小块土地，在形式上没有失业，但靠那一小块土地难以维持生活，时刻等待补充城市工人或农业工人的队伍。

③停滞的过剩人口。它是指那些职业极不固定、从事家内劳动和打短工的劳动者。这些人工作不稳定，经常处于失业和半失业状态，工作时间最长，劳动条件最恶劣，工资水平最低。此外，处在相对过剩人口最底层的，还有那些失去工作再也不能就业的人们，如丧失劳动能力的以及各种被迫流浪和堕落的人，等等。

（3）相对过剩人口的作用。

①相对过剩人口是资本主义生产方式存在的条件。具体地说，有两个方面的因素，使资本主义生产方式要以相对人口过剩的存在为条件。

a. 资本主义生产的发展是不平衡的。在某个时期，资本会疯狂地流入那些特别有利的部门，使这些部门的企业规模迅速扩大。随着资本积累和劳动生产力的发展，能够转化为资本的剩余价值量增加了；随着信用的发展，每当遇到特殊刺激，通过资本集中可以很快为生产提供追加资本；生产过程技术条件的改进，有可能使剩余产品大规模地、更迅速地转化为追加生产资料。由于以上这些条件，资本可以迅速地流入那些市场突然扩大的旧生产部门，或流入那些由旧生产部门的发展而引起的新兴生产部门。这些部门资本的突然扩张，都要吸收大批的工人，要求有随时准备着的相对过剩人口来提供。

b. 资本主义生产发展所特有的周期性。现代工业特有的周期性，不断地经历着危机、萧条、复苏、繁荣、再到危机等阶段。在危机到来时，工人失业，过剩人口增加；当生产处于高涨时，需要吸收大量的劳动力。如果没有过剩劳动人口的存在，资本家就不可能迅速扩大生产规模。

②相对过剩人口的存在可以促进社会分工，产生新的生产部门，实现产业调整与升级。在相对过剩人口基础上产生的新的生产部门一开始可能是活劳动要素占优势，即劳动密集型产业。而随着资本积累，生产规模的扩大，逐步采用先进的生产手段，手工劳动转化为机器劳动，即资本技术密集型产业取代了劳动密集型产业，从而又会形成相对过剩人口。而正是这种相对过剩人口时而被新兴生产部门吸收，时而被传统的其他部门释放的循环流动，促进了社会分工，实现了产业调整与升级，带来了劳动力资源的优化配置。

③相对过剩人口的存在可以降低劳动成本。在相对过剩人口存在的条件下，决定工资一般变动的是工人阶级分为现役军和后备军的比例的变动，是过剩人口相对量的增减。工资是劳动力要素的价格，直接影响着企业盈利大小。在有机构成不断提高的情况下，通过形成一支庞大的产业后备军来降低工资，使工资变动更加符合资本增殖的要求。

④相对过剩人口存在形成的巨大就业压力，有助于提高劳动者素质和劳动积极性。产业后备军在停滞和中等繁荣时期加压于现役劳动军，在生产过剩和亢进时期又抑制现役劳动军的要求。因此，相对过剩人口的存在是强化劳动纪律、提高劳动积极性和劳动者素质的重要手段。

总之，马克思把相对过剩人口看作是资本主义生产方式各种矛盾和规律发展的一种现实的和综合的表现，并由此深入探讨了资本主义相对过剩人口产生的客观必然性和根本原因，揭露了资本主义社会的基本矛盾和阶级对立，论证了资本主义生产方式的历史过渡性以及社会主义必然取代资本主义的客观必然性。

3. 平均利润率为何有下降的趋势？在平均利润率下降的条件下，为什么利润量可以增加？阻碍平均利润率下降的因素有哪些？（厦门大学 2002 研）

答：平均利润率是社会剩余价值总量和社会总预付资本的比率，而一定量预付资本根据平均利润率获得的利润，就是平均利润，即平均利润 = 预付资本 × 平均利润率。

（1）平均利润率有下降趋势的根本原因：

平均利润率下降的根本原因在于，社会生产力和劳动生产率的提高引起的社会资本平均有机构成的提高。一定量资本的利润率同它的有机构成是按相反方向变动的，资本有机构成越高，利润率便越低。在资本积累和扩大再生产过程中，资本量增大时，由技术进步引起的资本有机构成的提高，不仅意味着一定量劳动力推动了比过去更多的生产资料，而且意味着在增加的资本总量中，不变资本比可变资本增长得更快，可变资本在总资本中的比重下降了。在剩余价值率不变的情况下，由于可变资本的增加，剩余价值绝对量也会增加，但由于总资本量增大了，因而剩余价值与总资本的比率即利润率也随之下降。

（2）利润率下降而利润量同时增加的二重性规律：

平均利润率的下降，绝不意味着资本家所得的利润量越来越少。因为利润量的多少，取决于两个因素：一个是利润率，另一个是资本量。如果资本总额不变，利润率的下降当然会使利润量减少；但是资本主义制度下的实际情况是资本总量在不断增大，因此尽管平均利润率有下降趋势，利润量仍然会增加。这种利润率下降和利润量增加的二重性现象，是资本积累规律作用的必然结果。一方面，资本积累提高了社会资本的平均有机构成，从而引起平均利润率的下降；另一方面，资本积累又使社会资本总量不断增加，这样尽管可变资本的比重下降，但它的绝对量增大，从而会引起利润量的增大。由于资本积累是资本主义发展的必然趋势，所以利润率下降和利润量增加同时发生也具有客观必然性。正因为这样，马克思把平均利润率下降趋势的规律，称为利润率下降而利润量同时增加的二重性规律。

(3)阻碍平均利润率下降的因素：

①劳动生产率和全要素产出率的提高，可以提高剩余劳动、剩余价值的比重，进而提高利润率。

②社会生产效率的提高，使机器设备、原材料和劳动者生活资料的价值或价格下降，反过来抑制了利润率的下降。

③市场的开发，特别是在新市场上的相对优势或绝对优势，可获得较高利润率。

④在资本市场融资，使用借入资本或向社会发行股份的方式，可以利用利息、股息一般低于平均利润的情况，使自有资本的利润率提高。

⑤相对过剩人口的存在和增加。这就造成劳动力商品经常处于供过于求的状态，从而使资本家可以把工资压低到劳动力价值以下。同时，工资的下降又给资本家利用更多的廉价劳动力提供了有利条件，使某些部门的可变资本所占比重提高，从而可以增加剩余价值量，阻碍利润率的下降。

⑥对外贸易的发展。资本家可以利用对外贸易，廉价输入原材料，高价输出制成品，以增大剩余价值。同时，资本家还可向外国进行直接投资，以取得高额利润。

4. 资本积累与资本主义积累的一般规律。(华中科技大学 2001 研)

答：(1)资本积累的含义：

资本积累是指剩余价值转化为资本或剩余价值的资本化。

(2)资本主义积累的一般规律：

马克思概括地指出："社会的财富即执行职能的资本越大，它的增长的规模和能力越大，从而无产阶级的绝对数量和他们的劳动生产力越大，产业后备军也就越大。可供支配的劳动力同资本的膨胀力一样，是由同一些原因发展起来的。因此，产业后备军的相对量和财富的力量一同增长。但是同现役劳动军相比，这种后备军越大，常备的过剩人口也就越多，他们的贫困同他们所受的劳动折磨成反比。最后，工人阶级中贫苦阶层和产业后备军越大，官方认为需要救济的贫民也就越多。这就是资本主义积累的绝对的、一般的规律。像其他一切规律一样，这个规律在实现中也会由于各种各样的情况而有所变化。"这段话包括三层意思：第一，资本越大，资本积累越快和发挥的能力越大，无产阶级的绝对数量也越大，劳动生产力会越高，从而产业后备军也越大；第二，产业后备军越大，经常的失业人口也越多；第三，工人阶级中的贫苦阶层和产业后备军越大，连资本主义国家政府也承认的需要救济的贫民就相应越多。

从马克思关于资本主义积累的一般规律的表述中可以看出以下几点：

①资本主义积累的一般规律包括资本积累规律，相对人口过剩规律和无产阶级贫困规律。

②资本主义积累一般规律是绝对的规律，这就是说只要资本主义制度存在，就必然存在这个规律。

③资本主义积累一般规律是客观存在的，但是在现实中，其表现形式由于各种各样的情况而会有所变化。

5. 资本积累的动因及影响资本积累的因素。（东北财经大学2008研）

答：资本积累是指在扩大再生产需要增加投资的情况下，把剩余价值转化为资本。

(1)资本积累的动因：

资产阶级经济学家为了掩盖资本积累的本质，宣称资本积累是资本家为了"社会进步"而实行节欲的结果。这种论调根本不符合事实。

①资本家之所以要进行资本积累，是由资本主义的剩余价值规律客观决定的，并不是出于他为社会谋利益的主观善良愿望。

②资本积累的实体是剩余价值，没有工人创造的剩余价值，资本家无论怎样节欲都"生"不出一个资本的原子来，并且积累规模是由剩余价值量的大小决定的。

③资本积累和资本家的挥霍浪费实际上是一同增加的。资本主义发展的历史证明，随着资本的增长，资本家的挥霍浪费也是增长的，因为这种挥霍是炫耀财富从而是取得"信誉"的手段，以至成为资本家在经营上的一种必要。

总之，用资本家的"节欲"来歪曲资本积累的来源和本质，是替资本家的剥削行为进行辩护的虚伪论调。

(2)影响资本积累的因素：

①对工人的剥削程度。一般来说，对工人的剥削程度越高，剩余价值量也就越大。资本家除了采用延长劳动时间、加强劳动强度、缩短必要劳动时间的方法以外，还用压低工资的方法来加强对工人的剥削，以便增加剩余价值，加速资本积累。

②社会劳动生产率的水平。随着社会劳动生产率的提高，商品价值会下降。首先，这会使劳动力价值下降，剩余价值率提高，其次，同样数量的资本可以购买更多的生产资料和劳动力，使资本家能扩大对工人的剥削；最后，由于商品价值下降，资本家自身在实物上保持原有的消费甚至增加消费时，只需在剩余价值中将较少的部分用于自己的消费，从而相应增大积累的数量。

③所用资本和所费资本差额的大小。在所用资本一定的条件下，劳动资料的质量越好，越经久耐用，所费资本就越少，从而所用资本和所费资本的差额就越大；劳动资料的数量越多，上述差额的总额就越大。由于原有的劳动资料并未全部损耗，仍可在生产中继续使用，因而资本家便可将已收回的那部分劳动资料的价值，作为折旧基金提取出来，并在劳动资料完全更新之前，把这部分收回的折旧基金暂时作为积累基金使用。因此，所用资本和所费资本的差额越大，暂时闲置的折旧基金就越多，从而越有利于资本积累。

④预付资本的多少。在剥削程度已定的条件下，剩余价值量取决于被剥削的工人人数。如果预付资本中的不变资本和可变资本的比例不变，则预付资本总量越大，被剥削的工人就越多，剩余价值量也就越大。

6. 资本主义经济为什么会产生贫困问题？20世纪70年代末、80年代初以来，世界资本主义经济出现了哪些会导致贫困问题的新变化？（中国人民大学2020研）

答：(1)在资本积累过程中，资本有机构成的变化对无产阶级的命运有着重要的影响。

随着资本主义的发展，在资本积累的过程中，技术的发展和进步促使资本的有机构成也在不断提高。在这种条件下，资本积累对无产阶级命运最重要的影响就是造成相对过剩人口。可变资本的比重下降，必然导致对劳动的需求相对下降甚至绝对下降。但是劳动的供给却在增长，这是因为：①工人工资往往被压低到劳动力价值以下。为了维持生活，工人家庭中的妇女甚至儿童也被迫出卖劳动力；②破产的农民和手工业者以及破产的中小资本家不断涌进劳动力市场；③人口的增长也会增加劳动力的供给。

因此，在资本积累过程中，必然出现两种对立的趋势：一方面，资本对劳动力的需求相对地减少，有时甚至绝对地减少；另一方面，劳动力的供给却迅速增加。结果，必然形成大量失业人口，即相对过剩人口，使无产阶级的生活状况恶化，处于贫困的状态。

(2)20 世纪 70 年代末、80 年代初以来世界资本主义经济出现的一系列的变化导致了无产阶级贫困化的问题更加严重。具体而言，有以下几种变化：

①经济全球化。资本主义关系在全球范围内扩张，资本主义的剥削已经扩张到全球范围，从而贫困问题发展成为国家之间的差异。

②个别企业生产的有组织性和整个社会生产的无政府之间的矛盾在国际垄断资本主义阶段表现为在民族国家内有所缓和，在世界范围内不断地激化。

③无产阶级与资产阶级之间的矛盾在国际垄断资本主义阶段不但没有消失，反而变得更加复杂。各国的各层级之间的关系都变得更加复杂，尽管各国都采用高福利政策改善贫困人口的生活质量，但是不可否认贫富差距问题愈演愈烈。

④生产能力的无限扩大与市场容量有限之间的矛盾在国际垄断资本主义阶段不断的加深。一方面贫困化越来越严重，但是另一方面生产还在扩张，这使得消费关系扭曲，甚至引发全球关系动荡。

第三篇　社会主义经济

第14章　社会主义经济制度的建立和发展

14.1　复习笔记

【知识框架(庖丁解牛)】

- 社会主义经济制度的建立和发展
  - 科学社会主义理论的诞生与社会主义经济制度的建立
    - 科学社会主义理论的诞生
    - 社会主义经济制度的建立
    - 科学社会主义理论的丰富和发展
  - 经济文化相对落后国家建设社会主义的长期性和艰巨性
    - 原因
    - 社会主义发展的探索过程
  - 从实际出发不断发展和完善社会主义经济制度
    - 社会主义的本质要求和社会主义经济制度的一般特征
    - 从实际出发建设中国特色的社会主义

【考点难点归纳(厚积薄发)】

考点一：科学社会主义理论的诞生与社会主义经济制度的建立　★★

1. 科学社会主义理论的诞生(见表14-1)

表14-1　科学社会主义理论的诞生

要点	具体内容	
空想社会主义	产生时间	1516年~19世纪中叶
	意义	开启了世界社会主义思潮的萌芽
	缺陷	只看到资本主义必然灭亡的命运，未能揭示其经济根源，也未能找到埋葬资本主义的社会力量和通往理想社会的现实道路
科学社会主义	历史背景	19世纪40年代，资本主义生产方式在西欧先进国家已占统治地位，随着资本主义的发展，资本主义内部矛盾日益尖锐，无产阶级反对资产阶级的斗争日益严峻。马克思和恩格斯参加了当时阶级斗争的实践，在此基础上，周密地研究了资本主义生产方式的矛盾，创立了唯物史观和剩余价值论，使社会主义从空想变为科学
	诞生标志	1848年，马克思、恩格斯发表《共产党宣言》

续表

要点	具体内容	
科学社会主义	主要理论	①唯物史观。唯物史观是科学的社会历史观和认识改造社会的一般方法论，通常也可表述为历史唯物主义，揭示了人类历史发展的客观规律。 ②剩余价值学说。剩余价值是指资本主义商品生产的特殊范畴，它揭示的是资本主义工厂制度和扩大再生产的社会经济制度

2. 社会主义经济制度的建立

根据我国国情，党和国家采取一系列富有创造性的形式和步骤，在我国建立了社会主义经济制度。其具体途径是：通过没收官僚资本主义经济和改造民族资本主义经济，建立社会主义全民所有制；通过改造个体农业、个体手工业，建立社会主义劳动群众集体所有制。

(1)没收官僚资本主义经济：

根据官僚资本主义经济的反动本质，我国新民主主义革命在全国取得胜利后，对它采取无偿没收的政策，把它变成了社会主义全民所有制经济。在我国，没收官僚资本主义经济具有两重革命意义：一方面，没收官僚资本主义经济，消灭了它的买办性和封建性，具有民主革命的性质；另一方面，没收官僚资本主义经济，消灭垄断资本主义，建立社会主义全民所有制经济，具有社会主义革命的性质。

(2)改造民族资本主义经济：

我国对民族资本主义经济的赎买，采取了利用、限制和改造的政策，即利用其对国计民生有利的作用，限制其不利于国计民生的作用，通过国家资本主义形式，把民族资本主义经济改造成为社会主义全民所有制经济。这是在理论上和实践上对马列主义的丰富和发展。

(3)改造个体私有制：

我国的农业合作化根据生产发展的要求和农民觉悟提高情况，采取了逐步前进的三种过渡形式，引导农民组织起来。我国对个体手工业的社会主义改造，同样采取合作化的道路，经过耐心的说服教育、示范和国家帮助的办法，引导他们在自愿的基础上联合起来。

3. 科学社会主义理论的丰富和发展

社会主义经济制度率先在经济文化相对落后的国家建立并不意味着否定了科学社会主义理论或违反了社会发展一般规律。

(1)从理论角度分析：

①按照科学社会主义理论和历史唯物主义的观点，生产力与生产关系、经济基础和上层建筑这两对基本矛盾运动，决定着社会性质的变化和社会的发展方向。

②它是关于无产阶级解放斗争发展规律的科学，即关于无产阶级所进行的斗争的性质、条件以及由此产生的一般目的的科学。无产阶级所进行的斗争的性质，就是要使自己从资本主义奴役下解放出来，彻底埋葬雇佣劳动制度；无产阶级所进行的斗争的条件，就是要使自己获得彻底解放，必须消灭阶级剥削、阶级压迫和阶级差别，消灭产生阶级的生产资料私有制。

(2)从实践角度分析：

①从苏联、中国等国家当时的国内情况看。

a. 资本主义的发展促使社会生产由手工作坊转变为机器大工业，产生了代表先进生产力发展要求的无产阶级；

b. 先进生产力的发展在经济文化相对落后国家与落后的生产关系和上层建筑产生矛盾。

②从国际条件看。

a. 国际垄断资本主义内部难以克服的基本矛盾逐渐激化，帝国主义列强为争夺势力范围发动两次世界大战，极大地削弱了国际资本主义的力量；

b. 帝国主义列强对本国人民和殖民地国家的压迫和掠夺，激化了无产阶级和资产阶级、宗主国和殖民地之间的矛盾。

(3)从历史发展的角度分析：

①19 世纪 40 年代，资本主义生产方式在西欧先进国家已占统治地位，随着资本主义的发展，资本主义内部矛盾日益尖锐，无产阶级反对资产阶级的斗争日益高涨。

②马克思和恩格斯参加了当时阶级斗争的实践。在此基础上，他们周密地研究了资本主义生产方式的矛盾，批判地继承了 19 世纪三大空想社会主义者法国的圣西门、傅立叶和英国的欧文的思想成果，创立了唯物史观和剩余价值论，使社会主义从空想变为科学。

③1848 年，《共产党宣言》发表，标志着科学社会主义的诞生。1867 年发表的《资本论》和 1875 年撰写的《哥达纲领批判》，对科学社会主义的理论原理进行了深刻的论证。

考点二：经济文化相对落后国家建设社会主义的长期性和艰巨性 ★★★

1. 经济文化相对落后国家建设社会主义的长期性和艰巨性的原因

(1)生产力落后。建立社会主义制度的国家在制度建立之前都经历过长期的战争，并使得原本落后的生产力更加落后，在此基础上建设社会主义，必须经过长期艰苦的努力才可能接近或赶上发达资本主义国家。

(2)经济基础和上层建筑的制约。社会制度变革都要经过曲折、反复的斗争，其社会制度才能从不成熟向成熟逐步发展。

(3)国际环境的严峻挑战。

2. 社会主义发展的探索过程

(1)国内外对社会主义发展的主要探索过程如表 14-2 所示：

表 14-2　国内外对社会主义发展的主要探索过程

要点	具体内容
国外对社会主义发展的主要探索过程	①苏联十月革命胜利后，列宁以新经济政策代替战时共产主义政策，标志着列宁建设社会主义的思想逐步形成。 ②斯大林继续进行探索，苏联从 1928 年开始实行有计划的社会主义建设
我国对社会主义发展的主要探索过程	①1956 年底，社会主义“三大改造”基本完成，标志着社会主义公有制形成。 ②我国社会主义制度在实践中从国有经济实现形式的单一化转变为公有制实现形式的多样化，从排斥、打压非公有制经济转变为鼓励、支持非公有制经济。最终，我国确立了社会主义公有制为主体、多种所有制经济共同发展的基本经济制度和按劳分配为主体、多种分配方式并存的分配制度

(2)在社会主义的探索过程中取得的经验和教训：

①经济文化相对落后的社会主义国家必须重视生产力的发展，以经济建设为中心，集中力量发展社会生产力；

②必须适应生产力的客观要求，改革生产关系；

③必须严格遵循客观规律的要求，以科学的态度看待资本主义发达国家生产力发展、生产关系调整、经济体制构建等方面的实践经验，进行有选择地学习和借鉴，制定建设社会主义的基本方略和具体政策；

④必须坚持实事求是，一切从实际出发，理论联系实际。

考点三：从实际出发不断发展和完善社会主义经济制度 ★★

1. 社会主义的本质要求和社会主义经济制度的一般特征

(1)社会主义的本质：

社会主义的本质是指社会主义制度所固有的根本属性，它集中体现着社会主义制度的优越性。社会主义的本质，是解放生产力，发展生产力，消灭剥削，消除两极分化，最终达到共同富裕。

(2)社会主义经济制度的基本特征：

①解放和发展生产力，创造高度发达的生产力。

②以共同富裕为根本目标。

③对个人消费品实行“各尽所能、按劳分配”为主的分配制度。

④能够实行强有力的宏观调控，是社会主义市场经济的内在要求。

⑤坚持创新、协调、绿色、开放、共享的新发展理念。

⑥坚持公有制的主体地位，是社会主义市场经济的基本标志。

⑦大力发展社会主义文化，建设社会主义精神文明。

⑧以人为本，构建和谐社会，坚持人与自然和谐共生。

2. 从实际出发建设中国特色的社会主义(见表 14-3)

表 14-3　从实际出发建设中国特色的社会主义

要点	成果
以毛泽东同志为核心的党的第一代中央领导集体	①指导中国新民主主义革命取得了胜利； ②完成了社会主义改造； ③建立了社会主义基本制度； ④成功实现了中国历史上最深刻、最伟大的社会变革
以邓小平同志为核心的党的第二代中央领导集体	①开创改革开放伟大事业； ②提出建设有中国特色的社会主义理论
以江泽民同志为核心的党的第三代中央领导集体	①带领全党全国各族人民坚持党的基本理论、基本路线； ②确立了向社会主义市场经济体制的改革目标和基本框架； ③确立了社会主义初级阶段的基本经济制度和分配制度

续表

要点	成果
以胡锦涛同志为总书记的党中央	①提出要在全面小康社会的建设进程中坚持实践创新、理论创新和制度创新； ②坚持以人为本、全面协调可持续的发展观念； ③在新的历史起点上成功地坚持和发展了中国特色社会主义
以习近平同志为核心的党中央	①提出一系列新理念新思想新战略； ②出台一系列重大方针政策； ③推出一系列重大举措和重大工作； ④解决了许多长期想解决而没有解决的难题，办成了许多过去想办而没有办成的大事； ⑤推动党和国家事业发生历史性变革

14.2　课后习题详解

问答题

1. 怎样运用马克思主义的基本原理认识社会主义制度首先在经济文化相对落后国家建立的历史事实？

答：(1)马克思主义关于社会制度变革的基本原理：

按照科学社会主义理论和历史唯物主义的观点来认识，生产力是最活跃最革命的因素，是社会发展的最终决定力量。生产力与生产关系、经济基础和上层建筑的矛盾，构成社会的基本矛盾。这个基本矛盾的运动，决定着社会性质的变化和社会经济政治文化的发展方向。社会主义革命率先在苏联和中国等落后国家发生并取得成功，社会主义经济制度率先在落后国家建立，是国际资本主义内部不可克服的基本矛盾逐渐激化的必然结果，是这种基本矛盾转嫁到落后国家使其具备了发生革命的全部客观依据的必然结果，是对科学社会主义理论的验证和在实践中的丰富和发展。

(2)社会主义经济制度率先在经济文化相对落后国家建立的原因参见本章“复习笔记”相关内容。

2. 怎样理解经济文化相对落后国家建设社会主义的长期性和艰巨性？

答：(1)经济文化相对落后国家建设社会主义的长期性和艰巨性：

①在这些国家里大力发展生产力，赶上和超过发达国家是一个长期而艰巨的历史任务。

②在这些国家里建设社会主义精神文明、发展社会主义民主与完善社会主义法制，充分显示社会主义制度的优越性，也将是一个长期而艰巨的历史任务。

③这些国家的建设和发展是在与资本主义国家并存的环境下，在资本主义发达国家主导的世界政治经济秩序中曲折前进的，面临着国际环境的严峻挑战。

④这些国家的执政党和广大人民对社会主义发展道路的探索，对社会主义建设客观规律的认识和利用，需要一个长期的艰苦的过程。

(2)决定这种长期性和艰巨性的因素参见本章“复习笔记”相关内容。

3. 谈谈对社会主义本质要求和社会主义经济制度一般特征的理解。

答：参见本章“复习笔记”相关内容。

4. 试论从实际出发坚持和发展中国特色社会主义。

答：(1)一切从实际出发，实事求是是马克思主义的精髓。

马克思主义科学社会主义理论为各国的社会主义建设和发展提供了理论的指导，社会主义的一般规定性和本质为各国的社会主义建设提供了共同遵循的一般原则。但是，社会主义建设的实践证明，社会主义各国的具体国情是不同的，社会主义制度赖以建立的基础条件、生产力发展水平、社会发展阶段等都有差异，所以，在进行社会主义探索，进行社会主义建设的过程中，在遵循社会主义的本质规定性的同时，必须从本国的国情出发，建设适合本国国情的社会主义。

(2)马克思、恩格斯、列宁和毛泽东、邓小平、江泽民、胡锦涛及习近平，都为我们做出了一切从实际出发，实事求是，理论联系实际的光辉典范。

(3)从实际出发，理论联系实际，建设中国特色社会主义。

要把社会主义事业进一步推向胜利，必须在继承前人的基础上，勇于和善于根据实践的要求进行创新，坚持一切从实际出发，自觉地把思想认识从那些不合时宜的观念、做法和体制中解放出来，从主观主义和形而上学的桎梏中解放出来，坚持科学的态度，站在时代前列，立足于新的实践，大胆进行探索。只有这样，社会主义制度才能得到发展和完善，社会主义的优越性才能更加充分地发挥出来。

邓小平理论、“三个代表”重要思想、科学发展观以及习近平新时代中国特色社会主义思想等重大战略思想，构成中国特色社会主义理论体系。这个理论体系，凝结了几代中国共产党人带领人民不懈探索实践的智慧和心血，是马克思主义中国化的最新成果，在当代中国，坚持中国特色社会主义理论体系，就是真正坚持马克思主义。

社会主义在几十年的发展中，已经取得了巨大的成就，积累了正反两个方面的宝贵经验。但是从它的长期发展过程来说，它还处于实践和发展的初期，还不成熟，不完善。根据不同的国情，在科学社会主义理论的指导下，探索具有本国特点的社会主义发展道路，依然是摆在各国人民面前的艰巨任务。

14.3　考研真题详解

问答题

从改革和开放的实际出发，试论建设和发展有中国特色社会主义的含义及其意义。（南开大学2008研）

答：(1)中国特色社会主义的内涵：

中国特色社会主义的伟大历史性创造，体现在实践上，就是开辟了中国特色社会主义道路；体现在理论上，就是形成了中国特色社会主义理论体系；体现在制度上，就是确立了中国特色社会主义制度；体现在文化上，就是形成了中国特色社会主义文化。可见，中国特色社会主义包括中国特色社会主义道路、中国特色社会主义理论体系、中国特色社会主义制度、中国特色社会主义文化，具有丰富而深刻的内涵。

①中国特色社会主义道路，是实现我国社会主义现代化和创造人民美好生活的必由之路。中国特色社会主义道路，就是在中国共产党领导下，立足基本国情，以经济建设为中心，坚持四项基本原则，坚持改革开放，解放和发展社会生产力，建设社会主义市场经济、社会主义民主政治、社会主义先进文化、社会主义和谐社会、社会主义生态文明，促进人的全面发展，逐步实现全体人民共同富裕，建设富强民主文明和谐美丽的社会主义现代化国家。

②中国特色社会主义理论体系，是沿着中国特色社会主义道路实现中华民族伟大复兴的正确理论。中国特色社会主义理论体系，就是包括邓小平理论、“三个代表”重要思想、科学发展观、习近平新时代中国特色社会主义思想在内的科学理论体系，是对马克思列宁主义、毛泽东思想的坚持和发展。

③中国特色社会主义制度，是当代中国发展进步的根本制度保障。中国特色社会主义制度，就是人民代表大会制度的根本政治制度，中国共产党领导的多党合作和政治协商制度、民族区域自治制度以及基层群众自治制度等基本政治制度，中国特色社会主义法律体系，公有制为主体、多种所有制经济共同发展的基本经济制度，以及建立在这些制度基础上的经济体制、政治体制、文化体制、社会体制、生态文明体制、党的建设制度等各项具体制度。

④中国特色社会主义文化，是激励全党全国各族人民奋勇前进的强大精神力量。源自中华民族五千多年文明历史所孕育的中华优秀传统文化，熔铸于党领导人民在进行革命、建设、改革中创造的革命文化和社会主义先进文化，根植于中国特色社会主义伟大实践。

中国特色社会主义道路是实现途径，中国特色社会主义理论体系是行动指南，中国特色社会主义制度是根本保障，中国特色社会主义文化是强大精神力量，四者统一于中国特色社会主义伟大实践，这是党领导人民在建设社会主义长期实践中形成的最鲜明特色。

(2) 中国特色社会主义的意义：

党的十八大报告明确指出：“建设中国特色社会主义，总依据是社会主义初级阶段，总布局是五位一体，总任务是实现社会主义现代化和中华民族伟大复兴。”这一重要论断，为中国特色社会主义的全面发展明确了奋斗方向和努力目标，规划了整体布局，规定了基本任务。它是我们党不断深化对中国特色社会主义规律认识的新成果，对于我们坚持一切从实际出发，立足基本国情，夺取中国特色社会主义新胜利具有重大意义。

第15章　社会主义初级阶段及其根本任务

15.1　复习笔记

【知识框架(庖丁解牛)】

- 社会主义初级阶段及其根本任务
  - 社会主义初级阶段的主要矛盾和根本任务
    - 社会主义初级阶段的规定性
    - 提出社会主义初级阶段的客观依据
    - 社会主义初级阶段理论的意义
    - 社会主义初级阶段的主要矛盾
    - 社会主义初级阶段的根本任务
    - 提高保障和改善民生
  - 社会主义初级阶段的基本经济制度
    - 社会主义初级阶段的基本经济制度的确立及依据
    - 公有制经济的本质、实现形式及主体地位
    - 多种所有制经济共同发展
  - 社会主义初级阶段的分配制度
    - 按劳分配和按生产要素参与分配
    - 社会主义初级阶段的基本分配制度
    - 社会主义初级阶段的公平与效率
    - 社会主义初级阶段的收入差距及其调节

【考点难点归纳(厚积薄发)】

考点一：社会主义初级阶段的主要矛盾和根本任务　★★★★

1. 社会主义初级阶段的规定性

(1)我国已经是社会主义社会。

(2)我国的社会主义社会还处在初级阶段。

2. 提出社会主义初级阶段的客观依据

(1)由我国生产力发展状况决定：我国的社会生产力水平还比较低。

(2)由我国的生产关系和上层建筑性质决定：公有制和按劳分配还不成熟、不完善；我国民主政治制度的具体领导制度、组织形式和工作方式还不完善。

3. 社会主义初级阶段理论的意义

(1)理论意义：

社会主义初级阶段理论是马克思主义关于社会主义发展阶段的新论断，是中国特色社会主义理论体系的立论基础。社会主义初级阶段理论是建设中国特色社会主义的总依据，

是党制定和执行正确路线、方针、政策的基本出发点。

(2)实践意义:

社会主义初级阶段理论是指导我国进行社会主义建设的强大思想武器。从我国的客观实际出发提出的社会主义初级阶段理论，是适应现代化建设和改革的需要的科学论断，是我国社会主义建设实践经验的总结。

4. 社会主义初级阶段的主要矛盾(见表 15-1)

表 15-1　社会主义初级阶段的主要矛盾

要点	具体内容
内容	我国社会主要矛盾在中国特色社会主义进入新时代后，已经转化为人民日益增长的美好生活需要和不平衡不充分的发展之间的矛盾
两个主要方面	①我国社会生产力水平总体上显著提高，已经不是“落后的社会生产”那样一种局面了，发展不平衡不充分的问题在新时代凸显出来。 ②人民需要的内容和层次呈现多样化多层次多方面的特点，不仅对物质文化生活提出更高要求，而且从人的全面发展和社会全面进步的角度提出更多要求
意义	①实现了马克思主义关于社会矛盾的基本原理与新时代中国实际相结合的新飞跃。 ②标志着人民需要的拓展提升、经济社会发展的前进上升，更好的推动人的全面发展和社会全面进步。 ③反映了解决不平衡不充分问题的基本途径，贯彻新发展理念，全面推进物质文明、精神文明、政治文明、社会文明、生态文明协调发展。 ④是中国特色社会主义进一步发展的必然选择，也是新时代的内在根据和重要标志，推进国家治理体系和治理能力现代化迈上新台阶。 ⑤反映了我国社会发展的客观实际，是制定党和国家大政方针、长远战略的重要依据，为夺取新时代中国特色社会主义伟大胜利提供了重要指引

5. 社会主义初级阶段的根本任务(见表 15-2)

表 15-2　社会主义初级阶段的根本任务

要点	具体内容
任务内容	集中力量发展生产力，解放和发展社会生产力
决定因素	①是由社会主义的主要矛盾及其解决所决定的。 ②是建立社会主义物质基础的要求。 ③是社会主义最终战胜资本主义的客观要求。 ④是消灭剥削和消除两极分化、最终实现共同富裕的要求。 ⑤是实现全面建成小康社会，建成富强民主文明和谐美丽的社会主义现代化国家，实现中华民族伟大复兴，最终实现共产主义的要求
具体要求	①必须坚持以经济建设为中心，统筹推进经济、政治、文化、社会、生态文明“五位一体”建设总体布局、协调推进全面建成小康社会、全面深化改革、全面依法治国、全面从严治党“四个全面”战略布局。 ②必须尊重劳动、尊重知识、尊重人才、尊重创造。 ③必须大力发展科学技术。 ④必须深化改革开放

6. 提高保障和改善民生

(1)要优先发展教育事业。

(2)要提高就业质量和人民收入水平。

(3)要加强社会保障体系建设。

(4)要脱贫攻坚。

(5)实施健康中国战略。

考点二：社会主义初级阶段的基本经济制度 ★★★★

1. 社会主义初级阶段的基本经济制度的确立及依据(见表15-3)

表15-3 社会主义初级阶段的基本经济制度的确立及依据

要点	具体内容
社会主义初级阶段的基本经济制度	以公有制为主体、多种所有制经济共同发展
社会主义初级阶段的基本经济制度的确立依据	①我国是社会主义国家，公有制是社会主义经济制度的基础，也是社会主义生产关系的本质特征。没有公有制的主体地位，社会主义现代化建设就失去了力量。 ②我国的生产水平是多层次、不平衡的，与多种所有制经济相适应。在社会主义初级阶段，公有制经济本身的发展是不完善、不成熟的，这就需要发展多种所有制经济，来促进社会主义经济的发展。 ③一切符合“三个有利于”，即有利于发展社会主义社会的生产力、有利于增强社会主义国家的综合国力和有利于提高人民的生活水平的所有制形式，都可以而且应该用来为社会主义经济发展服务
坚持和完善基本经济制度	①毫不动摇地巩固和发展公有制经济。 ②毫不动摇地鼓励、支持和引导非公有制经济发展。 ③完善农村基本经营制度。 ④保证各种所有制经济在市场中平等竞争，相辅相成、相得益彰、相互促进、共同发展

2. 公有制经济的本质、实现形式及主体地位(见表15-4)

表15-4 公有制经济的本质、实现形式及主体地位

要点	具体内容
概念	公有制是生产资料归劳动者共同所有的形式，是与一定的生产力发展水平相适应的所有制形式
本质	生产资料的所有者可以自己或委托他人在全社会或社会的部分范围内运用生产资料进行生产，并凭借其对生产资料的所有权获得经济利益
实现形式	①社会主义全民所有制。 ②社会主义集体所有制。 ③股份制。 ④混合所有制

续表

要点	具体内容	
主体地位	对其主体地位的认识	①公有资产在社会总资产中占优势。 ②国有经济控制国民经济的命脉，对经济发展起主导作用。而国有经济的主导作用也主要体现在控制力上
	如何坚持其主体地位	①必须使公有资产在社会总资产中占优势。 ②必须使国有经济掌握和控制国民经济命脉与关系国家安全的领域，对整个国民经济的发展起主导作用

3. 多种所有制经济共同发展

在我国现阶段，个体、私营、外资等各种形式的非公有制经济是社会主义市场经济的重要组成部分，具体内容如表 15-5 所示：

表 15-5　非公有制经济

要点	具体内容	
形式	个体经济	指一种生产资料归劳动者个人所有，由劳动者个人及其家庭成员直接支配和使用其生产资料从事生产经营活动的小私有制经济形式
	私营经济	指一种生产资料属于私人所有、存在着雇佣劳动和剥削关系的私有制经济成分
	外资经济	指随着我国实行对外开放政策、积极发展对外经济关系、大力引进外资而迅速发展起来的重要经济形式
作用	市场导向较为明确，经营机制比较灵活，同市场的兼容性较强，有利于提供多样化的产品和服务，繁荣市场和流通，支撑经济增长，促进科技创新，改善民生、满足多方面的需求，扩大就业机会，增加国家税收	

考点三：社会主义初级阶段的分配制度 ★★★★

1. 按劳分配和按生产要素参与分配

(1)按劳分配的具体内容如表 15-6 所示：

表 15-6　按劳分配

要点	具体内容
含义	①按社会必要劳动所创造的价值分配。 ②只有在统一经营的公有制经济中的统一分配才是按劳分配。只有全民所有制职工的工资和奖金，才是比较完全意义的按劳分配收入。 ③按劳动力的价值分配。 ④按活劳动和物化劳动共同创造的价值分配
基本要求	①在全社会范围内，社会在对社会总产品作了各项必要的扣除之后，以劳动者提供的劳动(包括劳动数量和质量)为唯一的尺度分配个人消费品，实行按等量劳动领取等量报酬和多劳多得、少劳少得、不劳动者不得食的原则。 ②按劳分配所依据的劳动排除任何客观因素，只包括劳动者自身脑力与体力的支出。 ③作为分配尺度的劳动，既不是劳动者实际付出的个别劳动，也不是决定商品价值的社会必要劳动，而是劳动者在平均熟练程度和平均劳动强度下生产单位使用价值所耗费的社会平均劳动

续表

要点	具体内容
前提条件	①在全社会范围内实现生产资料公有制。 ②经济社会条件要能够保证劳动者各尽所能。 ③商品经济已经消亡。 ④社会可以统一对社会总产品作各项扣除
意义	①可以排除凭借对生产资料的占有而占有他人劳动成果的可能，从而对实现共同富裕的目标具有重要意义。 ②将劳动者的劳动和报酬直接联系起来，从而使每个劳动者从物质利益上关心自己的劳动成果，这有利于促进社会生产力的发展。 ③实现了劳动平等和报酬平等，有利于实现社会分配的公平与公正，从而可以调动劳动者的积极性

(2)按生产要素分配：

按生产要素分配是指各种要素都应根据其在生产中所做出贡献的大小来参与收益分配，获得相应报酬的一种分配制度。社会主义的工资、利息、地租、利润分别是投入劳动、资金、土地、资本所得的报酬。

2. 社会主义初级阶段的基本分配制度(见表15-7)

表15-7　社会主义初级阶段的基本分配制度

要点	具体内容
内容	实行按劳分配为主体、多种分配方式并存的分配制度，把按劳分配和按生产要素分配结合起来
实行原因	①以公有制为主体、多种所有制经济共同发展的所有制结构决定了劳动者的收入来源多样化，进而决定了这种分配方式的实行。 ②在市场经济条件下，存在资本、劳动力、土地、技术等生产要素，而这些生产要素在生产中各自发挥了相互不可替代的作用，为了适应市场经济发展的需要，必须实行这样的分配体制。 ③按劳分配为主体、多种分配方式并存的分配制度与我国现阶段生产力发展水平相适应，这是实行的最终原因
作用	有利于调动社会广大成员的积极性，把分散的人力、物力、财力和技术动员起来进行现代化建设，实现社会资源的充分利用和合理配置

3. 社会主义初级阶段的公平与效率(见表15-8)

表15-8　社会主义初级阶段的公平与效率

要点	具体内容	
效率	概念	从宏观上是指社会资源的合理配置，通过将社会资源合乎比例地分配到社会各部门、各地区和各企业，使有限的社会资源被有效地加以利用，从而取得最好效益。从微观上是指经济组织在既定的投入和技术的约束下使人们的需要尽可能得到最大满足的经济资源利用状态
	效率与分配	效率体现在生产中，但由于要素所有者的报酬，决定要素在生产中的分配，所以分配对效率影响极大
	个人收入分配中的效率	强调效率重要，必须让市场在资源配置中发挥决定性作用，由市场来决定各种生产要素的价格，促进降低成本和提高效益，从而决定居民的劳动收入和资产收益的水平

续表

要点	具体内容	
公平	概念	是公正与平等的统称。个人收入分配中的公平是指权利与利益平等并相对应的原则
	内容	①投入与收入公平是指人们的各种投入，包括劳动、经营、知识、信息、科技、资本等方面的投入，应与其收入达到适度平衡，使投入的变化与收入的变化相适应。 ②结果公平是指社会各阶层成员的收入总体上应保持合理的收入差距，不能搞平均分配
效率与公平的关系	矛盾	①要保证最大限度的公平，有可能对效率的最大提高造成影响。 ②要保证效率的最大发挥则有可能会影响公平的实现
	统一	公平能促进效率，效率又能保证公平，二者相互促进
	处理原则	在建立和完善社会主义市场经济体制的过程中，既要发挥市场机制的优点，通过市场优化资源配置，提高经济效率，又要防止市场经济的自发运行引发过度的分配不公，扩大收入分配差距

4. 社会主义初级阶段的收入差距及其调节(见表 15-9)

表 15-9　社会主义初级阶段的收入差距及其调节

要点	具体内容
收入差距的类型	①合理、合法又适度的收入差距。 ②不合理、不合法、不适度的收入差距
收入差距不合理的原因	①对生产要素占有差别过分悬殊。 ②分配机制不完善。 ③分配秩序不够规范，收入调节力度不够等
调节收入差距不合理的主要措施	①进一步改进完善收入分配制度，抓好其他配套改革。 ②坚持按劳分配原则，完善按要素分配的体制机制，健全市场分配机制，发挥市场机制对分配的基础性调节作用。 ③加强法制建设和政府调控。 ④规范收入分配秩序

15.2　课后习题详解

一、概念题

1. 社会主义初级阶段(中央财经大学 2018 研)

答：社会主义初级阶段是指我国这样一个脱胎于半殖民地半封建社会的国家，在生产力落后、商品经济不发达条件下建设社会主义必然要经历的阶段，即从 1956 年社会主义改造基本完成到 21 世纪中叶社会主义现代化基本实现的整个历史阶段。社会主义初级阶段的科学论证具有重大的理论意义和实践意义，它丰富和发展了马克思主义关于科学社会主义的理论，是坚持把马克思的普遍真理同我国具体实践相结合的产物，另一方面，它是指导我国进行社会主义建设的强大思想武器。

2. 社会主要矛盾

答： 社会主要矛盾是指与社会中存在的其他诸种矛盾相比较而言，处于支配地位，对事物发展起决定作用的矛盾。它决定了我们不同历史发展阶段的根本任务。只有牢牢抓住社会主要矛盾，才能清醒地观察和把握社会矛盾的全局，有效地促进各种社会矛盾的解决。

现阶段，我国正处于社会主义初级阶段，当前我国社会的主要矛盾内容是人民日益增长的美好生活需要和不平衡不充分的发展之间的矛盾。这一矛盾有两个重要方面：①我国社会生产力水平总体上显著提高，已经不是“落后的社会生产”那样一种局面了，发展不平衡不充分的问题在新时代凸显出来；②人民需要的内容和层次呈现多样化多层次多方面的特点，不仅对物质文化生活提出更高要求，而且从人的全面发展和社会全面进步的角度提出更多要求。

我国社会主要矛盾的变化是关系全局的历史性变化。要在继续推动发展的基础上，着力解决好发展不平衡不充分问题，大力提升发展质量和效益，坚持质量第一、效率优先，以供给侧结构性改革为主线，推动经济发展质量变革、效率变革、动力变革，扩大优质增量供给，实现供需动态平衡，更好满足人民在经济、政治、文化、社会、生态等方面日益增长的美好生活需要，更好推动人的全面发展和社会全面进步。

3. 社会主义初级阶段基本经济制度

答： 社会主义初级阶段基本经济制度是指以公有制为主体、多种所有制经济共同发展的经济制度。也就是说，既要积极发展和壮大公有制经济，又要鼓励和支持其他非公有制经济的发展。这是由我国社会主义初级阶段的国情决定的：①我国是社会主义国家，必须坚持以公有制作为社会主义经济制度的基础。②我国处于社会主义初级阶段，生产力发展不平衡。与这种状况相适应，需要在以公有制为主体的条件下发展多种所有制经济。③以公有制经济为主体，多种所有制经济共同存在、共同发展已成为我国现实经济中客观存在的事实。

4. 社会主义初级阶段分配制度

答： 社会主义初级阶段分配制度是以按劳分配为主体、多种分配方式并存的分配制度，这是由社会主义初级阶段的客观经济条件决定的。社会主义初级阶段的生产力状况，决定了存在着以社会主义公有制为主体的多种所有制共同发展的所有制结构。一方面，按劳分配是社会主义公有制所要求的分配方式，而社会主义公有制又是社会主义初级阶段所有制结构的主体。所以，社会主义初级阶段的分配结构必须以按劳分配为主体。另一方面，在社会主义初级阶段的所有制结构中多种所有制并存和共同发展，多种所有制则要求与自身相适应的分配方式，这就决定了社会主义初级阶段的分配结构中必然存在多种分配方式。

二、问答题

1. 为什么说我国处于社会主义初级阶段，认识这一问题的理论意义和实践意义是什么？

答： (1)社会主义初级阶段是指我国这样一个脱胎于半殖民地半封建社会的国家，在生产力落后、商品经济不发达条件下建设社会主义必然要经历的阶段，即从1956年社会主义改造基本完成到 21 世纪中叶社会主义现代化基本实现的整个历史阶段。它有科学的规定性，即：

①我国已经是社会主义社会。我们必须坚持而不能离开社会主义，我国今后的发展不能偏离社会主义方向，要坚定不移地走社会主义道路。

②我国的社会主义社会还处在初级阶段。我们考虑一切问题，从事一切工作，都必须从社会主义初级阶段这个基本的实际出发，而不能超越这个阶段，否则就脱离了我国最基本的国情。

(2) 我国之所以处于社会主义初级阶段，其客观的依据有：

①由我国生产力发展状况决定。

从根本上讲就是我国的社会生产力水平还比较低。我国的社会主义制度不是脱胎于商品经济比较发达、已经实现工业化的资本主义社会，而是脱胎于商品化和生产社会化程度很低、自然经济占相当大比重的半殖民地半封建社会，生产力发展水平远远落后于发达的资本主义国家。

②由我国的生产关系和上层建筑性质决定。

a. 从生产关系来看，经过长时间的努力，作为社会主义基本特征的生产资料公有制和按劳分配的主体地位已经确立，这使我国实现共同富裕、避免两极分化的社会主义目标有了根本保证，并由此确立了我国经济的社会主义性质。

b. 从上层建筑来看，社会主义的上层建筑已经确立，社会主义基本政治制度已占社会统治地位，劳动人民成为国家主人，由此也确立了我国社会的社会主义性质。但我们的政治体制还有待改革，民主和法制两个方面都还有待进一步完善。

(3) 社会主义初级阶段的理论意义和实践意义参见本章“复习笔记”相关内容。

2. 中国特色社会主义进入新时代，我国社会主要矛盾发生了什么新变化？怎样理解我国社会主要矛盾的变化，没有改变我们对我国社会主义所处历史阶段的判断？

答：(1) 在 20 世纪 50 年代中期进入社会主义初级阶段时我国所面临的主要矛盾是，人民日益增长的物质文化需要同落后的社会生产之间的矛盾。我国社会主要矛盾在中国特色社会主义进入新时代后，已经转化为人民日益增长的美好生活需要和不平衡不充分的发展之间的矛盾。

(2) 我国社会主要矛盾的变化，没有改变我们对我国社会主义所处历史阶段的判断：

①我国社会主要矛盾的转化，是在社会主义初级阶段发展进程中的转化，这样的转化没有改变对我国社会主义所处历史阶段的判断，我国仍处于并将长期处于社会主义初级阶段的基本国情没有变，我国是世界最大发展中国家的国际地位没有变。

②经过长期探索，中国共产党人把马克思主义的基本原理与中国实际相结合，提出了社会主义初级阶段是中国最大的实际的论断，这是对长期社会主义建设经验的总结，是对马克思主义科学社会主义理论的丰富和发展。

③社会主义发展的实践证明，社会主义初级阶段是一个相当长的发展过程，在这一过程中，社会主义生产力的发展和生产关系、上层建筑的变革，社会主义制度的发展和完善，不会总是处在同一个水平上，还会经历若干个具体阶段，中国特色社会主义进入新时代，是社会主义初级阶段中的一个崭新的阶段。

3. 社会主义初级阶段的主要矛盾和根本任务是什么，如何大力发展生产力?

答：(1)社会主义初级阶段的主要矛盾：

①中国特色社会主义进入新时代，我国社会主要矛盾已经转化为人民日益增长的美好生活需要和不平衡不充分的发展之间的矛盾。

②人民日益增长的美好生活需要和不平衡不充分的发展之间的社会主要矛盾，包括两个重要的方面：

a. 一方面，我国生产力水平和由生产力水平决定的经济社会发展已经达到新的高度和水平，但发展不平衡不充分的问题还相当突出。

b. 另一方面，由生产力发展和经济社会发展决定的人们的生产关系和上层建筑领域也发生了新变革，人民日益增长的需要不仅在质和量上都上了新层次，而且在内涵上大大扩展，从物质文化的需要扩展到民主、法治、公平、正义、安全、环境等更高层次和更宽领域。

(2)社会主义初级阶段的根本任务：

我国社会主义初级阶段的根本任务是集中力量发展生产力，解放和发展社会生产力是中国特色社会主义的根本任务。这是由社会主义的本质和社会主义初级阶段的主要矛盾所决定的。

(3)如何大力发展生产力：

①要解放和发展生产力，必须坚持以经济建设为中心，统筹推进经济、政治、文化、社会、生态文明“五位一体”建设总体布局、协调推进全面建成小康社会、全面深化改革、全面依法治国、全面从严治党“四个全面”战略布局。

②要解放和发展生产力，必须尊重劳动、尊重知识、尊重人才、尊重创造。

③要解放和发展生产力，必须大力发展科学技术。

④要解放和发展生产力，必须深化改革开放。

4. 确定我国社会主义初级阶段基本经济制度的根据是什么?如何完善基本经济制度?(中央财经大学2017、2019研)

答：(1)确定我国社会主义初级阶段基本经济制度的根据：

把以公有制为主体、多种所有制经济共同发展作为社会主义初级阶段的基本经济制度确立下来，是由我国社会主义初级阶段的国情决定的。

①我国是社会主义国家，公有制是社会主义经济制度的基础，也是社会主义生产关系的本质特征。没有公有制的主体地位，社会主义现代化建设就失去了力量。

②我国的生产水平是多层次、不平衡的，与多种所有制经济相适应。在社会主义初级阶段，公有制经济本身的发展是不完善、不成熟的，这就需要发展多种所有制经济，来促进社会主义经济的发展。

③一切符合“三个有利于”，即有利于发展社会主义社会的生产力、有利于增强社会主义国家的综合国力和有利于提高人民的生活水平的所有制形式，都可以而且应该用来为社会主义经济发展服务。

(2)如何完善基本经济制度：

①毫不动摇地巩固和发展公有制经济。

②毫不动摇地鼓励、支持和引导非公有制经济发展。

③完善农村基本经营制度。

④保证各种所有制经济在市场中平等竞争，相辅相成、相得益彰、相互促进、共同发展。

5. 社会主义初级阶段为什么要实行以按劳分配为主体、多种分配方式并存的分配制度？如何完善这种制度？

答：(1)社会主义初级阶段以按劳分配为主体、多种分配方式并存的必然性：

①我国以公有制为主体、多种所有制经济共同发展的所有制结构决定了劳动者的收入来源多样化，进而决定了这种分配方式的实行。一方面，按劳分配是社会主义公有制所要求的分配方式，而社会主义公有制又是社会主义初级阶段所有制结构的主体。所以，社会主义初级阶段的分配结构必须以按劳分配为主体。另一方面，在社会主义初级阶段的所有制结构中多种所有制并存和共同发展，多种所有制则要求与自身相适应的分配方式。

②在市场经济条件下，存在资本、劳动力、土地、技术等生产要素，而这些生产要素在生产中各自发挥了相互不可替代的作用，为了适应市场经济发展的需要，必须实行这样的分配体制。

③按劳分配为主体、多种分配方式并存的分配制度与我国现阶段生产力发展水平相适应，这是实行的最终原因。

④为实现分配上的公平和防止收入差距过大，政府需通过财政政策进行转移支付、扶贫救济以及开展社会慈善事业等，使一部分人获得收入。

(2)如何完善以按劳分配为主体、多种分配方式并存的分配制度：

①坚持按劳分配原则，完善按要素分配的体制机制。

②健全市场分配机制，发挥市场机制对分配的基础性调节作用。

③在整个国民收入的消费基金用于个人消费的部分中，必须使通过按劳分配进行分配的部分占主体地位。

④在公有制企事业单位的劳动者的个人收入中，按劳分配的收入占主体地位。

15.3　考研真题详解

一、概念题

1. 按劳分配(中国人民大学 2000 研；上海财经大学 2000 研；武汉大学 2003 研；江西财经大学 2006 研)

答：按劳分配是社会主义公有制经济中以劳动为尺度分配个人消费品(在商品经济中表现为货币收入)的分配方式。

按劳分配的基本要求是：①在全社会范围内，社会在对社会总产品作了各项必要的扣除之后，以劳动者提供的劳动(包括劳动数量和质量)为唯一的尺度分配个人消费品，实行按等量劳动领取等量报酬和多劳多得、少劳少得、不劳动者不得食的原则；②按劳分配所依据的劳动排除任何客观因素，如土地、机器等生产资料的影响，只包括劳动者自身脑力与体力的支出；③作为分配尺度的劳动，既不是劳动者实际付出的个别劳动，也不是决定商品价值的社会必要劳动，而是劳动者在平均熟练程度和平均劳动强度下生产单位使用价值所耗费的社会平均劳动。

2. 混合所有制（南开大学 2004 研；财政部财科所 2014 研）

答：混合所有制是指在同一经济组织中，不同的产权主体多元投资、互相渗透、互相贯通、互相融合而形成的新的产权配置结构和经济形式。我国现阶段存在的混合所有制经济有三种基本类型：一是公有制经济与国内私营经济共同投资组成的合营经济；二是公有制经济与外资经济共同投资组成的中外合营经济，包括中外合资经济和中外合作经济；三是公有制经济与个体经济联合组成的合营经济。

3. 公平与效率（社科院研究生院 2007 研）

答：公平分为机会公平和结果公平。机会公平是指人们有平等的权利和机会来从事经济活动，在经济活动中有平等的机会来按其贡献获得相应的报酬，有平等的机会消费社会产品、积累私人财富和取得经济成就。结果公平是指人们获得的实际收入和拥有的财富均等。

效率是指社会利用现有资源进行生产所提供的效用满足程度，是一个社会效用或社会福利概念。如果利用现有资源进行生产所提供的效用满足程度越高，效率也就越高。效率通常包含以下三层含义：①技术效率，又称为生产效率，它是指生产活动中根据各种资源的物质技术联系，建立起符合生产条件性质的经济关系，合理地组织各种生产活动，充分有效地利用资源，提供尽可能多的产出。②资源配置效率，这是经济学上用得更为普遍的含义，它不仅包括企业内部的资源配置效率，而且包括整个社会要素和产品的有效配置是否实现最优。③制度效率，是指某种制度安排能够在成本最小化的状态下运行。

4. 私营经济（武汉大学 2003 研）

答：私营经济是指企业资产属于私人所有，存在雇佣关系的经济成分。在我国现阶段私营经济的存在有其必然性。私营经济是一种生产资料属于私人所有、存在着雇佣劳动和剥削关系的私有制经济成分。从本质上说，它属于资本主义性质的经济成分。在我国社会主义初级阶段，在公有制已经居于主体地位并需要大力发展社会主义市场经济以加快生产力发展的特定历史条件下，允许私营经济在一定范围内存在和适当发展，不仅是必要的，而且是有益的，它同个体经济一样，也是社会主义市场经济的重要组成部分。

5. 国民收入初次分配（东北财经大学 2008 研）

答：国民收入初次分配是指在生产部门中进行的国民收入分配。参与收入分配的主体主要有三个：政府、企业和个人。①政府的收入。主要表现为财政收入，其来源有：各种形式的税收、各部门上缴的利润，以及政府凭国有产权获取的收入，如国有企业上缴的折旧基金、国有土地有偿使用费等。②企业的收入。初次分配中企业的收入是指企业销售收入减去各种成本，再减去企业应向政府缴纳的各种税收和利润。初次分配中企业的收入加上企业从政府获得的各种财政补贴形成了企业的可支配收入。③个人收入。个人收入是指个人劳动或由于提供各种要素所得的收入减去应缴纳的个人所得税后的收入，如纳税后的工资、利息、利润、经营所得、知识产权所得等等。经过国民收入的初次分配后，形成了政府集中的纯收入、企业各类基金和要素所有者的个人收入三种基本的原始收入。这是国民收入再分配的出发点。

二、问答题

1. 怎样认识国有经济在国民经济中的主导作用主要体现在控制力上?（武汉大学2006研）

答：(1)国有经济的主导作用主要体现在控制力上，强调质的提高，并不是说不要量，而是应该保持必要的量，只是在经济发展的不同阶段，国有经济在不同的产业和地区的比重可以有所差别，其布局要相应调整。

(2)国有经济的主导作用表现在国有资产的配置结构上。国有资产主要应配置在关系国民经济命脉的重要行业和关键领域。国有经济需要控制的行业和领域主要是："涉及国家安全的行业，自然垄断的行业，提供重要公共产品和服务的行业，以及支柱产业和高新技术产业中的重要骨干企业。其他行业和领域，可以通过资产重组和结构调整，集中力量，加强重点，提高国有经济的整体素质。"

(3)国有经济的主导作用不仅体现在单一的国有企业上，而且体现在它绝对控股和相对控股以及它参股的企业上。经过产权重组和股份制改造，我国国有资产的配置形式也会多样化，将会形成国有独资、国有绝对控股、国有相对控股和国有参股多种企业形式。国家作为投资者，在这些企业里都会起到相应的作用，从而使国有经济的作用更加广泛。

(4)国有经济的主导作用主要表现在发挥大型、特大型国有企业的骨干作用上。我国国有资产高度集中于国有大型、特大型企业集团之中，它们在国民经济中占有绝对的支配地位。

(5)更为重要的是，国有经济的主导作用应当体现在其先导作用上。国有经济在国民经济结构调整、产业升级、技术改造、推广运用新技术、先进管理手段和管理经验、提高企业整体素质等方面发挥着先导作用。按照"有进有退、有所为有所不为"的原则，从战略上调整国有经济布局，国有经济在整个国民经济中的比重会减少，但国有经济比重减少不会削弱国有经济的主导作用。

2. 如何认识我国现阶段所有制结构中公有制是主体的内涵和外延?（北京大学2003研）

答：(1)公有制是主体的内涵：

社会主义公有制是指生产资料归劳动者公共所有的经济形式。它把生产者同作为公有财产的生产资料结合起来，排除了社会分为对抗阶级和人剥削人的现象，产生了合作和相互帮助的关系。社会主义公有制就其一般特征，可以概括为：①劳动者是生产资料的主人，在对生产资料的占有上形成一种新型的平等关系；②劳动者共同的生产资料，是为广大劳动者的利益服务的。在社会化大生产条件下，劳动者共同占有的生产资料是由微观企业单位使用的。

社会主义生产资料公有制作为社会主义经济制度的基础和标志，是我国经济改革的制度前提。坚持社会主义制度下的改革，首先就是坚持生产资料公有制，这是我们始终坚持的根本原则。

(2)公有制是主体的外延：

公有制外延扩展可分为表现形式和实现形式。在改革开放前，公有制的具体表现形式有两种：国有经济和集体经济。在我国现阶段，公有制经济不但包括国有经济和集体经济，还包括混合所有制经济中的国有成分和集体成分。混合所有制经济中的国有成分和集体成分以两种形式存在：一种是混合所有制经济中由国有经济或集体经济控股的；另一种虽不控股，但在混合所有制经济中占一定比例。无论是哪种情况，都是公有制经济。

公有制外延的第二次扩展是随着生产力的发展其实现形式逐渐实现多样化。公有制的实现形式是由社会化生产规律决定的。由于生产力发展水平不同，资源的分布不平衡，又由于社会财富占有的多元化以及人们消费需求的多样性，决定了生产经营和组织方式必须是多种多样的。各种所有制经济都要有适合自己发展的生产经营和组织方式。我国现阶段的所有制结构是一个多元的结构：多种经济成分并存，公有制是主体。即不仅存在全民、集体所有制两种公有制形式，还存在个体经济、私营经济、“三资企业”及各种混合经济，是生产关系必须要适应生产力的结果。在社会主义初级阶段条件下，要利用一切能够反映社会化生产规律的经营方式和组织方式，使公有制的实现形式多样化。

(3)必须坚持公有制的主体地位的体现：

我国是社会主义国家，必须坚持将公有制作为社会主义经济制度的基础。社会主义制度是建立在生产资料社会主义公有制基础上的，公有制是社会主义的本质特征和根本标志，否定了公有制也就否定了社会主义。因此，要坚持和发展社会主义，就必须坚持公有制在整个国民经济中的主体地位，巩固和发展公有制经济。

3. 为什么在市场经济条件下财富的分配采取要素分配方式？(南开大学2006研)

答：在市场经济条件下，财富的分配采取要素分配方式。这是由以下三方面决定的：

(1)要素在社会财富创造中有不可或缺的作用。在这里，必须首先明确，劳动是价值的唯一源泉，但不是使用价值的唯一源泉，即不是社会财富的唯一源泉。所以，价值是由劳动创造的并不意味着由包括劳动在内的各种要素创造的使用价值只能分配给劳动。其他要素也应当参与分配。

(2)市场经济配置资源的特定的经济运行方式决定要素分配是市场经济共有的分配形式。只要市场经济存在，只要生产要素采取市场配置方式，则收入分配就必然采取按生产要素分配的方式。因为物资和劳务产品生产时投入的资源，其配置由市场调节，而市场调节正是通过要素提供者所获得报酬的上下波动来实现的。只有报酬的波动，即要素价格的波动，才会使要素流动组合按市场要求得到配置。而要素价格的实现，就是按要素分配的实现，所以只要存在市场经济，就要按要素分配。

(3)生产要素的重要性、稀缺性与归不同所有者所有，决定按要素分配的普遍性。生产要素在财富创造中的必要性决定了它的重要性，而生产要素的普遍稀缺，决定了它不可能无限地随意得到，二者结合，导致人们对它的占有。这样，当生产要素再投入生产过程时，必须经过其所有者的同意，并分给所有者相应的生产成果，即形成按生产要素的分配。只要存在生产要素的重要性和稀缺性，就一定存在按生产要素进行分配的必然性。

4. 试论马克思劳动价值论与我国现阶段收入分配的基本原则。(部财政科学研究所2007研)

答：(1)马克思劳动价值论的主要内容：

①抽象劳动创造价值的原理。

马克思在他首创的劳动二重性学说中指出抽象劳动是形成价值的实体，是商品经济中社会劳动的存在形式。它反映着商品生产所特有的社会生产关系。价值是通过物与物的形式表现出来的人与人的关系。

②社会必要劳动时间决定价值量的原理。

商品价值是由社会必要劳动时间决定的。而社会必要劳动时间，是“在现有的社会正常的生产条件下，在社会平均的劳动熟练程度和劳动强度下制造某种使用价值所需要的劳动时间”。

③价值形成过程的原理。

商品的生产过程是劳动过程和价值形成过程的统一。作为劳动过程，具体劳动创造商品的使用价值；作为价值形成过程，抽象劳动创造出商品价值。具体劳动在创造使用价值的同时，把生产资料中包含的物化劳动转移到商品之中，同时作为抽象劳动又把新的价值凝结在商品之中。

④价值增殖过程的原理。

资本能够增殖的原因在于，劳动力是能够创造价值的商品，资本家购买劳动力的垫付资本，只是劳动力的价值，这部分价值劳动者在必要劳动时间内就能够创造出来，而必要劳动时间以外的剩余劳动时间创造出剩余价值，从而使资本增殖。

⑤商品价值构成的原理。

从价值增殖过程看，价值由生产资料的物化劳动、劳动者的必要劳动和剩余劳动三部分组成。从资本主义生产者的角度看，价值由补偿购买生产资料的不变资本 c 和补偿购买活劳动的资本 v 及劳动者创造的剩余价值 m 三部分组成。

(2)我国现阶段收入分配的基本内容和原则：

社会主义初级阶段全社会的个人收入分配制度，是以按劳分配为主体、多种分配方式并存的分配制度，这是由社会主义初级阶段的客观经济条件决定的。

(3)马克思劳动价值论与我国收入分配制度：

①深化对社会主义劳动和劳动价值论的研究和认识。

马克思的劳动价值论揭示了当时资本主义生产方式的运行特点和基本矛盾。现阶段，我国发展社会主义市场经济，与马克思主义创始人当时所面对和研究的情况有很大不同。我国应结合新的实际，深化对社会主义劳动和劳动价值论的研究和认识。随着经济的发展，广大人民群众的生活水平不断提高，个人的财产也逐渐增加。在这种情况下，不能简单地把有没有财产、有多少财产当作判断人们政治上先进与落后的标准，而主要应该看他们的思想政治状况和现实表现，看他们的财产是怎么得来的以及对财产怎样支配和使用，看他们以自己的劳动对建设有中国特色的社会主义事业所做的贡献。

②正确认识劳动的质与量。

深化对社会主义劳动和劳动价值理论的认识，正确认识劳动的质与量，不能把按劳分配等同于按劳动的自然时间进行分配。在收入分配中，应充分体现科技人员和经营管理人员的劳动价值，多劳多得，优劳优酬，使同一单位的职工收入差别与他们的劳动数量和质量的差别结合起来。

③按要素分配没有否定劳动价值论。

劳动价值论是研究价值创造的理论，不是研究价值分配的理论，按要素分配是属于分配的范畴。资本、土地等生产要素虽然不创造价值，但却是价值形成必不可少的物质条件，应该参与分配。价值创造和价值分配是两个不同性质的问题，不能混淆，按要素分配没有否定劳动价值论。

5. 结合实际论述我国在经济转型期间应如何进一步完善社会主义基本经济制度。（西南财经大学 2012 研）

答：（1）我国的社会主义基本经济制度：

社会主义初级阶段基本经济制度是指以公有制为主体、多种所有制经济共同发展的经济制度。也就是说，既要积极发展和壮大公有制经济，又要鼓励和支持其他非公有制经济的发展。

（2）进一步完善社会主义初级阶段的基本经济制度：

①我国是社会主义国家，必须坚持将公有制作为社会主义经济制度的基础，也是社会主义生产关系的本质特征。社会主义制度是建立在生产资料社会主义公有制基础上的，公有制是社会主义的本质特征和根本标志，否定了公有制也就否定了社会主义。因此，要坚持和发展社会主义，就必须坚持公有制在整个国民经济中的主体地位，巩固和发展公有制经济。

②我国正处在社会主义初级阶段，需要在公有制为主体的条件下发展多种所有制经济。社会主义初级阶段是我国最基本的国情，初级阶段最显著的特征是生产力水平低、不平衡和多层次，整个国民经济正处在从不发达状态向现代化转变的过程中，与初级阶段生产力的这种多样性状况相适应，客观上必然要求建立多种所有制经济长期并存共同发展的所有制结构。

③一切符合“三个有利于”，即有利于发展社会主义社会的生产力、有利于增强社会主义国家的综合国力和有利于提高人民的生活水平的所有制形式，都可以而且应该用来为社会主义经济发展服务。社会主义初级阶段的根本任务是解放和发展生产力。因此，必须在各项工作中始终坚持生产力标准，以“三个有利于”为尺度来检验和评价改革及各项具体工作的成败得失，来检验和评价对各种所有制经济乃至整个所有制结构的调整与变革。实践证明，改革开放以来，与我国现阶段的基本国情不相适应的那种公有制一统天下、“一大二公三纯”的所有制结构得到改革，逐步形成以公有制为主体、多种所有制经济共同发展的所有制结构，促进了我国社会生产力的快速健康发展。

④建立和逐步完善社会主义市场经济体制既是我国社会主义初级阶段经济体制改革的基本目标，也是我们解放和发展生产力的根本途径。而我国改革开放以来的实践已经充分证明，个体、私营等各种形式的非公有制经济，是社会主义市场经济的重要组成部分，对充分调动社会各方面的积极性、完善社会主义市场经济体制、加快生产力发展具有重要作用。

总之，以公有制为主体、多种所有制经济共同发展的所有制结构，既体现了我国社会主义制度的性质和本质特征，又与我国社会主义初级阶段生产力的状况相适应，并与我国现阶段大力发展社会主义市场经济的客观要求相适应，能够促进我国生产力的较快发展。

因此，必须把这一所有制结构作为我国现阶段的基本经济制度长期坚持下来，并不断加以调整和完善。

6.《中共中央关于构建社会主义和谐社会若干重大问题的决议》提出了“在经济发展基础上，更加注重社会公平”的方针，请回答：

(1)为什么要更加关注社会公平?

(2)从收入分配的角度看出，注重社会公平应从哪些方面入手?

(3)注重公平和提高效率的关系是什么?（中国人民大学 2007 研）

答：(1)要更加关注社会公平的原因：

①更加注重社会公平，是我国现阶段贫富差距较大国情的要求。改革开放之后，为了经济的发展，提出了效率优先、兼顾公平。随着我国经济的发展和人民生活水平的提高，城乡差距和区域差距日益拉大，不利于社会的公平正义和经济发展。

②更加注重社会公平，是我国建设全面小康和和谐社会的要求。我国现阶段的小康社会是不平衡的、不全面的、低水平的小康社会，更加注重社会公平、缩小贫富差距是建设全面小康社会的必然要求。和谐社会的公平正义标准要求社会各方面的利益关系得到妥善协调，人民内部矛盾和其他社会矛盾得到正确处理，社会公平和正义得到切实维护和实现，这与注重社会公平是根本一致的。

(2)更加注重社会公平，总的说来应该调节过高收入，增加较低收入，扩大中等收入人群比例，取缔非法收入。

从具体的措施来说政府可以通过税收和福利政策来影响社会的收入分配。

①税收政策：个人所得税是一种累进税，即根据收入的高低确定不同的税率，对高收入者按高税率征税，对低收入者按低税率征税甚至不征税。征收遗产税、赠与税、财产税、消费税尤其是奢侈性商品和劳务的消费税，通过这些税收来纠正财产分配的不平等。这些税收措施有利于缩小社会成员之间的收入差距，从而有助于实现收入分配的均等。

②社会福利政策是通过增加低收入者的收入来实现收入均等的。福利政策内容包括：各种形式的社会保障和社会保险，包括失业保险、工伤保险、养老保险、医疗保险等；保护劳动者的各种立法，包括最低工资法、最高工时法以及环境保护、食品和医疗卫生等法；各种福利设施和公共工程的建设，包括住房建设、教育、文化等各种社会服务设施的建设。

(3)注重公平和提高效率的关系：

①公平与效率的关系。

个人收入分配中公平与效率的关系是一个矛盾的统一体。在社会主义制度下，效率与公平是辩证统一的关系。在我国社会主义初级阶段的个人收入分配中，必须兼顾效率与公平，以效率促进公平，以公平实现效率，实现效率与公平的有机统一。

②公平与效率兼顾。

市场经济运行机制要求平等，但又不能过分平等。公平和效率必须兼顾，兼顾的原则有以下三条：

a. 在效率优先的前提下兼顾公平。公平必须以经济发展尤其效率的提高为条件。

b. 要针对公平和效率在不同时期所表现的不同特点，抓住问题的主要倾向来协调两者关系。公平和效率的矛盾在任何时候都存在，但有时候公平可能更重要，而另一些时候，效率则更突出。

c. 要首先保证遵循公平和效率兼顾的某些原则，在这些原则被遵循后，也要在其他方面找到一些能以尽可能小的不公平换取尽可能高的效率，或以尽可能小的效率损失换取尽可能大的公平的途径，以降低效率与公平替代的机会成本。

7. 中共十八大报告指出，共同富裕是中国特色社会主义的根本原则。试论述：

(1)为什么说共同富裕是中国特色社会主义的根本原则?

(2)如何实现共同富裕?（中国人民大学2013研）

答：胡锦涛同志在党的十八大报告中指出："必须坚持走共同富裕的道路。共同富裕是中国特色社会主义的根本原则"。

(1)共同富裕是中国特色社会主义的根本原则：

共同富裕是中国特色社会主义的重要内容和根本目的，是社会主义最本质的规定，是建设富强、民主、文明、和谐、美丽的社会主义现代化强国的条件和要求。

社会主义的根本任务是解放生产力，发展生产力，根本目的是消灭剥削，消除两极分化，最终达到共同富裕。其中前者是后者的基础，只有经济发展了，才能达到共同富裕，后者是最终目标与实现方式。

社会主义要实现全体劳动人民的共同富裕，"让所有劳动者过最美好最幸福的生活"，这是社会主义区别于以往一切社会制度的本质所在。原始社会没有私有制，没有阶级剥削与对立，平均分配，没有收入分配上的不公平，但由于生产力极端落后，不可能有共同富裕和美好的生活。奴隶制度、封建制度、资本主义制度，都存在阶级剥削与对立，存在贫富两极分化，不可能共同富裕。因此，中国特色社会主义强调以经济建设为中心，快速发展生产力，保障和改善民生，走共同富裕道路，完全符合马、恩、列的理论指导。没有改马克思主义之旗，易科学社会主义之帜。

又好又快地发展生产力，是实现社会主义共同富裕的物质条件。实行公有制为主体，是实现共同富裕的制度保证，私有化必然导致两极分化，不可能实现共同富裕。因此，中国特色社会主义必须坚持实行公有制为主体。只有在公有制为主体前提下发展非公有制经济，才能保证我国的社会主义性质。

(2)实现共同富裕的途径：

①要加快完善社会主义基本经济制度和分配制度。邓小平明确告诉我们："我们在改革中坚持了两条，一条是公有制经济始终占主体地位，一条是发展经济要走共同富裕的道路。"只要我国经济中公有制占主体地位，就可以避免两极分化。当前，我国私营经济和外资经济已占国民经济的很大比重，城乡70%到80%的职工在非公经济中就业。私营外资企业是资本主义经济，资本利润和雇佣劳动力的收入是天然对立的。根据近几年的统计资料，部分私营外资企业工人的平均工资收入，只及国有企业职工收入的一半多，不少企业侵犯职工的正当权益。当然，多数私营企业依法经营，关心和维护职工权益，热心于公益和慈善事业，值得肯定和赞许。但一般说来，私有制经济或资本主义经济会产生贫富分化，难以实现社会主义所要求的共同富裕。而我国是社会主义国家，走中国特色社会主义道路，不能放弃作为社会主义本质规定和根本原则的共同富裕。所以一定要完善社会主义基本经济制度和分配制度。

②加强社会建设，保障与改善民生。建立健全社会保障体制，完善各种形式的社会保障和社会保险，包括失业保险、工伤保险、养老保险、医疗保险等。同时，要加快保护劳动者的各种立法，包括最低工资法、最高工时法以及环境保护法、食品和医疗卫生法等。除此之外，要加快各种福利设施和公共工程的建设，包括住房建设、教育与文化等各种社会服务设施的建设。

③初次分配和再分配都要兼顾效率和公平。讲求效率，就是在贯彻按劳分配原则时，要把劳动报酬同劳动效率挂起钩来，不仅要衡量投入劳动的量，更要衡量劳动的质和劳动绩效；在生产要素参与分配中，则要把生产要素获得的收益同各种生产要素的经济效率联系起来。讲求公平，就是在分配中允许拉开合理差距的同时，要防止两极分化。既要提倡奉献精神，又要落实分配政策，既要反对平均主义，又要防止收入过分悬殊。当前，要着力提高低收入者收入，逐步提高扶贫标准和最低工资标准，建立企业职工工资正常增长机制和支付保障机制。创造条件让更多群众拥有财产性收入。保护合法收入，调节过高收入，取缔非法收入。扩大转移支付，强化税收调节，打破经营垄断，创造机会公平，整顿分配秩序，逐步扭转收入分配差距扩大趋势。

④加快转变经济发展方式。加快转变经济发展方式，关系我国共同富裕的全局。坚持把经济结构战略性调整作为主攻方向，坚持把科技进步和创新作为重要支撑，坚持把保障和改善民生作为根本出发点和落脚点，坚持把建设资源节约型、环境友好型社会作为重要着力点，坚持把改革开放作为强大动力。

⑤加强法制建设。要依法保护一切合法的劳动收入和合法的非劳动收入，允许和鼓励一部分人通过诚实劳动和合法经营先富起来；依法取缔非法收入，对侵吞公有财产和用偷税逃税、权钱交易等非法手段牟取利益的，坚决依法惩处。以共同富裕为目标，扩大中等收入者比重，提高低收入者收入水平，调节过高收入。

⑥加快完善社会主义市场经济体制。规范分配秩序，合理调节少数垄断行业的过高收入，对一些垄断较强的行业和部门规定最高限价甚至统一定价；对一些社会公共产品，国家规定最低限价或实行价格补贴等。此外，为了维护正常的市场交易和形成合理的价格，还必须建立、健全价格监督体系，制定并实施《反垄断法》《反不正当竞争法》等法律、法规，规范各经济主体的价格行为，维护市场的正常秩序。

8. 如何正确认识党的十九大报告中对我国经济社会主要矛盾发生变化的判断。(中国人民大学 2018 研)

答：(1)党的十九大报告中指出，我国社会主要矛盾已经转化为人民日益增长的美好生活需要和不平衡不充分的发展之间的矛盾。这一重大的政治论断为制定党和国家的大政方针、长远战略提供了重要依据。

(2)社会主要矛盾，决定了我们不同历史发展阶段的根本任务。只有牢牢抓住社会主要矛盾，才能清醒地观察和把握社会矛盾的全局，有效地促进各种社会矛盾的解决。社会主要矛盾是一个国家生产力发展水平和社会发展阶段的客观反映。有什么样的生产力发展水平、处于什么样的发展阶段，就会有什么样的社会主要矛盾。社会主要矛盾变化是一个自然的历史过程，人们不可能主观选择；但对其判断必须及时准确，认识超前或滞后都会干扰社会发展进步，甚至会阻碍社会生产力发展。

(3)过去，我国社会主要矛盾是人民日益增长的物质文化需要同落后的社会生产之间的矛盾。作出这一判断，主要是基于当时我国经济社会发展水平不高、社会生产力相对落后的状况。经过40多年的改革开放，我们党带领全国人民告别贫困、跨越温饱，即将实现全面小康。我国经济总量稳居世界第二，社会生产力水平显著提高，社会生产能力在很多方面进入世界前列，中国特色社会主义制度日益成熟定型。我国生产力发展水平和人民对美好生活的需要都发生了变化。我国社会主要矛盾发生了关系全局的历史性变化，即在中国特色社会主义进入新时代后，已经转化为人民日益增长的美好生活需要和不平衡不充分的发展之间的矛盾。

具体来看，我国经济社会发展水平明显提高，但与发达国家相比，我国生产力发展在总体上依然处于中等水平。也就是说，我国发展不平衡不充分的状态并没有根本改变。这种不平衡不充分不仅表现在落后地区、农村发展不充分，落后地区与发达地区、农村与城市发展不平衡；而且表现在东部发达地区包括一些大城市依然有发展不平衡不充分的现象，如高质量的医疗、教育还是稀缺资源，高等级的城市地下管网建设刚刚起步，有的城市还存在不少“城中村”。因此，发展不平衡不充分已经成为满足人民日益增长的美好生活需要的主要制约因素。

与物质文化需要相比，人民美好生活需要的内容更广泛。它不仅包括物质文化需要这些客观“硬需要”的全部内容，还包括其衍生的获得感、幸福感、安全感和尊严、权利等具有主观色彩的“软需要”。既有的“硬需要”没有消失，并呈现升级态势，人们期盼有更好的教育、更稳定的工作、更满意的收入、更可靠的社会保障、更高水平的医疗卫生服务、更舒适的居住条件、更优美的环境、更丰富的精神文化生活；新生的“软需要”则表现为对民主、法治、公平、正义、安全、环境，对共同富裕，对人的全面发展、社会全面进步都提出了相应要求。可见，我国社会主要矛盾的变化是关系全局的历史性变化。这一变化不仅是巨大的，也是极为深刻的，要求我们在继续推动发展的基础上，着力解决好发展不平衡不充分问题，大力提升发展质量和效益，更好满足人民在经济、政治、文化、社会、生态等方面日益增长的需要，更好推动全面建成小康社会和中华民族伟大复兴的中国梦的实现。

必须认识到，我国社会主要矛盾的变化没有改变我国仍处于并将长期处于社会主义初级阶段的基本国情的判断。在这一时期呈现的发展阶段性特征是在社会主义初级阶段这一大背景下的新特征、新状态、新矛盾，而不是超越了社会主义初级阶段的阶段性特征。我国仍处于并将长期处于社会主义初级阶段的基本国情没有变，我国是世界最大发展中国家的国际地位没有变，我们仍然要牢牢坚持党的基本路线，这是党和国家的生命线、人民的幸福线。对于这一点，必须有足够的战略清醒和战略定力进而推动社会的全面发展和进步。

9. 如何正确认识“毫不动摇巩固和发展公有制经济，毫不动摇鼓励、支持、引导非公有制经济发展”？(中国人民大学2019研)

答：党的十九大报告强调指出，“必须坚持和完善我国社会主义基本经济制度”，“毫不动摇巩固和发展公有制经济，毫不动摇鼓励、支持、引导非公有制经济发展”。“两个毫不动摇”的提出，是基于国有企业、非公有制企业共融发展的现实，也已为我国改革开放以来取得的巨大经济成就所证明。

(1)生产资料所有制结构是指各种所有制经济成分在一定社会经济关系总体中各自所占

的比重、所处的地位以及它们之间的相互关系。我国社会主义初级阶段的所有制结构是以公有制为主体、多种所有制经济共同发展。这一所有制结构，构成我国社会主义初级阶段的基本经济制度。这一制度的确立是由我国的社会主义性质和社会主义初级阶段的基本国情决定的。

(2)坚持社会主义公有制的主体地位，毫不动摇巩固和发展公有制经济，既是我国现阶段生产力状况的客观要求，也是由我国的社会主义性质所决定的。

①社会化大生产的要求。社会化大生产以及作为其集中代表和体现的现代机器大工业，已经在我国社会主义初级阶段的生产力中占据着主要地位。与这种社会化大生产相适应的生产资料社会主义公有制，也就必然且应当在我国现阶段的所有制结构中占据主体地位，这是适应生产力状况和发展的客观要求。

②生产资料社会主义公有制的要求。生产资料的社会主义公有制，是社会主义经济制度的基础，是社会主义在经济上的本质特征和根本标志。只有坚持生产资料公有制在所有制结构中的主体地位，才能够巩固和发展社会主义经济制度。要坚持社会主义，就必须始终坚持生产资料社会主义公有制在整个所有制结构中的主体地位。

③劳动者以生产资料主人的身份共同参与社会经济生活过程的要求。坚持社会主义公有制的主体地位，才能保证劳动者以生产资料主人的身份共同参与生产、分配、交换、消费等社会经济生活过程。

④实现社会主义生产目的的需要。坚持公有制的主体地位，是实现社会主义生产目的、消灭剥削、防止两极分化、最终实现共同富裕的基本条件和根本保证。

⑤保证改革社会主义性质的需要。始终坚持生产资料的社会主义公有制在所有制结构中占据主体地位，这样才能保证我国的改革是在坚持社会主义方向的前提下解放和发展生产力，从而进一步巩固和发展社会主义。

(3)坚持多种所有制共同发展，毫不动摇鼓励、支持、引导非公有制经济发展，是由我国现阶段生产力状况和社会主义初级阶段的基本国情决定的。公有制经济和非公有制经济都是社会主义市场经济的重要组成部分，都是我国经济社会发展的重要基础。把公有制经济巩固好、发展好，同鼓励、支持、引导非公有制经济发展不是对立的，而是有机统一的。

(4)以公有制为主体、多种所有制经济共同发展的所有制结构，既体现了我国社会主义制度的性质和本质特征，又与我国社会主义初级阶段生产力的状况相适应，并与我国现阶段大力发展社会主义市场经济的客观要求相适应，能够促进我国生产力的较快发展。因此，必须把这一所有制结构作为我国现阶段的基本经济制度长期坚持下来，并不断加以调整和完善。当前，我国以公有制为主体、多种所有制经济共同发展的基本经济制度已经确立，坚持公有制为主体，促进非公有制经济发展，统一于社会主义现代化建设的进程中，不能把这两者对立起来。公有制经济与非公有制经济不是相互对立的关系，两者之间虽有优胜劣汰的竞争，但更多的是各种所有制经济在市场竞争中发挥各自的优势，相辅相成、相得益彰、相互促进、共同发展。

第 16 章　社会主义市场经济与经济体制改革

16.1　复习笔记

【知识框架(庖丁解牛)】

- 社会主义市场经济与经济体制改革
  - 社会主义市场经济及其特点
    - 社会主义市场经济
    - 我国理论界对社会主义市场经济形式的探索及认识
    - 社会主义市场经济的特点
  - 社会主义市场经济中的市场机制与市场体系
    - 市场机制
    - 市场体系
    - 市场规则和市场秩序
  - 全面深化改革与建立和完善社会主义市场经济体制
    - 社会主义市场经济体制的基本要求
    - 经济体制改革的目的、任务和方向
    - 改革开放的成就和基本经验
    - 以经济体制改革为重点全面深化改革

【考点难点归纳(厚积薄发)】

考点一：社会主义市场经济及其特点　★★

1．社会主义市场经济

(1)定义：

社会主义市场经济是在社会主义国家宏观调控下以市场为基础进行资源配置的经济。

认识社会主义市场经济，在理论上需把握以下要点：①计划和市场都是经济手段，而不是划分社会主义与资本主义的标志；②社会主义与市场经济之间不存在根本矛盾；③把计划经济与市场经济结合起来，更有利于解放生产力，加快经济发展速度。

(2)我国社会主义经济也是市场经济的原因：

①生产力发展水平和社会分工的发展。

②经济利益的差异。

③实践证明，社会主义发展市场经济可以极大地促进社会生产力发展，增强国家综合国力，并提高人民的生活水平。

2．我国理论界关于社会主义市场经济形式的探索及认识

(1)我国理论界关于社会主义市场经济形式的探索：

①1978 年前，实行的是计划经济。1978 年后，针对计划经济的弊端，理论界先后提

出：社会主义经济要实行计划调节与市场调节相结合；以计划经济为主，市场调节为辅。

②1984 年提出，社会主义经济是公有制基础上的有计划的商品经济。

③1987 年提出，社会主义有计划的商品经济应该是计划与市场内在统一的体制。

④1992 年提出，以社会主义市场经济为经济体制改革的目标。

(2)我国理论界对社会主义市场经济的认识：

①一种观点是，社会主义市场经济就是社会主义性质的市场经济。即坚持生产资料公有制为主体，坚持按劳分配为主体。

②另一种观点是，社会主义市场经济是为了表明社会主义基本制度应该而且能够同市场经济统一起来。

3. 社会主义市场经济的特点

(1)一般性特点：

独立的自主经营、自负盈亏的市场主体，发达的市场和完善的市场体系，充分发挥作用的市场机制等。

(2)我国社会主义市场经济的特点：

①建立在公有制为主体、多种所有制经济共同发展的基本经济制度基础上。

②与以按劳分配为主体、多种分配形式并存的分配制度结合在一起，以共同富裕为目标。

③推动生产力的发展，大力提升发展质量和效益，更好满足人民日益增长的美好生活需要。

(3)市场经济与公有制可以并行不悖：

①在公有制基础上可以造就市场经济发展所需要的经济主体。

②在公有制基础上可以构建体系完整、机制健全、统一开放、竞争有序的高标准市场体系。

考点二：社会主义市场经济中的市场机制与市场体系　★★

1. 市场机制

(1)含义：

社会主义市场经济中的市场机制是指市场经济中价值规律发挥作用的机制，主要有价格机制、供求机制和竞争机制等。

(2)特点：

①资源配置中市场机制与政府导向相结合。

a. 政府运用规划等手段对关系国计民生和国家安全的重要资源进行配置；

b. 政府通过宏观调控引导资源配置中市场机制作用的过程，以弥补市场自发调节的不足。

②经济利益调节中市场机制与社会治理机制相结合。

(3)充分发挥市场机制的作用需要进一步深化经济体制改革：

①健全统一、开放、竞争、有序的现代市场体系；

②推进资本市场的改革开放和稳定发展；

③发展产权、土地、劳动力和技术等市场;

④创造各类市场主体平等使用生产要素的环境;

⑤深化流通体制改革,发展现代流通方式;

⑥整顿和规范市场经济秩序,健全社会信用体系,打破行业垄断和地区封锁,促进商品和生产要素的全国市场自由流动。

2. 市场体系

(1)商品市场:

商品市场是指有固定场所、设施、有若干经营者入场经营、分别纳税、由市场经营管理者负责经营物业管理,实行集中、公开交易有形商品的交易场所。

(2)生产要素市场:

生产要素市场主要包括金融市场、技术和信息市场、劳动力市场、房地产市场、产权市场等。

3. 市场规则和市场秩序

(1)市场规则:

市场规则是以法律、法规和信用等形式规定或表现出来的市场行为规范和准则,主要包括:①市场进入与退出的规则;②市场竞争规则;③市场交易规则;④市场仲裁规则等。

(2)市场秩序:

狭义的市场秩序是指市场生产经营主体合法交易行为与违法交易行为及其客观后果的总和;广义的市场秩序是指市场管理主体的管理行为、市场经营主体的交易行为、市场消费主体的购买行为及市场交换客体的数量与质量作用于市场及其客观后果的总和。

考点三:全面深化改革与建立和完善社会主义市场经济体制 ★★

1. 社会主义市场经济体制的基本要求

(1)规范的现代企业制度。

(2)统一、开放、竞争、有序的市场体系和有效的市场机制。

(3)健全的宏观调控体系和有效的政府。

(4)完善的基本经济制度和收入分配制度。

(5)完善的社会保障制度。

(6)协同推进政治、文化、社会、生态文明等领域改革,完善社会主义市场经济法律制度。

2. 经济体制改革的目的、任务和方向(见表16-1)

表16-1 经济体制改革的目的、任务和方向

要点	具体内容	
目的和基本任务	目的	①解放和发展社会生产力; ②推动社会主义制度自我完善和发展,建设和发展中国特色社会主义
	基本任务	建立并完善中国特色社会主义市场经济体制,促进社会生产力的发展和人民生活水平的提高

续表

要点	具体内容	
性质和方向	性质	在党和政府的领导下，以社会主义制度为前提条件，有计划、有步骤、有秩序地改革生产关系和上层建筑中不适应生产力发展的一系列相互联系的环节和方面
	方向	以中国特色社会主义为前进道路，建立和完善社会主义市场经济体制
方法和原则	方法	摸着石头过河、渐进式改革方法
	原则	改革开放中，实践为顶层设计提供基础和经验，顶层设计将实践上升为科学的理论和总体规划并指导实践的发展

3. 改革开放的成就和基本经验

(1)成就：

①实现了从计划经济向社会主义市场经济的转变，为发展中国特色社会主义奠定了经济基础。

②实现了从封闭半封闭到全方位开放的伟大历史转折。

③坚持以经济建设为中心，综合国力得到巨大增强。

(2)经验：

①必须解放思想、实事求是、与时俱进。

②必须坚持解放和发展社会生产力。

③必须坚持人民主体地位。

④必须坚持社会主义市场经济的改革方向，发挥社会主义制度的优越性和市场配置资源的有效性。

⑤必须把推动经济基础变革同推动上层建筑改革结合起来。

⑥必须把发展社会生产力同提高全民族文明素质结合起来。

⑦必须坚持维护社会公平正义。

⑧必须把坚持独立自主同参与经济全球化结合起来。

⑨必须坚持促进社会和谐，把促进改革发展同保持社会稳定结合起来。

⑩必须坚持和改善共产党的领导，贯彻党的基本路线。

4. 以经济体制改革为重点全面深化改革

(1)总目标：完善和发展中国特色社会主义制度，推进国家治理体系和治理能力现代化。

(2)要实现总目标，还需深化以下重要改革并取得突破：

①进一步处理好政府与市场的关系。

②坚持和完善基本经济制度。

③加快完善现代市场体系。

④加快完善宏观调控体系。

⑤构建开放型经济体系。

⑥加快转变经济发展方式。

⑦加快建设创新型国家。

⑧健全城乡发展一体化体制机制。

⑨加快生态文明制度建设。

⑩更好保障和改善民生。

16.2　课后习题详解

一、概念题

1. 社会主义市场经济体制

答：社会主义市场经济体制是指在社会主义公有制基础上，使市场在社会主义国家宏观调控下对资源配置起决定作用的经济体制。它是同社会主义基本制度结合在一起的，因此，除了具有市场经济的一般特征外，与资本主义市场经济相比，它还具有反映社会主义基本制度的鲜明特征。①在所有制结构上，公有制为主体，多种所有制经济共同发展，不同所有制经济的企业还可以自愿从事多种形式的混合所有制经营。②在分配制度上，按劳分配为主体，多种分配方式并存，兼顾效率与公平，逐步实现共同富裕。③在宏观调控上，社会主义国家将通过科学的宏观调控、有效的政府治理，使社会主义市场经济的发展服从社会主义发展的大目标，为提高人民生活水平、改善民生服务，为社会主义制度的巩固和发展服务。

2. 要素市场(中央财经大学 2019 研)

答：要素市场是生产要素市场的简称，是指从事商品生产所必需的各种生产条件的交易市场，主要由生产资料市场和劳动力市场两大类构成。随着社会主义市场经济体制的确立，我国的商品市场日益完善，市场功能日趋扩大。资金、技术、劳动力、信息、房地产等渐渐地在市场上交易，并由此发展成了金融市场、技术和信息市场、劳动力市场、房地产市场、产权市场等生产要素市场。这些要素市场构成的统一体，在整个国民经济中起着十分重要的作用。

二、问答题

1. 什么是社会主义市场经济？我国社会主义市场经济的特点是什么？(中央财经大学 2009 研)

答：(1)社会主义市场经济：

社会主义市场经济是指在社会主义国家宏观调控下以市场为基础进行资源配置的经济，表现在以下三个方面：

①在所有制结构上，公有制为主体，多种所有制经济共同发展，不同所有制经济的企业还可以自愿从事多种形式的混合所有制经营。

②在分配制度上，按劳分配为主体，多种分配方式并存，兼顾效率与公平，逐步实现共同富裕。

③在宏观调控上，社会主义国家将通过科学的宏观调控、有效的政府治理，使社会主义市场经济的发展服从社会主义发展的大目标，为提高人民生活水平、改善民生服务，为社会主义制度的巩固和发展服务。

(2)我国社会主义市场经济的特点：

①我国社会主义市场经济首先具有市场经济的一般特点，包括：资源配置市场化、企业行为自主化、宏观调控间接化、市场管理法制化。

②我国社会主义初级阶段的市场经济还具有其特殊性，主要表现在以下几个方面：

a. 西方发达国家的市场经济建立在生产资料的私有制基础上，而我国的社会主义市场经济，建立在以公有制为主体、多种所有制经济共同发展的基本经济制度基础上。

b. 我国社会主义市场经济与以按劳分配为主体、多种分配形式并存的分配制度结合在一起，实现共同富裕的社会主义目标。

c. 我国社会主义市场经济发展的方向服从社会主义发展的根本目的。社会主义的根本目的是发展生产力，满足人民日益增长的对美好生活的需要。

2. 如何建立和完善现代市场体系？

答：(1)现代市场体系：

现代市场体系是指各类市场相互联系而构成的市场整体，包括消费品和生产资料等商品市场以及资本市场、劳动力市场、技术市场、信息市场和房地产市场等生产要素市场。

(2)建立和完善现代市场体系：

自实行社会主义市场经济以来，我国的市场体系建设取得了重大进展，各类生产要素市场的发展尤为显著。要在更大程度上发挥市场在资源配置中的决定性作用，必须进一步建立和完善现代市场体系。

①进一步发展商品市场。商品市场是市场体系的基础，是国民经济中物质商品与服务交易的基本场所和主要形式，它包括消费品市场和生产资料市场。要建立多层次、多类型、多功能的消费品市场体系，使消费品的流通高效、畅通和有序，同时要进一步发展和完善生产资料市场，使绝大部分生产资料作为商品进入市场流通。

②发展多层次的金融市场。金融市场是现代市场体系的动脉，是市场配置资源的主要形式。发展金融市场是加快形成和完善生产要素市场的核心内容，对于提高我国的资源配置效率具有决定性意义。现在我国的金融市场尚不够健全和规范，必须加强金融市场的基础性制度建设，解决金融市场不适应经济发展的矛盾，发展多层次金融市场，大力发展证券市场、保险市场等。

③建立和完善统一规范的劳动力市场。建立和完善劳动力市场是社会主义市场经济的必然要求，建立和完善统一规范的劳动力市场有利于运用市场机制特别是工资调节劳动力的供求关系，促进人才的合理流动，实现人力资源的合理配置。

④规范和发展土地市场。要完善土地价格形成机制，实现土地资源的市场化配置，使土地价格反映土地市场供求和土地资源的稀缺状况，以提高土地资源的配置效率和使用效率。要建立规范的基准地价确定、公布制度和协议出让土地最低价制度。改革征地补偿办法，切实保障农民的土地权益。

⑤发展产权、技术、信息等生产要素市场。要依法保护各类产权，健全产权交易规则和监管制度，推动产权有序流转，保障所有市场主体的平等地位和发展权利。要进一步发展技术、信息市场，这就要求引入竞争机制，保护知识产权，实行技术成果有偿转让，实现技术产品和信息商品化、产业化。

⑥发展市场中介组织，发挥其服务、沟通、公证、监督作用。要积极发展独立公正、规范运作和市场认可的行业协会与专业化中介服务机构，使其在行业内发挥应有作用。为发挥市场中介组织的积极作用，需要加强对这些机构的管理。市场中介组织要依法通过资格认定，依据市场规则，建立自律性运行机制，承担相应的法律和经济责任，并接受政府有关部门的管理和监督。

3. 谈谈对我国经济体制改革目的、性质和经验的认识。

答：(1)经济体制改革的目的：

我国经济体制改革的目的是建立社会主义市场经济体制，以利于进一步解放和发展生产力。

(2)经济体制改革的性质：

我国要建立的社会主义市场经济体制，就是要使市场在社会主义国家宏观调控下对资源配置起决定性作用，使经济活动遵循价值规律的要求，适应供求关系的变化；通过价格杠杆和竞争机制的功能，把资源配置到效益较好的环节中去，并给企业以压力和动力，实现优胜劣汰；运用市场对各种经济信号反应比较灵敏的优点，促进生产和需求的及时协调。

(3)对我国经济体制改革经验的认识：

在改革开放40多年的实践中，经过艰辛探索，我国积累了宝贵经验：

①必须坚持以公有制为主体、多种经济成分共同发展的社会主义基本经济制度，进一步转换国有企业经营机制，建立适应市场经济要求，产权清晰、权责明确、政企分开、管理科学的现代企业制度。

②建立和培育全国统一开放的市场体系，实现城乡市场紧密结合，国内市场与国际市场相互衔接，充分发挥市场机制的调节作用，促进资源的优化配置。

③转变政府管理经济的职能，建立以间接手段为主的、完善的宏观调控体系，保证国民经济的健康运行。

④建立以按劳分配为主体、多种分配方式并存的个人收入分配制度，体现效率优先、兼顾公平的原则，鼓励一部分地区一部分人先富起来，走共同富裕的道路。

⑤建立多层次的社会保障制度，积极建立与完善社会保险、社会救济、社会福利、优抚安置、社会互助、个人储蓄等多层次的社会保障体系。

⑥建立和健全市场经济的法律体系和规章制度，以保障社会主义市场经济的正常运行。

4. 如何以经济体制改革为重点全面深化改革？

答：(1)以经济体制改革为重点全面深化改革，必须坚持社会主义市场经济改革方向，以促进社会公平正义、增进人民福祉为出发点和落脚点，进一步解放思想、解放和发展社会生产力、解放和增强社会活力，坚决破除各方面体制机制弊端，努力开拓中国特色社会主义事业更加广阔的前景；必须通过深化经济体制改革，不断解放和发展社会生产力，提高综合国力和国际竞争力。

(2)以经济体制改革为重点全面深化改革的总目标是改革根本方向与根本路径的有机统一。“完善和发展中国特色社会主义制度”是改革的根本方向；“推进国家治理体系和治理能力现代化”是改革的根本路径。坚决破除一切不合时宜的思想观念和体制机制弊端，突破利益固化的藩篱，吸收人类文明有益成果，构建系统完备、科学规范、运行有效的制度体系，充分发挥我国社会主义制度优越性。

(3)以经济体制改革为重点全面深化改革，需要以完善产权制度和要素市场化配置为重点，在经济领域和以经济为主的交叉领域紧紧围绕使市场在资源配置中起决定性作用，加快完善社会主义市场经济体制，为推进经济转型升级提供制度保障，促进经济持续健康发展。

(4)经济体制改革的深化，必须坚持协同推进其他各方面改革，努力营造各领域改革互动并进的良好局面，形成强大改革合力，全面推进中国特色社会主义经济建设、政治建设、文化建设、社会建设、生态文明建设，让中国特色社会主义在深化改革中更加显示出生机和活力。

16.3　考研真题详解

一、概念题

1. 社会主义市场经济(中国人民大学 2006 研)

答：参见本章“课后习题详解”问答题 1。

2. 市场机制(华中科技大学 2006 研；浙江大学 2013 研；中南财经政法大学 2021 研)

答：市场机制是指市场运行的实现机制，即市场机制体内的供求、价格、竞争、风险等要素之间互相联系及作用机理。市场机制的特点是：①具有利益制约性；②具有内在性；③具有微观性；④具有关联性；⑤具有客观性；⑥具有迂回性；⑦具有动态性。

3. 统分结合的双层经营体制(中央财经大学 2003 研)

答：统分结合的双层经营体制是指随着家庭联产承包责任制的普遍实行所形成的现阶段我国集体经济组织的基本经营管理体制模式。家庭联产承包责任制的实行，使集体经济在经营管理上划分为相互联系、相互制约的两个层次。一是“分”的层次，即以农户家庭为单位分散经营；二是“统”的层次，即集体经济组织对某些生产经营活动的统一组织和管理，如集体提留收取和分配使用、兴修水利、乡镇企业的创办和经营等等。按照“宜统则统，宜分则分”的原则，建立和不断完善统分结合的双层经营体制，适应了我国现阶段农村的生产力发展水平，有力地促进了农村经济的发展。在这种统分结合的双层经营体制中，既保留了集体经济原有的统一经营的长处，又克服了过去人民公社体制集中过多统得过死的弊病，充分发挥了家庭分散承包经营的优点，两个层次相互依存、互为补充，忽视其中的任何一方面都是不正确的，都将不利于我国农村经济的健康发展。因此，要把它作为一项长期的基本制度坚持下去，并不断加以完善。

二、问答题

1. 市场规则的主要内容是什么？(华中科技大学 2006 研)

答：市场规则是以法律、法规和信用等形式规定或表现出来的市场行为规范和准则，主要包括：

(1) 市场进出规则。

市场进出规则，是指市场主体和市场客体(即商品)进入或退出市场的法律规范和行为准则。哪些市场主体可以进入或退出市场，哪些商品可以进入或退出市场，都必须由市场规则给予明确规定。市场规则还细化为市场进入规则和市场退出规则。凡是符合市场进入规则的市场主体及商品，都可以自由地进入市场；凡是不符合市场进入规则的市场主体及商品，均不允许进入市场；凡是符合市场退出规则的市场主体及商品，都必须让其退出市场；凡是不符合市场退出规则的市场主体及商品，则不应让其退出市场。市场进出规则是使市场主体和商品进出市场行为规范化，保证市场有序地运行的重要市场规则。

(2) 市场竞争规则。

市场竞争规则是指国家依法确立的维护各市场主体之间平等交换、公平竞争的规则。它是规范市场竞争行为与市场竞争活动的根本准则，具有很大的强制性，迫使参与竞争的各市场主体执行和遵守。市场竞争规则要充分体现和反映竞争者地位平等、机会均等的要求。

(3) 市场交易规则。

市场交易规则是各市场主体进行市场交易活动所必须遵守的行为准则与规范。它是保证市场交易活动有秩序进行的一个重要规则。有了这个规则，市场主体从事各项交易便有章可循，买卖双方不致引起不必要的纠纷，促进交易顺利实现。如果没有这个规则，市场交易就必然无秩序，从而陷入混乱状态。由于交易活动是市场上的基本活动，所以市场交易规则是市场规则中最主要的规则。市场交易规则的基本职能是规范市场交易方式与市场行为。

(4) 市场仲裁规则。

在各市场主体进出市场、开展竞争与进行交易的过程中，难免会发生各种矛盾和纠纷，为了协调与解决这些矛盾和纠纷，需要有市场仲裁规则，执行这个规则的机构是市场仲裁机构。这个规则必须体现公平原则，对买卖双方一视同仁，不能偏袒任何一方。

2. 完善的市场体系的特点。(吉林大学 2003 研)

答：现代市场体系是指各类市场相互联系而构成的市场整体，包括消费品和生产资料等商品市场以及资本市场、劳动力市场、技术市场、信息市场和房地产市场等生产要素市场。其中，商品市场、资本市场和劳动力市场是现代市场体系的核心，现代市场经济只有借助于完整的市场体系，才能有效合理的配置资源。

完善的市场体系具有以下基本特点：

(1) 市场体系的完整性。由单一的市场发展为市场体系，是社会化大生产和市场经济发展的必然结果，是市场机制发生作用的基本前提，也是现代市场经济逐步成熟的重要标志。市场只有发育成为一个完整的体系，组成为一个系统，才能有效地发挥市场机制调控资源配置和社会经济运行的作用。在现代市场经济运行中，构成市场体系的各种不同的功能、层次的市场是不可缺少的。缺少了哪一种市场，都会严重影响和制约市场机制作用的发挥和市场经济的发展。

(2) 市场体系的统一性。市场体系的统一性首先要求形成一个全社会统一的大市场，在全社会的范围内实现资源的自由流动，而不受地域和部门的局限，这样才能充分发挥市场在资源配置中的决定性作用，实现资源的合理配置和有效利用。特别是在社会化大生产通过分工协作关系把整个社会经济连接为一个统一的整体的情况下，必然要求市场体系的统一性，要求形成统一的国内市场。

(3)市场体系的开放性。市场体系作为一个有机的社会经济系统，它内在要求开放，成为一个开放式的系统。只有成为一个开放式的系统，不断的与外界进行物质、信息和能量的交换，才能使之不断地发展壮大。同时，作为市场经济运行的具体物质形式，市场体系也要求全方位的开放。开放是市场经济的一个内在属性。市场体系的开放性，一方面表现为完善的市场体系在空间活动范围上是开放的，它不仅包括不受地区、部门局限的国内市场，而且包括突破国界束缚的国际市场；另一方面则表现在组成市场体系的各种市场的相互关系上也是开放的，即各种不同市场之间也是相互开放的。它们虽然因为分工的不同而各有不同的职能，但并不因此而自我封闭和相互封锁，而是通过市场机制相互渗透、相互交流、融会贯通。

(4)市场体系的竞争性。市场经济是竞争性的经济，是经济主体围绕利益关系，以获取利润最大化为目标进行竞争的经济，经济主体间的竞争主要是在市场上进行的。市场体系是经济主体角逐争夺的大舞台。因此，市场经济的竞争性就表现在经济主体在市场上的竞争。竞争是实现优胜劣汰的工具，是推动社会进步的强大杠杆。只有通过经济主体间的竞争，才能使价值和平均利润得以形成和实现，从而才能最终实现资源的优化配置和促进社会生产力的发展。

(5)市场体系的有序性。市场没有竞争，经济主体就没有动力和活力，就没有效率和效益。但是，市场上的竞争，必须是公正和平等的，必须按照一定规范有序的进行。没有规范有序的竞争，不可能是公开、公正和公平的竞争，只能是一片混乱的无序状态。而在无序状态下，市场经济就无法运行，市场机制就不能正常的发挥调节作用。在这种情况下，产生诸如欺行霸市、强买强卖、以次充好、以假冒真、哄抬物价甚至垄断市场等等扰乱市场、坑害消费者的现象，便是毫不奇怪的。因此，要实现市场体系有序性的内在要求，就必须加强法制建设，健全市场运行方面的法规，使市场体系的运行纳入法制的轨道，保障市场经济体系运行的规范化、制度化、秩序化。

3. 利用政治经济学基本原理分析我国的经济制度改革。(西北大学 2016 研)

答：(1)我国选择以社会主义市场经济制度为经济体制改革目标的必然性：

把社会主义市场经济体制确立为我国经济体制改革目标，是适应我国社会主义商品经济发展的必然选择，原因如下：

①我国经济体制改革进程已经明确社会主义经济也是一种商品经济，商品经济必然要求有市场和市场调节，因而在经济体制和运行机制上必然选择社会主义市场经济。确立社会主义商品经济理论，也就为经济体制改革及社会主义市场经济体制目标奠定了理论基础。

②经济体制改革中市场作用的日益扩大和发挥，为建立社会主义市场经济体制准备了条件。

③深化改革，扩大开放，使中国经济进一步走向世界，迫切需要建立社会主义市场经济体制。在当代，世界经济日益明显地向国际化、集团化、一体化的方向发展。而世界上大多数国家实行的是市场经济，我国要走向世界，参与国际分工，参加国际市场竞争也必

须实行市场经济。

④建立社会主义市场经济体制，进一步解放和发展社会生产力。我国是以社会主义公有制为主体的社会主义国家，国有制经济是社会主义经济的骨干和主导力量。解放生产力，关键要把国有大中型企业从高度集中的计划经济体制的束缚下解放出来，使之成为自主经营、自负盈亏、自我发展、自我约束的法人实体和市场竞争主体，实行市场经济的体制。

(2)当前情况下，我国进行经济体制改革应采取的措施：

①要完善各类国有资产管理体制，改革国有资本授权经营体制，加快国有经济布局优化、结构调整、战略性重组，促进国有资产保值增值，推动国有资本做强做优做大，有效防止国有资产流失。深化国有企业改革，发展混合所有制经济，培育具有全球竞争力的世界一流企业。

②全面实施市场准入负面清单制度，清理废除妨碍统一市场和公平竞争的各种规定和做法，支持民营企业发展，激发各类市场主体活力。

③深化商事制度改革，打破行政性垄断，防止市场垄断，加快要素价格市场化改革，放宽服务业准入限制，完善市场监管体制。

④创新和完善宏观调控。发挥国家发展规划的战略导向作用，健全财政、货币、产业、区域等经济政策协调机制。

⑤完善促进消费的体制机制，增强消费对经济发展的基础性作用。

⑥深化投融资体制改革，发挥投资对优化供给结构的关键性作用。

⑦加快建立现代财政制度，建立权责清晰、财力协调、区域均衡的中央和地方财政关系。建立全面规范透明、标准科学、约束有力的预算制度，全面实施绩效管理。深化税收制度改革，健全地方税体系。

⑧深化金融体制改革，增强金融服务实体经济能力，提高直接融资比重，促进多层次资本市场健康发展。健全货币政策和宏观审慎政策双支柱调控框架，深化利率和汇率市场化改革。健全金融监管体系，守住不发生系统性金融风险的底线。

4．试论市场作为资源配置基础的机制。(财政部财政科学研究所2007研)

答：(1)市场机制的构成：

①价格机制。价格机制是指在市场竞争过程中，市场上某种商品市场价格的变动与市场上该商品供求关系变动之间的有机联系和运动。在市场中，商品的市场价格与市场供求之间互相联系、互相制约。一方面，在其他条件一定的情况下，商品的市场价格上涨，说明商品供不应求，反之则说明商品供过于求。另一方面，商品价格的涨落，也会引起商品需求量的减增。商品的市场价格与市场供求相互影响的变动结果，导致市场价格围绕商品的价值上下波动和市场商品供求趋向平衡。可见，价格机制直接传导着市场供求的信息。而且直接触及市场经济主体的利益，所以，商品价格涨落是社会资源流向的“导航仪”，价格机制是市场实现对资源有效配置的最主要的机制。

②供求机制。供求机制是与价格机制紧密联系、共同发生作用的机制。就供求机制的实质来说，供求机制反映了价格与供求关系的内在联系。首先，供求影响价格。如果某种商品的供给超过了当时的社会需求，生产这种商品的社会劳动时间的一部分就不为社会所承认，因此这些商品必然要以低于它们市场价值的价格出售；如果某种商品的供给不能满

足社会需要，结果就相反。这个道理从需求方面来说也是一样的。其次，价格也能反过来影响供求。对某种商品的需求按照和该商品价格相反的方向变动，价格下降需求就增加；价格提高需求就减少。商品供给的变动与需求的变动相反，它按照和价格相同的方向变动，价格提高则供给增加；价格下降则供给减少。供求关系的变化，导致市场价格的涨落；而市场价格的涨落，又刺激供给和需求的增减。

③竞争机制。供求机制是指在市场经济中，市场的商品供求关系同价格、竞争等市场要素变化之间的有机联系。供求机制的作用主要有：一方面供求关系的变化引起商品市场价格的涨落；另一方面市场价格的涨落又会使供求关系变化，这种变化最终导致供求之间不断趋于平衡。供求关系的变化引起市场竞争关系的改变，从而形成买卖双方所处地位不同的市场格局。

④风险机制。在商品经济条件下，任何一个经济主体都面临着盈利、亏损、破产的可能性，都必须承担相应的利益风险。企业一旦有了利益的风险，也就有了千方百计生产适销对路、价廉物美商品的动力。因此，风险是一个极为重要的市场机制。只有在市场机制充分作用的前提下，各经济主体才能努力提高劳动生产率和按照市场需要安排经营活动。

(2)市场机制的优点：

①充分发挥利益杠杆对经济活动的巨大推动作用，给企业以压力和动力，促使企业不断创新，努力改进技术，降低劳动消耗，提高经济管理水平，实现优胜劣汰。

②通过价格杠杆和竞争功能，实现资源的合理配置，达到经济活动各方面的协调和平衡。

③发挥市场对各种经济信号反应比较灵敏的优势，促进生产和需求的协调和均衡。但是，市场机制的调节作用具有一定的自发性、事后性和盲目性。为了克服市场机制的失效和失灵，政府必须实行必要的宏观调控，防止和克服各种失衡现象，保证经济正常运行和持续协调发展。

(3)在发展社会主义市场经济的过程中，必须坚持计划与市场相结合、灵活运用两种调节手段。在实际工作中应切实从实际出发，针对不同的情况采用不同的手段，并使两种手段有机地结合起来，充分发挥两者的长处，真正做到优势互补，扬长避短。只要能够正确处理好计划与市场的关系，就一定能够保证社会主义市场经济既充满活力又协调稳定地发展。

5. 本轮金融危机我国率先走出，试论述社会主义市场经济制度的优越性。（中国人民大学2010研）

答：(1)社会主义市场经济是指与社会主义基本制度紧密结合在一起的市场经济。它是以社会主义经济制度为基础的经济模式，市场在资源配置中起决定性作用。我国社会主义市场经济首先具有市场经济的一般优点，包括：

①资源配置市场化。在市场经济中，市场机制是推动生产要素流动和促进资源优化配置的基本运行机制。现代市场经济中，虽然也存在计划，但计划要建立在市场的基础上，并且要接受市场的检验。计划只能尊重市场规律，弥补市场不足，而不能扭曲市场信号和市场机制的运行，否则必将损害整个社会经济的运行效率。

②企业行为自主化。在市场经济中，企业是独立的市场主体。企业应拥有商品生产经

营者的全部权利和独立的经济利益，成为自主经营、自负盈亏、自我积累、自我发展的经济主体和独立的法人。

③宏观调控间接化。政府并不直接干预企业的生产经营活动，而是通过各种经济政策、经济手段，按照一定的社会经济发展目标的要求，引导、调节和规范企业的生产经营活动，通过宏观间接调控以保证经济的健康运行。

④市场管理法制化。整个市场与效率是由法律予以保证，市场经济的公平完全是建立在法制的基础上。

(2)我国社会主义市场经济还具有自身特有的优越性，主要表现在以下几个方面：

①整个市场经济运行的根本目标必须符合社会主义本质的要求，最大限度地满足广大人民不断增长的物质文化和美好生活需要。

②在所有制结构上，必须坚持以公有制为主体、多种经济成分共同发展的方针，不同经济成分还可以自愿实行多种形式的联合经营。在市场生产经营活动中，公有制经济起主体作用。各种类型的企业都要进入市场，通过平等竞争来发挥国有经济的主导作用，从而有利于发挥市场经济的积极作用，限制它的消极作用。

③在分配制度上，要建立以按劳分配为主体、多种分配方式并存的个人收入分配制度，体现效率与公平相结合，鼓励一部分地区一部分人通过诚实劳动和合法经营先富起来，从而有利于实现共同富裕的目的。

④在宏观调控上，社会主义国家能够把人民的当前利益与长远利益、局部利益与整体利益结合起来，建立以间接手段为主的完善的宏观调控体系，从而有利于保证国民经济健康运行。

6. 如何加快社会保障体系建设和社会保障制度改革使之覆盖全体城乡居民?（西南财经大学2013研）

答：社会保障是保障人民生活、调节社会分配的一项基本制度。社会保障是人民生活的安全网、收入分配的调节阀和社会发展的稳定器。作为国家和社会为保证其成员基本生活权利而提供救助和补助的一种制度，社会保障对于提高人民生活水平、促进经济社会发展来说具有重要意义，是社会公平和社会进步的一个重要标志。然而我国社会保障体系还不够健全，社会保障制度还没有覆盖到全体城乡居民，因此加快社会保障体系价格和社会保障制度改革显得尤为迫切。

加快社会保障体系建设和社会保障制度改革使之覆盖全体城乡居民应从以下几个方面着手：

(1)扩大社会保障覆盖范围，加快建立覆盖城乡居民的社会保障体系。

扩大社会保障范围，使之逐步覆盖城乡所有劳动者和所有居民，这是我国社会保障制度建设的长期奋斗目标，也是实现社会保障制度公平性的必然要求。加快完善覆盖城乡居民的社会保障体系，应充分发挥全国社会保障基金在完善社会保障体系中的重要作用，多渠道增加全国社会保障基金，加强监管，实现保值增值。社会保障体系主要由养老、医疗、工伤、失业和生育保险组成，养老保险又是主要的部分。为此，要进一步促进企业、机关、事业单位基本养老保险制度改革，探索建立农村养老保险制度；要适应统筹城乡发展新形势的要求，抓住社会保障制度薄弱环节加以推进，积极推进农民工参加社会保险，认真落实包括农民工在内的城镇企业职工养老保险关系转移接续办法，加快解决未参保集体企业退休人员基本养老保障等遗留问题。

(2)合理确定支付水平，使社会保障水平同经济发展水平相适应。

根据我国人口众多、年龄结构老化、人均GDP较低、未来社会保障负担沉重的现实情况，在考虑国家层面上的社会保障资源严重不足；社会保障具有刚性、经济不景气时社会保障支出反而会急剧增长，在扩大社会保障覆盖范围的时候，支付起点应相对低一些，社会保障制度的受益者从整体上只能享受低层次社会保障水平。低保证、广覆盖成为我国社会保障制度的一项长期政策选择。

(3)针对国民保障需要的多元化，建立多样化的社会保障模式。

我国经济社会发展的现状决定了国家建立的基本保障制度只能起到基础性作用。解决国民在遇到收入风险时的基本生活问题，尚无法满足人们多元化的需求。这样，补充保险或政府鼓励的基本保障以外的其他保障选择就显得十分重要。建立多样化的社会保障模式，一是能满足不同个体和家庭对社会保障的不同需要，有助于在坚持公平的基础上促进效率的提高；二是有利于解决低保证、低覆盖所造成的保障不足以及可能存在的效率损失问题。多样化的社会保障模式由多功能的社会救助体系和包括国家强制的最低水平的社会保险、由缴费决定或自愿购买的补充保险在内的多层次的社会保险体系构成。

(4)采取多种充实社会保障基金，加强基金监管，实现保值增值。

随着经济社会的发展，人均寿命延长，老龄化社会到来，人们对生活质量和健康质量的要求进一步提高，要求社会保障既能体现自己养活自己的原则，又能够筹集到足够的资金以备将来使用。这就要求实行多样化的筹资模式，即实行以部分积累制为主体，现收现付制和完全积累制并存，个人账户制、捐赠、发行彩票和可降低管理成本的志愿者服务等形式相结合，不断充实社会保障基金。进一步把全国社保基金保障能力和管理运营提高到一个新水平，就要抓住国家经济实力不断增强，为充实社会保障基金提供雄厚物质基础的机遇，采取多种方式充实社会保障基金，在确保安全的前提下实现保值增值。

第17章　社会主义市场经济的微观基础

17.1　复习笔记

【知识框架(庖丁解牛)】

- 社会主义市场经济的微观基础
  - 市场经济的微观基础
    - 市场经济中的交易主体
    - 市场经济微观基础的内涵
  - 社会主义市场经济中的居民和企业
    - 社会主义市场经济中的居民
    - 社会主义市场经济中的企业
  - 建立现代企业制度和国有企业改革
    - 现代企业制度
    - 国有企业改革
    - 国有资产管理制度

【考点难点归纳(厚积薄发)】

考点一：市场经济的微观基础　★★★

1. 市场经济中的交易主体(见表17-1)

表17-1　市场经济中的交易主体

市场交易主体	内容	地位
个人	居民家庭	①需求主体； ②供给主体
企业	各类以盈利为目的的组织	①最主要的交易主体； ②最主要的生产要素购买主体； ③最主要的商品和服务供给主体
政府	各级、各类型的政府权力机构	①维护市场秩序的主体； ②调节宏观经济的主体； ③凭借政府权力无偿调拨或通过政府采购获得所需资源及消费品

2. 市场经济微观基础的内涵

(1)微观经济主体或微观经济单位：

微观经济主体是指具有独立产权的“个体”或“个体单位”，主要包括居民和企业。市场经济中，连接各种微观经济主体的纽带是交易。

(2)微观经济主体是市场经济的微观基础：

①从市场经济的结构上看，微观经济主体是市场经济中最基本的经济单元和这种层级式的网络结构的最基础部分。

②从市场机制的形成和市场经济功能发挥的角度看，微观经济主体既是市场机制的调节对象，又是市场机制和市场经济功能形成的基础。

考点二：社会主义市场经济中的居民和企业 ★★

1. 社会主义市场经济中的居民

(1)在市场经济运行系统中的地位：

①居民是最终消费主体、是市场中各种服务与产品的购买者，是各种生产要素的供给者。

②作为微观经济活动主体，居民的行为方式及变化，对国民经济运行产生重大的影响。

(2)从计划体制下的居民向社会主义市场经济中的微观经济主体的转变：

①在计划经济体制中，居民并非真正的微观经济主体，体现在以下几方面：

a. 居民不是独立的投资主体。

b. 居民不是真正的劳动力的供给主体。

c. 居民某种意义上不是真正的收益主体。

d. 居民不是具有充分消费者主权的消费主体。

②要让居民成为真正的具有一定自主决策权的经济主体，就需要进行相关的体制改革：

a. 要使居民成为投资主体之一，就要解放思想，拓宽投融资渠道，培育多元投资主体。

b. 要使居民成为真正的劳动力资源的供给主体，就要进行人力资源配置体制及其相关制度的改革。

c. 要使居民真正成为多元收益主体之一，就要坚持以按劳分配为主、多种分配形式并存的分配制度。

d. 要使居民真正成为具有充分消费者主权的消费者，就要进行流通体制、价格体制等方面的改革。

2. 社会主义市场经济中的企业

(1)社会主义市场经济中的国有企业：

①对国有企业认识的误区：

a. 将国有企业和国有经济等同，将国有制和公有制等同，将国有制视为公有制的高级形式；

b. 不顾生产力的发展水平和要求，将实行国有制和国有经济的发展视作衡量社会主义经济发展水平和发展进程的主要标志。

②国有制及国有企业的地位：

国有经济的发展和国企改革的进程，对社会主义市场经济体制建立、国民经济发展和社会主义制度命运具有重大影响。

③国有制及国有企业的基本功能：

在社会主义市场经济发展中，国有经济必须起主导作用，并主要体现在控制力上——

对关系国民经济命脉的重要产业和关键领域，国有经济必须占支配地位。

(2)社会主义市场经济中的非国有企业：

大量的非国有企业，包括集体所有制企业和其他非公有制企业也是社会主义市场经济的微观基础。

考点三：建立现代企业制度和国有企业改革 ★★

1. 现代企业制度

现代企业制度是指现代股份公司制度，其核心是其法人产权制度。现代企业的法人产权制度的确立，产生了两个相对于古典企业的质变结果：①使资本的所有权与企业的经营管理权发生彻底分离，产生了职业化的“支薪管理人员”，即企业的经理阶层；②资本社会化导致企业规模扩大，在企业内部形成了“管理层级制”，即企业层级组织包含两个以上决策层级，在企业的高、中层级的决策者之间形成了较为复杂的决策分工体系。

2. 国有企业改革

(1)总体思路：

完善各类国有资产管理体制，改革国有资本授权经营体制，加快国有经济布局优化、结构调整、战略性重组，促进国有资产保值增值，推动国有资本做强做优做大，有效防止国有资产流失。

(2)主要措施：

①完善国有企业现代企业制度；

②对不同国有企业的功能进行准确界定，优化国有经济布局和结构；

③推动垄断行业深化改革，引入竞争机制；

④国有企业更好地落实社会责任的履行。

3. 国有资产管理制度(见表17-2)

表17-2 国有资产管理制度

要点	具体内容
概念	指关于国有资产管理机构的设置、职责以及管理方式和方法等有关制度的总称
基本内容	①政府国有资产管理机构的性质、机构设置和职能配套。 ②政府国有资产管理机构和国家经济管理一般机构之间的关系。 ③中央政府国有资产管理机构与地方政府国有资产管理机构的权责划分，以及各管理机构内部之间的权责划分及相互关系。 ④国有资产所有者权能的实现途径
改革目标	构建国有资产的新型管理体制基本框架
改革措施	①继续推动履行社会公共管理职能的部门与企业脱钩，使得集中统一监管经营性国有资产得以实现。 ②以管理资本为主加强国有资产监管。 ③对国有资产监管机构及其职能进行完善。 ④健全国有资产监管法规体系。 ⑤建立一套科学有效的企业绩效考核指标体系

◆拓展延伸◆

中国国有企业成为真正的市场经济微观基础，需要解决的主要问题：

(1)冗员问题。国有企业的冗员问题源于“企业办社会”“企业办保障”的体制性积淀。但国有企业的改革必然涉及“减员增效”“减员转制”的问题。若不能彻底解决国有企业的冗员问题，既难以实质性地解决企业的负担，也难以实现企业资源的优化配置。

(2)国有改制企业中内部人控制问题。一般意义上的内部人控制问题有两层意思：一是公司内部人员脱离了出资者的所有权约束，二是公司的控制权不能有效地转移，即难以通过证券市场形成对代理权的竞争和接管。内部人控制问题既是国有产权模糊或缺位的直接结果，又是公司法人治理失效的直接表现，从而扭曲了国有企业公司化改造的既定目标。

(3)布局与结构问题。虽然经过多年改革，我国国有企业在布局上仍然存在战线长、主业多、分布广的问题。不仅在垄断行业，甚至在竞争性行业，如家电、汽车、机械等制造行业中，国有企业仍占主导或规模优势地位。这对发挥国有企业在行业中的竞争活力是有不利影响的。

(4)大型国有企业或国有企业集团的产权结构与治理问题。在这类国有企业中，仍然存在国有独资和行政性垄断带来的诸如效率低、透明度低等问题。在国有商业银行的改制中，通过引入战略投资者，实行股权多元化，使其在治理与效率上有了一定的改善。但相当部分的大型国有企业或国有企业集团以股权多元化为基础的公司化改制仍然是不彻底的，其行政性垄断和行政性管制的色彩还比较浓厚。

17.2 课后习题详解

问答题

1. 什么是现代企业制度？

答：现代企业制度是指现代股份公司制度，其核心是法人产权制度。现代企业的法人产权制度的确立，产生了两个相对于古典企业的质变结果：①使资本的所有权与企业的经营管理权发生彻底分离，产生了职业化的“支薪管理人员”，即企业的经理阶层；②资本社会化导致企业规模扩大，在企业内部形成了“管理层级制”，即企业层级组织包含两个以上决策层级，在企业的高、中层级的决策者之间形成了较为复杂的决策分工体系。它并不仅仅指企业组织形式本身，实际上是指适应现代市场经济体制的企业的产权制度、企业的组织制度、企业的管理制度、企业的领导制度、企业的财务会计制度、企业的法律制度、政府与企业的关系以及其他各种企业制度外部环境的统称。其主要内容包括：企业法人制度、企业自负盈亏制度、出资者有限责任制度、科学的领导体制与组织管理制度。

2. 结合中国实际，谈谈如何建立现代企业制度，实现企业制度创新？

答：国有企业改革的目标是建立产权清晰、政企分开、权责明确、管理科学的现代企业制度。按照现代企业制度改制后的企业，能否体现出现代公司制的基本特点并有效发挥这种企业制度的功能，关键是能否形成有效的公司治理结构。从一般意义上讲，要形成有效的公司治理结构，需形成一系列的制度安排。这些安排包括以下几个方面：

(1)健全的行之有效的法规体系。公司法、证券法等相关法律对于规范公司运作机制，保护投资者及相关者的权益、约束企业经营管理者行为具有不可替代的作用。

(2)形成股东可以“用脚投票”的健全的股票市场。资本市场的功能不仅表现在公司筹资和股票转让方面，而且还可以起到约束管理层的作用。

(3)竞争性的职业经理市场的作用。经理市场的竞争压力也可以促使管理者在经营中以股东利益为重，否则，将存在被其他的职业经理人替代的可能。

(4)有效的激励机制。设计有效的长期激励计划，使经营管理者的收益与股东的收益密切相关，让经营者在追求个人利益最大化的同时，能够促进股东的收益。

(5)健全的严格的财务及其相关信息的披露制度。通过规范的财务制度及信息披露制度，防止内部人暗箱操作，鲸吞股东权益。

我国的国有企业，在通过改制向现代公司制度转轨过程中，本身在股权结构上就具有鲜明的特点。例如，国有股和大多最终属于国有产权的法人股，在经过改制后的公司中占有绝对比重。在这种情况下，如何避免由此导致的低效率、甚至负效率，这是在建立现代企业制度公司治理结构过程中面对的焦点问题之一。

解决这一问题的途径，一是要加强一般性的基本制度建设，包括：①建立健全与公司制度相关的法规体系，尤其是要严格执法；②规范证券市场，强化证券市场的监督和约束功能；③形成竞争性的职业经理市场，强化经理人市场的约束功能；④形成有效的激励机制。另外，更重要的是，在合理有效地借鉴具有典型意义国家的公司治理结构建设经验的基础上，切实从中国实际出发，在制度创新中形成具有中国特色并行之有效的公司治理结构，建立以“产权明晰、权责明确、政企分开、管理科学”为主要内容的现代企业制度。

3. 如何深化国有资产管理体制改革？（中央财经大学2016研）

答：(1)国有资产管理体制是指关于国有资产管理机构的设置、职责以及管理方式和方法等有关制度的总称。

(2)国有资产管理体制改革的目标：继续调整国有经济的布局和结构，改革国有资产管理体制，是深化经济体制改革的重大任务。在坚持国家所有的前提下，充分发挥中央和地方两个积极性。国家要制定法律法规，建立中央政府和地方政府分别代表国家履行出资人职责，享有所有者权益，权利、义务和责任相统一，管资产和管人、管事相结合的国有资产管理体制。关系国民经济命脉和国家安全的大型国有企业、基础设施和重要自然资源等，由中央政府代表国家履行出资人职责。其他国有资产由地方政府代表国家履行出资人职责。中央政府和省、市(地)两级地方政府设立国有资产管理机构。继续探索有效的国有资产经营体制和方式。各级政府要严格执行国有资产管理法律法规，坚持政企分开，实行所有权和经营权分离，使企业自主经营、自负盈亏，实现国有资产保值增值。

(3)措施包括：

①大力调整优化国有经济布局结构，进一步明确国有企业功能定位，加大资产重组和资源整合力度，构建国有资本投资运营平台，提高国有资产证券化水平。

②加快发展混合所有制经济，着力优化国有企业股权结构，全面推进股权多元化，积极探索混合所有制企业员工持股的多种形式。

③建立健全现代企业制度，规范法人治理结构，完善国有企业领导人员管理机制，建立长效激励约束机制，加强国有企业内部管理，充分发挥国有企业党组织政治核心作用。

④完善国有资产管理体制，以管资本为主加强国有资产监管，完善国有资本经营预算制度，适当提高国有资本收益上缴比例。

17.3　考研真题详解

一、概念题

1. 公司治理（南开大学 2005 研）

答：公司治理是指联系企业各相关利益主体的一系列制度安排和结构关系网络，包括公司治理结构和公司治理的市场机制。公司治理属于基础制度层面。从监控主体的角度看，目前的公司治理主要概括为三种模式：家族监控、内部监控和外部监控。从公司治理的系统层面上，主要包括两个层次：公司治理和公司管理。公司治理规定了整个企业运作的基本网络框架；公司管理则是在这个既定的框架下驾驭企业奔向既定目标。在纵向上，公司治理与公司管理之间相互协调发展，两者之间存在匹配性和替代性；在横向上，战略管理层是公司治理和公司管理联结的纽带，治理作为基本构架规定了管理的导向和原则，但管理的日积月累的微观作用，会对治理起到调整的作用。

2. 股份合作经济（中央财经大学 2005 研）

答：股份合作经济是指以劳动者的劳动联合和劳动者的资本联合为主的经济组织形式，兼有股份制和合作制的经济特征。股份合作经济是以合作制为基础，吸收股份制的一些做法，既不同于一般的合作制企业，也不同于规范的股份制企业。它是劳动群众按照协议，各自以资金、实物、技术等入股，联合经营，提取公共积累，独立承担民事责任的企业法人实体组织。它的基本特点是：全员入股，资本与劳动结合；以本企业职工入股为主，同时吸收少量社会法人股；财产实行共同共有和按股共有；同股同利、利益共享、风险共担；分配实行按劳分配与按股分红相结合等。

3. 企业改革中的“拨改贷”（中央财经大学 2009 研）

答：国有企业改革可分为四个阶段：第一阶段：放权让利阶段（1979 ~ 1983 年）；第二阶段：税利改革和进一步扩大企业自主权阶段（1983 ~ 1985 年）；第三阶段：基于“两权”分离理论上的承包经营责任制推行阶段（1985 ~ 1992 年）；第四阶段：建立现代企业制度阶段（1993 年至今）。第二阶段改革的主要内容是调整和规范国有企业与政府间的利益关系，重点是“利改税”和“拨改贷”，目的是硬化企业预算约束，增强企业动力。所谓“利改税”，就是国有企业将原来的上缴利润的形式改为缴税的形式；所谓“拨改贷”，就是企业资金来源由原来的财政无偿拨付改为向银行借贷。

二、问答题

1. 结合当前实际，分析国有企业如何进一步完善现代企业制度。（西南财经大学 2006 研；中央财经大学 2015 研）

答：（1）现代企业制度：

现代企业制度是指在现代市场经济条件下，以规范和完善的法人制度为主体，以有限责任制度为核心，以股份有限公司为重点的产权清晰、权责明确、政企分开、管理科学的一种新型的企业制度。它是现代市场经济的基础。现代企业制度的具体形式一般表现为公司制，法人治理结构是现代企业制度的核心。

(2)从政府角度看，应进一步加强对重点企业的宣传引导和推动服务工作：

①要加强政策的宣传与引导，大力开展现代企业制度基本知识的业务培训，特别是要对企业高层管理人员进行宣传和培训，使企业家真正懂得健全现代企业制度的重要性、必要性和紧迫性，使企业家深入了解健全现代企业制度对企业持续快速发展，进一步做大做强的积极作用。

②努力帮助企业解决进一步健全现代企业制度过程中出现的一些实际问题，在政策措施方面为重点企业加大支持力度，为企业进一步改制做好服务，为企业改革发展保驾护航。

③进一步健全社会保障制度，消除企业后顾之忧。社会保障制度是社会化大生产的产物，是国民收入的再分配，是市场经济中一项重要的社会制度。它起到社会"稳定器"、经济运行"减震器"和实现社会公平"调节器"的巨大作用。只有建立全社会保障制度才能切实为企业平等竞争、劳动者自由流动、政企真正分开提供有力的保障。

④政府要继续重视重点企业完善现代企业制度，加强对转制重点企业跟踪调查，掌握重点企业现代企业制度的规范与实现的具体情况，总结成功的经验并及时推广。

(3)从企业角度看，应进一步构建科学规范的内部管理体系：

①进一步建立健全企业内部比较规范的各项科学管理制度，加强企业的基础管理工作，特别是要努力建立适应市场经济的管理机制和内部管理制度，使企业的财务、生产、质量、销售等管理工作制度化和规范化。并要善于利用现代化管理方法和手段，特别是利用计算机进行信息管理，全面提高企业管理的水平。

②进一步加快构筑创新体系，加大企业科技投入的力度。重点企业要加快建立健全企业技术中心，没有建立技术中心的企业应积极创造条件建立；已经建立的企业要进一步健全，充分发挥技术中心对企业科技进步的推动作用，增加科研开发的投入，构筑完善的创新平台，为重点工业企业发展提供不竭的动力。

③坚持以人为本，全面提高企业员工的素质，充分调动企业职工的积极性，增强企业的凝聚力。一方面企业要积极引进技术创新型科技人才和中高级管理人才、国内外市场营销人才，为人才的创新工作提供良好的技术平台和工作环境。另一方面企业要积极培养创新型人才，包括现代企业高级管理人才、企业高级技术人才和国内外市场营销人才的培养工作。同时，企业要进一步营造积极的现代企业文化，使企业文化理念提升，并适应人才的脱颖而出；引导各类人才思想理念逐渐融合到企业文化的理念中去，使企业的发展与人才的个人奋斗创业紧密相连。

2. 作为市场经济微观基础的企业基本特征及其形成前提。(东北财经大学 2008 研)

答：(1)作为市场经济微观基础企业的基本特征：

①自主经营，即企业拥有经营的自主权，政府不得直接深入企业内部干预企业的合法经营。

②自负盈亏，即在扣除成本、税收后的盈利归企业所有，亏损由企业自己负责。只有自负盈亏，企业在市场经济活动中才有足够的经营动力和压力。

③自我发展，即企业规模的扩展、经营链条的延伸、跨行业甚至跨国经营，都取决于企业自身能力并由企业根据市场状况及其预期的获利空间自主决策。

④自我约束，即企业自觉地约束自己的行为。企业作为独立的市场主体，从自身利益

出发，要在成本与收益、风险与收益的比较中，形成自觉的约束机制和风险防范机制。

(2)作为市场经济微观基础企业的形成前提：

企业形成市场经济微观基础的关键前提条件是必须要有明确的产权，并在明确产权基础上进一步明确投资主体。对于市场经济中的企业来说，首先必须有明确的产权，并在明确产权基础上有明确的、对投资享有权益并承担责任的投资主体。只有这样，才有了成为市场主体的基本条件。在一定意义上，产权的明晰是与投资主体的确定紧密相关的，如果投资主体不具体、不确定，产权的明晰则无从谈起。只有产权明晰，才能使计划经济体制中的国有企业转变成社会主义市场经济中的自负盈亏、自主经营、自我发展和自我约束的经济主体。

第 18 章　社会主义宏观经济运行

18.1　复习笔记

【知识框架(庖丁解牛)】

- 社会主义宏观经济运行
  - 社会总供给和社会总需求
    - 社会总供给及其决定因素
    - 社会总需求及其决定因素
    - 社会总需求变动对社会总供给的影响
  - 国民经济的总量平衡和结构平衡
    - 封闭条件下社会总需求和总供给平衡的一般条件
    - 开放条件下社会总需求和总供给平衡的一般条件
  - 社会总供求失衡的可能性和形式
    - 社会总供求失衡的可能性
    - 社会总供求失衡的形式
      - 社会总供求的总量失衡
      - 社会总供求的结构失衡
    - 对外开放条件下社会总供求失衡及其原因

【考点难点归纳(厚积薄发)】

考点一：社会总供给和社会总需求　★★★

1. 社会总供给及其决定因素(见表 18-1)

表 18-1　社会总供给及其决定因素

要点	具体内容	
社会总产出	指经过生产、分配、交换、消费等环节，周而复始不断地运行的社会再生产的总成果	
社会总供给	含义	指一个国家在一定时期内(通常为一年)向社会提供的最终产品和劳务的总量，在数量上会表现为物质的量和价值的量两个方面
	公式	社会总供给 = 国内供给 + 国外供给 = 国内生产总值(扣除不可分配部分) + 进口总值
决定社会总供给总量的因素	①物质生产发展水平和商品率的高低； ②进出口商品的数量； ③国家储备物资调入和拨出的差额； ④不作为商品的军需品占社会总产品的比例； ⑤可作为商品的物资的回收数量； ⑥社会各行业所提供的有偿服务数量	

续表

要点	具体内容	
社会总供给的结构	内容	主要包括各产业部门之间和每个部门内部的构成，以及这些部门形成的相互联结、相互制约和互为条件的关系
	决定因素	①资本积累和技术水平。 ②需求结构。 ③对经济全球化参与的广度和深度。 ④针对产业结构出台的政策

2. 社会总需求及其决定因素(见表 18-2)

表 18-2　社会总需求及其决定因素

要点	具体内容	
社会总需求	含义	指一定时期内社会的有效需求，即以有货币支付能力为前提的社会购买力总额，在实物上表现为社会购买力所要购买的商品和服务总量
	公式	社会总需求 = 投资需求 + 消费需求 + 出口
决定社会总需求规模的因素	投资需求规模	①在一定时期内社会整体国民收入增长率。投资需求规模与国民收入数量呈正向变动。 ②消费率与积累率。投资需求规模与积累率呈正向变动，与消费率呈反向变动。 ③在一定时期内社会所能提供的物力和人力。 ④投资效益。投资需求规模与投资效益呈正向变动。 ⑤经济体制对投资主体行为的影响
	消费需求规模	①居民个人收入水平。 ②居民收入分解为即期消费和储蓄的比例。 ③市场上适应居民消费结构的消费品的供给状况。 ④消费品价格水平的变动及价格预期
决定社会总需求结构的因素	投资结构	①一定时期的产业结构。 ②科学技术水平。 ③不同地区对社会总生产的贡献比例。 ④一定时期经济发展的目标、市场供求状况、经济体制等
	消费结构	①居民个人收入水平。 ②居民个人收入结构。 ③价格水平及其变动。 ④商品结构。 ⑤消费者消费习惯、消费心理等个人因素。 ⑥消费行为所受到的社会引导。 ⑦产业结构和供给结构。 ⑧其他因素

3. 社会总需求变动对社会总供给的影响

(1)投资需求是指一定时期内全社会形成的固定资产投资和存货增加额之和，投资需求的增长可以产生“投资乘数效应”。

(2)消费需求是指消费者对以商品和劳务形式存在的消费品的需求和欲望，消费不足或者消费结构不合理，都将降低支付消费品需求所形成的商品的购买力，导致生产出的商品过剩。

考点二：国民经济的总量平衡和结构平衡 ★★

1. 封闭条件下社会总需求和总供给平衡的一般条件

(1)公式：

投资支出 + 消费支出 = 投资品产值 + 消费品产值 = 国内生产总值

(2)社会总供求的总量平衡和结构平衡的关系如表 18-3 所示：

表 18-3 社会总供求的总量平衡和结构平衡的关系

要点	区别		联系
	政策	侧重点	
社会总供求的总量平衡	为实现价值平衡，要发挥财政政策、货币政策和对外经济政策的作用	对国民经济运行进行短期调节	①社会总供求的总量平衡是其结构平衡得以实现的基础和国民经济得以协调发展的前提； ②社会总供求的结构平衡对总量平衡有着重要影响
社会总供求的结构平衡	为实现实物平衡，要制定并实施产业政策	国民经济的中长期发展问题	

2. 开放条件下社会总需求和总供给平衡的一般条件

(1)公式：

(国内资本 + 资本净流入)转化的投资需求 + 消费需求 = 国内生产总值 + 净进口(进口 - 出口)

其中，考虑进出口贸易和资本流入流出后，社会总需求的构成变为：

社会总需求 =(国内资本 - 资本流出 + 资本流入)转化的投资需求 + 消费需求 + 出口(包括正常的出口和由资本流出带动的出口)

社会总供给的构成变为：

社会总供给 = 国内生产总值 + 进口(包括正常的进口和资本流入引起的进口)

(2)平衡公式的实现条件：

①国内资本全源自国内生产总值，并且在扣除资本流出后全部以投资支出和消费支出的形式存在。

②资本净流入 = 净进口，或资本净流出 = 净出口，即要求国际收支平衡。

考点三：社会总供求失衡的可能性和形式 ★★★

1. 社会总供求失衡的可能性

(1)社会总供求失衡的两种情况：

①经济运行能够承受的失衡；

②经济运行无法承受的失衡。

(2)社会总供求在总量上失衡的两种形式：

①供不应求；

②供大于求。

(3)市场经济条件下社会总供求失衡可能性的原因：

①商品生产和商品交换过程中存在内在矛盾。

②微观方面：企业和个人的经济活动因具有分散性，而难以与国民经济运行的整体目标完全一致。

③宏观层面：信息不对称和人们处理信息能力的局限性，宏观经济运行的不确定性和宏观调控的有限性等。

④不合理的经济体制。

2. 社会总供求失衡的形式(见表 18-4)

表 18-4　社会总供求失衡的形式

形式	具体内容		
总量失衡	供不应求	含义	通常称作需求膨胀或供给短缺，严重时可引发通货膨胀，即货币发行量超过流通中实际需要的货币量而引起的货币贬值、物价总水平持续上涨现象
		类型	①需求拉动的通货膨胀。 ②成本推动的通货膨胀。 ③价格结构调整引起的通货膨胀
		后果	①不利于资源最优配置，损害经济运行有效性。 ②不利于优化调整产业结构。 ③扰乱收入分配秩序，造成经济、社会的混乱
	供大于求	含义	也称作供给过剩或有效需求不足，严重时可导致生产停滞甚至萎缩、衰退
		影响	①阻碍经济增长，甚至引发经济衰退。 ②增加企业债务负担，影响其偿债能力。 ③长期通货紧缩易陷入恶性循环。 ④不利于对外贸易的发展
		原因	①长期积累的深层次原因： 经济发展方式不合理和经济结构问题；监管问题；分配问题等。 ②短期的特殊因素： 国际金融危机、债务危机的爆发；某些改革措施所造成的长期利益和短期成本的冲突；某些宏观措施不当等
结构失衡	同向性短缺	即各个部门都存在供给小于需求的情况	
	同向性过剩	即各个部门都存在供给大于需求的情况	
	异向性不平衡或失衡	即在出现需求膨胀或有效需求不足的情况下，所存在的发展上的结构性瓶颈，即短缺与过剩并存	

3. 对外开放条件下社会总供求失衡及其原因

(1)开放条件下社会总供求的失衡主要是由国际收支的失衡引起的。

(2)我国发生国际收支失衡的原因可以归纳为以下三点：

①经济增长及其对国民收入变动的影响。

②世界经济结构的变化。

③汇率的变动。

18.2　课后习题详解

一、概念题

1. 社会总产出(中国财政科学研究院2021研)

答：社会总产出，也称社会总产品，是指社会在一定时期内(通常为一年)所生产的全部物质资料的总和。社会总产出的构成，从实物形态看，既有生产资料，又有消费资料。从价值形态看，包括在生产过程中所消耗掉并转移到产品中的生产资料的价值(c)、劳动者在为自己劳动的时间内所创造的价值(v)、劳动者在为社会劳动的时间内所创造的价值(m)，其中后两部分($v+m$)是劳动者的活劳动所新创造的价值。

生产社会总产品的部门可分为两大部门：生产物质产品的部门称为物质生产部门(包括物质性服务，即与物质产品的生产、维修、运输和分配有关的服务)；提供非物质性服务的部门称为非物质生产部门。社会总产出水平可用GDP、GNP、NI等总量指标衡量。社会总产出的结构即其生产门类划分和它们之间的内在联系，亦即产业结构和社会总产出的地区分布。

2. 投资需求

答：投资需求又称投资支出，是指一定时期内全社会形成的固定资产投资和存货增加额之和。从构成上看，社会总投资包括固定资产的投资和流动资产的投资。从资金来源上看，社会总投资可以区分为重置投资(更新改造投资)和新增投资两部分。

3. 消费需求

答：消费需求是指整个社会在一定时期内通过货币资金的支出所形成的对消费品和服务的需求。社会总消费包括居民个人消费和社会公共消费两部分。

二、问答题

1. 试分析投资和消费的决定因素。

答：参见本章“复习笔记”相关内容。

2. 联系我国实际，分析社会主义市场经济条件下社会总供求失衡的可能性和形式。

答：(1)社会总供求失衡的可能性：

社会总供求失衡是指社会总供给与社会总需求在总量及结构上的不平衡超过一定限度，导致国民经济不能正常运行的一种经济状态。但是，应该将这种平衡理解为一种趋势或大体平衡，而不是社会总供给和社会总需求完全相等。在现实经济生活中，社会总供求之间的不平衡是经常存在的，这会给国民经济发展带来负面影响。

在市场经济条件下，存在着总供求不平衡甚至失衡的可能性：

①源于商品生产和商品交换中存在的内在矛盾。在货币作为一般等价物成为流通媒介

之后，产生了供给与需求的分离，生产过程和流通过程的分离，于是供给大于需求的矛盾就具有了一般可能性。而且随着生产规模和市场规模的扩大，商品生产的基本矛盾即私人劳动和社会劳动的矛盾也将随之扩大，当生产和市场的扩大不能同步进行而又缺乏有力的宏观调控时，就会逐渐演变成社会总供给和社会总需求之间的失衡。

②微观方面的原因。由于市场经济条件下企业和个人的经济活动都是按照各自的利益和目标进行的，具有分散性，其活动可能与国民经济的整体目标不一致，由此产生了社会总供求失衡的可能性。

③宏观层面的原因。市场经济条件下信息不对称性或者宏观调控不力等，都是造成社会总供求失衡的潜在原因。尤其是在纸币流通的情况下，货币发行量要达到和流通中实际需要的货币量完全相适应，也是极其困难的，而纸币流通的情况下的通货膨胀和通货紧缩都会导致国民经济总量的失衡。

在我国这一社会主义市场经济条件下，除上述原因以外，体制因素也是造成这一可能性的重要原因。

(2)社会总供求失衡的形式：

①社会总供给大于社会总需求。

这是指总供给过剩或总需求不足，生产总量大于有购买力的需求总量。在这种情况下，经济的主要表现是：

a. 企业市场急剧缩小，产品卖不出去，导致企业开工不足，对劳动力的需求相应减少，失业人口增加；

b. 经济增长速度放慢，出现零增长、负增长或只有少量增长的停滞状态，导致国家税收大幅度减少，引起财政赤字的增加；

c. 企业生产投资和居民消费减少，货币需求量下降，从而形成通货紧缩。

②社会总需求大于社会总供给。

这种情形指总需求大大超过了总供给，总供给严重不足的状况，又称为需求膨胀。这种情况下经济的主要表现是：

a. 企业市场扩大，产品不愁销售，企业由此而丧失技术改造和管理创新的动力，形成竞争不足；

b. 经济增长过快，超过资源可供能力和国民经济所能承受的程度，引起结构失调、效率下降，短线制约突出；

c. 投资基金和消费基金的增长超过国民收入的增长，呈现“双膨胀”，信贷规模相应扩张，信贷支出额大于存款额，这种情形的必然结果是出现通货膨胀。在需求膨胀的情况下，社会经济秩序容易失控，价格信号失灵，资源配置扭曲，居民实际生活水平下降，意味着各种经济矛盾趋于尖锐化。

3. 运用本章学习的社会总供求关系的原理，分析近年来我国国民经济宏观运行出现的新问题。(中央财经大学2017研)

答：(1)总供求关系原理：

国民经济的持续快速健康发展不仅要求社会总供求在总量上保持平衡，而且要求二者在结构上保持平衡。社会总供求的总量平衡和结构平衡之间存在着相互依存、相互制约的关系，主要表现在：

①社会总供求的总量平衡是结构平衡得以实现的基础和保持国民经济协调发展的前提；

②社会总供求的结构平衡对总量平衡有着重要影响；

③相对说来，总量平衡侧重于对国民经济运行的短期调节，而结构平衡主要涉及国民经济的中长期发展问题。

社会总供求在总量上的不平衡甚至失衡主要有两种形式：一种是社会总需求大于社会总供给，另一种是社会总供给大于社会总需求。

(2)近年来我国国民经济宏观运行出现的新问题：

①从消费需求看，过去我国消费具有明显的模仿型排浪式特征，现在模仿型排浪式消费阶段基本结束，个性化、多样化消费渐成主流，保证产品质量安全、通过创新供给激活需求的重要性显著上升，必须采取正确的消费政策，释放消费潜力，使消费继续在推动经济发展中发挥基础作用。

②从投资需求看，经历了40多年的高强度大规模开发建设后，传统产业相对饱和，但基础设施互联互通和一些新技术、新产品、新业态、新商业模式的投资机会大量涌现，对创新投融资方式提出了新要求，必须善于把握投资方向，消除投资障碍，使投资继续对经济发展发挥关键作用。

③从出口和国际收支看，国际金融危机发生前国际市场空间扩张很快，出口成为拉动我国经济快速发展的重要动能，现在全球总需求不振，我国低成本比较优势也发生了转化，同时我国出口竞争优势依然存在，高水平引进来、大规模走出去正在同步发生，必须加紧培育新的比较优势，使出口继续对经济发展发挥支撑作用。

④从生产能力和产业组织方式看，过去供给不足是长期困扰我们的一个主要矛盾，现在传统产业供给能力大幅超出需求，产业结构必须优化升级，企业兼并重组、生产相对集中不可避免，新兴产业、服务业、小微企业作用更加凸显，生产小型化、智能化、专业化将成为产业组织新特征。

⑤从生产要素相对优势看，过去劳动力成本低是最大优势，引进技术和管理就能迅速变成生产力，现在人口老龄化日趋发展，农业富余劳动力减少，要素的规模驱动力减弱，经济增长将更多依靠人力资本质量和技术进步，必须让创新成为驱动发展新引擎。

⑥从市场竞争特点看，过去主要是数量扩张和价格竞争，现在正逐步转向质量型、差异化为主的竞争，统一全国市场、提高资源配置效率是经济发展的内生性要求，必须深化改革开放，加快形成统一透明、有序规范的市场环境。

⑦从资源环境约束看，过去能源资源和生态环境空间相对较大，现在环境承载能力已经达到或接近上限，必须顺应人民群众对良好生态环境的期待，推动形成绿色低碳循环发展新方式。

⑧从经济风险积累和化解看，伴随着经济增速下调，各类隐性风险逐步显性化，风险总体可控，但化解以高杠杆和泡沫化为主要特征的各类风险将持续一段时间，必须标本兼治、对症下药，建立健全化解各类风险的体制机制。

⑨从资源配置模式和宏观调控方式看，全面刺激政策的边际效果明显递减，既要全面化解产能过剩，也要通过发挥市场机制作用探索未来产业发展方向，必须全面把握总供求

关系新变化，科学进行宏观调控。

18.3　考研真题详解

一、概念题

1. 国民生产总值与国内生产总值（武汉大学 2000 研；北京工业大学 2006 研；北京工商大学 2006 研；武汉理工大学 2006 研；中山大学 2006 研；财政部财政科学研究所 2007 研）

答：国民生产总值是指一个国家（或地区）所有国民在一定时期内新生产的产品和服务价值的总和，为最重要的宏观经济指标。它是按国民原则核算的，只要是本国（或地区）居民，无论是否在本国境内（或地区内）居住，其生产和经营活动新创造的增加值都计算在内，通常用 GNP 表示。

国内生产总值是指扣除了国外要素净收入后的国民生产总值。国内生产总值是按国土原则进行统计，即不论本国居民还是外国居民，凡是通过在本国范围内的财产和劳务所获得的收入都计算在内，但不包括本国居民利用在国外的财产和劳务所获得的收入，通常用 GDP 表示。

两者既有联系也有区别。两者之间的关系可以表示如下：GNP = GDP +（本国居民从外国获得的收入 - 外国居民从本国获得的收入）。同时两者也有一些区别，国内生产总值（GDP）指的是一国或地区一定时期（通常为一年）运用生产要素所生产的全部最终产品的市场价值，是一个地域概念；而国民生产总值（GNP）指的是一国或地区国民所拥有的全部生产要素所生产的最终产品的市场价值，是一个国民概念。例如，一个在美国工作的日本人，他获得的收入，就应该计入日本的 GNP 和美国的 GDP。

2. 社会总产值与国民生产总值（武汉大学 2003 研）

答：社会总产值是指社会各个物质部门生产的产品价值总量。它可分为三个部分：①在生产过程中已消耗并转移到产品中去的生产资料价值（c）；②劳动者在为自己的劳动时间内所创造的价值（v）；③劳动者在为社会的劳动时间内所创造的价值（m）。

国民生产总值是指一个国家（或地区）所有国民在一定时期内新生产的产品和服务价值的总和，通常用 GNP 表示。

两者共同之处：都反映一个国家在一定时期内经济发展状况的指数。

两者不同之处：社会总产值是指一国物质生产部门在一年内所生产的用货币表现的物质产品的总和。这里讲的物质生产部门，是指工业、农业、建筑业、运输业、商业（含饮食业和物资供销业）。社会总产值就是这五类物质生产部门中所有独立核算企业的产值之和。在各个企业的产值里面，计入了全部生产资料的转移价值，不但包含了固定资产折旧费，而且包含全部中间产品的价值，因而以此为基础而计算出的社会总产值含有不少重复计算的部分，随着社会分工和专业化生产的发展，重复计算的部分越来越大。而国民生产总值指的是经济社会最终产品的劳务市场价值的总和。所以，相比之下社会总产值和工农业总产值指标不能真实反映物质生产部门的总成果和总水平。

二、问答题

1. 简述通货膨胀对投资的影响。（华东理工大学2006研）

答：通货膨胀是指在货币流通条件下，因货币供给大于货币实际需求，也即现实购买力大于产出供给，导致货币贬值，而引起的一段时间内物价持续而普遍地上涨现象。其实质是社会总需求大于社会总供给。宏观经济中，通货膨胀主要指价格与工资的普遍上涨。通货膨胀对投资的影响要视通货膨胀的严重程度而定：一般而言，温和的通货膨胀有利于投资的增加，而较为严重的通货膨胀(尤其是恶性通货膨胀)会使投资减少。

(1)温和的通货膨胀对投资的影响：

影响投资的一个重要因素是实际利率：一般而言，实际利率较高，则企业借贷资金的成本较高，投资的机会成本较高，企业就可能会减少投资；反之，实际利率较低，企业会增加投资。根据费雪效应，实际利率=名义利率-通货膨胀率，因此在温和的通货膨胀下，实际利率较低，这会有力地刺激投资需求，从而增加经济中的投资量。

(2)恶性通货膨胀对投资的影响：

恶性通货膨胀(尤其是未预期到的通货膨胀)会对经济造成很大的冲击，会造成经济中的收入和财富的再分配作用，这会给债权人带来损失，给债务人带来收益。因此，债权人有可能会减少对债务人的借贷，从而使债务人获得的资金减少，投资也就减少了。此外，恶性通货膨胀也会增加经济中的不确定性因素，从而减少投资需求。

2. 用国民生产总值(GNP)衡量国民经济活动的缺陷是什么？（华中科技大学2006研；南京大学2006研；南京航空航天大学2006研）

答：国民生产总值(GNP)是指一个国家或地区范围内的所有常住单位，在一定时期内实际收到的原始收入(指劳动者报酬、生产税净额、固定资产折旧和营业盈余等)总和价值。作为衡量一国经济水平的标准，GNP有以下几个缺点：

(1)GNP不能完全反映一个国家的真实生活水平。

因为GNP的统计数据基本是根据市场交换而获得的，那些虽没有经过市场交换，但却对人们生活水平有重大影响的经济活动就不能通过GNP反映出来。例如，在一个自给自足程度较高的经济社会，其GNP数据一定低估了人们的实际生活水平。所以，由于每个国家的经济社会结构不同，GNP便不能作为一个精确的衡量标准加以比较。另外，人们的休息、娱乐也是生活水平的一个重要组成部分，GNP却对此不能进行反映。假如GNP的下降幅度不至于严重影响人们的物质生活水平，那么当减少劳动时间造成GNP这种下降时，人们可能会因获得更充足的休息时间而感到幸福。

(2)GNP不能反映一个国家的产品和服务的结构。

比如两个国家的GNP相同，其中一个国家的经济活动多在于制造导弹、武器等军用品；另外一个国家却主要在于建立学校教育设施、文化体育中心以及公园等娱乐场所，则GNP无法对两者差别作出反映。而这两个国家在产品和服务上结构的不同，对各自国家人民的生活影响很大。

(3)GNP不能反映产品和服务的进步。

由于GNP的数据是根据产品和服务的市场价格统计而得，而生产技术水平的进步可能会降低产品和服务的市场价值，因而 GNP 不能反映出这种技术水平的进步。例如现在生产出来的汽车要比半个世纪以前生产的小汽车质量、性能都好的多，但由于社会生产力的提高，现在的生产成本可能比过去低的多，而 GNP 对此却无法进行反映。

(4) GNP 的统计有一定的误差。

GNP 的许多数据是根据抽样调查得出来的，其中包含一定的误差。有些是根据人们的申报得出来的，由于种种原因，人们在申报时往往并不反映真实情况，因而统计出来的数字存在一定程度的虚假成分。此外，由于各国的情况不同，具体的政策规定不同，故统计出来的 GNP 并不基于同样的标准。

3. 正确处理积累和消费关系的原则。（首都经济贸易大学 2006 研；武汉大学 2006 研）

答：(1) 积累与消费的关系：

社会主义国民收入中积累基金和消费基金的关系，即积累与消费的关系，是一个重要的综合性比例关系。积累基金与消费基金的作用在根本上是一致的。但是，二者也有矛盾的一面。在国民收入总量一定的条件下，积累基金与消费基金之间便存在着量上的此消彼长的矛盾。这一矛盾实际上反映了生产发展和生活改善之间的矛盾，反映了国家、集体、个人三者之间的利益矛盾。它们之间的矛盾是在劳动者根本利益一致基础上的矛盾，因而是可以通过正确的处理得到解决的。

(2) 正确处理积累和消费关系的原则：

正确处理积累和消费的关系，就是要确定积累基金和消费基金的最优比例，既要有利于促进社会主义扩大再生产，维护人民的整体利益和长远利益，又要有利于提高人民的消费水平，保证劳动者的个人利益和当前利益。根据我国社会主义建设的经验，正确处理积累和消费的比例关系，必须遵循以下四条基本原则：

①在生产发展和国民收入增长的基础上，使积累基金和消费基金都有所增长。积累是扩大再生产的源泉，是实现我国经济现代化和提高人民物质文化生活水平的物质保证。为此要有能保证扩大再生产的积累基金。但是，消费基金直接关系到人民生活水平的提高和劳动者生产积极性和创造性的充分发挥，因此必须要有能保证劳动者生活水平逐年提高的消费基金。即国家的经济建设与发展和人民生活的改善，两者都不能偏废。但要注意，积累基金与消费基金的总额，原则上不能超过当年国民收入的总额，不能造成对国民收入的超分配。否则，就可能导致出现财政赤字和物价上涨、通货膨胀的情况，从而严重影响国民经济的持续、快速和健康发展。

②合理安排积累基金和消费基金的比例，必须与国民收入的物质构成相适应。积累基金用于生产建设，其实物形式是生产资料。因此，积累基金的使用数量必须和社会所能提供的追加生产资料的数量相适应。消费基金主要用于劳动者的个人消费，它的数量和构成也必须与社会所生产的消费资料的数量相适应。此外，对积累和消费基金比例的确定，以及它们各自的内容构成，还必须依据客观经济形势的变化做出相应的调整。

③必须安排好积累基金和消费基金内部的比例关系。积累基金和消费基金的比例关系，在正常的条件下应当是：积累基金能够保证进行扩大再生产，消费基金能够保证劳动者物质文化生活水平得到逐步提高。积累基金的最低限额是使生产能在原有基础上有所扩大，积累基金的最高限额不能影响劳动者物质文化生活需要在一个生产周期内应有的逐步提高；

在生产发展的基础上，消费基金的最低限额应使劳动者的消费水平比上一个生产周期有所提高，消费基金的最高限额不能影响下一个生产周期的必要的扩大再生产。在生产发展和国民收入增加的基础上，积累基金和消费基金都必须有所增加。在生产发展水平一定的条件下，应根据实践经验，及时调整积累基金和消费基金在国民收入中所占的比例，使积累基金和消费基金的比例既能保证全体居民的生活水平有适当的提高，又能保证扩大再生产的迅速发展。

④要确定合理的积累率，讲求积累基金的使用效果。积累率是积累基金在国民收入中的比率，是积累和消费比例的具体表现。积累基金和消费基金的比例必须与国民收入中的生产资料和消费资料的比例相适应；而且要使积累基金的增加与生产资料的增长相适应，使消费基金的增加与消费资料的增长相适应。如果积累基金的增加超过了生产资料生产的增长，就会出现生产资料供应不足，使得企业停工待料，或者把用于简单再生产的生产资料转用于基本建设，使得原有企业的简单再生产也不能正常进行。合理的积累率就是在积累率的可行区间内，根据国民经济总量增长的速度、人均消费基金随经济的发展有所提高、适应国民收入的物质构成情况，以及社会对积累的吸引能力，综合考虑一定时期的政治、经济、体制和社会发展等情况和条件，进行综合分析，才能最后确定。必须在合理确定积累率的基础上，认真讲求积累基金的使用效益。

4. 影响居民可支配收入转化为消费或储蓄的主要因素。（东北财经大学2008研）

答：影响居民可支配收入转化为消费或储蓄的因素主要有以下几方面：

(1)居民可支配收入的水平。

消费和储蓄会随着收入水平提高而增加；反之，则相反。

(2)消费品价格水平的变动及价格预期。

在物价水平相对稳定的条件下，收入水平提高，居民的消费支出及储蓄会稳定增加；如果物价水平在短期内上涨，则消费支出的增加就会减少储蓄。如果人们对价格有持续上涨的预期，这会使他们减少储蓄，增加消费。

(3)市场上适应居民消费结构的消费品的供给状况。

如果商品的市场供给数量具有较快的增长速度，可支配收入中消费支出的比例就能大幅度增加，储蓄比例则相应减少；如果商品的市场供给数量具有较慢的增长速度，则一部分可支配收入则因无法实现而被迫转化为储蓄。

(4)银行储蓄存款的利息率。

存款利息率对居民可支配收入转化为消费和储蓄比例的影响程度，视上述诸因素的情况而定。

(5)货币幻觉。

在货币收入与物价水平同比例变动因而实际收入不变的条件下，那些只看到物价水平上升，而忽视其货币收入也按比例提高的居民，会认为他的实际收入在减少，由此可能减少储蓄而相对地增加消费。相反，那些只看到货币收入增加，而忽视物价水平同比例上升的居民，则会认为他的实际收入提高了，因而可能增加储蓄而相对减少消费。

第19章　社会主义条件下的经济增长与经济发展

19.1　复习笔记

【知识框架(庖丁解牛)】

社会主义条件下的经济增长与经济发展
- 经济增长与经济发展
  - 经济增长与经济发展的含义、关系和决定因素
  - 中国特色社会主义经济发展理论
- 社会主义现代化战略目标
  - “三步走”战略和“两个百年”目标
  - 全面建成小康社会
  - 建成社会主义现代化强国，实现民族复兴
- 贯彻新发展理念，建设现代化经济体系
  - 建设现代化经济体系是实现“两个百年”目标的要求
  - 建设创新引领、协同发展的产业体系
  - 建设彰显优势、协调联动的城乡区域发展体系
  - 建设资源节约、环境友好的绿色发展体系

【考点难点归纳(厚积薄发)】

考点一：经济增长与经济发展　★★

1. 经济增长与经济发展的含义、关系和决定因素(见表19-1)

表19-1　经济增长与经济发展的含义、关系和决定因素

<table>
<tr><th>要点</th><th>含义</th><th>关系</th><th>决定因素</th></tr>
<tr><td>经济增长</td><td>指在一个较长的时间跨度上，一个国家人均产出(或人均收入)水平的持续增加</td><td rowspan="2">①经济发展同时包括经济增长和经济结构的变化、经济质量和人民生活水平的提高双重含义；
②经济发展是以经济增长为基础的，没有经济增长就没有经济发展；
③经济发展不能简单视作经济增长，单纯的经济增长可能会导致“只增长不发展”的出现</td><td rowspan="2">①生产要素投入；
②社会劳动生产率的增长率；
③投资增长率及其效率；
④科技创新；
⑤自然资源禀赋以及对自然资源的开发利用程度；
⑥制度因素和体制因素；
⑦对外开放</td></tr>
<tr><td>经济发展</td><td>指在经济增长的基础上，一个国家或地区经济结构和社会结构持续高级化的创新过程或变化过程</td></tr>
</table>

2. 中国特色社会主义经济发展理论(见表19-2)

表 19-2　中国特色社会主义经济发展理论

要点	内涵	意义
毛泽东思想	①新民主主义的经济思想； ②生产资料私有制的社会主义改造理论； ③探索适合中国国情的社会主义建设道路的思想	在中国的具体情况下，丰富和发展了马克思主义政治经济学
邓小平理论	①以解放思想和实事求是为精髓； ②深刻阐明了社会主义的本质； ③坚持运用马克思主义来观察世界形势的变化； ④是建设中国特色社会主义的科学体系	首次较为系统地初步回答了中国社会主义发展道路、发展阶段、根本任务、发展动力、外部条件、政治保证、战略步骤、党的领导和依靠力量以及祖国统一等一系列基本问题，指导我们党制定了在社会主义初级阶段的基本路线
“三个代表”重要思想	中国共产党必须始终代表中国先进生产力的发展要求，代表中国先进文化的前进方向，代表中国最广大人民的根本利益	深化了对中国特色社会主义的认识，发展了马克思主义政治经济学
科学发展观	第一要义是推动经济社会发展，核心立场是以人为本，基本要求是全面协调可持续，根本方法是统筹兼顾，精神实质是解放思想、实事求是、与时俱进、求真务实	体现了对社会主义建设规律和人类社会发展规律的新认识，是对马克思主义政治经济学的重大发展
习近平新时代中国特色社会主义思想	①坚持加强党对经济工作的集中统一领导，保证我国经济沿着正确方向发展； ②坚持以人民为中心的发展思想； ③坚持适应把握引领经济发展新常态，立足大局，把握规律； ④坚持使市场在资源配置中起决定作用，更好发挥政府作用，坚决扫除经济发展的体制机制障碍； ⑤坚持适应我国经济发展主要矛盾变化，完善宏观调控，相机抉择，开准药方，把推进供给侧结构性改革作为经济工作的主线； ⑥坚持问题导向部署经济发展新战略； ⑦坚持正确工作策略和方法，稳中求进，保持战略定力、坚持底线思维，一步一个脚印向前迈进	是马克思主义中国化的最新成果，是对马克思主义政治经济学的重大发展
创新、协调、绿色、开放、共享新发展理念	①强调创新作为引领发展的第一动力； ②强调协调是持续健康发展的内在要求； ③强调绿色对永续发展和人民美好生活得以实现的重要意义； ④强调开放是国家繁荣发展的必由之路； ⑤强调共享体现了中国特色社会主义的本质要求	集中反映了我们党对经济社会发展规律认识的深化，是我国发展理论的又一次重大创新，是针对我国经济发展进入新常态、世界经济复苏低迷形势提出的治本之策

考点二：社会主义现代化战略目标 ★★★

1. “三步走”战略和“两个百年”目标

(1)“三步走”战略：

第一步，从 1981 年到 1990 年实现国民生产总值比 1980 年翻一番，解决人民的温饱问题。第二步，从 1991 年到 20 世纪末，使国民生产总值再翻一番，人民生活达到小康水平。第三步，到 21 世纪中叶，国民生产总值再翻两番，达到中等发达国家水平，基本实现现代化。

(2)“两个百年”目标：

①在中国共产党成立一百年时全面建成小康社会；

②在新中国成立一百年时建成富强、民主、文明、和谐、美丽的社会主义现代化强国。

2. 全面建成小康社会

(1)经济上的基本要求：

①实现经济的持续健康发展；

②全面提高人民生活水平；

③在资源节约型、环境友好型社会的建设上取得重大进展。

(2)经济与政治、文化、社会协调发展上的基本要求：

①人民民主不断扩大；

②文化软实力显著增强。

(3)全面建成小康社会的基本要求的特点：

①强调以人为本，重视民生；

②强调基本公共服务均等，缩小收入分配差距；

③强调发展的全面性、协调性、可持续性；

④体现可行性。

3. 建成社会主义现代化强国，实现民族复兴

实现中华民族伟大复兴中国梦，需要做到：

(1)付出长期的艰苦努力。

(2)坚持正确的方向、道路和全体中国人的共同努力。

(3)每个人都把人生理想融入国家和民族的伟大梦想之中，把小我融入大我，团结一切可以团结的力量，汇聚起实现中国梦的强大力量。

考点三：贯彻新发展理念，建设现代化经济体系　★★

1. 建设现代化经济体系是实现“两个百年”目标的要求

(1)我国现代化经济体系的构成：

①创新引领、协同发展的产业体系；

②统一开放、竞争有序的市场体系；

③体现效率、促进公平的收入分配体系；

④彰显优势、协调联动的城乡区域发展体系；

⑤资源节约、环境友好的绿色发展体系；

⑥多元平衡、安全高效的全面开放体系；

⑦充分发挥市场作用、更好发挥政府作用的经济体制。

(2)建设现代化经济体系具有迫切性和重要意义：

①是实现"两个百年"目标的迫切要求。

②是转方式、优结构的必然要求。

③是解决新时代社会主要矛盾的必要条件。

2. 建设创新引领、协同发展的产业体系

(1)要加快实施创新驱动发展战略。

(2)要以深化供给侧结构性改革为主线，着力解决实体经济供给结构不适应需求结构变化的突出矛盾，加快从数量规模扩张切实转向高质量发展。

(3)要转变发展方式，调整产业结构。

3. 建设彰显优势、协调联动的城乡区域发展体系

(1)总要求：

实施区域协调发展战略，全面建设现代化区域发展体系，完善城乡布局结构，建设集约紧凑、疏密有致的可持续国土开发体系，形成高效、包容、可持续的产业布局，建立区域协调发展新机制。

(2)战略实施：

①实施乡村振兴战略。

②实施区域协调发展战略。

4. 建设资源节约、环境友好的绿色发展体系

(1)总要求：

大力发展低碳循环经济和绿色科技，树立科学的自然观念，践行绿色发展理念，践行绿色消费理念，形成社会主义生态文明发展的长效机制。

(2)措施：

①推进绿色发展；

②着力解决突出环境问题；

③加大生态系统保护力度；

④改革生态环境监管体制。

19.2　课后习题详解

一、概念题

1. 经济增长(北京航空航天大学2007研)

答：经济增长是指在一个较长的时间跨度上，一个国家人均产出(或人均收入)水平的持续增加，它反映了一国国民经济总量的变化状况。经济增长通常用国内生产总值或国民收入的变动率作为衡量指标，其中国内生产总值是经济的总产量与价格变动的综合反映。经济增长的表现形式：①用现价计算的GDP可以反映一个国家或地区的经济发展规模；②用不变价计算的GDP可以用来计算经济增长速度。其中决定经济增长的直接因素为投资量、劳动量和生产率。三个因素对经济增长贡献的大小，在经济发展程度不同的国家或不同的阶段是有差别的。

2. 经济发展

答：经济发展是在经济增长的基础上，一个国家或地区经济结构和社会结构持续高级化的创新过程或变化过程。经济发展包括三方面的内容：一是经济社会结构性转变；二是经济社会质的方面的改善；三是国民经济量的增长和扩张。经济发展情况可以由多方面的指标来衡量，一般使用较多的是人均 GDP、人均能源消费、农村人口比重、人口预期寿命、新生婴儿死亡率、识字率等。

3. 经济发展方式(中央财经大学 2019 研)

答：经济发展方式是实现经济发展的方法、手段和模式，其中不仅包含经济增长方式，而且包括结构(经济结构、产业结构、城乡结构、地区结构等)、运行质量、经济效益、收入分配、环境保护、城市化程度、工业化水平以及现代化进程等诸多方面的内容。其实质在于全面地追求和实现国民经济更好的发展质量和整体的协调。一国的经济发展方式具有一定的历史性、时代性和可跨越性的特点。转变经济发展方式的鲜明特征在于：顾及可持续性，顾及经济结构调整、优化和产业升级，顾及就业、消费、分配等一系列社会需要等。坚持把经济结构战略性调整作为加快转变经济发展方式的主攻方向。经济结构是经济各个组成部分的地位和相互比例关系。

4. 产业结构(武汉大学 2009 研；中央民族大学 2015 研；华中师范大学 2018 研)

答：产业结构是指各产业的构成及各产业之间的联系和比例关系，也就是一个国家或地区的资金、人力资源和各种自然资源与物质资料在国民经济各部门之间的配置状况及其相互制约的方式。产业结构的分类方法主要有两大领域、两大部类分类法，三次产业分类法，资源密集度分类法和国际标准产业分类法。

经济发展史表明，不同国家在不同时期具有不同的产业结构，而且不同产业结构导向可能导致不同的经济发展速度；系统论和控制论也认为，结构决定功能。因此，研究产业结构的目的和任务就在于揭示国民经济发展中的产业构成、比例和演变规律，从而自觉地进行产业结构调整和优化，最终实现资源的合理配置和经济的高速发展。可见，产业结构研究具有明显的政策含义。

5. 经济发展新常态

答：结合习近平总书记提出的“三期叠加”，经济发展新常态是指：①增长速度的新常态，即从高速增长向中高速增长换挡；②结构调整的新常态，即从结构失衡到优化再平衡；③宏观政策的新常态，即保持政策定力，消化前期刺激政策，从总量宽松、粗放刺激转向总量稳定、结构优化。经济新常态就是用增长促发展，用发展促增长。经济新常态不是不需要 GDP，而是不需要 GDP 增长方式；不是不需要增长，而是把 GDP 增长放在发展模式中定位，使 GDP 增长成为再生型增长方式、生产力发展模式的组成部分。经济发展进入新常态，是我国经济发展阶段性特征的必然反映，主动适应、把握、引领经济发展新常态，就要坚定推进供给侧结构性改革，发展生产，提高效率，满足需要。

6. 新发展理念

答：新发展理念是指创新、协调、绿色、开放、共享共同协调发展的理念。新发展理念的“根”和“魂”是为人民谋幸福、为民族谋复兴，也是我们党领导现代化建设的出发点和落脚点，是新发展阶段推动各领域高质量发展的理念引领。新发展理念内涵丰富，其中创新发展注重的是解决发展动力问题；协调发展注重的是解决发展不平衡问题；绿色发展注重的是解决人与自然和谐问题；开放发展注重的是解决发展内外联动问题；共享发展注重的是解决社会公平正义问题。新发展理念集中反映了我们党对经济社会发展规律认识的深化，是我国发展理论的又一次重大创新，是针对我国经济发展进入新常态、世界经济复苏低迷形势提出的治本之策。新发展理念深刻揭示了实现更高质量、更有效率、更加公平、更可持续发展的必由之路，是关系我国发展全局的一场深刻变革，能够逐步推动我国发展迈上新台阶。

7. 供给侧结构性改革

答：供给侧结构性改革是指要通过发展生产，加快转变经济发展方式，加快调整经济结构，加快培育形成新的增长动力，改善我国以产业结构为主的供给结构，实现经济持续发展和更高水平发展，提高供给质量和水平，以满足人民的需要。供给侧结构性改革是针对我国经济发展进入新常态的实际情况做出的决策。

8. 现代化经济体系

答：现代化经济体系是由社会经济活动的各个环节、各个层面、各个领域构成的，能够较好满足现代需要的有机统一整体。它既是一个目标，也是一个不断变革的过程。从我国来看，现代化经济体系就是能够很好地满足人民日益增长的美好生活需要的经济体系，是充分体现新发展理念的经济体系。我国现代化经济体系的构成是：①创新引领、协同发展的产业体系；②统一开放、竞争有序的市场体系；③体现效率、促进公平的收入分配体系；④彰显优势、协调联动的城乡区域发展体系；⑤资源节约、环境友好的绿色发展体系；⑥多元平衡、安全高效的全面开放体系；⑦充分发挥市场作用、更好发挥政府作用的经济体制。建设现代化经济体系具有迫切性和重要意义：①是实现“两个百年”目标的迫切要求；②是转方式、优结构的必然要求；③是解决新时代社会主要矛盾的必要条件。

二、问答题

1. 试分析决定经济增长、经济发展的因素。（中央财经大学 2014 研；华中师范大学 2016 研）

答：一般地说，决定经济增长的因素也就是决定经济发展的因素。在社会化大生产和市场经济的条件下，决定经济增长和经济发展的因素主要有：生产要素投入特别是劳动就业量、社会劳动生产率的增长率、投资增长率和投资效率、科技创新程度及其应用、自然资源的数量与开发利用程度、制度和体制以及对外开放等。具体说，主要包括：

（1）劳动力供给的数量与质量。

生产要素投入特别是劳动就业量对经济增长具有决定作用。如果以国内生产总值增长率衡量经济增长，则国内生产总值增长率就等于劳动就业量增长率加上社会劳动生产率增长率。劳动力投入对经济增长的决定作用体现在两个方面，即劳动的量和劳动力供给的结构和质量上。高素质劳动力的短缺往往是制约经济增长的瓶颈。从一定意义上说，当今世界各国经济增长的差异很大程度上是劳动力素质的差异，而简单劳动量的投入对经济增长的推动作用越来越小。

(2)社会劳动生产率的增长率。

劳动生产率的增长，对经济增长也具有决定作用。社会劳动生产率的增长可以衡量全社会范围内生产先进和落后，因此社会劳动生产率增长率对经济增长、经济发展的影响会随着经济发展和“知识经济”的兴起变得越来越大。

(3)投资增长率和投资效率。

一般投资效率投资的最终成果表现为国民收入的增加，经济增长率与投资增长率和投资效率呈现正相关关系。在现实中，投资率存在客观的限制：①积累率的高低，受现实生产力水平的制约。②投资率的实物供给限制，即国民收入实物构成中生产资料与消费资料的数量和结构的限制。

(4)科技创新程度及其应用。

科技创新能力是推动国家经济发展最关键的体现，科技创新能力强盛的国家在世界经济的发展中发挥着主导作用。对于经济增长来说，科技创新可以提高生产效率从而提升供给能力和潜在增长率。进行持续的科技创新，并将其积极地运用到解决现实问题中，是宏观经济能实现质量变革、效率变革和动力变革的必要条件。国家之间竞争的核心是经济，经济竞争的核心是科技创新驱动，科技创新驱动竞争的核心是人才。只有提高科技创新能力，才能进一步提高社会劳动生产率，使经济增长、经济发展具有坚实的基础。

(5)自然资源的数量与开发利用程度。

自然资源是指自然界中人类可以直接获得用于生产和生活的物质，包括空气、水、土地、森林、草原、野生生物、各种矿物和能源等。一国的自然资源禀赋会影响该国经济结构，进而影响经济增长。

(6)制度和体制。

制度和体制是影响经济增长、经济发展的重要因素。经济基础为上层建筑服务，上层建筑必然制定相应的制度促进经济的增长与发展。国家利用财政政策、货币政策对经济进行宏观调控，促进经济增长；改革经济体制转变经济发展模式。我国正面临从传统计划经济体制向社会主义市场经济体制的转型，后果就是经济发展会转变现在的状态去适应这些制度，从而加快自身的增长与发展。

(7)对外开放。

对外开放是经济增长和发展的驱动力。在对外开放的条件下，一国经济发展可以突破国内资源和国内市场的限制，促进外向型经济的发展和对外交流分工，参与国际分工，开发利用国内国际两种资源，促进该国的经济增长和经济发展。

上述各种因素相互联系，共同对经济增长、经济发展发挥作用。所以，实现各种因素的协调配合在促进经济增长和经济发展过程中起到决定性作用。

2. 我国经济发展进入新常态，为什么要以供给侧结构性改革为主线？

答：(1)供给侧结构性改革的含义：

供给侧结构性改革旨在调整经济结构，使要素实现最优配置，提升经济增长的质量和数量。需求侧改革主要有投资、消费、出口三驾马车，供给侧则有劳动力、土地、资本、制度创造、创新等要素。供给侧结构性改革，就是从提高供给质量出发，用改革的办法推进结构调整，矫正要素配置扭曲，扩大有效供给，提高供给结构对需求变化的适应性和灵活性，提高全要素生产率，更好满足广大人民群众的需要，促进经济社会持续健康发展。

(2)我国经济发展进入新常态，要以供给侧结构性改革为主线：

供给侧结构性改革包含五个方面的内容：一是通过改革增加劳动力、资金、土地、资源等生产要素的高效投入；二是通过改革促进技术进步、人力资本提升、知识增长等要素升级；三是通过改革培育企业、创业者、创新型地区或园区、科研院所和高等院校、创新型政府等主体；四是通过改革(如减税、简政放权、放松管制等)激发各主体的积极性和创造性；五是通过改革淘汰落后产业、培育有市场竞争力的新产业和新产品。供给侧结构性改革，从本质上讲是要处理好政府与市场的关系，要发挥市场在资源配置中的决定性作用，同时更好地发挥政府的作用。推进供给侧结构性改革，就是要更多地发挥好企业和个人的作用。政府的主要职责是把法律、法规、标准和政策制定好，给企业和市场相对稳定的预期，提高其积极性和创造性。

推进供给侧结构性改革，要努力实现十个方面工作重点的转变。这就是：①推动经济发展，要更加注重提高发展质量和效益；②稳定经济增长，要更加注重供给侧结构性改革；③实施宏观调控，要更加注重引导市场行为和社会心理预期；④调整产业结构，要更加注重加减乘除并举；⑤推进城镇化，要更加注重以人为核心；⑥促进区域发展，要更加注重人口经济和资源环境空间均衡；⑦保护生态环境，要更加注重促进形成绿色生产方式和消费方式；⑧保障改善民生，要更加注重对特定人群特殊困难的精准帮扶；⑨进行资源配置，要更加注重使市场在资源配置中起决定性作用；⑩扩大对外开放，要更加注重推进高水平双向开放。

3. 如何实现经济发展方式的转变?

答：(1)经济发展方式的含义：

经济发展方式是在经济增长的基础上，一个国家或地区经济结构和社会结构持续高级化的创新过程或变化过程。经济发展包括三方面的内容：一是经济社会结构性转变；二是经济社会质的方面的改善；三是国民经济量的增长和扩张。经济发展方式的内容既包括经济增长方式的内容，还包括产业结构、收入分配、居民生活以及城乡结构、区域结构、资源利用、生态环境等方面的内容，其实质在于全面地追求和实现国民经济更好的发展质量和整体的协调。

一国的经济发展方式由于受到经济体制、经济发展水平的制约，是在一定历史条件下形成的，具有一定的历史性；即经济发展方式具有历史性、时代性和可跨越性的特点。

(2)经济发展方式转变的途径：

转变经济发展方式，加快形成新的经济发展方式，总体思路是：要把握适应国内外经济形势新变化，把推动发展的立足点转到提高质量和效益上来，着力激发各类市场主体发展新活力，着力增强创新驱动发展新动力，着力构建现代产业发展新体系，着力培育开放型经济发展新优势，使经济发展更多依靠内需特别是消费需求拉动，更多依靠现代服务业和战略性新兴产业带动，更多依靠科技进步、劳动者素质提高、管理创新驱动，更多依靠节约资源和循环经济推动，更多依靠城乡区域发展、协调互动，不断增强长期发展后劲。

加快转变经济发展方式的主攻方向是推进经济结构战略性调整。经济结构是经济各个组成部分的地位和相互比例关系。它既包括所有制结构、需求结构、产业结构、区域经济结构，也包括企业组织结构、产品结构等。针对制约我国经济持续、健康发展的重大结构性问题，当前，重点是优化产业结构。

4. 如何实现产业结构的合理化和高度化？

答：(1)产业结构的合理化和高度化：

产业结构的优化升级，包括产业结构的合理化、高度化。

①产业结构合理化是指一国产业结构中各产业或行业之间总体上保持较密切的有机关联性和比例协调性，使结构不均衡的损失最小化或协调性效益最大化，引导经济增长过程呈稳态运行的过程。

②产业结构高度化是指通过知识与技术的创新和扩散，使资源或要素在各产业间的配置格局，即产业结构由低度水准向高度水准演进，进而促进产业结构效应显著提高的过程，通常指那些新兴产业部门、高新技术产业部门和技术密集型产业部门在整个国民经济中所占比重不断增大、所处地位日益重要的过程。产业结构高度化的过程，实际上也就是整个国民经济的素质逐步提高的过程。从广义产业结构的角度看，产业结构的高度化具体表现为第一产业在国民经济中的比重相对下降，而第二和第三产业所占的比重则逐步上升。

(2)加快产业结构优化升级的总体思路和措施：

①加快发展先进制造业，推动互联网、大数据、人工智能同实体经济深度融合，推动资源要素向实体经济集聚、政策措施向实体经济倾斜、工作力量向实体经济加强，营造脚踏实地、勤劳创业、实业致富的发展环境和社会氛围。

②支持传统产业优化升级，加快发展现代服务业，瞄准国际标准提高水平。

③促进我国产业迈向全球价值链中高端，培育若干世界级先进制造业集群。

④加强水利、铁路、公路、水运、航空、管道、电网、信息、物流等基础设施网络建设。

5. 如何建设现代化经济体系？

答：(1)现代化经济体系是由社会经济活动的各个环节、各个层面、各个领域构成的，能够较好满足现代需要的有机统一整体。它既是一个目标，也是一个不断变革的过程。从我国来看，现代化经济体系就是能够很好地满足人民日益增长的美好生活需要的经济体系，是充分体现新发展理念的经济体系。

我国现代化经济体系的构成是：

①创新引领、协同发展的产业体系；

②统一开放、竞争有序的市场体系；

③体现效率、促进公平的收入分配体系；

④彰显优势、协调联动的城乡区域发展体系；

⑤资源节约、环境友好的绿色发展体系；

⑥多元平衡、安全高效的全面开放体系；

⑦充分发挥市场作用、更好发挥政府作用的经济体制。

(2)建设现代化经济体系，需要做好以下几个方面：

①建设创新引领、协同发展的产业体系。

a. 建设创新引领、协同发展的产业体系的目标：着力加快建设实体经济、科技创新、现代金融、人力资源协同发展的产业体系是适应当今世界科技革命与产业变革新潮流，并针对我国发展的现实矛盾作出的决策部署。实体经济是发展的主体和基础，创新是引领发展的第一动力，金融是现代经济的核心和血脉，人力资源是发展的第一资源。四者的协调、同步、融合、互动发展，是现代产业体系的显著特征，是提升产业国际竞争力、壮大国家经济实力的根本举措。

b. 建设创新引领、协同发展的产业体系的措施：要加快实施创新驱动发展战略；要深化供给侧结构性改革，大力发展实体经济，筑牢现代化经济体系的坚实基础；要转变发展方式，调整产业结构。

②建设彰显优势、协调联动的城乡区域发展体系。

a. 建设彰显优势、协调联动的城乡区域发展体系的总要求：实施区域协调发展战略，全面建设现代化区域发展体系，完善城乡布局结构，建设集约紧凑、疏密有致的可持续国土开发体系，形成高效、包容、可持续的产业布局，建立区域协调发展新机制。

b. 建设彰显优势、协调联动的城乡区域发展体系的战略实施：实施乡村振兴战略；实施区域协调发展战略。

③建设资源节约、环境友好的绿色发展体系。

a. 建设资源节约、环境友好的绿色发展体系的总要求：大力发展低碳循环经济和绿色科技，树立科学的自然观念，践行绿色发展理念，践行绿色消费理念，形成社会主义生态文明发展的长效机制。

b. 建设资源节约、环境友好的绿色发展体系的措施：推进绿色发展；着力解决突出环境问题；加大生态系统保护力度；改革生态环境监管体制。

19.3　考研真题详解

一、概念题

1. 三次产业(中央财经大学2006研)

答：三次产业是第一产业、第二产业和第三产业的总称。它是现代许多国家都使用的一种产业结构划分方法，目的在于研究产业结构对经济发展的影响。三次产业按照人类社会生产活动的历史发展序列和社会分工的发展过程划分的产业顺序，反映了社会生产的历史阶段和产业结构的演变规律。按照三次产业的分类，第一产业指农业，第二产业指制造业、矿业、建筑业等，第三产业包括运输、通讯、商业、金融业、居民服务业、文教科研、卫生保健乃至政府机关等行业。

从世界各国经济发展的历史来看，以产值和就业人口作为衡量指标，三次产业规模发展的顺序为，在经济发展起步之前，第一产业在国民经济中占主导地位，今天一些落后的发展中国家仍然处在这个阶段；在经济发展过程中，第二产业逐渐超过第一产业并居各产业之首，我国目前就处于这个阶段；在完成了经济起飞进入了成熟的市场经济后，会形成第三产业为首、第二产业居中、第一产业在国民生产总值中比重最低的经济格局，西方发达国家在20世纪70年代相继进入了这个阶段。

2. 经济效益(武汉大学2006研)

答：经济效益是指在经济可持续发展的前提下，人与自然物质变换过程中所取得的符合社会需要的标准质量的劳动成果与劳动占用和劳动耗费的对比关系。经济效益的核心是节约，主要是劳动时间的节约，它既包括与单位产品价值高低有关的劳动占用、劳动耗费和产品是否符合质量要求形成的节约，同时，还包括了产品是否符合社会生产比例的社会总劳动时间的节约。除此之外，经济可持续发展这一前提主要是指保护环境和合理利用自然资源，因而它还包括了保护环境形成的节约和自然资源的节约。经济效益的概念包括了保护环境、合理利用自然资源、产品质量三个方面。目前在我国工业部门和工业企业中，衡量经济效益的主要指标有工业增加值率、总资产贡献率(又称"总资产报酬率")、资产负债率、流动资产周转次数、工业成本费用利润率、全员劳动生产率、产品销售率等。

二、问答题

1. 随着工业化进程，农业在产业中是呈下降趋势的，但是我国却提出了"建设新农村"和"工业支持农业"，谈谈你的认识。(北京大学2007研)

答：(1)对农村发展现状的认识：

改革开放以来，我国的经济取得了迅猛的发展，但仍存在诸多问题：

①城市经济的发展在整个国民经济发展中占绝对的比重，农村一方面由于受到自然，历史文化等方面的因素，是其在发展过程中天然的制约因素，另一方面，长期以来，我国的发展政策是倾向于城市，工农业产品价格剪刀差，长期以来廉价的农产品城市经济的发展的资本，户籍制度和其他一切不合理的制度几乎剥夺了农村经济的发展。可以说城市经济的发展是以牺牲农村经济为基础的，这也导致了农村经济发展的严重滞后。

②我国农业中存在着大量的剩余劳动力，这是我国农业落后、农业劳动生产率低下的主要原因。日益增加的农业剩余劳动力如不及时转移，会导致农副产品的商品率低下，农业劳动者收入下降，阻碍农业技术改造，阻碍农业向集约化经营发展，从而也就很难从根本上改变农业的传统性和落后性。

③经济结构不合理仍然是制约国民经济发展的重要问题，其中特别是产业结构、城乡结构、区域结构的调整和优化，仍然是我国经济发展中亟待解决的重大问题。

(2)城乡二元经济结构对我国经济持续发展的影响：

①对扩大内需的影响。作为一个大国经济，理应是以内需为主，像美国、日本，其内需占国民生产总值的80%以上，而我国的外贸依存度超过60%，如果遭遇世界经济动荡，则中国的经济也将受到极大的损害，显然对于扩大内需，8亿的农民占着绝对重要的地位，因此建设新农村，提高农民收入，进而扩大内需是当前的紧迫任务。

②对经济发展方式转变的影响。多年来，农业被国家政策的压制，始终处于一种畸形的发展，也正是农业产品的廉价，使得工业能够长期以来以一种粗放型的方式增长，但是显然，这种发展是不能够长久的，而且工业的发展遇到资源约束的瓶颈，依靠这种高消耗，高污染的方式经济在发展的同时付出巨大的资源环境的代价，因此，建设新农村，提高农

民收入，对于经济增长方式由粗放型向集约型方向转变起着关键性的作用。

③建设新农村对调整产业结构的影响。作为一个工业化加速期的国家，其产业结构比重在这一时期起着急剧的变化，尤其是农业的比例急剧下降，农业所占用的劳动力也将很大比例上下降。而我国又是一个农业大国，那么能否解决好农业问题，提高农民收入，发展高效农业将决定着我国的产业结构调整能否顺利进行。

(3)建设农村、发展农业的措施：

既然农业对于我国经济的持续稳定的发展起着决定性的作用，国家应该花大力气来建设农村，发展农业，以下措施是相当重要的：

①坚定不移的深入改革，通过改革改变旧的不合理的制度，改变传统的束缚农业正常发展的政策，使农业能够按照自身发展的规律进行，在改革中发展农业。

②完善社会主义市场经济体系，让市场去决定价格，去引导农民合理地安排农业生产，同时国家给予大力扶持。

③努力促进土地要素市场化，让工业化的成果惠及广大的农民，把工业化过程中土地升值的好处让农民享有，实际上这也是在工业化过程中增加农民收入，缩小城乡差距的极为宝贵的机会。

④农业剩余劳动力的解决。以农村城镇为中心，发展以当地资源为基础的小型劳动密集型工业，通过农村工业化来实现农业剩余劳动力的就地转移，从而推动二元经济的现代化。

⑤推动产业结构的合理化和高度化。我国调整和优化产业结构的方向和措施：一是加强农业的基础地位，及时调整农村产业结构，走农、林、牧、副、渔与第一、二、三产业全面协调发展的道路，促进农村经济全面发展。二是优化工业结构，增强国际竞争能力，坚持以市场为导向，以企业为主体，以技术进步为支撑，突出重点，有进有退，努力提高我国工业整体素质和国际竞争力。三是以市场化、产业化和社会化为方向，增加供给，优化结构，拓宽领域，扩大就业，加快发展服务业。四是加速发展信息产业，大力推进信息化。要按照应用主导、面向市场、网络共建、资源共享、技术创新、竞争开放的发展思路，努力实现我国信息产业的跨越式发展，加速提高信息业在国民经济中的比重。五是加强水利建设，健全综合交通体系，优化能源结构，以加强基础设施建设，改善布局和结构。

2. 什么是城乡二元经济结构？扼要谈谈你对中国城乡二元经济结构的认识。（北京大学2006研）

答：(1)城乡二元经济结构的含义：

城乡二元经济结构一般指以社会化生产为主要特点的城市经济和以小生产为主要特点的农村经济并存的经济结构。这种状态既是发展中国家的经济结构存在的突出矛盾，也是这些国家相对贫困和落后的重要原因。发展中国家的现代化进程，可以说在很大程度上是要实现城乡二元经济结构向现代经济结构的转换。

(2)对中国城乡二元经济结构的认识：

①城乡二元经济结构的表现。

我国城乡二元经济结构主要表现为：城市经济以现代化的大工业生产为主，而农村经济以典型的小农经济为主；城市的道路、通信、卫生和教育等基础设施发达，而农村的基础设施落后；城市的人均消费水平远远高于农村；相对于城市，农村人口众多等。

②城乡二元经济结构带来的危害。

二元经济结构是发展中国家现代化过程中一种非正常的经济结构，由于我国特殊二元经济结构的存在，在我国经济发展中形成了一系列的负效应，形成了对我国经济发展的根本阻滞：

a. 使农村大量过剩劳动力无法转移，形成了“三农”问题。

我国建国以后，囿于严重的思维局限和特殊的社会环境，空前出台了以限制农村人口向城市流动为主要目标的户籍制度，人为隔离城乡，使市民和农民身份凝固化，这种举世罕见的城乡隔离制度，形成了城市和农村两个各自封闭循环的体系，市民和农民两种身份迥异的不同公民。改革开放以来进城务工的农民也无法获得名正言顺的市民身份和工人地位，他们只能被称之为不伦不类的“农民工”。在我国特殊的二元经济结构背景下，城市的现代经济部门发展缓慢，对劳动力的吸纳能力下降，而农村生产效率不断提高，大量过剩劳动力产生，并且无处转移。

b. 造成了消费需求不足，阻碍了我国经济的增长。

二元社会结构人为地拉大了城乡之间的差距。在经济社会发展进程中，城乡之间会自然形成一定的差别，这种差别在世界各国概莫能外。但在我国，由于人为的歧视性制度安排，几十年来人为地拉大了城乡差距。导致了城乡收入水平的不断拉大，城市人均收入远远高于农村人均收入，而农村人口又在全国人口总数中占据多数。农村人均收入低，农村人口的消费需求低，必然导致全国总的消费需求不足。

c. 二元经济结构人为地限制了宪法赋予农民的基本权利。

农民问题的本质在于农民在二元社会结构中基本权利的缺失。这种权利的缺失使农民这一弱势群体的社会地位更加弱势化。城乡二元经济结构还造成了城乡市场的分割，阻碍了全国统一大市场的形成和市场经济体制的完善。形成了中国经济发展在空间布局上的巨大差异，影响了区域经济的协调发展。导致了消费需求不足，制约了内需的扩大。可以说城乡二元经济结构是我国经济发展和现代化的根本阻滞。

③城乡二元经济结构问题的解决措施。

城乡二元经济结构是制约我国经济发展和现代化进程的根本性阻滞，是我国经济发展中许多矛盾和问题的症结所在。解决和突破这一矛盾的根本出路应是在发展农村经济的基础上走农村城市化和城市工业化道路，实现城乡良性互动，逐步减少农村人口，转移农村剩余劳动力，增加城镇人口，转变生产增长方式，提高劳动生产率，优化第一产业结构，促进第二、三产业的发展，从而提高农村整体的经济效益和社会效益。

a. 对农业结构进行战略性调整。

为解决我国农业发展新阶段出现的新问题，即现有的供给结构不能适应需求结构的变化，客观上要求必须对农业结构进行战略性调整，要全面提升农产品品质，优化区域和城乡结构，实现农业的可持续发展，我国农业产业结构也必须由以种粮为主和以种植业为主的传统农业产业结构，向多元化、高级化的现代农业产业结构转变。

b. 解决对农业和农民的国民待遇问题。

制约二元经济结构转化的因素除了农业自身的因素以外，还有制度和待遇的不平等问题。要促进二元经济结构的转化，就必须从制度上解决农民、农村和农业的国民待遇问题，把农业的工业化作为二元经济结构转化的重要途径。在解除限制农村人口流动的障碍的同时，建立适应市场经济要求的农村土地制度，扩大农村投资需求，在促进农村工业化发展的同时，用工业化的生产方式加强对传统农业的改造。另一方面需大力完善农村社会保障制度。目前我国的社会保障体系仅仅覆盖了城镇居民，占全国人口64%的农村居民大多数并不能享受到基本养老保险、失业保险、医疗保险和最低生活保障。因此只有建立劳动力市场风险防范机制，才能保证劳动力特别是农村劳动力加入工业生产时没有后顾之忧。

c. 在城乡之间发展多种形式的联合与协作。

农村经济在很长一段时期内只是作为城市经济的依附和补充。随着改革开放和经济体制改革的不断深入，在制度变迁的过程中，城乡关系才有了巨大的变化。但是城市经济的基础条件优于农村经济，在城乡竞争之中农村经济始终是处于劣势的，这样经济竞争的结果不仅不会消除城乡二元经济，反而会加大城乡之间二元经济的鸿沟。为了促进城乡关系协调发展，就必须在城乡之间发展多种形式的联合与协作，即要走城乡一体化道路，加强政策引导，大力发展横向经济联合，促使城市工业和第三产业向农村扩散，带动农村工业的发展。通过采取科研生产联合，技术承包，咨询服务，人才培训等方式，促进农村的技术进步。同时要促进城乡之间各种类型的经济联合组织的成长，为城乡之间生产要素的流动提供组织和制度保证。在制度方面重点要为城乡关系的协调提供经济社会运行的体制结构、政策导向和组织保证，促进各种经济联合组织的成长，大力发展城乡工业之间大中小企业之间的多种形式的联合。

3. 分析我国地区经济发展不平衡的现状、危害和解决方法。（华中科技大学2006研）

答：（1）我国地区经济发展不平衡的现状：

按照地域分布，把我国内地划分为三大经济地带，即东部、中部、西部。

①从经济发展速度来看，改革开放以来发展速度处于前列的多数是东部沿海地区，发展速度居中的主要是中部地区，而发展速度相对较慢的多为西部地区。这种发展速度的差异，是使东西部地区差距拉大的重要原因，再加上东西部地区原来就处于不同的发展水平。这就使东西部地区在国民经济中的地位发生了明显的变化。

20世纪90年代初，我国经济进入新一轮发展的过程中，东部地区利用有利条件，抓住机遇，实现了经济的高速发展。1995年以后，一方面由于国家实施从紧的宏观经济政策，生产要素的流动开始有序化；另一方面，面对日益拉大的东西部差距，国家越来越注重地区之间的协调发展，把加快西部地区经济发展的问题摆到了议事日程上。这就使东西部地区在国民经济中所占的份额变动趋于稳定。这说明，区域经济的发展是与国家的宏观政策有着密切联系的。

②东西部差距的拉大还表现在人均收入水平的变化上。

1992年以来，东部地区与中部地区的经济发展基本上是处于稳定的状态，从趋势上看，中部地区的发展在不断加快，与东部地区的差距略有缩小。而东部地区与西部地区的差距则在拉大，这种人均收入的变化，是导致不同区域对生产要素吸引力变化的一个重要原因，即人才向高收入的东部地区集中，劳动密集型产业向低收入地区转移。这又反过来使经济增长的两极分化变得更为明显，东部地区着力追求更高层次的发展，西部地区却只能从事基础的初级产品生产。这就是由于地区之间收入差距扩大而导致经济发展的非良性循环。

③从资本投入看东西部的差距。改革开放以后，我国经济发展的重点开始向东部沿海转移。在这一思路的指导下，国家把投资的重点和引进外资的重点都放在东部沿海地区，从而使东部地区的固定资产投资占全国的比重一直呈现上升的趋势。投资是促进经济增长的重要因素，东、西部地区的这样的投资格局，势必使地区经济的差距进一步拉大。而且，东部地区经济的高速发展和西部地区经济发展的相对缓慢，又使东部地区自我发展的能力和筹集资金的能力大大高于西部地区。这些都成为东西部经济发展差距拉大的重要因素。

(2)地区经济发展不平衡的危害：

①对经济不发达地区来讲，如果经济长期处于比较落后的状态，那么，它就难以充分利用本地的资源去促进经济的增长，也很难以自身发展的成果去提高本地区人民的生活消费水平，甚至难以解决本地区所有人民的温饱问题。这当然是同社会主义的经济发展目标相背离的，它必将严重损害劳动人民的积极性，甚至导致人民群众的不满。

②在这种情况下，某些经济落后地区不仅不能对整个国民经济的发展做出应有的贡献，而且还需要国家抽出一定的财力和物力去支援这些地区的经济建设和保证人民起码的消费。在国家财力还不富裕的今日，对经济落后地区过多的物力、财力支援，必将影响整个国民经济的发展规模和速度。

③一些地区经济长期处于落后状态，将使这些地区的自然资源得不到应有的开发和有效利用，而经济发达地区却因缺少这些资源(特别是原料、能源)而妨碍经济的进一步发展。

④经济发展比较落后的地区，很多是偏远地区、边界地区和少数民族地区，这些地区经济长期处于落后状态，对于我国国防的巩固，各民族之间的团结以及整个社会的稳定，都是不利的。

(3)协调区域经济结构的主要措施：

①不同地区要按照各自的优势和特点进行合理分工，在分工的基础上发展和扩大区域间的贸易关系。这种分工包括两层含义：一是根据各区域提供产品和劳务的成本相对优势进行分工。发达地区掌握先进技术，可以重点发展高新技术产品；欠发达地区在自然资源开发和利用上优势明显，因而可以重点开发自然资源制成品。二是根据各区域生产要素供给的相对充裕程度进行分工。在劳动力资源相对丰裕的地区发展劳动密集型产业，在技术力量相对雄厚的地区发展技术密集型产业。在这种区域分工的基础上推进区域间的经济贸易，相互取长补短，推进各个地区的经济繁荣。当然，从短期看这种方式可能会扩大地区间的差异，但长期而言，它是有效缩小地区间差异的必由之路。

②通过区域间资金、技术、人力的流动，开展区域间的经济技术合作，推动生产要素在地区间流动，促进生产要素在各个地区的有效配置，实现资源在全国范围内的优化配置。地区间的经济技术合作，可采用技术转让、人员培训、信息交流、提供技术装备、直接投资等方式进行。现在我国区域间实现合理分工和要素流动的主要阻力有两个：一是自然资源产品相对低价、工业制品相对高价的不等价交换，即价格的剪刀差；二是地区分割和地区封锁。这两个阻力都要通过经济体制改革来克服。这就必须完善市场机制，加强宏观调控，规范地方政府行为，打破地区间的封锁，加强地区间的协作，建立全国统一的市场。

③针对我国当前的情况，要实施西部大开发战略，加快中西部地区发展，合理调整地

区经济布局，促进地区的协调发展。

4. 试述经济增长和经济发展的关系。(南开大学2007研；中央财经大学2008研)

答：(1)经济增长是指在一个较长的时间跨度上，一个国家人均产出(或人均收入)水平的持续增加；经济发展是在经济增长的基础上，一个国家或地区经济结构和社会结构持续高级化的创新过程或变化过程。

(2)经济发展与经济增长存在着密切的联系。在社会主义下，经济发展的核心在于社会和个人福利的增进以及居民实际生活质量的提高。因此，经济发展目标必须以增长为物质前提。从一定意义上讲，没有经济增长就不会有经济发展，既不可能实现结构的优化，也不可能实现居民实际生活质量的提高和福利的增进。因此，经济增长是经济发展的物质前提和最为基本的一个方面内容。

(3)二者区别主要表现在以下几个方面：

①经济发展所指的"发展"是经济生活中从内部自行发生的变化，而并非从外部强加于它的。如果在经济领域本身中没有这样的变化发生，而所谓的经济发展在实际上只不过是建立在这一事实之上的现象，即数据在变化而经济则继续不断地使自己适应于这种数据，那么则应当说，并没有经济发展。此时，经济发展不可以仅从经济方面来加以解释。经济本身中没有发展，而是被周围世界中的变化在拖着走，这并不是经济发展。

②经济增长是指一个经济社会的实际产量(或实际收入)的长期增加，即按不变价格水平所测定的充分就业产量的增加。通常以国民生产总值GNP(或人均国民生产总值)的增加来测度，GNP的增长描述了一国整体生产能力的扩增，人均国民生产总值的增长表示了物质生活水平的改善。

③经济增长研究的是发达国家如何实现国民生产总值增加的问题，经济发展研究的是发展中国家如何由不发达向发达过渡的问题。经济发展涵盖的范围比经济增长要广，不仅有国民生产总值的增加还涉及社会制度的改良等一系列的问题。所以，单纯的经济增长可能会出现"只增长不发展"的现象。例如，如果经济的增长是在低效益即过多的要素投入基础上达到的，即使产出增长了，社会和个人也不会因此而得到增加的收益，实际生活质量没有多大提高；或者经济的增长是在损害经济结构优化的情况下达到的，如工农业结构及积累同消费结构遭到损害，即使产出增长了，居民的福利及生活质量也没有多少提高；或者经济增长了，但带来的不是整个社会和居民的福利的普遍增进，而是出现了收入与分配上的极端不公，两极分化；如此等等，都可以说是只有经济增长而无经济发展。

5. 用经济学的基本原理分析我国目前转换经济发展方式的必要性和途径。(首都经济贸易大学2008研)

答：加快我国经济发展方式的转换，不仅是有效解决当前经济生活中深层次矛盾的迫切需要，也是21世纪中叶基本实现现代化，使国民经济登上一个新台阶的必由之路。

(1)转换经济发展方式的必要性：

①转换经济发展方式是实现持续较快增长和保持经济总量平衡的需要。21世纪前半期仍要保持较高的增长速度，这是进一步增长综合国力和改善人民生活所必需的。但如果按照传统的粗放型经济增长方式，需要相当高的投资率，这是国内难以支撑的。即使利用外

资，也需要相应的国内配套资金，而且还有一个偿还能力的问题，因此，为了既保持较高的经济增长速度，又保持社会总供给与总需求的平衡，只能着眼于加快转变经济发展方式，提高经济效益。

②转换经济发展方式是缓解能源、交通、原材料供给的制约和治理生态环境的需要。我国耕地、水、矿产等资源人均拥有量相对不足，目前一些重要资源已经相当紧张。资源的过度开采和消耗，加剧了对环境的污染和生态平衡的破坏。显然，靠大量消耗和用资源换取经济较快增长的路子，再也走不下去了。出路在于加快经济发展方式的转变。

③转换经济发展方式是提高我国产业和产品的国际竞争力的需要。为了使我国经济在激烈的国际竞争中立于不败之地，必须大幅度提高技术水平和产品质量，显著降低成本，增加产品附加值和换汇能力，所有这些都要求尽快提高本国的科技素质、产业素质和企业素质，并掌握和开发某些产品、某些行业中的核心技术。为此，必须加快经济发展方式的转变。

④转换经济发展方式是全面提高经济增长素质和经济效益的需要。随着我国经济的持续发展，资源开发难度很大，成本会不断增加，必须从资源的深度加工、降低消耗和增加附加值上寻找出路。这些都离不开经济发展方式的根本转变。

(2)就具体途径来讲，集约型的经济增长方式既然主要依靠技术进步和提高劳动者素质来实现扩大再生产，因此，实现从粗放型到集约型转变的基本途径必然是：

①注重科学技术的研究与开发，加强基础研究和高新技术研究，并重视把它应用到实际生产中去。这是提高劳动生产率、减少单位产品中原材料消耗、提高产品质量和降低生产成本的关键。

②发展教育与培训事业，通过发达的基础教育和成人教育，提高劳动者的文化、技术素质和企业领导成员经济管理的科学水平。

③推进产业结构的优化升级，形成以高新技术产业为先导、基础产业和制造业为支撑、服务业全面发展的产业格局。要优先发展信息产业，在经济和社会领域广泛应用信息技术，以信息化加快实现工业化和现代化。

④实行适当的地区经济发展战略，着重开发经济落后的中西部地区，振兴东北地区等老工业基地，在全国各地区推行产业多样化和产业的升级换代，同时防止过多的重复建设和产业结构趋同化，引导各个地区根据自己的实际条件，发挥本地区的优势，形成有本地区特色的产业结构。

⑤扩大对外开放，充分利用国内和国外两种资源、国内和国外两个市场。合理开发和节约使用各种自然资源，实现国民经济的可持续发展。

总之，转变经济发展方式是一个动员和调动一切积极因素来发展社会生产力的过程。只有持之以恒地踏踏实实地工作，才能见到实效，任何急于求成和侥幸取胜的想法都必然是要落空的。而在以上五个方面的工作中，最关键的就是科技和教育。要认真实施科教兴国战略，实现科技教育与经济的紧密结合。

6. 党的十八大提出以创新驱动的发展战略，结合实际生活，谈谈你对此的认识和看法。(西南财经大学2013研)

答：党的十八大报告提出，要实施创新驱动发展战略，强调科技创新是提高社会生产力和综合国力的战略支撑，必须摆在国家发展全局的核心位置。这充分表明了我们党依靠创新实现经济持续健康发展的坚定决心和对科技创新的高度重视。当前，我国已进入全面建成小康社会决定性阶段，国内外形势发生深刻变化，对科技进步和创新提出了更加全面、更加紧迫的需求，我们必须坚持走中国特色自主创新道路，抓紧实施创新驱动发展战略，全力依靠创新驱动提高发展的质量和效益。

(1)实施以创新驱动的发展战略意义：

从全球背景来看，创新驱动发展是适应新的科技革命和产业变革的迫切要求。新时期，世界范围内新的科技革命和产业变革正在孕育突破，科技创新与产业变革的深度融合成为当今世界最为突出的特征之一。2008年以来的国际金融危机，加快催生了新一轮科技革命和产业变革。许多国家都将创新提升为国家战略，各国围绕科技创新的竞争与合作不断加强。必须更加自觉地把握机遇、应对挑战，更加主动地落实创新驱动发展战略。与此同时，创新驱动发展也是加快建设创新国家的迫切需要。

(2)实施以创新驱动的发展战略的具体措施：

①进一步提高自主创新能力。一是大力培育和发展战略性新兴产业，围绕战略性新兴产业需求部署创新链，突破技术瓶颈，掌握核心关键技术。二是加快新技术新产品新工艺研发应用，加强技术集成和商业模式创新。三是运用高新技术加快改造提升传统产业，在重点产业领域建设技术创新平台，加快科技成果转化应用，提升传统产业创新发展能力。四是大力发展关系民生和社会管理创新的科学技术，加快推进涉及人口健康、食品药品安全、防灾减灾、安全生产、生态环境和应对气候变化等领域的科技创新，加快建设社会管理领域的科技支撑体系，使科技创新成果惠及广大人民群众。五是完善知识创新体系，强化基础研究、前沿技术研究、社会公益技术研究，提高科学研究水平和成果转化能力，抢占科技发展战略制高点。

②进一步深化科技体制改革。一是着力强化企业技术创新主体地位，构建以企业为主体、市场为导向、产学研相结合的技术创新体系。建立企业主导产业技术研发创新体制机制，促进技术、人才等创新要素向企业研发机构流动，培育和壮大创新型企业。鼓励产学研开展深度合作，真正使企业成为技术创新决策、研发投入、科研组织、成果转化的主体。二是着力提高科研院所和高等学校服务经济社会发展能力。充分发挥国家科研机构骨干和引领作用，深化科研院所分类改革，建立健全现代科研院所制度，引导和鼓励民办科研机构发展，加快世界一流大学和高水平大学建设，提高高等学校科技创新能力。三是推动创新体系协调发展。更加注重协同创新和原始创新，驱动生产率的提高和产品性能的提升，带动企业具有全球一流竞争力。四是深化科技管理体制改革，完善统筹协调科技宏观决策体系，建立全国科技重大决策机制，完善中央和地方、科技相关部门、科技部门和其他部门之间的沟通协调机制，建立健全科技项目决策、执行、评价相对分开、互相监督的运行机制。

③进一步优化创新环境。一是完善和落实促进科技成果转化，促进科技和金融结合，加强知识产权创造、运用、保护、管理，加强对科技创新活动和科技成果的法律保护，为科技创新提供有力保障。二是切实建立健全科研活动行为准则和规范，加强科研诚信和科学伦理教育，发挥科研机构和学术团体自律功能，倡导创新光荣，鼓励独立思考，保障学

术自由，营造宽松包容、奋发向上的学术氛围，厚植创新土壤。三是把科学普及放在与科技创新同等重要的位置，提高全民科学文化素质，弘扬中华民族创新精神，在全社会进一步形成讲科学、爱科学、学科学、用科学的深厚氛围和良好风尚，激发全社会创新活力。

④进一步扩大科技开放合作。一是注重开展多种形式的国际和地区科技交流合作，加大利用全球科技资源力度，加强技术引进和合作。二是注重围绕国家战略需求参与国际大科学计划和大科学工程，鼓励我国科学家发起和组织国际科技合作计划，支持企业和科研机构到海外建立研发机构。三是注重支持国际学术机构、跨国公司等来华设立研发机构，吸引全球科技人才来华创新就业。四是注重完善政府科技合作机制，提升对外科技合作水平，推进科技援外，加强民间科技合作。

7. 结合当前我国经济发展的实际情况，试述为什么要贯彻“创新、协调、绿色、开放、共享”的发展观念。（西南财经大学 2017 研）

答：(1)经济体制改革：

经济体制改革是指按照生产关系一定要适应生产力性质这一客观规律的要求，对不适应社会生产力发展的国民经济管理制度和管理方式进行的改革。这种改革是指推进重点领域和关键环节的改革，处理好政府和市场、经济增长和社会发展、深化改革和保持稳定、应对当前挑战和完善体制机制之间的关系，更加重视改革顶层设计和总体规划，加快破除制约科学发展的体制机制障碍，促进经济发展方式转变，推动经济社会全面协调可持续发展。

改革是解决矛盾、发展生产力的必由之路，实现解放思想、实事求是、与时俱进，按照创新、协调、绿色、开放、共享的发展理念，让党在理论上作出创新性概括，在政策上作出前瞻性安排，加大结构性改革力度，不断释放经济社会发展的体制动力和内生活力，建设和发展中国特色社会主义。改革的目的就是要从根本上改变束缚我国生产力发展的经济体制，建立充满生机和活力的新体制，巩固社会主义制度，建立和完善社会主义市场经济体制，在社会主义制度下发展生产力。改革的基本任务是要坚持和完善基本经济制度；构建系统完备、科学规范、运行有效的制度体系，充分发挥我国社会主义制度优越性；坚持和完善中国特色社会主义制度；不断推进国家治理体系和治理能力现代化；坚决破除一切不合时宜的思想观念和体制机制弊端，突破利益固化的藩篱。

以经济体制改革为重点全面深化改革，不断解放和发展社会生产力，是立足基本国情、增强综合国力的必然选择；必须以更坚定的决心、更大的勇气、更多的智慧，加快完善社会主义市场经济体制，为推进经济转型升级提供制度保障，促进经济持续健康发展；必须协同推进其他各方面改革，努力营造各领域改革互动并进的良好局面，形成强大改革合力，全面推进中国特色社会主义经济建设、政治建设、文化建设、社会建设、生态文明建设。

以经济体制改革为重点全面深化改革，要紧紧围绕使市场在资源配置中起决定性作用深化经济体制改革，推动经济更有效率、更加公平、更可持续发展：①加强协调配合，发挥好政府和市场“两只手”的作用；②坚持和完善基本经济制度，夯实我国经济社会发展的重要基础；③加快完善现代市场体系，形成公平竞争的发展环境；④加快转变政府职能，提高政府管理效率和水平；⑤构建开放型经济新体制，加快培育参与和引领国际经济合作竞争新优势；⑥深化财税体制改革，建立现代财政制度；⑦加快建设创新型国家；⑧健全城乡发展一体化体制机制，逐步缩小城乡差距；⑨加快生态文明制度建设，增强可持续发展能力；⑩推进社会事业改革创新，解决好人民最关心最直接最现实的利益问题。

深化经济体制改革事关国家繁荣富强、人民幸福安康、社会和谐稳定，任务繁重艰巨。要坚决贯彻执行《决定》的各项要求，全面深化改革，完善体制机制，重在实干落实，谱写改革开放伟大事业历史新篇章，为全面建成小康社会、不断夺取中国特色社会主义新胜利、实现中华民族伟大复兴的中国梦而努力奋斗。

(2)科学发展理念——科学发展观：

科学发展观是坚持以人为本，全面、协调、可持续的发展观。其第一要义是推动经济社会发展，核心立场是以人为本，基本要求是全面协调可持续，根本方法是统筹兼顾，精神实质是解放思想、实事求是、与时俱进、求真务实。

①"第一要义是发展"，就是要牢牢抓住经济建设这个中心，坚持聚精会神搞建设、一心一意谋发展，不断解放和发展社会生产力。要着力把握发展规律、创新发展理念、转变发展方式、破解发展难题，提高发展质量和效益，实现又好又快发展。

②"核心是以人为本"，就是要始终把实现好、维护好、发展好最广大人民的根本利益作为党和国家一切工作的出发点和落脚点，尊重人民主体地位，发挥人民首创精神，保障人民各项权益，走共同富裕道路，促进人的全面发展，做到发展为了人民、发展依靠人民、发展成果由人民共享。

③"基本要求是全面协调可持续"，要按照中国特色社会主义事业总体布局，全面推进经济建设、政治建设、文化建设、社会建设，促进现代化建设各个环节、各个方面相协调，促进生产关系与生产力、上层建筑与经济基础相协调。

④"根本方法是统筹兼顾"，就是要正确认识和妥善处理中国特色社会主义事业中的重大关系，统筹个人利益和集体利益、局部利益和整体利益、当前利益和长远利益，充分调动各方面积极性。既要总揽全局、统筹规划，又要抓住牵动全局的主要工作、事关群众利益的突出问题，着力推进、重点突破。

(3)贯彻"创新、协调、绿色、开放、共享"发展理念的原因：

坚持"创新、协调、绿色、开放、共享"的发展理念是对中国特色社会主义发展规律的新认识新概括，是致力于破解发展难题、增强发展动力、厚植发展优势的治本之策，是实现更高质量、更有效率、更加公平、更可持续发展的必由之路。在我国经济进入新常态的同时，我们必须清醒认识到，发展方式粗放，不平衡、不协调、不可持续问题仍然突出，经济增速换挡、结构调整阵痛、动能转换困难相互交织，面临稳增长、调结构、防风险、惠民生等多重挑战。有效需求乏力和有效供给不足并存，结构性矛盾更加凸显，传统比较优势减弱，创新能力不强，经济下行压力加大，财政收支矛盾更加突出，金融风险隐患增大。农业基础依然薄弱，部分行业产能过剩严重，商品房库存过高，企业效益下滑，债务水平持续上升。城乡区域发展不平衡，空间开发粗放低效，资源约束趋紧，生态环境恶化趋势尚未得到根本扭转。基本公共服务供给仍然不足，收入差距较大，人口老龄化加快，消除贫困任务艰巨。重大安全事故频发，影响社会稳定因素增多，国民文明素质和社会文明程度有待提高，法治建设有待加强，维护社会和谐稳定难度加大。

面对错综复杂的形势，中共十八届五中全会强调实现"十三五"时期发展目标，破解发展难题，厚植发展优势，必须牢固树立并切实贯彻创新、协调、绿色、开放、共享的发展理念。

第20章　经济全球化条件下社会主义经济中的对外经济关系

20.1　复习笔记

【知识框架(庖丁解牛)】

- 经济全球化条件下社会主义经济中的对外经济关系
  - 必要性和基本形式
    - 必要性
    - 理论依据
    - 我国对外开放的基本形式
  - 经济全球化条件下的国际贸易与国际金融
    - 国际贸易
    - 国际收支与国际资本流动
  - 提高开放型经济水平
    - 全面提高开放型经济水平
    - 构建开放型经济新体制
    - 保障对外开放条件下的国家经济安全
    - 坚持和平发展道路，推动构建人类命运共同体

【考点难点归纳(厚积薄发)】

考点一：经济全球化条件下社会主义国家对外经济关系的必要性和基本形式 ★★

1. 必要性

对外经济关系是指一个国家同其他国家和地区间各种经济联系的总称，包括国际商品交换、资金和技术交流、劳务的输出与输入等。

(1)是社会化大生产和市场经济发展的客观要求。

(2)是对社会主义建设实践总结得出的科学结论。

(3)有利于促进经济发展。

(4)是适应国际形势的变化和当代世界经济、科技发展趋势的需要。

2. 理论依据

(1)国际分工理论和比较优势理论：

①亚当·斯密主张各国生产具有绝对优势的产品进行相互交换，贸易双方都能获利。

②大卫·李嘉图提出各国应生产和出口具有比较优势的产品来参与国际贸易，从而使贸易双方获利。

(2)国际价值与国际价格理论：

①国际价值是由商品所有供给国在现有国际正常生产的条件下，用国际平均的劳动熟练程度和劳动强度制造该种商品所必需的劳动时间决定。

②国际价格是国际价值的货币表现。

③国际价值规律——国际市场价格以国际市场价值为基础，并以此为中心随国际市场供求情况波动。

3. 我国对外开放的基本形式(见表20-1)

表20-1　我国对外开放的基本形式

形式	具体内容	
对外贸易	指一国或地区同别国或地区进行商品和劳务交换的经济活动	
利用外资	含义	指利用国外资本来进行建设和从事对外经济贸易的活动
	方式	外国贷款、外商的直接投资
	要求	①坚持平等互利的原则，维护国家主权和民族利益，拒绝一切不平等和奴役性的条件。 ②从实际出发，量力而行。 ③保证重点，提高利用外资的经济效益。 ④改善投资环境，确保双方的经济权益
引进技术	含义	指通过国际技术贸易和技术交流活动，从国外引进先进科学技术
	作用	①可以节省研发费用，弥补我国科研力量的不足。 ②可以加速我国科技的发展，优化我国经济结构。 ③可以带动我国设备投资的扩大，增强出口产品的竞争能力，扩大出口。 ④可以促进科学技术研究和管理水平的提高
	要求	①将最新技术、尖端技术和适用技术相结合，重点是引进先进技术和关键设备；将硬件与软件相结合，以引进软件为主。 ②必须量力而行，讲求效率，避免不必要的重复。 ③技术引进与消化吸收、引进创新相结合。 ④在引进技术的同时，也要强调扩大技术出口
对外承包工程	含义	指由本国的对外承包公司承揽外国政府、国际组织或私人业主的建设项目、物资采购或其他业务
	形式	独立承包、承包一个项目的部分工程、同外国公司合作承包工程、只承包工程的劳务部分
	作用	①可以扩大劳动就业，发挥我国丰富劳动力资源的优势，创造更多的外汇收入。 ②可以带动国内产品出口。 ③可以学习外国的先进技术和管理经验，开拓视野
劳务合作	含义	指直接向国外提供劳务人员来获取利润的一种经济合作形式
	特点	投资少、创汇快、风险小
国际旅游	含义	指通过为旅游者提供服务而创造收入的行业
	特点	投资少、见效快、利润大

考点二：经济全球化条件下的国际贸易与国际金融　★★★

1. 国际贸易

(1)国际贸易的分类：

①国际贸易按交换对象的形态可分为：有形贸易、无形贸易和技术贸易。

②国际贸易按贸易的流向可分为：出口贸易、进口贸易和过境贸易。

(2) 国际分工的具体内容如表 20-2 所示：

表 20-2　国际分工

要点	具体内容	
概念	国际分工是世界各国之间的劳动分工和国际生产专业化	
影响因素	重要因素	地理位置、国土面积、自然资源，以及气候、土壤等自然条件的差异等
	决定性因素	以科技水平为标志的社会生产力发展状况
	不可或缺的因素	政治制度和内外政策
形式	垂直型分工	在全球贸易下同一产品的生产过程中，技术和附加值程度较高的工序与较低的工序之间存在的分工
	水平型分工	经济发展水平相同或接近的国家之间在工业制成品生产上进行国际分工
	混合型分工	水平型与垂直型兼备的分工
对世界经济发展的影响	积极影响	①可以扩大生产规模。 ②加速产品更新换代，实行产品系列化。 ③发挥各国生产优势，改进生产技术。 ④提高各国劳动生产率。 ⑤促进了国际贸易的发展
	消极影响	①深化发达国家利用垄断地位对发展中国家的经济盘剥。 ②造成了一些发展中国家经济发展的单一性和对外经济的依附性。 ③国际分工参与者容易受到世界经济危机的冲击。 ④破坏了发展中国家的生态环境
与世界市场的关系	①世界市场是世界范围内通过国际分工和贸易联系起来的各国间市场和各国国内市场的总和。 ②世界市场以国际分工为基础发展起来，又是国际分工的载体	

(3) 二战后国际贸易的新特点：

①国际贸易发展迅速。

②国际贸易中国别地位发展不平衡。

③商品结构发生了重大变化。

④贸易区域集团化趋势增强。

(4) 对外贸易对社会主义现代化建设的作用：

①充分利用国外资源，促进经济增长。

②引进先进技术和经营管理经验，填补了我国某些技术的空白，使一些重要产品的生产技术日趋现代化。

③增加社会主义国家的资本积累。

④进口国内市场所需物资，调整国内市场结构，繁荣国内商业与市场，满足人们多方面的需要。

⑤以经济发展来推动对外经济关系的开展。

2. 国际收支与国际资本流动（见表 20-3）

表 20-3　国际收支与国际资本流动

要点	具体内容		
国际收支	含义	狭义	指一个国家或者地区在一定时期内，由于经济、文化等各种对外经济交往而发生的，必须立即结清的外汇收入与支出，主要包括国际的货币收支和国际结算
		广义	指一定时期内一国与其他国家进行的全部经济交易的系统记录
	意义		是一个国家对外经济的发展水平和状况的缩影，也是一国在世界经济中所处的地位及其升降的反映
关税	含义		指政府设置的海关向本国进口商或出口商课征的一种税收
	作用	积极	增加一国的财政收入；保护国内市场；调节国内市场物价和市场供应；可作为对外贸易谈判中的手段；有利于发展中国家保护民族经济和反对发达国家商品倾销和转嫁危机
		消极	增加消费者负担；保护过度会恶化与贸易伙伴的友好关系；影响自身的贸易与发展
外汇与汇率	外汇	含义	指在清偿国际的债权债务时，各国由于货币和货币制度的差异，需要进行货币兑换以实现国际结算的国际汇兑
		作用	①作为国际结算的计价手段，转移国际间的购买力，促进国际间的经济、贸易的发展； ②作为国际支付工具，清偿国际债务； ③是国际储备资产，可弥补国际收支逆差； ④是国际银行业务中重要的信用手段，用来调节国际间资金供求的不平衡
	汇率	含义	指一国货币折算成另一国货币的比率，或用一国货币表示的另一国货币的价格
		标价方法	①直接标价法：指用 1 个或 100 个单位的外国货币作为基准，折算为一定数量的本国货币； ②间接标价法：指用 1 个或 100 个单位的本国货币作为基准，折算为一定数量的外国货币
国际货币体系	含义		指各国对货币的兑换、国际收支的调节、国际储备资产的构成等问题共同作出的安排所确定的规则、采取的措施及相应的组织机构形式的总和
	内容		国际金本位制；布雷顿森林体系；牙买加体系
国际资本流动	新特征		①规模急剧增长，并日益脱离实物经济； ②结构急速变化，并呈现出证券化、多元化特征； ③机构投资者成为国际资本流动的主体
	迅速发展的原因		①经济原因：国际资本市场上存在的资本供给与资本需求； ②金融原因：通过国际资本流动实现资产保值、增殖和实现收益和风险的最佳组合； ③制度原因：各国大幅度放松金融管制的强度，逐步开放本国的银行信贷和证券市场
国际金融市场	含义		指国际资本按照市场规则融通的场所或运营网络的总称
	内容		国际外汇市场、国际货币市场、国际资本市场、国际黄金市场和国际租赁市场等

考点三：提高开放型经济水平 ★★

1. 全面提高开放型经济水平

(1)要实行更加积极主动的开放战略，完善互利共赢、多元平衡、安全高效的开放型经济体系。

(2)要加快转变对外经济发展方式，推动开放朝着优化结构、拓展深度、提高效益方向转变。

(3)要以"一带一路"建设为重点，坚持引进来和走出去并重，遵循共商共建共享原则，加强创新能力开放合作，形成陆海内外联动、东西双向互济的开放格局。

(4)要拓展对外贸易，培育贸易新业态新模式，推进贸易强国建设。

(5)要实行高水平的贸易和投资自由化便利化政策，全面实行准入前国民待遇加负面清单管理制度，大幅度放宽市场准入，扩大服务业对外开放，保护外商投资合法权益。

(6)要提高利用外资综合优势和总体效益，推动引资、引技、引智有机结合。

(7)要加快走出去步伐，增强企业国际化经营能力。

(8)要优化区域开放布局，加大西部开放力度。

◆拓展延伸◆

经济全球化是把"双刃剑"，它对世界经济的影响有利也有弊。

(1)经济全球化的利主要表现在：

①实现了资源的优化配置。生产效率提高，生产的商品更符合消费者的需要，人类社会生产活动的总体收益和社会福利得到明显提高。

②为发展中国家实现经济发展和赶超发达国家提供了前所未有的大好机遇。经济全球化带来了国际分工的发展、产业的转移和资本及技术等生产要素的流动，这对发展中国家弥补资本、技术等生产要素短缺，利用后发优势迅速实现产业演进、技术进步、制度创新和经济发展都是非常有利的。

(2)经济全球化的弊主要表现在：

①经济全球化所带来的收益在不同国家间的分配不平等。

②在全球治理机构尚未形成、超国家主权的基础还不够牢固的情况下，经济全球化发展将引发世界性的、多方面的冲突和相当大的震荡。

③经济风险国际传导机制的强化，金融自由化和全球化的发展会使发生在一些国家和地区的金融动荡和危机迅速向全球蔓延传播，进而引发并形成全球性金融危机。

④经济全球化还使各国政府的宏观调控遇到新的困难。经济全球化和与之相应的国际经济一体化在增强了一系列国际经济组织以及超国家行为主体的经济和政治协调功能的同时，势必使传统意义上的国家主权削弱。

2. 构建开放型经济新体制

(1)放宽投资准入。

(2)加快自由贸易区建设。

(3)创新开放模式，完善全方位的对外开放新格局。

(4)在改革创新中培育参与和引领国际经济合作竞争新优势，推动与其他经贸伙伴的合作。

3. 保障对外开放条件下的国家经济安全

国家经济安全是指一国根本的经济利益免遭侵害的一种经济状态。

(1)危害国家经济安全的主要因素：

①国家支付危机。

②金融风险。

③产业安全和贸易被控。

④资源被侵害。

⑤信息和技术损失。

⑥其他因素，如生化、毒品、经济犯罪、恐怖活动等。

(2)保障国家经济安全的措施：

①在对外开放的同时要强化自主创新，发展民族产业。

②要加强金融市场监管和市场调控。

③建立健全国家经济安全预警机制。

④保护国家经济资源和信息技术安全。

⑤积极构建国际经济安全体系。

4. 坚持和平发展道路，推动构建人类命运共同体

(1)我国作为发展中的社会主义大国，坚持推动构建人类命运共同体，建设持久和平、普遍安全、共同繁荣、开放包容、清洁美丽的世界。

(2)坚持积极发展全球伙伴关系，按照亲诚惠容理念和与邻为善、以邻为伴周边外交方针深化同周边国家关系，秉持正确义利观和真实亲诚理念加强同世界各国团结合作，为完善全球治理和促进各国共同发展贡献中国智慧和力量。

(3)秉持共商共建共享的全球治理观，促进国际关系民主化，支持广大发展中国家在国际事务中的代表性和发言权。

20.2　课后习题详解

一、概念题

1. 开放型经济

答：开放型经济是与封闭型经济相对立的概念，是一种经济体制模式。在开放型经济中，要素、商品与服务可以较自由地跨国界流动，从而实现最优资源配置和最高经济效率。开放经济强调把国内经济和整个国际市场联系起来，尽可能充分的参加国际分工，同时在国际分工中发挥出本国经济的比较优势。

一国经济发展水平越高，市场化程度越高，越接近于开放型经济。在经济全球化的趋势下，发展开放型经济已成为各国的主流选择。开放型经济与外向型经济的不同在于：外向型经济以出口导向为主，开放型经济则以降低关税壁垒和提高资本自由流动程度为主。

2. 一带一路建设

答：“一带一路”是“丝绸之路经济带”和“21 世纪海上丝绸之路”的简称。“丝绸之路经济带”涵盖东南亚经济、东北亚经济，并最终融合在一起通向欧洲，形成欧亚大陆经济整合的大趋势。“21 世纪海上丝绸之路”从海上联通欧亚非三个大陆，和“丝绸之路经济带”形成一个海上、陆地的闭环。“一带一路”倡议的目标是要建立一个政治互信、经济融合、文化包容的利益共同体、命运共同体和责任共同体，是包括欧亚大陆在内的世界各国构建一个互惠互利的利益、命运和责任共同体，把“一带一路”打造成为顺应经济全球化潮流的最广泛的国际合作平台。

3. 国家经济安全

答：国家经济安全是指一国根本的经济利益免遭侵害的一种经济状态，即经济全球化时代一国保持其经济存在和发展所需资源有效供给、经济体系独立稳定运行、整体经济福利不受恶意侵害和非可抗力损害的状态和能力。其内容包括两个方面，一是指国内经济安全，即一国经济处于稳定、均衡和持续发展的正常状态；二是指国际经济安全，即一国经济发展所依赖的国外资源和市场的稳定与持续，免于供给中断或价格剧烈波动而产生的突然打击，散布于世界各地的市场和投资等商业利益不受威胁。在经济全球化条件下，危害国家经济安全的主要因素有：①国家支付危机；②金融风险；③产业安全和贸易被控；④资源被侵害；⑤信息和技术损失；⑥其他因素，如生化、毒品、经济犯罪、恐怖活动等。

二、问答题

1. 谈谈我国对外开放的必要性。

答：随着经济全球化的发展，我国在经济上，以国际市场为纽带，与世界各个国家和地区既联系又竞争，这是由我国作为一个社会主义国家经济发展的客观要求所决定的。

我国对外开放的必要性参见本章“复习笔记”相关内容。

2. 如何全面提高开放型经济水平？

答：参见本章“复习笔记”相关内容。

3. 结合 1997 年亚洲金融危机和 2008 年世界金融危机的教训，分析如何在开放的条件下抵御国际经济风险，保持国民经济的健康发展。

答：(1)亚洲金融危机：

亚洲金融危机发生于 1997 年 7 月，由泰国开始，之后进一步影响了邻近亚洲国家的股票、货币市场和它的资产价值。

1997 年亚洲金融危机给我们的直接启示是：在开放经济条件下，外资的流入和流出、外汇市场的波动对一国经济特别是金融系统的影响是非常大的。因此，我国在对外开放的同时，必须加强金融市场的管理，抵御金融风险，保持国民经济的健康发展。

(2)2008 年世界金融危机：

2007～2009 年环球金融危机，又称世界金融危机、次贷危机、信用危机，更于 2008 年起名为金融海啸及华尔街海啸等，是一场在 2007 年 8 月 9 日开始浮现的金融危机。自次级房屋信贷危机爆发后，投资者开始对按揭证券的价值失去信心，引发流动性危机。即使多国中央银行多次向金融市场注入巨额资金，也无法阻止这场金融危机的爆发。直到 2008 年 9 月 9 日，这场金融危机开始失控，并导致多间相当大型的金融机构倒闭或被政府接管。

2008 年世界金融危机的启示：

①坚持市场化改革方向。市场经济从本质上说是调动和发挥社会资源最佳配置的一种

最有效、最适于创新的经济模式，其核心是最少的政府干预、金融自由化和贸易自由化。但必须看到，市场经济本身会不可避免地出现周期性波动、经济发展的脆弱性、一定程度的盲目性和人们心理预期的偏差等，这需要政府的有形之手在遵循市场规律的前提下进行科学的宏观调控和监督管理。此间，掌握好“有形之手”和“无形之手”结合的度尤为重要。这里，特别需要政府具有及时把握、统筹安排、重点突破、“该出手时就出手”的治理能力。

②努力提高改革开放水平。改革开放永远是推动中国经济发展和民生质量提高的法宝，绝不能因为全球金融危机的负面影响而放松和滞后了改革开放的力度和深度。改革开放的实践证明：目前面临的诸多问题也只有通过改革开放政策的进一步实施才能得以真正解决，任何“恐惧病”“封闭症”“市场失效症”都是有害全局的，关键是要以冷静、务实的心态，认真总结经验，坚持科学发展，努力提高前瞻性研究水平，着力从体制建设上下功夫，开拓更科学、更开放、更有效的应对金融危机的现实和有效路径。

(3)在开放的条件下保持国民经济的健康发展：

鉴于1997年亚洲金融危机和当前世界金融危机的教训，为保持国民经济的健康发展，我国在引进外资方面应该要注意以下方面：

①要合理利用外资，规避金融风险。加强对外汇的管理，注意外资结构的优化。外商直接投资流动性低，不会轻易抽逃资本；间接投资正相反，金融风险也较大。中长期外债较稳定，短期外债稳定性较低。因而应侧重利用直接外资和中长期外债，将金融风险降低到尽可能低的程度。

②深化外汇体制改革，逐步建立以市场为基础的汇率形成机制和有管理的浮动汇率制度。

③保持充足的外汇储备以保证政府平衡外汇市场的干预能力，并形成科学的外汇积累与管理机制。

④发展各类国际金融市场，加快国际资本的流动，有序发展国际金融服务贸易和实行有效监管和调控。

同时，通过亚洲金融危机和当前世界金融危机的教训也可以看到，经济全球化是一柄双刃剑，它既会推进国际资源的优化配置，又会对国家经济安全产生负面影响。因此，在对外开放中，我国要十分注意维护国家经济安全，其具体措施有：

①在对外开放的同时要强化自主创新，发展民族产业。

②要加强金融市场监管和市场调控，要正确运用金融工具调控市场，加强金融监管，维护生产秩序，避免金融风险和经济风险，确保国家经济利益。

③建立国家经济安全预警机制。要防止和化解经济全球化给中国经济安全带来的威胁，增强应对突发事件和危机的迅速反应能力和临界处理能力；构建国家经济安全的防御体系，根据我国的资源占有和需求情况，建立国家经济资源战略储备和保障体系，从而为国家经济安全奠定坚实的物质基础。

④维护国家经济资源和信息技术免遭侵害。应使用国家所掌握的一切力量和手段，保障资源安全。

⑤积极与国际社会合作构建国际经济安全体系。提倡和推行“全球共同安全、同时安全和可持续安全”，拓展国家经济安全的国际空间，构建最广泛的国际经济安全体系；同时，

明确中国在经济领域最主要的国家利益，只有在稳定发展经济的基础上才能综合解决与实现中国国家经济利益有关的问题。

20.3　考研真题详解

一、概念题

1. 进口替代战略(山东大学 2002 研；武汉大学 2006 研；西安交通大学 2006 研)

答：进口替代战略是指一国采取各种措施，限制某些外国工业品进口，促进本国有关工业品的生产，逐渐在本国市场上以本国产品替代进口品，为本国工业发展创造有利条件，实现工业化。进口替代战略又称进口替代工业化政策，是内向型经济发展战略的产物。一般做法是国家通过给予税收、投资和销售等方面的优惠待遇，鼓励外国私人资本在本国设立合资或合作方式的企业；或通过来料和来件等加工贸易方式，提高工业化的水平。

进口替代型工业化一般分两个阶段。第一阶段是初级进口替代阶段。这时建立和发展一般的最终消费品工业，如收音机、自行车、小型家用电器、食品加工、服装等一般消费品工业，以替代这些消费品的进口。在这一阶段，发展中国家需要从国外进口生产消费品所需的资本品、中间产品等。第二阶段是高级进口替代阶段。随着经济、技术水平的提高，进口替代工业从一般最终消费品的生产转向发展资本品和耐用消费品工业，如钢铁工业、石油化工、机器设备等资本品制造业，以及电视、汽车等耐用消费品工业。在实行进口替代发展战略的过程中，需要采取贸易保护措施，如高关税、进口配额、外汇管制、国产化规定等。

2. 经济特区(东北财经大学 2006 研)

答：经济特区是指国家或地区为吸引外资、引进技术和发展对外贸易而设置的实行优惠政策的特殊区域。依其运作的形式和发展重点的不同，可分为自由港、自由贸易区、出口加工区、投资促进区、科学工业园区、经济技术开发区、保税工业区、多功能综合性经济特区等类型。

经济特区在我国现代化建设中发挥了巨大的作用：①引进了外资，增加了建设资金；②引进了先进技术设备；③增强了产品在国际市场上的竞争能力，扩大了出口贸易；④培养了大批技术人才和经济管理干部；⑤创造了更多的就业机会；⑥为我国经济体制改革探索了经验，为我国进一步对外开放，建设社会主义生产经济体制起到了“试验田”的作用。

3. 外向型经济(吉林大学 2003 研)

答：外向型经济是指与国际市场紧密相连的某国或某地区的经济体系，是“内向型经济”的对称。外向型经济分广义和狭义两种。广义的外向型经济是指在世界范围内进行贸易、资本、技术、劳动力等方面的经济交流活动。狭义的外向型经济是指以国际市场为导向，以出口创汇为主要目标的经济活动。20 世纪 80 年代我国大力发展的外向型经济属狭义范围的经济活动，其基本形式是以进口替代与出口替代相结合，并以出口替代为主；其资金利用是以外援为主，产品以外销为主，产业结构是以工业为主。

4. 国际价值（中央财经大学2014研）

答：国际价值是指当商品超越国家的地域范围进入世界市场时，由国际社会平均必要劳动时间来决定的商品的价值，即商品的国际市场价值。在世界市场上，由于价值规律的作用，商品的国际价值是按世界范围的平均必要劳动时间来计量的。由于计量单位是国际平均劳动，劳动生产率较高国家的国民劳动，在世界市场上也被算作倍加的劳动，表现为高的货币工资水平。

从国际价值的形成过程来看，有两个明显的特点：①国际价值是在各国已形成国别价值的基础上，经过世界市场的交换，按照生产该种商品所花费的国际社会平均必要劳动时间再次均衡而形成的；②国际价值是通过世界市场交换中形成的国际价格反映的。

二、问答题

1. 如何理解实行对外开放是我国的长期基本国策？在新世纪如何提高我国的对外开放水平？（中国人民大学2003研）

答：(1)实行对外开放是我国的长期基本国策的客观依据：

①我国实行对外开放作为长期的基本国策发展对外经济关系，具有客观的必要性。

a. 我国是社会主义国家，实行对外开放是社会化大生产和市场经济发展的客观要求。社会主义制度是建立在生产社会化这一物质基础上的。社会化大生产在国际范围内表现为全球范围内的国际分工和协作。

b. 实行对外开放政策，是科学总结我国历史经验教训的必然结果，是加速我国社会主义现代化建设的迫切需要。党的第十一届三中全会以来，我们正确认识了国际经济、政治形势，吸取历史教训，抓住机遇加快对外开放步伐，40多年来的对外开放取得了显著成效。实行对外开放，是保证中国经济持续、快速、健康发展的一个极其重要的条件。

c. 我国实行对外开放，对促进经济发展具有重要作用：有利于充分利用国际和国内两个市场、两种资源，优化资源配置；有利于参与国际竞争与合作，发挥我国经济的比较优势，实现国内经济与国际经济的对接，提高我国经济的国际竞争力；有利于推动科技进步，提高经济素质和经济效益；有利于加快发展和走向现代化进程。实践证明对外开放是实现我国社会主义现代化的一项长期的基本国策，是邓小平和中国人民建设有中国特色社会主义的历史性选择。

d. 实行对外开放政策，是追随世界经济发展趋势的客观选择。社会生产力的提高，市场经济的发展，客观上打破了地区和国别的界限。当今世界是一个开放的世界，任何一个国家和地区都不可能只依靠自己的资源和技术，孤立地发展自身的经济。各国只有通过国际交往和经济交流，互通有无，调剂余缺，才能加快本国的经济发展。

②我国实行对外开放作为长期基本国策发展对外经济关系有重要的理论依据。

a. 社会化大生产本身发展的要求是发展对外经济关系，而社会主义国家发展经济，必须遵循社会化大生产内在规律的要求，积极参与国际分工和国际交换，不断开展和扩大对外经济联系。

b. 实行对外开放，发展对外经济关系，是发展社会主义市场经济的需要。具体说来，第一，发展对外经济关系，可以促进社会主义国民经济的协调发展。社会化大生产所需要的资源是多方面的。我国很难拥有发展本国经济所需要的全部资源。发展对外经济关系可以充分利用国内、国际两种资源和两个市场，最大限度地利用国际分工和世界市场的有利条件，从而保证国民经济协调发展。第二，实行对外开放，发展对外经济关系，可以节约社会劳动，提高经济效益。世界各国由于各种主客观原因，生产不同商品的成本和劳动耗费有很大差异。一国要善于利用自己的优势，参与国际分工，出口自己有优势的产品、技术或劳务，换回本国需要、在本国生产效率又低的短缺商品、技术或劳务，这样就能在国际经济交往中获得利益、节约社会劳动。第三，对外开放可以更好地借鉴和学习国外先进的管理经验。中国与发达国家在经济上的差距，不仅表现在资金、技术、设备等方面，而且表现在管理方面。我国缺乏在市场经济条件下组织现代化大生产的经验，借鉴和引进国外先进的经济管理方法和经营方式是我们对外开放的一项重要内容。

c. 我国发展对外经济关系，发展对外经济关系，是加速社会主义现代化建设的必由之路。一方面，在科技发展迅猛的当代，一个国家要不甘落后，就要善于利用对外经济技术交流，取外国之长补自己之短，以加速经济的发展和现代化的进程。另一方面，一国要积极利用国外资金，弥补本国发展经济所需资金的不足。这两方面对我国这样一个生产力水平较低、科技水平不高、资金不足的社会主义发展中国家来说尤其重要。

③把对外开放作为长期的基本国策对我国具有十分重要的意义。

实行对外开放使我国的经济发展从封闭半封闭状态调整到全方位对外开放，这是我国社会主义经济发展战略的重大转变。我国把对外开放作为一项长期的基本国策，除了因为它反映了世界生产力发展的一般规律，体现了商品经济发展与市场经济体制运行的客观要求外，还在于它对于整个国民经济的发展，具有十分重要的作用和意义。

(2)在新世纪，面对全球化带来的机遇和挑战，我国应该积极调整政策，提高对外开放水平。具体说来，包括以下几个方面：

①完善对外开放的制度保障。完善对外开放的制度保障，要借鉴国际经验，也要与我国发展和改革的进程相适应。我国目前的开放程度已经较高，但涉外经济与发达国家相比，在体制的成熟程度方面仍存在着不小差距，需要认真借鉴其他国家积累的符合开放型市场经济一般规律的有益经验。另一方面，我国还是一个发展中国家，要统筹国内发展和对外开放，使扩大开放与我国自己的发展水平相适应，确保开放进程能够促进发展和推进改革，增强自身的竞争力。

完善对外开放的制度保障，应着重做好以下工作：a. 加快推进涉外经济法律法规体系和管理体制的建设，形成稳定、透明、统一和可预见的涉外经济管理体制和法律制度。b. 在涉外经济活动中使市场发挥配置资源的决定性作用，利用两个市场、两种资源促进我们的发展。c. 落实企业自主权和平等地位，加快建立内外统一的市场体系和企业主体。d. 健全和完善保障公平贸易的管理制度，建立应对贸易和投资争端的快速反应机制，为我国企业创造平等参与国际竞争的环境。e. 完善监控体系和增强应对能力，提高对国际经贸形势的观察、分析能力，加快反应速度，建立健全外贸运行监控体系和国际收支的预警机制。

②更好地发挥外资的作用。为了更好地发挥外资的带动作用，应着力做好以下几个方面的工作：a. 吸引外资要与国内产业结构的调整升级相结合，更多地引进先进技术、管理

经验和高素质人才。b. 注重引进技术的消化吸收和创新提高，鼓励和引导外商投资企业形成技术创新能力。c. 鼓励和引导外资向采购、服务、营销和研发等环节延伸，将更多的运营环节转移进来，使我国不仅成为重要的制造基地，同时也成为全球性采购基地、服务基地和研发基地。d. 引导和促进国内企业更好地利用机遇。要创造有利的体制环境，使国内企业能够发挥自身优势，充分利用对外开放的机遇，增强开拓市场、技术创新和培育自主品牌的能力。

③促进形成若干外资密集、内外结合、带动力强的新经济增长带。形成一批新的开放型经济增长带，是把握外部重大机遇的要求，是促进区域经济协调发展的要求。更多新技术、新产品的跨国转移，对接受转移一方的科技能力、配套要求和工程技术人才的要求不断提高。我国北部沿海地区以及中部一些省市，科技实力较强，产业基础雄厚，各类人才聚集，市场腹地广阔，具有吸引新一轮产业转移的良好基础。中西部地区经过几年的大规模投资建设，基础设施条件有了明显改善。特别是一些大城市如武汉、西安、成都、重庆等，产业和科技基础较好，高等院校和科研院所密集，资源丰富，劳动力成本和土地成本相对低廉，市场规模大，经济辐射面广，已经具备了更大规模吸收国外跨国公司投资和我国沿海地区产业转移、形成若干各具特色的开放型经济带的能力。

④加快实施“走出去”战略。加快实施“走出去”战略，需要有新的战略举措。对外投资要做到真正以企业为主体，以市场为导向，以提高经济效益和增强竞争力为目的，讲求实效。应进一步完善对外投资服务体系，海外投资首先要考虑如何回避投资风险。要赋予企业更大的海外投资决策和经营管理自主权，对于非国有企业和改革到位、内部监控机制良好的国有企业的海外投资，要简化审批手续，完善登记制度，放松限制条件；与此同时，也要积极探索如何加强对国有企业海外投资项目的管理与监督，防止海外投资成为国有资产流失的途径。企业自身要不断增强“走出去”的能力。

2. 简述经济全球化条件下我国对外开放的理论依据。（中央财经大学 2013 研）

答： 对外开放是指在平等互利的基础上与世界各国和地区广泛地开展政治、经济、文化、科学及其他方面的往来活动，它是我国基本国策之一。我国对外开放的理论依据有：

（1）国际分工理论和比较优势理论。

国际分工是指国家与国家之间的劳动分工，它是社会分工发展到一定阶段，国内分工超越国家界限发展的结果。当一国国内社会分工和商品经济发展到一定程度，商品交换就要突破一国的界限，产生国际贸易。比较优势理论这一原理指出，世界上劳动生产率不同的国家，通过商品交换，都能在不同程度上实现社会劳动的节约，从而给交换双方在经济上带来利益。即使在各个领域劳动生产率都比较低的国家，通过生产和出口那些自己具有相对优势的产品，以换取自己具有相对劣势的产品，仍然可以实现社会劳动的节约。

（2）国际价值与国际价格理论。

随着国内市场向国际市场延伸，商品价值表现为国际价值，商品价格就转化为国际价格。国际市场商品价值是指当商品超越国家的地域范围进入世界市场时，由国际社会平均必要劳动时间来决定的商品的价值。国际价值也就是国际市场价值，它的货币表现就是国际市场价格。社会主义国家发展对外经济关系，也必须遵循国际价值规律，国际价值与国际价格理论是对外经济关系的重要理论依据之一。

3. 阐述经济全球化下维护国家经济安全的根本战略和主要措施。（西南财经大学 2018 研）

答：（1）经济全球化和国家经济安全的含义：

①经济全球化是指世界经济活动超越国界，通过对外贸易、资本流动、技术转移、提供服务、相互依存、相互联系而形成的全球范围的有机经济整体。经济全球化是当代世界经济的重要特征之一，也是世界经济发展的重要趋势。

②国家经济安全是指一国根本的经济利益免遭侵害的一种经济状态，即经济全球化时代一国保持其经济存在和发展所需资源有效供给、经济体系独立稳定运行、整体经济福利不受恶意侵害和非可抗力损害的状态和能力。它是指一国的国民经济发展和经济实力处于不受根本威胁的状态。

（2）经济全球化下维护国家经济安全的根本战略和主要措施：

从生产力发展和资源配置的角度看，经济全球化是生产社会化发展的必然趋势和更高阶段，是科技进步和生产力发展的必然结果。正确引导和驾驭，可以促进各国的经济和社会发展，也有利于世界经济的发展和国际社会的稳定。经济全球化是一把"双刃剑"，经济全球化在推动生产的社会化和世界经济发展的同时，又给世界经济的发展带来了许多新矛盾。为使国家的综合国力得到显著增强，有效化解经济全球化所带来的诸多负面影响，必须要保证国家经济安全。

经济全球化下维护国家经济安全的根本战略和主要措施有：

①在对外开放的同时要强化自主创新，发展民族产业。必须采取适合本国实际情况，符合国际经贸规则、惯例的保护措施，保护本国的产业、市场和国家的经济利益。

②必须按照科学发展观的要求，坚持把发展作为第一要务，正确处理好对外开放、发展国际经济合作与维护国家利益和经济安全的关系。

③建立国家经济安全预警机制。切实履行政府职能，积极参与国际合作与竞争，趋利避害，充分利用经济全球化带来的有利条件和机遇，为我国经济发展创造良好的国际环境。

④维护国家经济资源和信息技术免遭侵害。应使用国家所掌握的一切力量和手段，保障资源安全，遵守公民得到和使用经济信息的法律权利和收益自由，发展现代化远距离通信技术，保护国家经济信息资源。

⑤积极与国际社会合作构建国际经济安全体系，建立国际经济新秩序。充分发挥国际组织在全球经济发展中的作用，加强国际合作，防范和化解可能发生的局部性或全局性的危机。

第21章　社会主义市场经济中的政府职能和宏观调控

21.1　复习笔记

【知识框架(庖丁解牛)】

- 社会主义市场经济中的政府职能和宏观调控
  - 政府职能和宏观调控的必要性
    - 政府职能
    - 宏观调控
  - 社会主义市场经济中的经济波动
    - 经济波动的含义及分类
    - 影响经济波动的因素
    - 我国经济波动的状况及原因
  - 宏观调控的模式、目标与手段
    - 模式
    - 目标
    - 手段
  - 加强和改善宏观调控
    - 加快转变政府职能
    - 健全宏观调控体系
    - 建立与完善法律法规体系

【考点难点归纳(厚积薄发)】

考点一：社会主义市场经济中的政府职能和宏观调控的必要性 ★★★

1. 社会主义市场经济中的政府职能

(1)经济调节。

(2)市场监管。

(3)社会管理。

(4)公共服务。

(5)生态环境保护。

2. 社会主义市场经济中的宏观调控

(1)含义：

宏观调控是指政府以满足人民对美好生活需要和国民经济持续、协调健康发展为目标，综合运用经济的、计划的、法律的和必要的行政手段，对整个国民经济运行和发展进行调节和控制。

(2)基本目标：

宏观调控的基本目标是社会总供求的平衡。总供求的平衡包括总量平衡和结构平衡。除基本目标外，还有比较重要的具体目标：充分就业、物价稳定、经济增长、国际收支平衡。

(3)必要性：

①宏观经济调控是解决社会经济发展总体不平衡的原则。

②宏观经济调控是巩固和发展生产资料社会主义公有制的要求。

③宏观经济调控是克服市场缺陷的重要手段。

④宏观经济调控是使微观经济活动符合宏观经济目标的需要。

考点二：社会主义市场经济中的经济波动 ★★

1. 经济波动的含义及分类

(1)含义：

经济波动是指随时间推移，经济变量围绕长期趋势的起伏运动的现象。

(2)分类：

①正常经济波动，是指不对国民经济的运行造成危害且经济波动的幅度保持在一定的范围内的波动。

②超常经济波动，是指不利于经济的运行且经济波动的幅度超出一定的范围的波动。

2. 影响经济波动的因素

(1)投资率的变动。

(2)消费需求的波动。

(3)产业结构的调整与转换。

(4)资源供给。

(5)技术变化的状况。

(6)经济体制的变动。

(7)其他因素，如进出口的变动、心理预期的变化等。

3. 我国经济波动的状况及原因(见表 21-1)

以 1978 年为界，我国改革前后的经济波动存在差异，具体如下表所示。

表 21-1　我国经济波动的状况及原因

要点	改革前	改革后
我国经济波动的特点	振幅大、峰位高、谷位深、扩张周期短	①从宏观上看，传统计划经济中调节手段主要依靠中央的指令性计划无法满足千差万别的社会需求。 ②从微观上看，传统计划体制下的企业不是真正的市场主体，而是政府的附属物
我国经济波动的原因	经济总产出增长率水平较高、投资总量增长率上升以及波动幅度较小	计划经济体制转变为社会主义市场经济体制，这使得原有体制导致经济超常波动的因素逐渐减弱

考点三：宏观调控的模式、目标与手段 ★★★

1. 宏观调控的模式

(1)高度集中型的指令性计划经济模式。

(2)与社会主义市场经济体制相适应的宏观调控模式。这种模式的特征是：

①整个宏观调控是在市场调节的基础上进行的。

②计划的形式和作用的范围发生了重大的变化。

③对企业的调控方式以间接调控为主。

④调控手段由经济的、法律的、行政的手段相结合，逐步地转向以经济、法律手段为主，行政手段仅仅作为辅助手段。

2. 宏观调控的目标

(1)促进经济增长。

(2)增加就业。

(3)物价稳定。

(4)保持总量和结构平衡，提高人民生活水平和质量。

3. 宏观调控的手段(见表21-2)

表21-2 宏观调控的手段

要点	含义	内容
经济政策	依据价值规律的要求，通过运用与价值形式相关的各种经济杠杆调节经济主体的经济利益，以引导经济主体的经济活动，协调微观经济与宏观经济的运行	①财政政策：财政收入政策、财政支出政策。 ②货币政策。 ③产业政策：产业结构政策、产业组织政策和产业区域布局政策。 ④汇率政策。 ⑤收入分配政策
经济计划	主要指以尊重市场经济规律为基础的中长期规划	宏观管理目标、任务、各项宏观平衡和各种基本比例关系，以及相应的指标体系和政策措施所组成的计划
法律手段和行政手段	—	①法律手段，一方面通过经济立法保证社会生产和流通的有序进行；另一方面通过经济司法制止、打击和惩办各种经济犯罪活动。 ②行政手段，依靠行政机构，采取行政命令、指示、指标、规定；检查、监督、扣押；行政审批、核准价格或收费标准、许可等行政措施来调节经济活动，以达到宏观调控目标的一种手段

考点四：加强和改善宏观调控 ★★

1. 加快转变政府职能

(1)合理配置宏观管理部门职能。

(2)推进简政放权。

(3)完善市场监管和执法体制。

(4)改革自然资源和生态环境管理体制。

(5)完善公共服务管理体制。

(6)强化事中事后监管。

(7)提高行政效率。

2. 健全宏观调控体系

(1)建立、健全科学的经济决策体系和制度。

(2)构建以国家发展战略和规划计划为导向，以财政政策、货币政策以及产业政策、价格政策等为主要手段的宏观调控体系基本框架。

(3)深化财税体制改革。

(4)深化金融改革。

(5)深化投资体制改革，确立企业投资主体地位。

(6)完善发展成果考核评价体系。

3. 建立与完善法律法规体系

(1)明确法律手段在宏观调控中的地位，树立依法进行宏观调控的观念。

(2)要进一步完善法律体系。

(3)加快推行执法责任制、评议考核制，提高行政执法水平。

(4)健全依法行使权力的制约机制，加强对权力运行的监督。

21.2　课后习题详解

一、概念题

1. 宏观调控

答：参见本章“复习笔记”相关内容。

2. 财政政策

答：财政政策是指政府为实现一定的宏观经济目标而运用财政调节手段以促使宏观经济总量发生变化的原则及措施。政府推行的财政政策也可以分为财政收入政策和财政支出政策。财政收支的数量、收支的构成和收支的范围都对国民经济运行有显著的影响；财政收支既是政府管理国家的基本工具，又是调节经济运行的重要杠杆。

财政政策按其在调节社会总供求中所起的不同作用，可分为扩张性财政政策和紧缩性财政政策。扩张性财政政策是指政府通过扩大财政支出和减少财政收入来扩大社会总需求的政策。紧缩性财政政策是指政府通过压缩财政支出和增加财政收入来压缩社会总需求的政策。

3. 货币政策

答：货币政策是指通过中央银行调节货币供应量，影响利息率及经济中的信贷供应程度来间接影响总需求，以达到总需求与总供给趋于理想的均衡的一系列措施。

货币政策分为扩张性的和紧缩性的两种。扩张性的货币政策是通过提高货币供应增长速度来刺激总需求，在这种政策下，取得信贷更为容易，利息率会降低。因此，当总需求与经济的生产能力相比很低时，使用扩张性的货币政策最合适。紧缩性的货币政策是通过削减货币供应的增长率来降低总需求水平，在这种政策下，取得信贷较为困难，利息率也随之提高。因此，在通货膨胀较严重时，采用紧缩性的货币政策较合适。

货币政策目标是通过货币政策工具的运用来实现的。货币政策工具主要有利率、法定准备金率、公开市场业务、再贴现率等。

二、问答题

1. 社会主义市场经济条件下的政府职能有哪些，如何进一步转变政府职能？

答：(1)社会主义市场经济条件下的政府职能：

在社会主义市场经济条件下，政府不仅是重要的政治组织，同时又是重要的宏观经济管理与调控组织。作为宏观经济管理与调控的组织，政府的主要职能是经济调节、市场监督、社会管理、公共服务和生态环境保护。

(2)进一步转变政府职能，加强政府治理，需要从以下方面着手：

①进一步简政放权。继续深化行政审批制度改革，只有摆脱了大量微观审批事项的政府，才能够研究超前性、深层次的战略性重大问题，才能集中精力搞好宏观调控。对保留的行政审批事项，要规范管理、提高效率，推进行政审批标准化建设。直接面向基层、量大面广、由地方管理更方便有效的经济社会事项，一律下放给地方和基层管理。

②加强发展战略、规划、政策、标准等的制定和实施。要加强市场活动监管，保障公平竞争。

③创新和优化政府服务方式，加强公共服务，建设服务型的政府。提供公开透明、高效便捷、公平可及的政务服务和公共服务，全面推进政务公开，促进基本公共服务均等化。继续推进机构改革是深化行政管理体制改革的一项重要任务，机构改革必须以政府职能转变为基础，与政府职能转变同步进行。

④转变政府管理方式，实现微观管理向宏观调控的转变。政府应该减少对经济主体的直接管理，更多地运用间接调控手段，以更灵活多样、更讲究效益的方式进行宏观调控。同时要加强人口、资源、环境等方面的管理职能(社会管理职能)。

⑤推动公共服务提供方式多元化。能由政府通过市场化方式购买而提供的公共服务事项，政府不再直接承办，交由社会组织机构和企业承担；能由政府和社会资本合作提供的公共服务，广泛吸引社会资本参与。凡属事务性管理服务，原则上都要引入竞争机制，向社会购买。

⑥强化市场监督职能。建立现代市场监管制度，加强市场监管力度，建立公平竞争、规范有序的市场新秩序。

⑦切实转变政府工作方式，提高工作效率。要做到严格依法行政、公开、推行管理信息化，提高行政管理效率，加强政府各级机关及各级部门间的信息沟通，使行政管理更准确、快捷地实现互动。

2. 简述社会主义国家宏观调控的模式、目标与手段。

答：参见本章“复习笔记”相关内容。

3. 如何深化财政体制改革和金融体制改革？

答：(1)深化财政体制改革：

①按照公共财政的要求，积极推进财政预算制度改革。

②实行国库集中收付制度。

③着力深化“收支两条线”改革。

④推行政府采购制度，规范政府公共工程管理。

⑤明晰各级政府的财权和事权，进一步规范财政转移支付制度。

⑥积极稳妥地推进税费改革。

⑦健全税收制度，强化税收征管。

⑧逐步提高国家财政收入占国内生产总值的比重和中央财政收入占全国财政收入的比重，提高财政保障能力，注意防范财政风险。

⑨严格财政管理，逐步建立适应社会主义市场经济要求的公共财政框架。

(2)深化金融体制改革：

①加快发展货币市场，稳步推进利率市场化改革。发展包括同业拆借市场、债券市场和票据市场在内的货币市场。建立以中央银行利率为基础、货币市场利率为中介，由市场供求决定金融机构存贷款利率水平的市场利率体系。

②逐步建立现代银行制度，完善货币政策传导机制。支持商业银行实行股份制改造，增加其资本金，提高其透明度。支持有条件的股份制商业银行上市，并把由中央银行推荐上市改为商业银行申请上市，中央银行提供金融监管信息。支持国有独资商业银行按现代银行制度进行综合改革，稳步建立和发展民营银行和金融机构。

③加强金融监管，完善金融监管体系。

④大力支持银行发展中间业务。加强银行、证券、保险三大监管部门的合作，沟通信息，提高金融监管水平。

⑤继续扩大金融对外开放。加强外汇管理，保持国际收支平衡。随着金融对外开放的进一步扩大，必须高度重视和正确处理本币与外币、利率与汇率之间的关系，认真实行人民币经常项下的可兑换，切实加强资本项目的管制，为今后推进资本项下可兑换工作进程创造条件。

总之，通过深化金融改革和财政体制改革，逐步建立以市场调节为基础，综合运用计划、财政、金融等手段，发挥价格、税收、利率、汇率等机制的作用，进行宏观调控的体系。

4. 结合我国实际，分析如何综合运用金融手段和财政手段来促进国民经济的总量平衡和结构优化。(中央财经大学 2008 研)

答：(1)改革开放以来中国经济发展的主题，可以概括为两个字：转轨，即从传统的、封闭的自然经济向现代化、开放化、市场化经济转轨。40 多年的经济转轨是一个多层面的历史过程，中国经济体制逐步由计划经济转到社会主义市场经济，由封闭半封闭变为全方位、多层次、宽领域地对外开放。

在转轨时期我国面临的实际情况如下：

①总供求方面：20 世纪 90 年代前半期，社会总需求大于社会总供给，经济过热，有通货膨胀趋势；90 年代后半期，总需求小于总供给；2000 年至 2003 年经济平稳发展；2004 年后，总需求大于总供给。尤其是自 1997 年以后，由于受亚洲金融危机的影响，我国持续

几年出现了通货紧缩的趋势，主要表现在：物价持续下跌；社会消费占 GDP 的比重持续下降；净出口(国外需求)对国民经济增长的拉动作用逐年降低。

②结构方面：失衡问题突出。在供需总量矛盾的背后，通常隐含结构性矛盾。在体制转轨时期，我国产业结构不合理，区域结构不平衡，城乡结构二元经济趋向成熟并开始向一元的现代经济转化，国有商业银行呆坏账问题严重，金融风险加大，经济运行内部各种矛盾突显。

(2)针对以上我国经济运行的实际情况，政府采取了一系列财政与金融手段对国民经济进行调控。

①财政手段：

a. 促进总量平衡方面：对于 20 世纪 90 年代上半期，我国经济中出现的需求大于供给的状况，政府采取的是适度从紧的财政政策，即紧缩投资支出和消费支出，增加税收，抑制了需求过剩的趋势，收到了一定成效。对于 20 世纪 90 年代后半期出现的供给大于需求，经济过冷，有效需求不足，政府采取的是积极的财政政策，通过扩大预算赤字，增加国债发行，加大政府支出，通过加大政府投资带动社会投资。这样的政策收到成效，有力地拉动了经济的较快增长。同时政府还通过提高工资收入、减轻农民负担等许多措施来刺激居民消费，都收到了一定的效果。

b. 促进结构优化方面：政府为推动经济结构的优化和调整采取的主要措施包括：调整所有制结构，即彻底清理那些长期亏损的国有中小企业，减少一部分社会无效供给；调整行业结构，即减少传统行业的投入，加大新兴技术领域的投资力度，以求在日益激烈的国际市场竞争中争取主动；调整产品结构，即将那些假冒伪劣商品淘汰出局从而净化市场、减少无效供给；调整技术结构，即顺应资本有机构成不断提高规律的要求，不断增加新技术在商品中所占的比重，减少落后技术提供的产品在市场的比重。

②金融手段：

a. 促进总量平衡方面：1997 年以前由于我国经济需求过旺，我国实行的是适度从紧的货币政策，有效地缓和总量失衡和结构失衡的状况，给改革和结构调整带来了有利的经济环境。自 1996 年我国实现“软着陆”后，我国由需求过旺转向有效需求不足，货币政策就开始灵活微调，货币政策由适度从紧的货币政策转向稳健的货币政策，中央银行连续多次下调利率，并于 1999 年 9 月开征利息税，同时适度增加了货币投放和信贷投放。

b. 促进结构优化方面：中国经济改革内生性使得政府在采取金融手段的同时也兼顾了减少不良资产、化解金融风险的责任。20 世纪 90 年代后期政府通过加大货币投放与信贷投放，使总量平衡基本实现的前提下，结构失衡在有力资金的支持下也得到了一定程度的缓解。

(3)综上所述，在面对经济转轨时期以及今后经济运行过程中，政府和央行要加大协调，采取“逆经济风向行事”的综合行动，当经济过冷或过热时要配合采用财政手段和金融手段加以控制和调节，并加强对经济形势的预测，避免事后调节，加大事前调节的力度，以保证国民经济总量平衡和结构平衡。

21.3　考研真题详解

一、概念题

1. 公开市场业务（南京大学2003研；北京理工大学2003研；上海理工大学2006研；财政部财科所2015研）

答：公开市场业务是指中央银行在证券市场上公开买卖有价证券（主要是政府公债、国库券和银行承兑票据等），以调节信用和货币供给量的一种业务活动，是中央银行的三大法宝之一。公开市场业务的目的是：①通过政府债券的买卖活动收缩或扩大会员银行存放在中央银行的准备金，从而影响这些银行的信贷能力；②通过影响准备金的数量控制市场利率；③通过影响利率控制汇率和国际资本流动；④为政府证券提供一个有组织的市场。公开市场业务被认为是实施货币政策、稳定经济的重要工具。

2. 市场中介组织（南京大学2001研）

答：市场中介组织是指一系列介于国家和市场之间、市场与企业之间的组织机构的总称。主要包括：会计师、审计师、律师事务所；各种由国家指定或委托的公证和仲裁机构；各种计量和质量检验认证机构；信息咨询机构；资产和资信评估机构；行业协会、商会等等。市场中介组织的出现和发展，既是社会化大生产的客观要求，社会分工日益深化的产物，也是市场经济自身发展的客观要求。各种类型的市场中介组织，对市场经济的正常运转分别发挥着服务、沟通、公证、监督等重要作用，并成为政府对市场经济运行实现有效宏观调控的重要杠杆和工具。

二、问答题

1. 简论政府解决通货紧缩的经济政策。（武汉大学2006研）

答：通货紧缩是指货币供应量少于流通领域对货币的实际需求量而引起的货币升值，从而引起的商品和劳务的货币价格总水平的持续下跌现象。通货紧缩，包括物价水平、货币供应量和经济增长率三者同时持续下降；它是当市场上的货币减少，购买能力下降，影响物价之下跌所造成的；长期的货币紧缩会抑制投资与生产，导致失业率升高及经济衰退。

(1)宽松的货币政策：

通货紧缩的成因之一是流通中的货币不足。采用宽松的货币政策，可以增加流通中的货币量，刺激总需求。传统的货币政策工具包括法定存款准备率、贴现政策和公开市场操作。宽松的货币政策可以选择降低法定存款准备率和贴现利率，以及中央银行在公开市场上购入政府债券等。利率或信贷规模受控制的国家，可以通过直接降低利率或扩大信贷规模的方式来进行调节。实行宽松的货币政策的目的在于增加货币流通量。但是，货币供给量和货币乘数都是受到包括商业银行、存款者、借款者、中央银行在内的多个行为主体的影响，中央银行的货币政策工具在实行紧缩性货币政策时较为有效，在推行扩张性货币政策时，效果却往往不理想。中央银行的货币政策虽然可以或可能对货币供给量的增减发挥决定性的作用，但它毕竟不能强迫银行贷款、公众借款。这就意味着，在一定的情况下，宽松的货币政策不能刺激投资需求，而且还可能加强人们对通货紧缩的预期。因此，单纯用宽松的货币政策来治理通货紧缩，效果往往不佳，甚至可能无效。

(2)宽松的财政政策：

宽松的财政政策主要包括减税和增加财政支出两种方法。减税涉及到税法和税收制度的改变，不是一种经常性的调控手段，但在应对较严重的通货紧缩时也会被采用。减税政策要根据具体情况灵活运用，不能一刀切。

财政支出是总需求的组成部分，因此增加财政支出可以直接增加总需求。在解决财政支出来源的问题上方法有两个：①财政向中央银行借款或直接透支；②发行国债。西方经济学者一般认为财政向中央银行借款应以短期为宜，借款目的应是解决临时性或季节性资金短缺。至于透支，则更不应被允许。否则，将直接威胁中央银行的独立性，不利于币值的稳定和经济的稳定持续发展。所以，普遍采用的做法是发行国债。当然，国债的发行也应有一定的限度。运用增加财政支出的手段还应警惕“挤出效应”，即政府开支的增加如果并不伴随货币供应量的增长，那么，在支出增加和货币存量不变的情况下，必然导致利率的上升，由此引起私人投资和消费的缩减。因此，在对付通货紧缩时，通常都会将财政政策工具和货币政策工具配合使用。

(3)结构性调整：

对于由于某些行业的产品或某个层次的商品生产绝对过剩所引发的通货紧缩，一般采用结构性调整的手段来治理。对于生产过剩的部门或行业要控制其生产，减少产量。同时，对其他新兴行业或有发展前途的行业应采取措施鼓励其发展，以增加就业机会，提高收入，增强购买力。

(4)改变预期：

与通货膨胀一样，公众对通货紧缩发展前景的预期在很大程度上影响着政府各项反通货紧缩政策的效果。因此，政府有必要通过各种宣传手段，说服公众相信政府各项反通货紧缩政策的正确性和有效性，鼓励公众对未来经济发展趋势的信心。

(5)完善社会保障体系：

如果消费需求不足的主要原因是中下层居民的收入过低，那么，建立健全社会保障体系，适当改善国民收入的分配格局，提高中下层居民的收入水平和消费水平将有助于通货紧缩的治理。

2. 试论中国居民收入差距的现状、影响及政府调节居民收入差距的政策。(武汉大学 2006 研)

答：(1)居民之间的收入差距比较明显，甚至呈现扩大的趋势，具体表现在：

①基尼系数扩大。我国的基尼系数已接近甚至超过 0.4 的国际警戒线水平。由此可见收入差距过大，收入分配不合理的问题确实已到了必须引起高度重视的阶段。

②城乡收入差距过大。与经济发展程度相似的世界其他国家相比我国城乡收入差距明显偏高，同时，由于高收入阶层收入的增长率高于低收入阶层，这一收入差距仍在扩大。

③地区之间人均收入差距扩大。我国区域经济发展不平衡，从全国来看，经济发展可以明显区分为东部、中部和西部三个区域，不同地区间收入差距明显。

④行业收入差距进一步扩大。随着市场经济的进一步发展，而相应的社会保障机制及经济收入监督机制建立健全的相对滞后，行业收入差距迅速扩大。一些非公有制经济从业

人员收入远远高于公有制经济从业人员的经济收入；垄断性行业与非垄断性行业收入差距过大。

（2）收入差距带来的负面影响：

①严重影响国内有效需求。在社会主义初级阶段，生活水平不发达的情况下，需要适当拉开收入分配差距，以提高经济效益。但如果差距过大，以至于出现两极分化的趋势，就会压抑广大劳动群众的生产积极性，给国民经济发展造成严重损害。同时，如果分配合理，人们收入增加，就会提高消费能力，拉动市场需求，促进经济增长；反之，如果收入差距过大，社会整体消费水平必然下降，严重影响国内有效需求，使社会生产和消费严重失衡，如果形成恶性循环，将严重损害国民经济的发展。

②降低了居民的边际消费倾向。由于随着收入水平的提高边际消费倾向有降低的趋势，因此，收入分配差距扩大会通过影响居民边际消费倾向，从而进一步影响全国消费总水平的提高。

③影响社会稳定。随着分配不公现象的发展，收入差距的扩大，广大人民群众的社会福利减少，引起了全社会广大人民群众的强烈不满，成为一个极不稳定的社会因素，收入分配不公作为一个经济问题正在转变为一个严重的政治问题和社会问题。

（3）缩小收入差距的措施：

①加快生产力的进步，促进社会经济的发展是缓解社会收入分配不公，缩小收入差距的根本途径。解决分配不公问题，不能用消灭或限制正当致富的办法来实现，而只能努力发展经济，在经济发展中不仅使正当致富者继续从中得到应得的经济利益，更重要的是增加就业机会，改变就业结构，使低收入阶层的收入水平得到大幅度的提高。尤其是要下大决心、用大力气发展农村和农业经济，改变农业结构，改革农业营运机制，提高农村城镇化、集约化、产业化、现代化水平，尽快改变多年来农民收入徘徊不前，甚至出现下降的局面，使农民的可支配现金收入有显著提高。有了这个前提，才能谈得上刺激农民消费，激活农村市场，也才会形成农村工作、农业经济、农民收入的良性循环，缩小城乡差别，缓解城乡之间、工农之间以及农民之间的收入分配不公就有了基础。

②制定符合国情的公平、公正、合理、规范的分配制度和分配机制。纵观我国目前的分配状况可知，社会分配不公的根源，除社会经济发展不平衡之外，就是国民收入初次分配的政策和方式缺乏统一和规范。国家应从宏观分配政策上，加大和扩展制度内收入，缩小以及杜绝制度外收入，并限制垄断、遏制权力和投机、打击腐败，从而达到保护合法、打击非法收入的目的。

③强化国家宏观调节手段。通过国家一定的宏观调节手段的强化来调节收入分配的差距是一个非常重要的途径。首先，可以深化税收的调节范围和力度。通过加强对收入所得税的征收，并研究出台遗产税、赠予税等税种，尽快研究出台鼓励个人投资的优惠政策和鼓励高收入者向各种公益、慈善事业提供援助的减免税政策等来调节。其次，加大国家财政转移支付的力度。通过这一强有力的国家财政手段合理地调节社会财力的分配，以缓解因地理位置、自然资源分布、历史原因等而引起的东、中、西部发展不平衡所带来的收入分配的差异。再次，充分发挥扶贫资金的作用。在切实将国家扶贫基金用之于扶贫助困的既定项目和范围，充分发挥国家扶贫资金的调节作用的同时，也应积极利用民间的作用，

受助者不仅受益，而且有助于提高对收入分配合理差距的理解，缓解或消除因收入分配差距导致不公现象所带来的负面影响。

④建立和完善社会保障制度，不断提高社会保障标准。建立和完善社会保障制度是我国现阶段贯彻收入分配中“效率优先”基础上的“兼顾公平”这一原则的具体体现。要在“依法治国”的前提下建立全面、规范的社会保障制度，逐步地将社会各阶层的失业、医疗、养老、住房保险统一地、规范地建立起来，并在经济、财力增长的情况下，适当地提高标准，必将对深化经济体制改革、缓解收入分配差距扩大引发的矛盾、维护社会的稳定、实现国家长治久安起到重要的“缓冲器”作用。

3. 试述社会主义市场经济中的政府职能和社会主义市场经济条件下宏观调控的必要性。（中央财经大学 2018 研）

答：参见本章“复习笔记”相关内容。

4. 什么是宏观调控？与社会主义市场经济体制相适应的宏观调控模式具有哪些主要特征？（中央财经大学 2019 研）

答：（1）宏观调控的含义参见本章“复习笔记”相关内容。

（2）宏观调控模式及其主要特征：

①指令性计划经济模式。

指令性计划是指国家根据国民经济和社会发展的需要，直接编制和掌握，并以命令方式下达的、具有强制力的计划。社会主义经济中影响范围最大、持续时间最长的是高度集中型的指令性计划经济模式。

这种模式具有以下特征：

a. 否定社会主义经济是商品经济，否定和忽视市场经济原则。

b. 宏观经济和企业经济决策权全由国家掌握，经济运行的调控主要靠计划，而计划基本上是单一的指令性计划。

c. 企业缺乏独立的经济利益和权力。

d. 经济决策的实施主要靠行政手段，经济组织结构基本与行政管理层次合为一体。

②国家间接指导调控模式，即市场与调控相结合模式。

国家间接指导调控模式是指以存在完善的市场体系为条件的，是运用经济手段和市场参数调节经济运行的调控方式。国家利用经济政策、经济法规、规划引导和必要的行政干预，对市场经济的有效运作发挥调控作用。这种模式运用调节手段和调节机制，实现资源的优化配置，为微观经济运行提供良性的宏观环境，使市场经济得到正常运行和均衡发展。

这种模式具有以下特征：

a. 整个宏观调控是在市场调节的基础上进行的。

b. 计划的形式和作用的范围发生了重大的变化。

c. 对企业的调控方式以间接调控为主。

d. 调控手段由经济的、法律的、行政的手段相结合，逐步地转向以经济、法律手段为主，行政手段仅仅作为辅助手段。

附录　指定逄锦聚《政治经济学》教材为考研参考书目的院校列表

逄锦聚等主编的《政治经济学》(高等教育出版社)被列为普通高等教育“十一五”国家级规划教材，是我国众多高校采用的经济学优秀教材，也被众多高校指定为“经济类”专业考研参考书目，具体如下表所示。

高校	对应学院(专业)
北京大学	马克思主义学院
中国人民大学	经济学院、财政金融学院、商学院、农业与农村发展学院、劳动人事学院、马克思主义学院、国际关系学院、社会与人口学院、环境学院、公共管理学院、农业与农村发展学院、汉青研究院
中央财经大学	财政税务学院、金融学院、经济学院、文化与传媒学院、管理科学与工程学院、保险学院、财经研究所、国际经济与贸易学院、统计与数学学院、体育经济与管理学院、商学院、国防经济与管理研究院、政府管理学院；经济学院(政治经济学)(复试)
中国政法大学	商学院(政治经济学)(复试)
北京理工大学	人文与社会科学学院
南开大学	经济学院
天津商业大学	经济学院
南京大学	商学院(复试)
浙江师范大学	工商管理学院(复试)
华中师范大学	经济与工商管理学院
湖南大学	经济与贸易学院(复试)
福州大学	经济与管理学院
西南财经大学	经济学院、财税学院、金融学院、工商管理学院、国际商学院、统计学院、中国金融研究中心、证券与期货学院、公共管理学院、经济信息工程学院、保险学院、经济数学学院、宏观经济研究中心、中国西部经济研究中心
四川师范大学	经济与管理学院
郑州大学	商学院
西安工业大学	马克思主义学院
东北财经大学	政治经济学(复试)
东北师范大学	经济学院

说明：(1)本表虽尽量确保准确，但难免有所遗漏，请学员查看所报高校当年招生简章及参考书目。本表仅供参考!

(2)本表所列部分高校如中国人民大学招生简章中虽然未指定参考书目，可考虑到延续性，事实上所列相关专业以逄锦聚《政治经济学》作为参考书目。

(3)部分高校将该书列为相关专业考研复试参考书目，在本表中在相关专业后标注了“(复试)”字样。

(4)更多相关信息请登录圣才考研网(www.100xuexi.com)。